스프링 6와 스프링 부트 3로 배우는
모던 API 개발
Java 17과 Spring Boot 3 기반의
REST, gRPC, GraphQL을 활용한 반응형 API 설계

스프링 6와 스프링 부트 3로 배우는

모던 API 개발

Java 17과 Spring Boot 3 기반의
REST, gRPC, GraphQL을 활용한 반응형 API 설계

지은이 소라브 샤르마

옮긴이 김광영, 문종민, 박천구

펴낸이 박찬규 엮은이 김연지, 이대엽 디자인 북누리 표지디자인 Arowa & Arowana

펴낸곳 위키북스 전화 031-955-3658, 3659 팩스 031-955-3660

주소 경기도 파주시 문발로 115 세종출판벤처타운 311호

가격 32,000 페이지 512 책규격 188 x 240mm

초판 발행 2024년 12월 05일
ISBN 979-11-5839-538-4 (93000)

등록번호 제406-2006-000036호 등록일자 2006년 05월 19일
홈페이지 wikibook.co.kr 전자우편 wikibook@wikibook.co.kr

Copyright © Packt Publishing 2023.
First published in the English language under the title
'Modern API Development with Spring 6 and Spring Boot 3 - Second edition – (9781804613276)'
Korean translation copyright ⓒ 2023 by WIKIBOOKS

이 책의 한국어판 저작권은 저작권자와 독점 계약한 위키북스에 있습니다.
신저작권법에 의해 한국 내에서 보호를 받는 저작물이므로 무단 전재와 복제를 금합니다.
이 책의 내용에 대한 추가 지원과 문의는 위키북스 출판사 홈페이지 wikibook.co.kr이나
이메일 wikibook@wikibook.co.kr을 이용해 주세요.

스프링 6와 스프링 부트 3로 배우는

모던 API 개발

Java 17과 Spring Boot 3 기반의
REST, gRPC, GraphQL을 활용한 반응형 API 설계

소라브 샤르마 지음 / 김광영, 문종민, 박천구 옮김

위키북스

무한한 믿음과 지원, 그리고 사랑을 베풀어준 사랑하는 아내 바나자(Vanaja)와
아들 산마야(Sanmaya)에게 감사드립니다.
저의 부모님 아샤(Asha) 여사님과
람스와루프(Ramswaroop)씨가 주신 축복에도 감사드립니다.
– 소라브 샤르마(Sourabh Sharma)

소라브 샤르마

소라브 샤르마는 오라클에서 수석 기술 멤버로 근무하며, 블루프린트 솔루션의 주요 구성 요소를 개발하고 설계하는 업무를 담당하고 있다. 그는 다양한 오라클 제품에 사용되는 아키텍처를 설계한 팀의 핵심 멤버였다. 그는 선도적인 기업들에 엔터프라이즈 제품 및 애플리케이션을 제공하는 데 20년 이상의 경험을 가지고 있다. 그의 전문 분야는 N 계층 및 클라우드 기반 애플리케이션의 개념화, 모델링, 설계 및 개발뿐만 아니라 팀을 이끄는 데 있다. 그는 마이크로서비스 기반 솔루션을 개발하고 다양한 워크플로우 및 오케스트레이션 엔진을 구현하는 데 있어 방대한 경험을 가지고 있다. 또한 그는 책과 교육을 통해 지속적인 학습과 지식 공유를 실천하고 있다.

디비야 앤 셀바라지(Divya Anne Selvaraj)의 노고와 중요한 리뷰 피드백에 감사드리며, 소남 판데이(Sonam Pandey), 차얀 마줌다르(Chayan Majumdar), 마크 드수자(Mark D'Souza), 만탄 파텔(Manthan Patel) 및 전체 Packt 팀의 지원에 감사드린다. 또한 이 책을 출판할 수 있는 기회를 주신 바비야 라오(Bhavya Rao)와 Packt Publishing에도 감사의 말씀을 전하고 싶다. 또한 이 책의 기술 검토자 중 한 명인 에릭 피라드(Eric Pirard)가 제공한 심층적인 기술 통찰력에도 감사드린다.

에릭 피라드

에릭 피라드(Eric Pirard)는 몇 년 동안 자바 개발자로 일해왔고, 개발자들이 고객의 요구사항을 최대한 빠르게 만족시킬 수 있도록 돕는 새로운 기술에 관심이 많다. 그는 기술을 사용해 고객의 문제를 신속하게 해결할 방법을 찾는 프로젝트에 항상 관심을 가지고 있으며, 친구와 동료들이 문제를 해결하거나 프로젝트를 진행할 수 있도록 도와주는 것을 좋아한다.

에릭은 흥미로운 직업 외에도 인생에서 할 수 있는 많은 일이 있다고 믿는다. 이런 철학 덕분에 그는 가족과 친구들과 더 많은 시간을 보내고, 스포츠를 즐기고, 여행을 다니며, 간단히 말해 삶을 즐기는데 더 많은 시간을 갖게 되었다.

하르쉬 미쉬라

하르쉬 미쉬라(Harsh Mishra)는 9년 경력의 소프트웨어 개발자다. 그는 다양한 기술 스택에 대한 전문 지식을 보유하고 있으며, 금융 웹 기반 애플리케이션에 특화되어 있다. 하르쉬는 인기 있는 자바 프레임워크인 Spring Boot를 활용하여 금융 산업을 위한 견고하고 확장 가능한 웹 애플리케이션을 개발하는 데 능숙하다. 또한, 프론트엔드, 구글 클라우드 플랫폼(GCP), CockroachDB, API와 같은 기술에 대한 폭넓은 지식을 가지고 있으며, 카프카 스트리밍(Kafka Streaming), 빅쿼리(BigQuery), Apache Beam 기술을 사용하여 대규모 데이터 세트를 처리하는 데 능하다.

하르쉬는 경력 전반에 걸쳐 Publicis Sapient, TCS, GE Capital, Ericsson, Goldman Sachs, Lloyds Bank 등 여러 대기업에서 근무한 경험이 있다. 이번 책은 하르쉬가 참여한 두 번째 책으로, 이전에는 Learning Spring Boot 3.0 작업에 참여했다.

라비 칸트 소니

라비 칸트 소니(Ravi Kant Soni)는 소프트웨어 개발 분야에서 다년간의 경험을 보유한 풀스택 엔지니어다. 그는 또한 AWS 공인 솔루션 아키텍트이며, 저자, 스토리텔러, 기업가로 활동하고 있다. 라비는 소프트웨어 개발에 관한 세 권의 책과 한 개의 비디오 코스를 출판했다: *Spring Boot with React and AWS, Build Microservices with Spring Cloud and Spring Boot, Full Stack AngularJS for Java Developers, Learning Spring Application Development*.

라비는 그의 경력 동안 소프트웨어 개발에서부터 다중 테넌트 애플리케이션 설계와 책 집필에 이르기까지 다양한 역할을 맡아왔다. 그의 첫 번째 소설인 *4:00 AM @ Bangalore International Airport*는 2023년 5월에 출판되었다.

열정적이고 능력 있는 팀 플레이어인 라비와 연락하고 싶다면, LinkedIn에서 그의 프로필을 확인해 보기 바란다.

서문

이 책은 웹 개발을 위한 스프링 6과 스프링 부트 3 사용에 대한 심층 가이드다. 스프링은 자바에서 확장성 있고 신뢰할 수 있는 웹 애플리케이션을 구축하기 위해 널리 사용되는 강력한 프레임워크다. 스프링 부트는 스프링 기반 애플리케이션의 설정과 구성을 단순화하는 인기 있는 확장이다. 이 책은 이러한 기술을 사용하여 현대적이고 견고한 웹 API와 서비스를 구축하는 방법을 소개한다.

이 책은 REST/GraphQL/gRPC의 기본사항, 스프링 개념, API 명세 및 구현과 같이 API 개발에 필수적인 다양한 주제를 다룬다. 또한, 비동기 API 디자인, 보안, 사용자 인터페이스 디자인, API 테스팅, 웹 서비스 배포와 같은 주제도 다룬다. 이 책은 독자들이 실제 앱에서 다양한 유형의 API를 구축하는 데 참조할 수 있는 실제와 매우 유사한 샘플 앱을 제공한다. 이 책은 디자인부터 사양 설정, 구현, 테스팅, 배포에 이르는 API 개발의 전체 과정을 상세하게 안내한다.

이 책을 통해 스프링 6과 스프링 부트 3을 사용하여 확장 가능하고 유지 보수하기 쉬운 현대적인 API를 디자인하고, 개발, 테스트, 배포하는 방법을 배운다. 또한, 애플리케이션의 보안과 신뢰성을 보장하는 최선의 방법과 기능을 개선하는 실용적인 아이디어도 함께 다룬다.

이 책의 대상 독자

이 책은 자바 초보 프로그래머, 최근에 컴퓨터 과학 전공으로 대학을 졸업한 졸업생, 코딩 부트 캠프 졸업생, 그리고 웹 API와 서비스를 처음 만드는 전문가를 대상으로 한다. 또한 웹 개발로 전환하고자 하는 자바 개발자에게도 귀중한 자료가 될 것이다. 이상적인 독자는 자바에서 기본 프로그래밍 구조, 데이터 구조, 알고리즘에 대한 지식은 있지만, 실제 웹 개발 경험이 부족하여 웹 개발자로서 일을 시작하는 데 필요한 경험이 부족한 개발자다.

이 책에서 다루는 내용

*1장, RESTful 웹 서비스 기본사항*은 RESTful API들, 간단히 REST API들과 그 설계 패러다임의 기본을 안내한다. 이 기본사항들은 RESTful 웹 서비스 개발을 위한 견고한 플랫폼을 제공할 것이며, API 설계 시의 베스트 프랙티스에 대해서도 배우게 될 것이다. 이 장은 또한 책 전반에 걸쳐 API 개발의 다양한 측면을 배우는 동안 사용될 샘플 전자 상거래 앱을 소개한다.

*2장, 스프링의 개념 및 REST API*는 스프링 프레임워크를 사용하여 REST, gRPC, GraphQL API를 구현하는 데 필요한 스프링의 기본사항과 특징들을 살펴본다. 이는 샘플 전자 상거래 앱을 개발하는 데 필요한 기술적 관점을 제공할 것이다.

*3장, API 명세 및 구현*은 OpenAPI와 스프링을 사용하여 REST API를 구현한다. 설계 우선 접근 방식(design-first approach)을 선택했고, OpenAPI 명세(OpenAPI Specification, OAS)을 사용하여 먼저 API를 설계하고 나중에 구현할 것이다. 요청 처리 중 발생하는 에러를 처리하는 방법도 배울 것이다. 여기서 샘플 전자 상거래 앱의 API는 참고용으로 설계되고 구현된다.

*4장, API를 위한 비즈니스 로직 작성*은 API 코드를 비즈니스 로직 측면에서 구현하는 데 도움을 준다, 데이터 영속성은 H2 데이터베이스에서 이루어진다. 구현을 위해 서비스와 저장소를 작성할 것이며, 최적의 성능과 캐싱을 위해 API 응답에 하이퍼미디어와 ETag 헤더를 추가한다.

*5장, 비동기 API 설계*는 비동기적이고 논-블로킹인 비동기 또는 리액티브 API 디자인을 다룬다. 이러한 API는 스프링 웹플럭스(Spring WebFlux)를 사용하여 개발될 것이며, 이는 자체적으로 프로젝트 리액터(Project Reactor)[1]에 기반을 둔다. 먼저 리액티브 프로그래밍의 기본을 다룬 후, 기존의 전자 상거래 REST API(이전 장의 코드)를 비동기(리액티브) API로 마이그레이션하여 기존의 명령형(imperative) 방식과 리액티브 방식의 프로그래밍을 비교하여 쉽게 만들 것이다.

---

[1] https://projectreactor.io

*6장, 권한부여와 인증을 통해 REST 엔드포인트 보호하기*는 스프링 시큐리티를 사용하여 REST 엔드포인트를 보호하는 방법을 설명한다. REST 엔드포인트에 대한 토큰 기반 인증과 권한 부여를 구현할 것이다. 성공적인 인증은 두 가지 유형의 토큰을 제공하며, 액세스 토큰으로 사용되는 **JSON 웹 토큰(JWT)**과 리프레시 토큰이 응답의 일부분으로 제공된다. 그 다음 JWT 기반 액세스 토큰은 보안된 URL에 접근하는 데 사용된다. 기존 JWT가 만료되었을 경우 새로운 JWT를 요청하는 데 리프레시 토큰이 사용된다. 유효한 요청 토큰은 사용할 새로운 JWT를 제공할 수 있다. 사용자를 어드민, 유저 등과 같은 역할과 연결할 것이다. 이러한 역할은 사용자가 특정 역할을 가지고 있을 때만 REST 엔드포인트에 접근할 수 있도록 하기 위해 권한 부여로 사용된다. 또한 **CSRF(Cross-Site Request Forgery)**와 **CORS(Cross-Origin Resource Sharing)**에 대해서도 간단히 논의할 것이다.

*7장, 사용자 인터페이스 설계하기*는 온라인 쇼핑 앱 전체에 걸쳐 다양한 계층 간 개발과 통신으로 마무리한다. 이 UI 앱은 로그인(Login), 제품 목록(Product Listing), 제품 상세(Product Detail), 카트(Cart), 주문 목록(Order Listing)과 같은 대화형 컴포넌트로 구성된 **싱글페이지 애플리케이션(Single-page application, SPA)**이 될 것이다. 이 장을 마칠 때쯤, SPA와 리액트를 사용한 UI 컴포넌트 개발 및 브라우저 내장 Fetch API를 사용한 REST API를 사용하는 방법에 대해 배울 것이다.

*8장, API 테스트*는 API의 수동 및 자동 테스트를 소개한다. 단위 테스트와 통합 테스트 자동화에 대해 배울 것이다. 이 장에서 자동화에 대해 배운 후, 빌드의 일부로 두 가지 유형의 테스트를 모두 만들 수 있게 될 것이다. 또한 다양한 코드 커버리지 메트릭을 계산하기 위해 자바 코드 커버리지 도구를 설정할 것이다.

*9장, 웹서비스 배포하기*는 컨테이너화, 도커, 쿠버네티스의 기본을 설명한다. 이 개념을 사용하여 예시 전자 상거래 앱을 도커를 이용해 컨테이너화할 것이다. 이 컨테이너는 그 다음 쿠버네티스 클러스터에 배포될 것이다. 쿠버네티스에는 미니큐브를 사용할 것이며, 이는 학습 및 쿠버네티스 기반 개발을 쉽게 만든다.

*10장, gRPC 시작하기*는 gRPC 기본을 소개한다.

*11장, gRPC API 개발 및 테스트*는 gRPC 기반 API를 구현한다. gRPC 서버와 클라이언트 작성 방법과 gRPC 기반 API 작성 방법을 배울 것이다. 이 장 후반부에서는 마이크로서비스를 소개하고, 이것이 어떻게 현대적이고 확장 가능한 아키텍처 설계에 도움이 될지 설명할 것이다. 여기서는 두 서비스 - gRPC 서버와 gRPC 클라이언트의 구현을 진행할 것이다.

*12장, 서비스에 로깅 및 트레이싱 추가*는 로깅과 모니터링 도구인 **Elasticsearch, Logstash, Kibana (ELK)** 스택과 Zipkin을 살펴본다. 이 도구들은 API 호출의 요청/응답에 대한 분산 로깅 및 트레이싱 구현에 사용될 것이다. 다양한 요청과 응답 관련 로그의 로깅 및 트레이싱을 게시하고 분석하는 방법을 배울 것이다. 또한 API 호출의 성능을 모니터링하기 위해 Zipkin을 사용할 것이다.

*13장, GraphQL 시작하기*는 GraphQL의 기본 - **스키마 정의 언어(SDL)**, 쿼리, 뮤테이션, 구독에 대해 이야기한다. 이 지식은 다음 장에서 GraphQL 기반 API를 구현할 때 도움이 될 것이다. 이 장을 통해 GraphQL 스키마의 기본과 N+1 문제 해결 방법을 배울 것이다.

*14장, GraphQL API 개발 및 테스트*는 GraphQL 기반 API 개발 및 그 테스트를 설명한다. 이 장에서는 샘플 애플리케이션을 위한 GraphQL 기반 API를 구현할 것이다. 설계 우선 접근 방식을 기반으로 GraphQL 서버 구현이 개발될 것이다.

이 책을 최대한 활용하려면

다음 하드웨어 및 소프트웨어가 있는지 확인이 필요하다.

책에서 다루는 소프트웨어/하드웨어	운영 체제 요구 사항
Java 17	Windows, macOS, 또는 Linux (모든)
Netbeans, IntelliJ, Eclipse와 같은 자바 IDE	깃허브에서 코드를 클론하고 의존성 및 라이브러리를 다운로드하기 위한 인터넷 연결

책에서 다루는 소프트웨어/하드웨어	운영 체제 요구 사항
Docker	
Kubernetes (minikube)	
cURL 또는 기타 API 클라이언트 (예: Insomnia)	
Node 18.x	
VS Code	
ELK 스택과 Zipkin	

각 장에는 필요한 경우 필요한 도구를 설치하기 위한 특별 지침이 포함될 것이다.

이 책의 디지털 버전을 사용하고 있다면, 코드를 직접 입력하거나 책의 깃허브 저장소에서 내려받기 바란다(다음 장 참고). 이렇게 하면 코드를 복사하고 붙여넣을 때 발생할 수 있는 잠재적 오류를 피할 수 있다.

사용된 규칙

이 책 전반에 걸쳐 사용된 여러 가지 텍스트 규칙이 있다.

텍스트 내 코드 (Code in text, 글자 폰트로 구분): 텍스트 내의 코드, 데이터베이스 테이블 이름, 폴더 이름, 파일 이름, 파일 확장자, 경로 이름, 더미 URL, 사용자 입력, 그리고 트위터 핸들을 나타낸다. 아래의 예시를 참고하기 바란다: "만약 우리가 모델 중 어느 하나에서 `Link`를 사용한다면, 생성된 모델은 YAML 파일에 정의된 모델 대신 매핑된 `org.springframework.hateoas.Link` 클래스를 사용하게 된다."

코드 블록은 다음과 같이 설정된다:

```
const Footer = () => {
  return (
    <div>
      <footer
```

```
      className="text-center p-2 border-t-2 bggray-200 border-gray-300 text-sm">
      No &copy; by Ecommerce App.{" "}
      <a href=https://github.com/PacktPublishing/Modern-API-Development-
        Spring-and-Spring-Boot>
        Modern API development with Spring and Spring Boot
      </a>
    </footer>
   </div>
  );
};
export default Footer;
```

코드 블록의 특정 부분에 주의를 끌고 싶을 때, 관련된 줄이나 항목은 굵게 설정했다:

```
<Error>
  <errorCode>PACKT-0001</errorCode>
  <message>The system is unable to complete the request.
     Contact system support.</message>
  <status>500</status>
  <url>http://localhost:8080/api/v1/carts/1</url>
  <reqMethod>GET</reqMethod>
</Error>
```

모든 명령줄 입력 또는 출력은 다음과 같이 작성했다.

```
$ curl --request POST 'http://localhost:8080/api/v1/carts/1/items' \
  --header 'Content-Type: application/json' \
  --header 'Accept: application/json' \
  --data-raw '{
  "id": "1",
  "quantity": 1,
  "unitPrice": 2.5
}'
[]
```

굵게: 새 용어, 중요한 단어 또는 화면에 표시되는 단어를 나타낸다. 예를 들어 메뉴나 대화 상자의 단어는 **굵게** 표시된다. "**관리** 패널에서 **시스템 정보**를 선택한다"를 예로 들 수 있다.

예제 코드 파일 다운로드

이 책의 예제 코드 파일은 아래 사이트에서 내려받을 수 있다. 코드에 업데이트가 있는 경우, GitHub 저장소에서 업데이트될 것이다.

[위키북스]

- 홈페이지: https://wikibook.co.kr/spring-api-dev/
- 깃허브: https://github.com/wikibook/spring-api-dev

[원서]

- https://github.com/PacktPublishing/Modern-API-Development-with-Spring-6-and-Spring-Boot-3

1부 RESTful 웹 서비스

01. RESTful 웹 서비스 기본사항 ... 2
기술 요구 사항 ... 3
REST API 소개 ... 3
    REST의 역사 ... 4
    REST의 기본사항 ... 4
리소스와 URI 다루기 ... 7
    URI 구문 ... 7
    URL이란 ... 9
    URN이란 ... 9
HTTP 메소드와 상태 코드 살펴보기 ... 10
    POST ... 11
    GET ... 11
    PUT ... 12
    DELETE ... 12
    PATCH ... 12
    HTTP 상태 코드 ... 12
HATEOAS이란 ... 14
REST API 설계 베스트 프랙티스 ... 16
    엔드포인트 경로에서 리소스의 이름을 지정할 때
    동사형이 아닌 명사형 단어를 사용 ... 16
    엔드포인트 경로에서 컬렉션 리소스의 이름을 지정할 때 복수형을 사용 ... 17
    하이퍼미디어 사용(HATEOAS) ... 17
    API 버전 관리 ... 17
    중첩된 리소스 ... 18
    API 보안 ... 19
    문서 유지 관리 ... 19
    권장되는 상태 코드 준수 ... 20
    캐싱 보장 ... 20
    단위시간당 요청량 제한(Rate limit) 유지 관리 ... 20
전자 상거래 앱 소개 ... 21
요약 ... 22
질문 ... 23

답변	23
추가 읽을거리	24
기술 요구 사항	25

02. 스프링의 개념과 REST API — 25

스프링 패턴과 패러다임 이해하기	26
IoC란	26
DI란	27
AOP란	27
IoC 컨테이너 이해하기	28
Bean과 그 범위 정의하기	30
@ComponentScan 애노테이션	31
Bean의 범위	32
자바를 사용하여 bean 설정	35
@Import 애노테이션	35
@DependsOn 애노테이션	36
DI 코딩 방법	37
생성자로 의존성 정의	38
설정자 메소드로 의존성 정의	38
클래스 프로퍼티를 사용한 의존성 정의	39
애노테이션을 사용하여 bean의 메타데이터 설정	40
@Autowired 사용 방법	40
타입별 일치(Match by type)	41
한정자별 일치(Match by qualifier)	42
이름으로 일치(Match by name)	43
@Primary의 목적은 무엇일까?	44
@Value는 언제 사용할까?	44
AOP용 코드 작성	45
스프링 부트를 사용하는 이유	48
서블릿 디스패처의 중요성 이해	50

요약	51
질문	52
답변	52
추가 읽을거리	53

03. API 명세 및 구현   54

기술 요구 사항	55
OAS로 API 설계	55
OAS의 기본 구조 이해	56
OAS의 메타데이터 절	57
OAS의 servers와 tags 절	58
OAS의 컴포넌트(components) 절	59
OAS의 경로(path) 절	63
OAS를 스프링 코드로 변환	67
OAS 코드 인터페이스 구현	72
전역 예외 처리기 추가	73
API 구현 테스트	77
요약	79
질문	79
답변	79
추가 읽을거리	80

04. API를 위한 비즈니스 로직 작성   81

기술 요구 사항	82
서비스 설계 개요	82
Repository 컴포넌트 추가	83
@Repository 애노테이션	83
데이터베이스 및 JPA 설정	84
데이터베이스 및 시드 데이터 스크립트	85

엔터티 추가	86
리포지토리 추가	88
서비스 컴포넌트 추가	92
하이퍼미디어 구현	94
서비스와 HATEOAS로 컨트롤러 향상	97
API 응답에 ETag 추가	99
API 테스트	101
요약	101
질문	102
답변	102
추가 읽을거리	103

05. 비동기 API 설계 104

기술 요구 사항	105
리액티브 스트림 이해하기	105
발행자(Publisher)	106
구독자(Subscriber)	107
구독(Subscription)	108
프로세서(Processor)	108
스프링 웹플럭스 살펴보기	109
리액티브 API 이해	110
리액티브 코어	113
DispatcherHandler 이해하기	114
컨트롤러	115
함수형 엔드포인트	116
전자 상거래 앱용 리액티브 API 구현	119
리액티브 API용 OpenAPI Codegen 변경	119
build.gradle에 리액티브 의존성 추가	121
예외 처리	122
컨트롤러에 대한 전역 예외 처리	124

API 응답에 하이퍼미디어 링크 추가	128
엔터티 정의	131
리포지토리 추가	132
서비스 추가	139
컨트롤러 구현 추가	142
애플리케이션에 H2 콘솔 추가	144
애플리케이션 설정 추가	145
리액티브 API 테스트	146
요약	147
질문	147
답변	147
추가 읽을거리	148

2부 보안, UI, 테스트, 배포

06. 권한부여와 인증을 통해 REST 엔드포인트 보호하기	150
기술 요구 사항	151
스프링 시큐리티 및 JWT를 사용한 인증 구현	151
Gradle에 필요한 의존성 추가하기	154
OAuth 2.0 리소스 서버를 사용한 인증 방법	154
JWT의 구조	156
JWT로 REST API에 보안 적용하기	159
새로운 API 추가하기	160
데이터베이스 테이블에 리프레시 토큰 저장하기	165
JWT 관리자 구현하기	166
새로운 API 구현	172
findUserByUsername() 메소드 구현하기	174
REST 컨트롤러 구현	179
웹 기반 보안 설정	182
CORS와 CSRF의 구성	184
권한부여(authorization)에 대한 이해	187
역할과 권한	189

보안 관련 테스트하기	192
요약	196
질문	197
답변	197
추가 읽을거리	198

07. 사용자 인터페이스 설계하기 … 199
기술 요구 사항 … 200
React 기초 … 200
- 리액트 앱 만들기 … 201
- 기본 구조와 파일에 대해 알아보자 … 202
- package.json 파일에 대한 이해 … 204
- React 앱의 부트스트랩 … 205

리액트 컴포넌트 및 기타 기능에 대해 알아보자 … 207
- JSX에 대해 알아보자 … 209
- 리액트 훅에 대해 이해해보자 … 211
- 테일윈드(Tailwind)를 사용해 컴포넌트 스타일링하기 … 214

프로덕션 배포에 불필요한 스타일을 제거하도록 설정 … 215
- 리액트에 테일윈드 포함시키기 … 215

전자상거래 앱 컴포넌트 디자인하기 … 219
Fetch를 이용해 API 호출하기 … 222
- 제품 정보를 가져오는 API 클라이언트 작성하기 … 222
- 제품 목록 페이지 코딩하기 … 226

인증 기능 구현하기 … 235
- 커스텀 useToken 후크 만들기 … 236
- Login 컴포넌트 작성 … 237
- 커스텀 cart context의 구현 … 239
- Cart 컴포넌트 작성하기 … 241
- Order 컴포넌트 작성하기 … 246
- 루트(App) 컴포넌트 작성 … 247
- 애플리케이션 실행하기 … 249

요약	250
질문	250
답변	250
추가 읽을거리	251

08. API 테스트 — 252

기술 요구 사항	253
API와 코드를 수동으로 테스트하기	253
테스트 자동화	254
단위 테스트	255
AssertJ 어서션을 사용해 테스트하기	257
코드 커버리지	267
통합 테스트하기	270
요약	277
질문	278
답변	278
추가 읽을거리	278
기술 요구 사항	279

09. 웹서비스 배포하기 — 279

컨테이너화란 무엇일까?	280
도커(Docker) 이미지 빌드하기	281
도커란 무엇인가?	281
이미지를 빌드하는 그래들 태스크 실행	290
쿠버네티스에 애플리케이션 배포하기	296
요약	304
질문	304
답변	304
추가 읽을거리	305

3부

gRPC, 로깅, 모니터링

10. gRPC 시작하기 ... 308
- 기술 요구 사항 ... 309
- gRPC 동작방식 ... 309
  - REST 대 gRPC ... 310
  - 웹 브라우저와 모바일 앱에서 gRPC 서버를 호출할 수 있을까? ... 311
  - gRPC 아키텍처란 ... 311
  - gRPC가 Protocol Buffer를 사용하는 방법 ... 313
- 서비스 정의의 이해 ... 317
- RPC 수명 주기 살펴보기 ... 318
  - 수명 주기에 영향을 주는 이벤트 ... 319
  - gRPC 서버 및 gRPC 스텁 이해 ... 320
- 에러 처리와 에러 상태 코드 ... 322
- 요약 ... 323
- 질문 ... 324
- 답변 ... 324
- 추가 읽을거리 ... 324

11. gRPC API 개발 및 테스트 ... 325
- 기술 요구 사항 ... 326
- API 작성 ... 326
  - 프로젝트 설정 ... 326
  - 결제 게이트웨이 기능 작성 ... 332
- gRPC 서버 개발 ... 343
  - gRPC 서버 구현 ... 344
  - gRPC 서버 클래스 구현 ... 350
  - gRPC 서버 테스트 ... 352
- 에러 처리 구현 ... 356
- gRPC 클라이언트 개발 ... 361
  - gRPC 클라이언트 구현 ... 362
  - gRPC 서비스 테스트 ... 365

마이크로서비스란? 367
전통적인 모놀리식 디자인 368
서비스 기반 모놀리식 디자인 368
마이크로서비스 디자인 369
요약 371
질문 371
답변 371
추가 읽을거리 372

12. 서비스에 로깅 및 트레이싱 추가 373
기술 요구 사항 374
ELK 스택을 활용한 로깅 및 트레이싱 374
ELK 스택의 이해 375
ELK 스택 설치 377
gRPC 코드에서 로깅 및 트레이싱 구현 383
gRPC 서버 코드 변경 384
gRPC 클라이언트 코드 변경 388
로깅 및 트레이싱 변경사항 테스트 391
Zipkin과 Micrometer로 분산 트레이싱 하기 396
요약 399
질문 400
답변 400
추가 읽을거리 401

4부 GraphQL

13. GraphQL 시작하기 — 404
- 기술 요구 사항 — 405
- GraphQL 알아보기 — 405
  - GraphQL의 간략한 역사 — 405
  - GraphQL과 REST 비교 — 406
- GraphQL 기본 학습 — 407
  - 쿼리 타입 살펴보기 — 408
  - 뮤테이션 타입 살펴보기 — 410
  - 서브스크립션 타입 살펴보기 — 412
- GraphQL 스키마 설계 — 414
  - 스칼라 타입의 이해 — 414
  - 프래그먼트 이해 — 415
  - 인터페이스 이해 — 417
  - 유니온 타입 이해 — 419
  - 인풋 타입 이해 — 421
  - GraphQL 도구를 사용한 스키마 설계 — 423
- GraphQL 쿼리와 뮤테이션 테스트 — 423
- N+1 문제 해결 — 426
  - N+1 문제 이해란 무엇인가? — 426
  - N+1 문제의 솔루션 — 428
- 요약 — 428
- 질문 — 429
- 답변 — 429
- 추가 읽을거리 — 429

14. GraphQL API 개발 및 테스트   430
    기술 요구 사항   431
    GraphQL 용 워크플로우와 도구   431
    GraphQL 서버 구현   434
        gRPC 서버 프로젝트 생성   434
        GraphQL DGS 의존성 추가   435
        GraphQL 스키마 추가   437
        커스텀 스칼라 타입 추가   440
        API 문서화   442
    GraphQL 쿼리 구현   442
    GraphQL 쿼리용 페처 작성   446
        Product용 데이터 페처 작성   446
        Product 컬렉션용 데이터 페처 작성   448
        데이터 페처 메소드를 사용한 필드 해석기 작성   450
        N+1 문제를 해결하기 위한 데이터 로더 작성   451
    GraphQL 뮤테이션 구현   455
    GraphQL 서브스크립션 구현 및 테스트   459
        GraphQL용 WebSocket 서브-프로토콜 이해   462
        Insomnia 웹소켓을 이용한 GraphQL 서브스크립션 테스트   466
    GraphQL API 인스트루먼테이션   469
        커스텀 헤더 추가   469
        Micrometer와 통합   472
    테스트 자동화   474
        GraphQL 쿼리 테스트   476
        GraphQL 뮤테이션 테스트   478
        자동화된 테스트 코드를 이용한 GraphQL 서브스크립션 테스트   480
    요약   481
    질문   482
    답변   482
    추가 읽을거리   482

1부

RESTful 웹 서비스

1부에서는 HATEOAS와 ETags를 기반으로 하는 프로덕션 레디[1](production-ready) REST 기반 API를 점진적으로 개발하고 테스트한다. 또 OpenAPI 명세(Swagger)를 사용하여 API 명세를 작성하는 방법과 스프링 웹플럭스(Spring WebFlux)를 사용하여 리액티브[2] API 개발의 기본을 배운다. 독자는 1부가 끝나면 REST의 기본사항, 베스트 프랙티스, 그리고 점진적으로 발전해 나가는 API를 알게 될 것이다. 또한 1부를 마치면 동기화(sync) 및 비동기(리액티브) 논-블로킹 API(async reactive non-blocking APIs)를 개발할 수 있다.

1부는 다음 장으로 구성된다.

- 1장, RESTful 웹 서비스 기본사항
- 2장, 스프링 개념과 REST API
- 3장, API 명세와 구현
- 4장, API를 위한 비즈니스 로직 작성
- 5장, 비동기 API 설계

---

1 (옮긴이) 원문에 있는 production-ready는 '프로덕션에 배포 가능한 상태'를 의미하나 실무에서 '프로덕션 레디'라는 표현을 많이 사용하고 있어서 그대로 표기했다.
2 (옮긴이) reactive API는 '반응형 API'로도 번역되나 아직 보편화되지 않은 용어라 '리액티브 API'로 사용했다. 마찬가지로 Reactive programming과 reactive streams도 '리액티브 프로그래밍'과 '리액티브 스트림'으로 번역했다.

01

RESTful 웹 서비스 기본사항

이 장에서는 RESTful API(줄여서 REST API라고도 함)의 기본사항과 설계 패러다임을 알아본다. 먼저 REST의 역사를 간략히 살펴보고 리소스가 어떻게 형성되는지 배운 후 메소드와 상태 코드를 이해한다. 이러한 지식은 이후 **HATEOAS(Hypermedia As The Engine Of Application State)** 기반의 RESTful 웹 서비스를 개발하는 데 필요한 견고한 토대가 될 것이다. 또한 **API(응용 프로그래밍 인터페이스, Application Programming Interface)** 설계를 위한 베스트 프랙티스도 배운다.

또한, 책 전체에서 API 개발의 다양한 측면을 학습하기 위해 만들어 나갈 샘플 전자 상거래 앱을 소개한다.

이 장에서 다룰 주제는 다음과 같다.

- REST API 소개
- 리소스와 URI(Uniform Resource Identifier) 다루기
- HTTP(Hypertext Transfer Protocol) 메소드와 상태 코드 살펴보기
- HATEOAS에 대한 이해
- REST API 설계를 위한 최상의 방법
- 전자 상거래 앱(이 책의 샘플 앱)에 대한 개요

기술 요구 사항

이 장을 이해하기 위해서 특정 언어에 대한 지식은 필요하지 않다. 다만 HTTP에 대한 기본 지식이 필요하다.

REST API 소개

API는 한 코드가 다른 코드와 통신할 때 사용되는 수단이다. 이 책의 독자들도 이미 여러분의 프로그램을 위해 API를 작성하거나 API를 사용해 본 경험이 있을 것이다. 예를 들어 자바(Java)는 컬렉션, 입출력, 스트림과 같은 다양한 모듈 안에 포함된 클래스를 통해 API를 제공한다.

자바 SDK API를 사용하면 프로그램의 한 부분과 다른 부분이 통신할 수 있다. 함수를 작성한 후에 다른 클래스에서 사용할 수 있도록 퍼블릭 접근 지정자(public access modifier)로 함수를 외부에 노출할 수도 있다. 함수 시그니처(signature)는 해당 클래스에 대한 API를 말한다. 그러나 이러한 클래스 또는 라이브러리를 사용하여 노출한 API로는 단일 애플리케이션 또는 개별 서비스 안에서의 내부 통신만 가능하다. 그렇다면 두 개 이상의 애플리케이션(또는 서비스)이 서로 통신하려면, 즉 둘 이상의 서비스를 통합하는 경우에는 어떻게 해야 할까? 이때 유용하게 쓰이는 것이 바로 시스템 전반에 걸친(system-wide) API다.

과거에는 RPC, **SOAP(Simple Object Access Protocol)** 기반 서비스처럼 한 애플리케이션을 다른 애플리케이션과 통합하는 다양한 방법이 있었다. 특히 클라우드와 스마트폰 붐 이후, 앱 통합은 소프트웨어 아키텍처의 매우 중요한 부분으로 여겨져 왔다. 이제는 페이스북, 구글, 깃허브(GitHub)에서 제공하는 소셜 로그인 기능을 이용하면 로그인 모듈을 따로 작성하지 않고 애플리케이션을 개발하고 비밀번호 저장 같은 보안 문제도 안전하게 해결할 수 있다.

이러한 소셜 로그인은 주로 REST나 GraphQL을 사용하는 API를 제공한다. 현재는 REST가 가장 널리 사용되고 있으며, 통합 및 웹 앱(web app)을 위한 API 작성의 표준이다. GraphQL에 대해서는 이 책의 맨 뒤 *13장*과 *14장*에서 상세하게 논의할 것이다.

REST는 소프트웨어 아키텍처 스타일 중 하나인 **REpresentational State Transfer**의 줄임말이다. REST 스타일을 따르는 웹 서비스를 RESTful 웹 서비스라고 부른다. 먼저 REST 기본사항을 이해하기 위해 REST의 역사를 간단히 살펴보자.

REST의 역사

REST가 사용되기 전, 즉 인터넷이 막 보급되고 야후(Yahoo)와 핫메일(Hotmail)이 인기 있는 메일과 소셜 메시징 앱이던 시절에는 웹 애플리케이션들을 서로 연결하기 위한 단일화된 방식이 없었다. 사람들은 SOAP 기반 웹 서비스를 사용하고 있었는데, 아이러니하게도 **SOAP(Simple Object Access Protocol)**라는 이름과 달리 서비스 간 통신 방법은 단순하지 않았다.

그 때 희망이 찾아왔다! 미국의 컴퓨터 과학자 로이 필딩(Roy Fielding)이 2000년에 박사 학위 연구[1]에서 REST를 제시했다. REST 아키텍처 스타일은 모든 서버가 네트워크를 거쳐 다른 서버와 통신할 수 있게 하는 아이디어에서 시작됐다. REST는 커뮤니케이션은 단순화하고 통합은 더 쉽게 만들었고, HTTP 위에서 작동하게 만들어졌기 때문에 웹 전반과 내부 네트워크에서 사용할 수 있게 됐다.

이베이(eBay)는 REST API를 최초로 활용한 회사였다. 이베이에서는 2000년 11월에 선정된 파트너와 함께 REST API를 도입했다. 이후 Amazon, Delicious(사이트 북마크 웹 앱), 그리고 Flickr(사진 공유 앱)에서 REST 기반 API를 제공하기 시작했다. 실제로 **AWS(Amazon Web Services)**에서는 REST와 함께 Web 2.0을 활용해 개발자들이 AWS 클라우드를 사용할 수 있도록 2006년부터 REST API를 제공했다.

이후 페이스북, 트위터, 구글 등도 REST를 사용하기 시작했다. 요즘은 REST API 없이 개발된 웹 애플리케이션이 거의 없다. 최근에 모바일 앱용으로는 REST와 함께 GraphQL 기반 API도 큰 인기를 얻고 있다.

REST의 기본사항

REST는 HTTP 프로토콜 위에서 작동한다. 각 URI는 API 리소스로 작동하기 때문에 엔드포인트로 동사 대신 명사를 사용해야 한다. RPC 스타일의 엔드포인트는 `api/v1/getPersons`처럼 동사를 사용한다. 이에 비해 REST에서는 이 엔드포인트를 `api/v1/persons`로 간단히 작성할 수 있다. 그러면 REST 리소스에서 수행되는 각기 다른 액션들은 어떻게 구별할 수 있을까? HTTP 메소드의 역할로 액션을 구분한다. 예를 들어 `GET`, `DELETE`, `POST`(생성용), `PUT`(수정용), 그리고 `PATCH`(부분 업데이트용)와 같은 HTTP 메소드는 동작을 실행하기에 동사처럼 사용할 수 있다.(이에 대해서는 나중에 더 자세히 다룬다.) 지금은 `getPerson`이라는 RPC 스타일 엔드포인트가 REST에서는 `GET api/v1/persons`로 변환된다는 정도만 이해하자.

---

[1] 〈Architectural Styles and Design of Network-Based Software Architectures〉, https://www.ics.uci.edu/~fielding/pubs/dissertation/top.htm

> **노트**
> REST 엔드포인트는 REST 리소스를 나타내는 고유한 URI를 의미한다. 예를 들어 `https://demo.app/api/v1/persons`는 REST 엔드포인트다. 그리고 `/api/v1/persons`는 엔드포인트 경로이고 `persons`는 REST 리소스가 된다.

HTTP 프로토콜은 클라이언트와 서버 사이에 통신할 때 작동한다. 따라서 REST도 **클라이언트-서버** 개념을 기반으로 한다. 클라이언트는 REST API를 호출하고 서버는 응답을 보낸다. REST를 이용해 클라이언트(즉, 프로그램, 웹 서비스 또는 UI 앱)가 HTTP 요청과 응답을 사용하여 원격으로(또는 로컬로) 실행 중인 서버(또는 웹 서비스)와 통신한다. 클라이언트는 웹에 대한 HTTP 요청으로 API 명령을 담아서 웹 서비스에 보낸다. 이 HTTP 요청에는 쿼리 매개변수, 헤더 또는 요청 본문 형식의 페이로드(또는 입력)가 포함된다. 호출된 웹 서비스 서버는 성공/실패 표시와 HTTP 응답으로 감싸진 응답 데이터를 보낸다. HTTP의 상태 코드는 일반적으로 응답 상태를 나타내며 응답 본문에는 응답 데이터가 포함된다. 예를 들어 HTTP 상태 코드 `200 OK`는 일반적으로 성공을 의미한다.

REST 관점에서 보면 HTTP 요청은 서버가 처리하기에 충분한 정보를 담고 있다. 그래서 REST 호출은 **스테이트리스(stateless)**다. 상태는 클라이언트 측이나 서버 측이 관리하며, REST API는 특정 상태를 유지하지 않는다. 서버에서 클라이언트로 또는 그 반대로 상태만 전송될 뿐이다. 따라서 이를 **REpresentation State Transfer** 또는 줄여서 REST라고 부른다.

또한 REST는 HTTP 캐시 제어(cache control)를 사용하므로 REST API를 **캐시할 수 있다(cacheable)**. REST 관점에서 HTTP의 모든 표현(representation)은 자체 설명적(self-descriptive)이기 때문에 클라이언트는 표현(즉, HTTP 응답)을 캐시한다.

REST는 3개의 주요 컴포넌트를 사용해서 동작한다.

- 리소스와 URI
- HTTP 메소드
- HATEOAS

기본 텍스트로 출력한 샘플 REST 호출은 다음과 유사한 형태를 가진다.

```
GET /licenses HTTP/2
Host: api.github.com
```

여기서 /licenses 경로는 라이선스 리소스를 나타내고, GET은 HTTP 메소드를 의미한다. 첫 번째 줄 끝에 있는 2는 HTTP 프로토콜 버전이며 두 번째 라인은 호출할 호스트를 나타낸다.

깃허브(GitHub)에서는 위 호출에 대해 JSON 객체로 응답한다. 상태는 200 OK이고 JSON 객체는 다음과 같이 응답 본문에 포함돼 있다.[2]

```
HTTP/2 200 OK
date: Mon, 10 Jul 2023 17:44:04 GMT
content-type: application/json; charset=utf-8
server: GitHub.com
status: 200 OK
cache-control: public, max-age=60, s-maxage=60
vary: Accept, Accept-Encoding, Accept, X-Requested-With, Accept-Encoding
etag: W/"3cbb5a2e38ac6fc92b3d798667e828c7e3584af278aa314f6eb1857bbf2593ba"
… <다른 헤더들>
Accept-Ranges: bytes
Content-Length: 2037
X-GitHub-Request-Id: 1C03:5C22:640347:81F9C5:5F70D372
[
  {
    "key": "agpl-3.0",
    "name": "GNU Affero General Public License v3.0",
    "spdx_id": "AGPL-3.0",
    "url": "https://api.github.com/licenses/agpl-3.0",
    "node_id": "MDc6TGljZW5zZTE="
  },
  {
    "key": "apache-2.0",
    "name": "Apache License 2.0",
    "spdx_id": "Apache-2.0",
    "url": "https://api.github.com/licenses/apache-2.0",
    "node_id": "MDc6TGljZW5zZTI="
  },
  …
]
```

---

[2] (옮긴이) cURL을 사용해서 응답 헤더와 본문을 얻기 위해 아래와 같이 -i 옵션을 사용해서 커맨드 창에서 실행해 보자.
```
$ curl -i https://api.github.com/licenses
```

응답의 세 번째 줄에는 콘텐츠 타입(content-type)이 포함된다. 콘텐츠 타입으로는 요청과 응답 모두 JSON을 사용할 것을 권장한다.

REST의 기본 원리를 익혔으니, 이제 우리는 REST의 첫 번째 개념인 리소스와 URI에 대해 좀 더 깊이 파고들 것이며, 이들이 무엇이고 어떻게 일반적으로 사용되는지에 대해 배울 것이다.

리소스와 URI 다루기

World Wide Web (WWW) 상의 모든 문서는 HTTP 관점에서 리소스로 여겨진다. 이 리소스는 URI로 표시되며, 서버 상의 고유 리소스를 나타내는 엔드포인트다.

로이 필딩에 따르면 URI는 WWW 주소, Universal Document Identifier (UDI), URI, Uniform Resource Locator (URL), Uniform Resource Name (URN)과 같은 여러 이름으로 알려져 있다.

URI는 무엇일까? URI는 웹에서 리소스의 위치, 이름, 또는 이 둘을 모두 사용해 리소스를 식별하는 문자열(즉, 일련의 문자)을 의미한다. URI에는 URL과 URN의 두 가지 타입이 있다.

URL은 널리 사용되며 일반 사용자에게도 익숙한 개념이다. URL이 HTTP에서만 쓰이는 것은 아니다. 실제로 FTP, JDBC 및 MAILTO 등 다른 많은 프로토콜에도 사용된다. 따라서 URL은 리소스의 네트크 위치를 식별하는 식별자 역할을 한다. 이후 절에서 더 자세히 다룬다.

URI 구문

URI 구문은 다음과 같다.

```
scheme:[//authority]path[?query][#fragment]
```

구문에 따르면 URI 컴포넌트의 목록은 아래와 같은 내용으로 구성된다.

- **스킴(Scheme)**: 공백 없는 글자 나열(character sequence)에 콜론(:)이 따라온다. 스킴은 문자로 시작하고 숫자, 문자, 마침표(.), 하이픈(-) 또는 더하기 문자(+)의 조합이 이어서 쓰인다.
  HTTP, HTTPS, MAILTO, FILE, FTP 등이 스킴의 대표적 예시다. URI 스킴은 반드시 IANA(Internet Assigned Numbers Authority)에 등록되어 있어야 한다.

- **권한(Authority)**: 선택적 필드며 //가 앞에 온다. 다음과 같은 선택적 하위 필드로 구성된다.[3]
  - **사용자 정보(Userinfo)**: 선택 사항이며 사용자 이름과 암호를 포함할 수 있는 하위 컴포넌트를 의미한다.
  - **호스트(Host)**: IP 주소 또는 등록된 호스트 또는 도메인 이름을 포함하는 하위 컴포넌트다.
  - **포트(Port)**: 콜론(:) 뒤에 오는 선택적 하위 컴포넌트다.
- **경로(Path)**: 경로에는 슬래시 문자(/)로 구분된 일련의 세그먼트가 포함된다. 앞의 깃허브 REST API 예제에서는 /licenses가 경로를 뜻한다.
- **쿼리(Query)**: 선택적 컴포넌트로 물음표(?)가 앞에 온다. 쿼리 컴포넌트는 비계층적 데이터인 쿼리 문자열이다. 쿼리 컴포넌트에서 각 매개변수는 앰퍼샌드(&)로 구분되며 매개변수 값은 등호(=) 연산자를 사용하여 할당한다.
- **프래그먼트(Fragment)**: 선택적 필드로 해시(#)가 앞에 온다. 프래그먼트 컴포넌트는 부속 리소스(secondary resource)를 가리키는 프래그먼트 식별자를 가진다.

다음으로 URI의 예를 살펴보겠다.

- www.packt.com: 이 경우 스킴이 포함되어 있지 않다. 도메인 이름만 포함하고 있고 포트가 포함되어 있지 않기 때문에 기본 포트를 의미한다.
- index.html: 스킴이나 권한이 없이 경로만 포함하고 있다.
- https://www.packt.com/index.html: 스킴, 권한 및 경로가 모두 포함되어 있다.

스킴 URI의 예시를 조금 더 살펴보자.

- mailto:support@packt.com
- telnet://192.168.0.1:23/
- ldap://[2020:ab9::9]/c=AB?objectClass?obj

---

[3] (옮긴이) URI에 대해 설명하는 RFC3986(https://datatracker.ietf.org/doc/html/rfc3986)의 내용 중 권한(Authority) 하위 필드 구성은 아래와 같다.

　　authority = [userinfo "@"] host [":" port]

> **노트**
>
> REST 관점에서 URI의 경로 컴포넌트는 리소스 경로를 나타낸다. API 엔드포인트 경로가 이를 기반으로 형성되기 때문에 매우 중요하다. 다음 예를 살펴보자.
>
> ```
> GET https://www.domain.com/api/v1/order/1
> ```
>
> 여기서 /api/v1/order/1은 경로를 나타내고 GET은 HTTP 메소드를 나타낸다.

URL이란

앞서 언급한 대부분의 URI 예시들은 사실 URL이라고도 할 수 있다. URI는 식별자이다. 반면 URL은 식별자일 뿐만 아니라 리소스에 도달하는 방법도 알려준다.

> **Request for Comments (RFC)**
>
> URI에 대한 RFC-3986(https://datatracker.ietf.org/doc/html/rfc3986)에 따라 URL이라는 용어는 URI의 부분 집합이며 리소스를 식별하는 기능뿐만 아니라 기본 액세스 메커니즘(예: 리소스의 네트워크 위치(location))을 설명하여 리소스를 찾는 방법도 제공한다.

URL은 리소스의 전체 웹 주소를 나타내며, 프로토콜 이름(스킴), 권한 컴포넌트의 일부인 호스트 이름과 포트(HTTP 포트가 80이 아닌 경우. HTTPS의 경우 기본 포트는 443이다), 경로, 선택 사항인 쿼리 및 프래그먼트 컴포넌트를 포함한다.[4]

URN이란

URN은 **urn**이라는 스킴으로 시작하는 URI 타입을 의미하며 잘 사용되지 않는다. URI에 대한 RFC-3986(https://www.ietf.org/rfc/rfc3986.txt)에서 제시하는 URN 예를 살펴보겠다.

```
urn:oasis:names:specification:docbook:dtd:xml:4.1.2
```

---

4 (옮긴이) URI에 대해 설명하는 RFC3986에 있는 URI 예시는 아래와 같다.

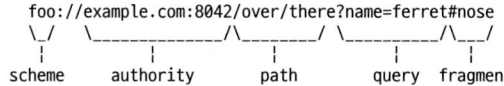

이 예는 "urn:" `<NID>` ":" `<NSS>` 구문을 따르며, 여기서 `<NID>`는 NAMESPACE IDENTIFIER이고 `<NSS>`는 Namespace-specific String이다. 이 책은 REST 구현에서 URN을 사용하지 않는다. RFC-2141에 대한 자세한 내용은 https://tools.ietf.org/html/rfc2141을 참조하기 바란다.

> **노트**
> URI에 대한 RFC-3986 (https://datatracker.ietf.org/doc/html/rfc3986)에 따르면, URN이라는 용어는 원래 RFC-2141의 "urn" 스킴이라는 항목에서 두 가지 종류의 URI를 설명하는 데 사용했다. 그 두 가지는 리소스가 더 이상 존재하지 않거나 사용할 수 없게 되는 경우에도 글로벌하게 고유하고 지속적으로 유지될 것, 그리고 이름 프로퍼티와 함께 다른 URI가 요구될 것을 의미한다.[5]

URI와 URN의 차이점과 그것들이 URI를 구성하는 방법을 이해했으니, 이제 REST를 구성하는 두 번째 개념인 HTTP 메소드와 상태 코드에 대해 알아보자.

HTTP 메소드와 상태 코드 살펴보기

HTTP는 다양한 HTTP 메소드를 제공하지만 주로 5개가 사용된다. HTTP와 연결된 CRUD(생성, 읽기, 갱신, 그리고 삭제) 오퍼레이션(operation) 메소드를 살펴보자.

- POST: 생성(Create) 또는 검색(Search)
- GET: 읽기(Read)
- PUT: 갱신(Update)
- DELETE: 삭제(Delete)
- PATCH: 부분 갱신(Partial update)

일부 조직에서는 REST 엔드포인트에서 헤더 응답을 찾으려는 시나리오를 위해 HEAD 메소드도 제공한다. 깃허브의 경우 HEAD 오퍼레이션으로 API를 실행해 헤더만 검색할 수 있다. 예를 들어 `curl --head https://api.github.com/users`를 실행하면 헤더 응답만 받아온다.

---

[5] (옮긴이) URL에는 도메인을 갱신하지 않거나 서버에 문제가 생기면 리소스에 접근할 수 없는 문제가 생긴다. 이런 문제에 대응하기 위해 도메인 이름과 독립적으로 리소스에 항구적인 ID를 부여한 것이 URN이다. ISBN-13을 이용한 URN의 예는 다음과 같다. urn:isbn:978-1800562479

> **노트**
> REST에는 어떤 오퍼레이션에 어떤 메소드를 사용해야 하는지 지정하는 요구 사항은 특별히 없다. 그러나 널리 사용되는 업계 지침 및 관행은 특정 규칙을 따를 것을 권장한다.

다음으로 각 메소드의 특징을 자세히 살펴보자.

POST

HTTP POST 메소드는 일반적으로 리소스 생성 오퍼레이션과 연결된다. 그러나 예외적으로 읽기 오퍼레이션에 POST 메소드를 사용하는 경우도 있다. 이 경우는 충분히 잘 생각해보고 POST 메소드를 채택해야 한다. 이러한 예외 중 하나는 필터 기준이 GET 호출의 길이 제한을 초과할 정도로 매개변수가 많은 검색 오퍼레이션 상황이다.

GET 쿼리의 문자열은 256자로 제한된다. 또한 GET HTTP 메소드는 최대 2,048자에서 실제 경로의 문자 수를 뺀 것으로 제한된다. 반면에 POST 메소드는 이름과 값 쌍을 제출할 때 URL의 크기의 제한이 없다.

제출된 입력 매개변수에 비공개 또는 보안 정보가 포함된 경우에도 읽기 호출에 대하여 HTTPS와 함께 POST 메소드를 사용할 수 있다.

성공적인 생성 오퍼레이션의 경우 `201 Created` 상태로 응답할 수 있고, 성공적인 검색 또는 읽기 오퍼레이션의 경우 POST HTTP 메소드를 사용한 호출이 이루어져도 `200 OK` 또는 `204 No Content` 상태 코드를 사용한다.

실패한 작업의 경우 REST 응답은 에러 타입에 따라 다른 에러 상태 코드를 가진다. 이에 대해서는 이 절의 뒷부분에서 살펴보겠다.

GET

HTTP GET 메소드는 일반적으로 리소스 읽기 오퍼레이션과 연결된다. 앞 절에서 살펴본 깃허브 시스템이 사용 가능한 라이선스를 반환한 `GET /licenses` 호출이 그 예시이다. 또한 성공적인 GET 오퍼레이션은 응답에 데이터가 포함된 경우 `200 OK` 상태 코드와 연결돼야 하고 응답에 데이터가 포함되지 않은 경우 `204 No Content`와 연결돼야 한다.

PUT

HTTP PUT 메소드는 일반적으로 리소스 갱신 오퍼레이션과 연결된다. 또한 성공적인 업데이트 작업은 응답에 데이터가 포함된 경우 `200 OK` 상태 코드와 연결돼야 하고 응답에 데이터가 포함되지 않은 경우 `204 No Content`와 연결돼야 한다. 일부 개발자는 PUT HTTP 메소드를 사용하여 기존 리소스를 교체한다. 예를 들어 깃허브 API v3에서는 PUT을 사용해 기존 리소스를 교체하는 방법을 채택했다.

DELETE

HTTP DELETE 메소드는 리소스 삭제 오퍼레이션과 연결된다. 깃허브에서는 라이선스 리소스에 대한 DELETE 작업은 제공하지 않는다. 만약 존재한다고 가정하면 `DELETE /licenses/agpl-3.0`과 매우 유사하게 보일 것이다. 성공적인 삭제 호출은 `agpl-3.0` 키와 연결된 리소스를 삭제해야 한다. 또한 성공적인 DELETE 작업은 `204 No Content` 상태 코드와 연결되어야 한다.

PATCH

HTTP PATCH 메소드는 리소스 부분 갱신 오퍼레이션과 연결된다. 또한 성공적인 PATCH 작업은 `200 OK` 상태 코드와 연결돼야 한다. PATCH는 다른 HTTP 오퍼레이션에 비해 비교적 새로운 방법이다. 몇 년 전까지만 해도 스프링은 오래된 자바 HTTP 라이브러리를 사용했기 때문에 REST 구현을 위한 PATCH 메소드의 최신 지원을 제공하지 않았다. 그러나 현재 스프링은 REST 구현에서 PATCH 메소드에 대한 내장 지원을 제공한다.

HTTP 상태 코드

HTTP의 상태 코드로는 다음과 같은 5가지 범주가 있다.

- 정보성 응답(100~199)
- 성공적인 응답(200~299)
- 리다이렉트(300~399)
- 클라이언트 에러(400~499)
- 서버 에러(500~599)

다음 표는 일반적으로 사용되는 REST 응답 상태 코드를 정리한 목록이다. 상태 코드의 전체 목록은 MDN 문서[6] 또는 RFC-7231[7]을 참조하기 바란다.

HTTP 상태 코드	설명
200 OK	이미 생성된 것 이외의 성공적인 요청
201 Created	성공적인 생성 요청
202 Accepted	요청을 받았지만 아직 액션을 취하지 않음. 서버가 요청을 수락했지만 일괄 처리와 같이 즉시 응답을 보낼 수 없는 경우에 사용
204 No Content	데이터가 없는 성공적인 오퍼레이션
304 Not Modified	캐싱(caching)을 사용. 서버가 클라이언트에 리소스가 수정되지 않았다고 응답하는 것이므로 클라이언트는 동일한 캐시 리소스를 사용할 수 있음
400 Bad Request	입력 매개변수가 올바르지 않거나 누락되었거나 요청 자체가 불완전하여 실패한 오퍼레이션
401 Unauthorized	인증되지 않은 요청이어서 실패한 오퍼레이션. 명세서에서는 인가되지 않은 것(unauthorized)으로 묘사되어 있으나 의미상으로는 인증되지 않음(unauthenricated)의 의미[8]
403 Forbidden	호출이 인가되지 않아서 실패한 오퍼레이션
404 Not Found	요청한 리소스가 존재하지 않아서 실패한 오퍼레이션
405 Method Not Allowed	요청한 리소스에 대한 메소드가 허락되지 않아서 실패한 오퍼레이션
409 Conflict	중복된 생성 오퍼레이션을 시도하는 경우 실패한 오퍼레이션
429 Too Many Requests	사용자가 정해진 시간에 너무 많은 요청("rate limiting")을 보내서 실패한 오퍼레이션
500 Internal Server Error	서버 에러로 인해 실패한 오퍼레이션. 일반적인 에러
502 Bad Gateway	업스트림 서버(upstream server) 호출이 실패하여 실패한 오퍼레이션. 예를 들어 앱이 외부 결제 서비스를 호출했으나 그 호출이 실패한 경우
503 Service Unavailable	과부하 또는 서비스 실패 등 서버에서 예상하지 못한 일이 발생하여 실패한 오퍼레이션

REST의 핵심 구성 요소인 URI 형태의 엔드포인트, 메소드, 상태 코드에 대해 논의했다. 이제 RPC 스타일과 구별되는 REST 개념의 근간인 HATEOAS를 살펴보자.

---

[6] https://developer.mozilla.org/en-US/docs/Web/HTTP/Status
[7] https://tools.ietf.org/html/rfc7231
[8] (옮긴이) 인증(authentication)은 사용자가 누구인지 확인하는 절차이고, 인가(authorization)는 사용자가 요청하는 요청을 실행할 수 있는 권한이 있는지를 확인하는 절차다.

HATEOAS이란

RESTful 웹 서비스는 HATEOAS라는 하이퍼미디어(hypermedia)를 통해 동적으로 정보를 제공한다. 하이퍼미디어는 REST 호출 응답으로 수신하는 콘텐츠의 일부이다. 이 하이퍼미디어 콘텐츠에는 텍스트, 이미지, 비디오와 같은 다양한 타입의 미디어에 대한 링크가 포함되어 있다.

하이퍼미디어 링크는 HTTP 헤더나 응답 본문에 포함될 수 있다. 깃허브 API를 살펴보면 API가 헤더와 응답 본문 모두에 하이퍼미디어 링크를 제공한다는 것을 알 수 있다. 깃허브에서는 페이징 관련 링크를 포함하기 경우 "Link"라는 헤더를 사용한다. 또한 깃허브 API의 응답을 보면 접미사가 "url"인 키를 갖는 다른 리소스 관련 링크도 찾을 수 있다. GET /users 리소스를 요청하고 응답을 분석하는 아래 예제를 참고하기 바란다.

```
$ curl -v https://api.github.com/users
```

위 요청에 대한 응답으로는 다음과 같은 출력이 표시된다.

```
Trying 20.207.73.85:443...* Connected to api.github.com (20.207.73.85) port 443 (#0)
… < 추가 데이터 >
…
> GET /users HTTP/2
> Host: api.github.com
> user-agent: curl/7.78.0
… < 추가 데이터 >
< HTTP/2 200
< server: GitHub.com
< date: Sun, 28 Aug 2022 04:31:50 GMT status: 200 OK
< content-type: application/json; charset=utf-8
…
< link: <https://api.github.com/users?since=46>; rel="next", <https://api.github.com/
users{?since}>; rel="first"
…
[
  {
    "login": "mojombo",
    "id": 1,
    "node_id": "MDQ6VXNlcjE=",
```

```
    "avatar_url": "https://avatars.githubusercontent.com/u/1?v=4",
    "gravatar_id": "",
    "url": "https://api.github.com/users/mojombo",
    "html_url": "https://github.com/mojombo",
    "followers_url": "https://api.github.com/users/mojombo/followers",
    "following_url": "https://api.github.com/users/mojombo/following{/other_user}",
    "gists_url": "https://api.github.com/users/mojombo/gists{/gist_id}",
    "starred_url": "https://api.github.com/users/mojombo/starred{/owner}{/repo}",
    "subscriptions_url": "https://api.github.com/users/mojombo/subscriptions",
    "organizations_url": "https://api.github.com/users/mojombo/orgs",
    "repos_url": "https://api.github.com/users/mojombo/repos",
    "events_url": "https://api.github.com/users/mojombo/events{/privacy}",
    "received_events_url": "https://api.github.com/users/mojombo/received_events",
    "type": "User",
    "site_admin": false
  },
  …
  …< 추가 데이터 >
]
```

위에 나온 출력에서, "Link" 헤더에 페이지 매김 정보가 포함된 것을 확인할 수 있다. "다음(next)" 페이지 및 "첫(first)" 페이지에 대한 링크가 응답의 일부로 제공됐다. 또한 응답 본문에서 "avatar_url" 또는 "followers_url"과 같이 다른 하이퍼미디어에 대한 링크를 제공하는 많은 URL도 찾을 수 있다.

REST 클라이언트 측에서는 하이퍼미디어에 대한 일반적인 이해가 필요하다. 이 경우 REST 클라이언트는 서버와 상호 작용하는 방법에 대한 특정 지식 없이도 RESTful 웹 서비스와 상호 작용할 수 있다. 정적인 REST API 엔드포인트를 호출하기만 하면 추가 상호 작용을 위한 동적 링크가 응답의 일부로 수신된다. REST를 사용하면 클라이언트가 링크들을 훑어서 적절한 리소스를 동적으로 탐색할 수 있다. REST 클라이언트는 사람이 웹 페이지를 보고 링크를 클릭하는 것과 유사한 방식으로 다른 리소스를 탐색할 수 있다. 간단히 말해서 REST 클라이언트는 이러한 링크를 사용하여 사람처럼 리소스를 찾는다.

HATEOAS는 REST의 매우 중요한 개념으로 REST와 RPC를 구분하는 개념 중 하나다. 로이 필딩조차도 특정 REST API 구현에 대해 매우 관심을 갖고 2008년에 자신의 블로그에 'REST APIs must be hypertext-driven(REST API는 하이퍼텍스트 기반이어야 한다)'[9]라는 제목의 글을 올린 바 있다.

---

[9] https://roy.gbiv.com/untangled/2008/rest-apis-must-be-hypertext-driven

그렇다면 하이퍼텍스트와 하이퍼미디어의 차이점은 무엇일까? 본질적으로 하이퍼미디어는 하이퍼텍스트의 확장된 버전일 뿐이다.

> **하이퍼미디어와 하이퍼텍스트의 차이점은 무엇인가?**
>
> 로이 필딩은 다음과 같이 설명한다.
>
> "내가 하이퍼텍스트라고 말할 때 그 의미는 정보와 제어를 동시에 표시하는 것이며 그래서 정보는 어포던스(Affordance)[10]가 되어 사용자(또는 자동 장치)가 선택지를 얻고 액션을 선택하게 한다. 하이퍼미디어는 미디어 스트림 안에서 시간의 제약을 받는 앵커를 포함하는 것으로 텍스트의 의미를 확장한 것뿐이다. 대부분의 연구자들은 그 구분을 포기했다. 하이퍼텍스트는 브라우저 상의 HTML일 필요가 없다. 기계가 데이터 형식과 관계 타입을 이해한다면 링크를 따라갈 수 있다."

REST에 대해 이해했으니, 다음 절에서 REST의 모범 사례를 살펴보자.

REST API 설계 베스트 프랙티스

실무에서 API는 설계를 먼저하고 이후 구현하는 방식으로 만들어진다. 이 책도 실무와 같이 먼저 다음 절에서 설계 관련 베스트 프랙티스를 살펴본다. REST API를 구현하면서 관련 베스트 프랙티스도 살펴본다.

엔드포인트 경로에서 리소스의 이름을 지정할 때 동사형이 아닌 명사형 단어를 사용

앞에서 살펴보았듯 HTTP 메소드는 동사형 단어로 지정하는 것이 원칙이다. 따라서 경로에까지 동사를 사용하는 것은 중복이며 당신의 호출을 GET /getlicenses와 같이 RPC 엔드포인트처럼 보이게 만든다. REST에서는 명령이 아닌 상태를 전송하기 때문에 엔드포인트 경로에는 항상 리소스 이름을 사용해야 한다. 예를 들어 사용 가능한 라이선스를 검색하는 깃허브 라이선스 API를 살펴보자. 깃허브에서 이 API는 GET /licenses로 REST의 규칙을 완벽하게 따른다. 해당 엔드포인트에 동사를 사용하는 경우 GET /getlicenses가 될 것이다. 이 경우도 여전히 작동은 하겠지만 상태를 전송하는 용도가 아닌 처리 명령을 전달하기 때문에 의미상 REST 규칙에 어긋난다. 엔드포인트 경로에는 리소스 이름만을 사용하자.

---

[10] (옮긴이) https://ko.wikipedia.org/wiki/어포던스 아래 내용을 참고하기 바란다.
"**어포던스**(Affordance)는 어떤 행동을 유도한다는 뜻으로 **행동유도성**이라고도 한다."

한편 깃허브의 공개 API는 라이선스 리소스에 대해 CRUD 오퍼레이션 중 읽기 오퍼레이션만 제공한다. 나머지 오퍼레이션을 설계해본다면 경로는 다음과 같을 것이다.

- `POST /licenses`: 새 라이선스 생성.
- `PATCH /licenses/{license_key}`: 부분 업데이트용. 이 경우 경로는 매개변수(즉, 식별자)를 갖는데, 이 매개변수는 경로를 동적으로 만든다. 여기서 라이선스 키는 라이선스 컬렉션 안에서 고유한 값이고 식별자로 사용된다. 각 라이선스에는 고유한 키가 있다. 이 호출은 주어진 라이선스 안에서 갱신을 수행해야 한다. 깃허브에서 리소스 교체를 위해 PUT을 사용한다는 것을 떠올려 보자.
- `GET /licenses/{license_key}`: 라이선스 정보를 가져오기 위한 API. `GET /licenses` 호출에 대한 응답으로 받은 모든 라이선스로 이 작업을 시도할 수 있다. `GET /licenses/agpl-3.0`처럼 사용된다.

HTTP 메소드를 사용하고 리소스 경로에 명사를 사용하면 위 예시와 같이 모호함을 해결할 수 있다.

엔드포인트 경로에서 컬렉션 리소스의 이름을 지정할 때 복수형을 사용

깃허브 라이선스 API를 살펴보면 리소스 이름이 복수형으로 제공되는 것을 확인할 수 있다. 리소스가 컬렉션을 나타내는 경우 이처럼 복수형을 사용하는 것이 좋다. 따라서 `/license` 대신 `/licenses`를 사용할 수 있다. `GET` 호출은 라이선스 컬렉션을 반환한다. 깃허브는 라이선스가 부여된 리소스에 대해 생성, 업데이트, 삭제와 같은 공개적인 작업을 허용하지 않는다. 만약 허용된다면, `POST` 호출은 기존 라이선스 컬렉션에 새로운 라이선스를 생성할 것이다. 마찬가지로, `DELETE`와 `PATCH` 호출에는 특정 라이선스를 식별하기 위해 라이선스 키가 사용되며, 각각 삭제 및 소규모 업데이트 작업을 수행한다.

하이퍼미디어 사용(HATEOAS)

하이퍼미디어(다른 리소스에 대한 링크)는 REST 클라이언트의 작업을 더 쉽게 만든다. 응답에 명시적 URL 링크를 제공하면 두 가지 장점이 있다. 첫째, REST 클라이언트가 자체적으로 REST URL을 구성할 필요가 없다. 둘째, 엔드포인트 경로의 모든 업그레이드가 자동으로 처리되므로 클라이언트와 개발자를 위한 업그레이드가 더 쉽다.

API 버전 관리

API 버전 관리는 향후 업그레이드의 핵심이다. API는 시간이 지남에 따라 계속 변경되지만 여전히 이전 버전을 사용하는 고객도 있을 수 있다. 따라서 애플리케이션은 여러 버전의 API를 지원해야 한다.

API 버전은 다음과 같은 여러 가지 방법으로 관리한다.

- **헤더 사용**: 깃허브 API는 이 접근 방식을 사용한다. 여기에 요청을 처리해야 하는 API 버전을 알려주는 Accept 헤더를 추가할 수 있다. 다음의 예를 살펴보자.

    ```
    Accept: application/vnd.github.v3+json
    ```

    이 접근 방식은 기본 버전을 설정하는 이점을 제공한다. Accept 헤더가 없으면 기본 버전으로 연결돼야 한다. 하지만, 버전 관리 헤더를 사용하는 REST 클라이언트가 API의 최근 업그레이드 후 변경되지 않으면 기능이 중단될 수 있다. 따라서 버전 관리 헤더 사용을 권장한다.

- **엔드포인트 경로 사용**: 이 접근 방식에서는 엔드포인트 경로 자체에 버전을 추가한다. 예를 들어 https://demo.app/api/v1/persons에서 v1은 버전 1이 경로 자체에 추가돼 있음을 의미한다.

    기본 버전 관리를 즉시 설정할 수는 없다. 그러나 요청 포워딩과 같은 다른 방법을 사용해 이 제한을 극복할 수 있다. 클라이언트는 이 접근 방식으로 항상 의도된 버전의 API를 사용한다.

각자의 선호와 관점에 따라 위의 두 가지 버전 관리 방법 중 하나를 선택할 수 있다. 그러나 버전 관리는 항상 사용해야 한다.

중첩된 리소스

중첩되거나 특정 관계가 있는 리소스에 대한 엔드포인트는 어떻게 구성해야 할까? 전자 상거래 서비스를 만든다고 가정하고 고객 리소스의 몇 가지 예를 살펴보겠다.

- `GET /customers/1/addresses`: 고객 1의 주소 모음을 반환한다.
- `GET /customers/1/addresses/2`: 고객 1의 두 번째 주소를 반환한다.
- `POST /customers/1/addresses`: 고객 1의 주소에 새 주소를 추가한다.
- `PUT /customers/1/address/2`: 고객 1의 두 번째 주소를 대체한다.
- `PATCH /customers/1/address/2`: 고객 1의 두 번째 주소를 부분적으로 갱신한다.
- `DELETE /customers/1/address/2`: 고객 1의 두 번째 주소를 삭제한다.

여기까지는 그런대로 잘 구성했다. 한편 완전히 분리된 주소(addresses) 리소스를 가진 엔드포인트(`GET /addresses/2`)는 어떻게 구성해야 할까? 이런 엔드포인트는 나름 의미가 있으며, 분리된 리소스 엔드포인트를 요구하는 관계가 있는 경우에 필요한 엔드포인트다. 예를 들어 주문 및 결제 과정에

/orders/1/payments/1 대신에 별도의 /payments/1라는 엔드포인트를 선호할 수도 있다. 마이크로서비스로 구성된 애플리케이션이라면 후자가 더 합리적이다. 예를 들어 주문과 결제에 대해 별개의 RESTful 웹 서비스가 있을 수도 있으니 말이다.

이 접근 방식을 하이퍼미디어와 결합하면 작업이 더 쉬워진다. 고객 1에게 REST API 요청을 하면 고객 1의 데이터와 주소 링크를 하이퍼미디어(즉, 링크)로 제공한다. 주문에도 마찬가지다. 주문의 경우 결제 링크를 하이퍼미디어로 얻을 수 있다.

그러나, 어떤 경우에는 하이퍼미디어 URL을 사용해 관련 리소스를 가져오는 것보다 단일 요청으로 구성된 응답을 원할 수도 있다. 이런 응답을 사용하면 웹 조회 수가 줄어든다. 그러나 일반적인 규칙은 없다. 플래그 오퍼레이션의 경우 중첩된 엔드포인트 접근 방식을 사용하는 것이 좋다. 예를 들면 깃허브 API의 경우 PUT /gist/2/star (별 추가) 및 DELETE /gist/2/star (별 취소)를 사용한다.

또한 일부 시나리오에서는 검색 작업과 같이 여러 리소스가 관련된 경우 적절한 리소스 이름을 찾지 못할 수 있다. 이 경우 direct/search 엔드포인트를 사용해야 하는데, 이는 예외적인 경우다.

API 보안

보안이 필요한 API는 세심한 주의가 필요한 분야다. 아래의 몇 가지 권장 사항을 살펴보자.

- 암호화된 통신을 위해 항상 HTTPS를 사용한다.
- 항상 OWASP의 주요 API 보안 위협 및 취약점을 살핀다. 이것들은 웹사이트[11] 또는 깃허브 리포지토리[12]에서 찾을 수 있다.
- 보안 REST API에는 인증이 있어야 한다. REST API는 스테이트리스(stateless)라는 특징을 가지고 있다. 따라서 REST API는 쿠키나 세션을 사용해서는 안 된다. 대신 JWT 또는 OAuth 2.0 기반 토큰을 사용하여 보안을 유지해야 한다.

문서 유지 관리

문서는 쉽게 접근할 수 있어야 하고 각 버전의 최신 내용을 담고 있어야 한다. 그러므로 항상 샘플 코드와 예제를 제공하는 것이 좋다. 이는 개발자의 통합 작업을 돕는다.

---

11 https://owasp.org/www-project-api-security
12 https://github.com/OWASP/API-Security

변경 로그 또는 릴리스 로그에는 영향을 받는 모든 라이브러리가 나열되어야 하며, 일부 API가 더 이상 사용되지 않는 경우에는 교체되는 API 또는 해결 방법을 문서 안에 자세히 설명해야 한다.

권장되는 상태 코드 준수

HTTP 메소드와 상태 코드 살펴보기 절에서 상태 코드에 대해 이미 살펴본 바 있다. 해당 장에서 논의된 것과 동일한 지침을 따른다.

캐싱 보장

HTTP는 자체적으로 캐싱 메커니즘을 제공한다. REST API 응답에 추가 헤더만 제공하면 된다. 응답을 받은 REST 클라이언트는 캐싱 관련 헤더가 추가된 응답을 가지고 유효성을 검사하여 호출할지 아니면 캐시된 응답을 사용할지 확인한다. 이제 REST API 응답에 추가 헤더를 제공하는 두 가지 방법을 살펴보겠다.

- **ETag**: ETag는 리소스 표현(즉, 응답 객체)의 해시 또는 체크섬 값을 포함하는 특별한 헤더 값이다. 이 값은 응답 표현에 맞게 변경돼야 한다. 리소스 응답이 변경되지 않으면 동일하게 유지된다.

    ETag를 설정하면 클라이언트는 ETag 값을 포함하는 If-None-Match라는 다른 헤더 필드와 함께 요청을 보낼 수 있다. 서버가 이 요청을 수신하고 리소스 표현 값의 해시 또는 체크섬 값이 If-None-Match와 다르다는 것을 발견한 경우에만 새로운 표현과 ETag 헤더에 이 해시값을 응답으로 반환한다. 동일하다고 판단되면 서버는 단순히 304(Not Modified) 상태 코드로 응답해야 한다.

- **Last-Modified**: 접근 방식은 ETag 방식과 동일하다. 다만 해시 또는 체크섬을 사용하는 대신 RFC-1123 형식의 타임스탬프 값(Last-Modified: Wed, 21 Oct 2015 07:28:00 GMT)을 사용하며 ETag보다 정확도가 떨어진다.

    여기서 클라이언트는 Last-Modified 응답 헤더에서 받은 값과 함께 If-Modified-Since 헤더를 보낸다. 서버는 리소스 수정된 타임스탬프 값을 If-Modified-Since 헤더 값과 비교하고 일치하는 경우 304 상태를 보낸다. 그렇지 않으면 새로운 Last-Modified 헤더와 함께 응답을 보낸다.

단위시간당 요청량 제한(Rate limit) 유지 관리

이는 API의 남용을 방지하려는 경우에 중요하다. HTTP 상태 코드 **429 Too Many Requests**는 단위시간당 요청량 제한을 초과할 때 사용된다. 현재, 단위시간당 요청량 제한이 초과되기 전에 클라이언트에게 경고를 전달하는 표준 상태 코드는 없다. 그러나 응답 헤더를 사용하여 이것에 대해 통신하는 널리 사용되는 방법이 있다. 아래 방법을 살펴보자.

- X-Ratelimit-Limit: 현재 기간에 허용된 요청 수. (예) X-Ratelimit-Limit: 60
- X-Ratelimit-Remaining: 현재 기간에 남은 요청 수. (예) X-Ratelimit-Remaining: 55
- X-Ratelimit-Reset: 현재 기간의 남은 시간(초). (예) X-Ratelimit-Reset: 1601299930
- X-Ratelimit-Used: 현재 기간에 사용된 요청 수. (예) X-Ratelimit-Used: 5. 이 정보는 클라이언트가 주어진 기간 동안 사용 가능한 API 호출의 총 수를 추적하는 데 사용될 수 있다.

지금까지 REST와 관련된 다양한 개념을 살펴보았다. 다음으로 이 책에서 사용할 샘플 앱을 소개하겠다.

전자 상거래 앱 소개

책에서 예시로 사용할 전자 상거래 앱은 간단한 온라인 쇼핑 애플리케이션으로, 사용자에게 다음과 같은 기능을 제공한다.

- 제품 둘러보기
- 카트(장바구니)에 담긴 제품을 추가/제거/갱신하기
- 주문하기
- 배송 주소 변경하기
- 단일 통화 지원

전자 상거래는 매우 인기 있는 도메인이다. 기능을 살펴보자면 경계 컨텍스트(bounded context)를 사용하여 애플리케이션을 다음 하위 도메인으로 나눌 수 있다.

- 사용자(Users): 이 하위 도메인은 사용자와 관련이 있다. 이 도메인에는 사용자 관리를 위한 REST API를 제공하는 users RESTful 웹 서비스를 추가해보겠다.
- 카트(Carts): 이 하위 도메인은 카트(장바구니)와 관련이 있다. 이 도메인에는 카트 관리를 위한 REST API를 제공하는 carts RESTful 웹 서비스를 추가할 예정이다. 사용자는 카트 아이템에 대해 CRUD 작업을 수행할 수 있어야 한다.
- 제품(Products): 이 하위 도메인은 제품 카탈로그와 관련이 있다. 이 도메인에는 제품 검색 및 검색을 위한 REST API를 제공하는 products RESTful 웹 서비스를 추가할 예정이다.
- 주문(Orders): 이 하위 도메인은 주문과 관련이 있다. 이 도메인에는 사용자가 주문할 수 있도록 REST API를 제공하는 orders RESTful 웹 서비스를 추가해 보겠다.

- 결제(Payment): 결제와 관련된 하위 도메인이다. 이 도메인에는 결제 처리를 위한 REST API를 제공하는 `payment` RESTful 웹 서비스를 추가해 보자.
- 배송(Shipping): 이 하위 도메인은 배송과 관련이 있다. 여기에는 주문 추적 및 배송을 위한 REST API를 제공하는 `shipping` RESTful 웹 서비스를 추가할 예정이다.

다음은 앱 아키텍처를 시각적으로 나타낸 그림이다.

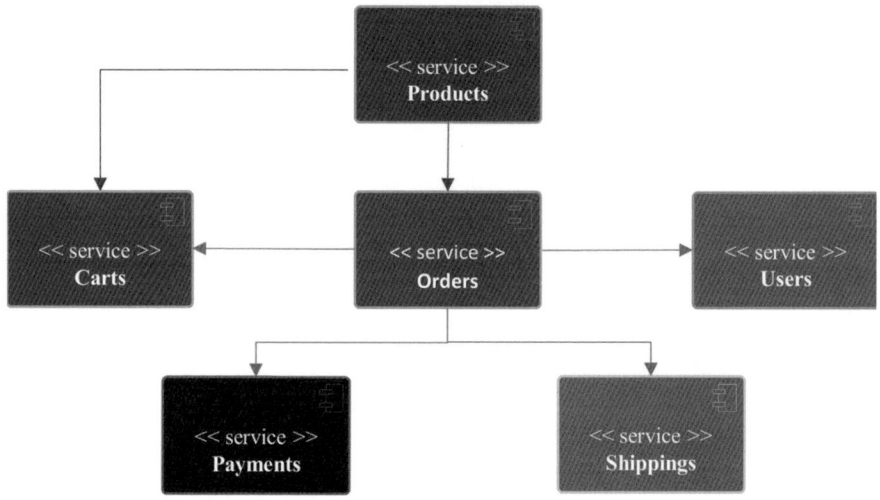

그림 1.1 – 전자 상거래 앱 아키텍처

이제부터 이런 구조를 가진 전자 상거래 앱의 각 하위 도메인에 대해 RESTful 웹 서비스를 구현하게 된다. 구현은 단순하게 유지하면서 핵심 개념들을 배우는 데 집중하여 진행하겠다.

요약

이 장에서 REST 아키텍처 스타일의 기본 개념과 핵심 개념인 리소스, URI, HTTP 메소드, HATEOAS에 대해 배웠다. 이제 HTTP를 기반으로 하는 REST가 어떻게 통합을 단순하게 하고 쉽게 만드는지를 알게 됐다. 또한 의미 있는 방식으로 REST API를 작성할 수 있는 다양한 HTTP 개념을 살펴보았다. HATEOAS가 왜 REST 구현의 필수적인 부분인지도 배웠고, REST API를 설계하기 위한 베스트 프랙티스도 다뤄보았다. 전자 상거래 앱에 대한 개요도 살펴보았다. 이 샘플 앱은 책 전반에서 사용될 예정이다.

이 장에서 배운 REST 개념은 REST 구현을 위한 기반이 될 것이다. 이제 이 장에서 배운 모범 사례를 활용하여 최신 REST API를 설계하고 구현할 수 있다.

다음 장에서는 스프링 프레임워크의 개요와 기본사항에 대해 학습해보자.

질문

1. RESTful 웹 서비스가 업계 표준으로 널리 보급된 이유는 무엇인가?
2. RPC와 REST의 차이점은 무엇인가?
3. HATEOAS를 다른 사람에게 설명하려면 어떻게 설명할 수 있을까?
4. 서버 관련 문제에는 어떤 에러 코드를 사용해야 할까?
5. REST 엔드포인트를 구성하기 위해 동사를 사용해야 하는가, 그 이유는 무엇인가?

답변

1. RESTful 서비스는 인터넷의 근간인 HTTP 위에서 작동하기 때문에 인기를 얻었다. SOAP과 같은 별도의 프로토콜 구현이 필요 없다. 기존 웹 기술을 사용해 다른 기술들보다 간단한 애플리케이션 통합으로 REST API를 구현할 수 있다. REST API는 사용 가능한 다른 기술보다 애플리케이션 통합을 더 간단하게 만든다.

    RESTful 서비스는 웹 리소스 위에서 작동하는 REST를 기반으로 한다. 리소스는 도메인 모델을 나타낸다. 웹 리소스에서 수행되는 동작은 HTTP 메소드를 사용하여 정의된다. REST는 HATEOAS 구현을 통해 제공되는 링크를 기반으로 클라이언트가 동작을 수행할 수 있도록 한다. 이는 마치 브라우저에서 탐색하는 사람처럼, 사용자가 웹을 통해 정보를 찾고 탐색할 수 있게 해준다.

2. RPC는 동작을 수행하는 함수와 유사하다. RPC 엔드포인트는 각 동작에 대해 별도의 URL을 만들기 위해 동사를 기반으로 직접 구성된다. 반면에 REST URL은 명사를 대표하며, 다양한 오퍼레이션에 대해 같은 URL을 사용할 수 있다. 예를 들면 아래와 같다.

    ```
    RPC: GET localhost/orders/getAllOrders
    REST: GET localhost/orders
    RPC: POST localhost/orders/createOrder
    REST: POST localhost/orders
    ```

3. HATEOAS를 통해 RESTful 웹 서비스는 하이퍼미디어를 통해 동적으로 정보를 제공한다. 하이퍼미디어는 REST 호출 응답에서 받는 콘텐츠의 일부다. 이 하이퍼미디어 콘텐츠에는 텍스트, 이미지, 비디오와 같은 다양한 미디어 유형의 링크가 포함되어 있다. 기계, 즉 REST 클라이언트/브라우저는 데이터 형식과 관계 유형을 이해할 때 링크를 따라갈 수 있다.

4. 500 상태 코드는 일반적인 서버 오류에 사용해야 하며, 502 상태 코드는 상위 서버가 실패했을 때 사용하는 것이 적절하다. 503 상태 코드는 서버가 과부하와 같은 예상치 못한 이벤트에 직면했을 때 사용된다.

5. REST 엔드포인트를 형성할 때 동사를 사용해서는 안 된다. 대신, 도메인 모델을 나타내는 명사를 리소스로 사용해야 한다. HTTP 메소드는 리소스에 대해 수행되는 동작을 정의하는 데 사용되며, 예를 들어 생성을 위한 POST와 검색을 위한 GET 등이 있다.

추가 읽을거리

- 〈Architectural Styles and the Design of Network-based Software Architectures(아키텍처 스타일 및 네트워크 기반 소프트웨어 아키텍처 설계)〉: https://www.ics.uci.edu/~fielding/pubs/dissertation/top.htm

- URI 일반 구문(RFC-3986): https://tools.ietf.org/html/rfc3986

- URN 구문(RFC-2141): https://tools.ietf.org/html/rfc2141

- HTTP 응답 상태 코드(RFC 7231): https://tools.ietf.org/html/rfc7231

- HTTP 응답 상태 코드(Mozilla 개발자 네트워크): https://developer.mozilla.org/en-US/docs/Web/HTTP/Status

- 〈REST APIs must be hypertext-driven(REST API는 하이퍼텍스트 기반이어야 한다)〉: https://roy.gbiv.com/untangled/2008/rest-apis-must-be-hypertext-driven

- URI 템플릿에 대한 RFC: https://tools.ietf.org/html/rfc6570

- OWASP API 보안 프로젝트: https://owasp.org/www-project-api-security/와 https://github.com/OWASP/API-Security

02

스프링의 개념과 REST API

이전 장에서는 REST 아키텍처 스타일을 살펴보았다. 스프링과 스프링 부트를 사용하여 RESTful 웹 서비스를 구현하려면 기본 스프링 개념에 대한 적절한 이해가 필요하다. 이 장에서는 스프링 프레임워크를 사용하여 RESTful 웹 서비스를 구현하는 데 필요한 스프링 기본사항과 기능에 대해 다룬 후 샘플 전자상거래 앱을 개발하는 데 필요한 기술적 관점을 제공한다. RESTful API 구현에 필요한 스프링 기본사항을 이미 알고 있다면 다음 장으로 넘어가도 좋다.

이 장의 중심 주제는 다음과 같다.

- 스프링 소개
- 스프링 프레임워크의 기본 개념 이해
- 서블릿 디스패처(Servlet Dispatcher) 활용

기술 요구 사항

이 장에서는 개념을 다루며 실제 프로그램이나 코드를 다루지는 않는다. 그러나 기본적인 자바 지식은 필요하다.

이 책의 코드는 깃허브 저장소의 Chapter02 폴더에 있는 코드를 참조하기 바란다.

스프링 패턴과 패러다임 이해하기

스프링은 자바 언어로 작성된 프레임워크다. 스프링 데이터(Data), 스프링 시큐리티(Security), 스프링 클라우드(Cloud), 스프링 웹(Web) 등 많은 모듈을 제공하며 엔터프라이즈 애플리케이션을 구축하는 데 널리 사용된다. 스프링은 처음에 **자바 엔터프라이즈 버전**(JEE: Java Enterprise Edition)의 대안으로 여겨졌다. 그러나 금세 자바 EE보다 선호도가 높아졌다. 스프링은 기본적으로 **제어 역전**(IoC: Inversion of Control)이라고도 알려진 **의존성 주입**(DI: Dependency Injection), 그리고 **관점 지향 프로그래밍**(AOP: Aspect-Oriented Programming)을 지원한다. 스프링은 자바 외에 그루비(Groovy) 및 코틀린(Kotlin)과 같은 다른 JVM 언어도 지원한다.

스프링 부트의 도입 덕분에 웹 서비스 구축에 소요되는 개발 시간이 획기적으로 줄었다. 이는 스프링이 인기를 얻은 큰 이유 중 하나이기도 하다.

스프링의 기초 개념을 다루려면 별도의 책이 필요하다. 여기서는 간결하면서도 자세하게 REST 구현 관련 지식을 파악하고 필요한 모든 기능을 다루려고 노력할 것이다.

나아가기 전에, 스프링의 기반이 되는 원칙과 디자인 패턴, 특히 IoC, DI, 그리고 AOP를 이해해야 한다.

IoC란

전통적인 CLI 프로그램은 흐름이 프로그래머에 의해 결정되고 코드가 하나씩 순차적으로 실행되는 전형적인 절차적 프로그래밍 구현 방법이다. 그러나 UI 기반의 OS 응용 프로그램은 사용자 입력과 이벤트를 기반으로 프로그램의 흐름이 결정되는 동적인 방법이다.

절차적 프로그래밍 방식이 주류였던 과거에는 전통적인 절차적 방식(프로그래머가 흐름을 지시)에서 프레임워크나 컴포넌트 같은 외부 소스가 프로그램의 제어 흐름을 결정하도록 바꾸는 방법을 찾아야 했다. 이것을 IoC라고 한다. 현재 IoC는 매우 일반적인 원칙이자 거의 모든 프레임워크의 일부분이다.

객체 지향 프로그래밍(object-oriented programming, OOP) 접근 방식이 등장하면서 프레임워크들에 의존성 주입을 지원하는 IoC 컨테이너 패턴 구현이 보편화됐다.

DI란

일부 데이터를 데이터베이스에서 가져오는 프로그램을 작성한다고 가정해 보자. 프로그램은 데이터베이스 연결에 JDBC 데이터베이스 연결 객체를 사용할 수 있다. 프로그램 안에서 데이터베이스 연결 객체를 인스턴스화하고 즉시 할당할 수도 있다.

또는 생성자나 설정자(setter)/팩토리(factory) 메소드 매개변수로도 연결 객체를 사용할 수 있다. 그러면 프레임워크는 설정에 따라 연결 객체를 만들고 런타임에 그 객체를 프로그램에 할당한다. 프레임워크는 실제로 런타임에 연결 객체를 주입하며, 이것을 DI라고 한다. 스프링은 클래스 구성(composition)을 위해 DI를 지원한다.

> **노트**
> 의존성을 사용할 수 없거나, 하나 이상의 객체 타입이 후보로 있을 때 적절한 객체 이름이 표시되어 있지 않으면 스프링 프레임워크는 런타임 에러를 발생시킨다. 이와는 대조적으로 Dagger와 같은 일부 프레임워크는 컴파일시 의존성을 확인한다.

DI는 IoC의 한 타입이다. IoC 컨테이너는 구현 객체를 만들고 유지 관리한다. 이러한 타입의 객체(다른 객체가 필요로 하는 객체 – 일종의 의존성)는 그 객체를 필요로 하는 객체의 생성자, 설정자 또는 인터페이스 안에서 주입된다. 이것은 인스턴스화를 분리하고 런타임에 의존성 주입을 허용한다. 의존성 주입을 위해 Service Locator 패턴을 사용할 수도 있다. 그러나 이 책은 IoC 패턴 접근 방식을 사용한다. 다음 절에서 코드 예제를 통해 더 자세히 살펴보겠다.

AOP란

AOP는 OOP와 함께 작동하는 프로그래밍 패러다임이다. OOP에서는 한 클래스에서 하나의 책임만 다루는 것이 좋은 관행이며, 이 원칙은 **단일 책임 원칙(SRP, Single Responsibility Principle)**이라고 불린다. 이 원칙은 모듈, 클래스, 메소드에 적용된다. 예를 들어, 자동차 도메인의 애플리케이션에서 기어 클래스를 작성한다면, 기어 클래스는 기어 객체와 관련된 기능만 허용해야 하며, 제동과 같은 다른 기능을 수행해서는 안 된다. 하지만 프로그래밍 모델에서는 종종 하나 이상의 클래스에 걸쳐 있는 기능이나 함수가 필요하다. 실제로 일부 애플리케이션에서는 대부분의 클래스가 로깅이나 메트릭(metrics)와 같은 기능을 사용한다.

로깅, 보안, 트랜잭션 관리, 메트릭과 같은 기능은 여러 클래스/모듈에서 필요하다. 이러한 기능의 코드는 여러 클래스에 나뉘어 있다. OOP에서는 이러한 기능을 추상화하고 캡슐화할 방법이 없다. AOP

가 필요한 이유다. 이러한 기능들은 객체 모델의 여러 지점을 가로지르는 횡단 관심사(cross-cutting concerns)다. AOP는 여러 클래스/모듈에서 이러한 관점(aspect)을 처리할 수 있게 한다.

AOP를 사용하면 다음과 같은 것을 할 수 있다.

- 횡단 관심사를 추상화하고 캡슐화한다.
- 코드의 여러 부분에 걸쳐 관점 동작을 추가한다.
- 코드를 쉽게 유지하고 확장할 수 있도록 횡단 관심사에 대한 코드를 모듈화한다.

AOP가 없으면 위의 목표들을 달성하는 것이 어렵고 복잡해진다.

이 절은 IoC, DI 및 AOP를 개념적으로 설명한다. 다음 절에서는 이러한 패턴과 패러다임을 코드로 구현하는 방법을 자세히 살펴볼 것이다.

이제 스프링 프레임워크의 기본사항과 기본 빌딩 블록을 살펴보자.

IoC 컨테이너 이해하기

스프링 프레임워크의 중추는 bean의 라이프 사이클을 담당하는 IoC 컨테이너다. 스프링에서는 자바 객체가 IoC 컨테이너에 의해 인스턴스화 되고, 조합되고 관리되는 경우 bean으로 만들 수 있다. 여러분은 애플리케이션을 위해 객체라고도 부르는 n개의 bean을 생성한다. bean은 다른 객체의 작동을 요구하는 의존성을 가진다. IoC 컨테이너는 이런 bean을 생성할 때 객체의 의존성을 주입하는 역할을 한다. 스프링 컨텍스트에서 IoC는 DI라고도 한다.

> **노트**
> 스프링 프레임워크에 대한 자세한 내용은 스프링 문서 (https://docs.spring.io/spring-framework/docs/current/spring-framework-reference/)를 참조하기 바란다.

스프링 프레임워크의 IoC 컨테이너와 관련된 핵심사항은 `org.springframework.beans`과 `org.springframework.context`의 2개 패키지 안에 정의되어 있다. **BeanFactory**(`org.springframework.beans.factory.BeanFactory`)와 **ApplicationContext**(`org.springframework.context.ApplicationContext`)는 IoC 컨테이너의 기반을 제공하는 중요한 두 개의 인터페이스다. BeanFactory는 설정 프레임워크와 기본 기능을 제공하고 bean 인스턴스화와 연결을 처리한다.

ApplicationContext 역시 bean 인스턴스화와 연결을 처리할 수 있으며 엔터프라이즈에 특화된 다음의 기능들도 함께 제공한다.

- 통합 라이프 사이클 관리
- BeanPostProcessor와 BeanFactoryPostProcessor 자동 등록
- MessageSource에 쉽게 액세스할 수 있는 국제화(메시지 리소스 처리)
- 내장된 ApplicationEvent를 사용한 이벤트 발행
- 웹 애플리케이션을 위한 애플리케이션 레이어 특화 컨텍스트인 WebApplicationContext 제공

ApplicationContext는 BeanFactory의 하위 인터페이스다. 클래스 시그니처를 살펴보자.

```
public interface ApplicationContext extends EnvironmentCapable, ListableBeanFactory,
HierarchicalBeanFactory, MessageSource, ApplicationEventPublisher, ResourcePatternResolver {…}
```

여기서 ListableBeanFactory와 HierarchicalBeanFactory는 BeanFactory의 하위 인터페이스다.

최신 bean 관리 외에도 추가할 수 있는 여러 기능들이 있기 때문에 스프링은 ApplicationContext의 사용을 권장한다.

ApplicationContext 인터페이스가 IoC 컨테이너를 나타내고 bean을 관리한다는 것을 알고 나면, 스프링이 인스턴스화, 어셈블 및 설정할 bean은 어떻게 인식하는지 궁금할 것이다. 이 지시는 어디에서 나올까? 답은 설정 메타데이터(Configuration metadata)다. 설정 메타데이터를 사용하면 응용 프로그램 객체와 타 객체 간의 상호 의존성을 표현할 수 있다. 설정 메타데이터는 XML 설정, 자바 애노테이션, 자바 코드의 세 가지 방법으로 나타낼 수 있다. 개발자가 비즈니스 객체를 작성하고 설정 메타데이터를 제공하면 스프링 컨테이너는 다음과 같이 즉시 사용 가능하고 완전하게 설정된 시스템을 생성한다.

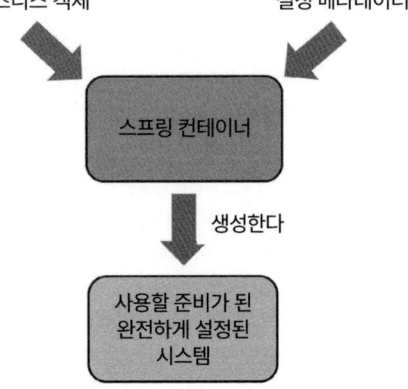

그림 2.1 – 스프링 컨테이너

이제 bean이 어떻게 관리되는지에 대해 어느 정도 이해했으니, bean이 무엇이고 무엇을 할 수 있는지에 대해 더 알아보자.

Bean과 그 범위 정의하기

Bean은 IoC 컨테이너가 관리하는 자바 객체다. 개발자는 설정 메타데이터를 IoC 컨테이너에 제공하며, IoC 컨테이너는 이 설정 메타데이터를 이용해서 bean을 생성, 어셈블, 관리한다. Bean은 컨테이너 내부에서 고유 식별자(unique identifier)를 가져야 한다. 이 때 **별칭(alias)**을 사용하면 두 개 이상의 아이덴티티(identity)를 가질 수 있다.

Bean은 앞에서 설명했듯 XML, 자바, 애노테이션(annotation)을 사용해 정의할 수 있다. 우선 자바 기반 설정을 사용하여 간단한 bean을 선언해 보자.

```java
public class SampleBean {
  public void init() { // 초기화 로직 }
  public void destroy() { // 파괴(destruction) 로직 }
  // bean 코드
}

public interface BeanInterface { // 인터페이스 코드 }

public class BeanInterfaceImpl implements BeanInterface {
  // bean 코드
}

@Configuration
public class AppConfig {

  @Bean(initMethod = "init", destroyMethod = "destroy", name = {"sampleBean", "sb"})
  @Description("Demonstrate a simple bean")
  public SampleBean sampleBean() {
    return new SampleBean();
  }
  @Bean
  public BeanInterface beanInterface() {
```

```
    return new BeanInterfaceImpl();
  }
}
```

위 코드에서 bean은 `AppConfig` 클래스를 사용하여 선언한다. `@Configuration`은 클래스에 설정 코드가 포함돼 있음을 보여주는 클래스 수준 애노테이션이다. `@Bean`은 bean을 정의하는 데 사용되는 메소드 수준의 애노테이션이다. 또한 앞 코드에서 볼 수 있듯이 `@Bean` 애노테이션 속성을 사용하면 bean의 초기화 및 파괴(destruction) 수명 주기 메소드도 전달할 수 있다.

일반적으로 bean의 이름은 첫 글자가 소문자인 클래스 이름이다. 예를 들어 `BeanInterface`의 bean 이름은 `beanInterface`다. 그러나 name 애트리뷰트를 사용하여 bean의 이름과 별칭을 정의할 수도 있다. 앞 코드를 보면 `SampleBean`은 `sampleBean`과 `sb`라는 두 개의 bean 이름을 갖는다.

> **노트**
> 파괴를 위한 기본 메소드는 컨테이너에 의해 자동으로 호출되는 close/shutdown public 메소드다. 그러나 다른 방법을 원할 경우 샘플 코드와 같이 작성한다. 컨테이너가 기본 파괴 메소드를 호출하지 않게 하려면 빈 문자열을 `destroyMethod` 속성에 추가한다(`destroyMethod = ""`).

`BeanInterface` bean을 위해서는 앞의 코드처럼 인터페이스를 사용하여 bean을 생성할 수도 있다.

`@Bean` 애노테이션은 `@Component` 애노테이션 내부에 있어야 한다. `@Component` 애노테이션은 bean을 선언하는 일반적인 방법이다. `@Configuration`으로 애노테이션이 달린 클래스는 메소드가 `@Bean`으로 애노테이션이 달린 bean을 반환하도록 작동한다. `@Configuration`은 `@Component`로 메타-애노테이션이 달려 있어서 `@Bean` 애노테이션은 그 안에서 작동한다. `@Controller`, `@Service`, 그리고 `@Repository`와 같은 다른 애노테이션도 있으며 `@Component`로 애노테이션이 달린다.

`@Description` 애노테이션은 이름에서 알 수 있듯이 bean을 설명하는 데 사용된다. 서비스에서 모니터링 도구를 사용한다면 이러한 설명(description)은 런타임에 bean을 이해하는 데 도움이 된다.

@ComponentScan 애노테이션

`@ComponentScan` 애노테이션은 bean의 자동 스캔을 허용한다. `@ComponentScan` 애노테이션을 사용하기 위해서는 베이스 패키지와 해당 클래스 같은 몇 가지 인수가 필요하다. 그런 다음 스프링 컨테이너는 베이스 패키지 내의 모든 클래스를 살펴보고 bean을 찾는다. `@ComponentScan` 애노테이션은 `@Component`

로 애노테이트 된 모든 클래스, 또는 @Configuration, @Controller 등 @Component로 메타-에노테이트 된 다른 애노테이션을 스캔한다.

기본으로 스프링 부트는 @ComponentClass 애노테이션이 있는 클래스에서 베이스 패키지를 가져온다. 그리고 basePackageClasses 애트리뷰트를 사용해 스캔해야 하는 패키지를 식별한다.

두 개 이상의 패키지를 스캔하는 또 다른 방법은 basePackages 애트리뷰트를 사용하는 것이다. 이 방법으로 하나 이상의 패키지를 스캔할 수 있다.

둘 이상의 @ComponentScan을 사용하려는 경우 다음과 같이 @ComponentScans 애노테이션 내부에 넣을 수 있다.

```
@Configuration
@ComponentScans({
  @ComponentScan(basePackages = "com.packt.modern.api"),
  @ComponentScan(basePackageClasses = AppConfig.class)
})
class AppConfig { //코드 }
```

Bean의 범위

스프링 컨테이너는 bean 인스턴스 생성을 담당한다. 스프링 컨테이너가 인스턴스를 생성하는 방법은 범위(scope)에 의해 정의된다. 기본 범위는 싱글톤(singleton)이다. 즉, IoC 컨테이너당 하나의 인스턴스만 생성되고 동일한 인스턴스가 주입된다. 요청이 올 때마다 새 인스턴스를 생성하려면 그 bean을 프로토타입(prototype) 범위로 정의할 수 있다.

싱글톤(singleton) 및 프로토타입(prototype) 범위는 모든 스프링 기반 애플리케이션에서 사용할 수 있다. 웹 응용 프로그램에 사용할 수 있는 범위로는 요청(request), 세션(session), 응용 프로그램(application), 웹소켓(websocket) 등 네 가지가 더 있다. 이러한 범위의 경우 애플리케이션 컨텍스트는 웹을 인식해야(web-aware) 한다. 스프링 부트 기반 웹 애플리케이션은 웹을 인식한다.

다음 표에는 모든 범위가 나열되어 있다.

범위(scope)	사용되는 방식
싱글톤(singleton)	기본 범위. IoC 컨테이너 당 하나의 새로운 인스턴스만 생성한다.
프로토타입(prototype)	(협력하는 bean을 위해) 주입시마다 새로운 인스턴스를 생성한다.
요청(request)	웹 인식 컨텍스트만을 위한 것이다. 유효한 HTTP 요청 라이프 사이클 동안에 HTTP 요청마다 하나의 bean 인스턴스가 생성된다.
세션(session)	웹 인식 컨텍스트만을 위한 것이다. HTTP 세션, 다시 말해 유효한 HTTP 세션 라이프 사이클 동안에 하나의 인스턴스가 생성된다.
응용 프로그램(application)	웹 인식 컨텍스트만을 위한 것이다. 응용 프로그램 범위, 다시 말해 유효한 서블릿 컨텍스트 라이프 사이클 동안에 하나의 인스턴스가 생성된다.
웹소켓(websocket)	웹 인식(web-aware) 컨텍스트만을 위한 것이다. 각 WebSocket 세션에 대해 단일 인스턴스가 생성된다.

코드에서 싱글톤과 프로토타입 범위를 정의하는 방법을 살펴보자.

```
@Configuration
public class AppConfig {
  // 범위가 정의되지 않았으므로 기본 싱글톤 범위가 적용된다.
  // 명시적으로 정의하려면 @Scope(value = ConfigurableBeanFactory.SCOPE_SINGLETON)
  // 또는 @Scope(ConfigurableBeanFactory.SCOPE_SINGLETON)을 사용하여 정의할 수 있다.
  // 여기서 ConfigurableBeanFactory.SCOPE_SINGLETON은 문자열 상수이며
  // 값은 "singleton"이다. 문자열을 사용할 수도 있으므로 피하는 것이 좋다.
  @Bean
  public SingletonBean singletonBean() {
    return new SingletonBean();
  }

  @Bean
  @Scope(ConfigurableBeanFactory.SCOPE_PROTOTYPE)
  public PrototypeBean prototypeBean() {
    return new PrototypeBean();
  }

  @Bean
  @Scope(value = WebApplicationContext.SCOPE_REQUEST,
  proxyMode = ScopedProxyMode.TARGET_CLASS)
  // 웹 인식 컨텍스트가 인스턴스화될 때 HTTP 요청이 없기 때문에
```

```
    // proxyMode 속성이 필요하다.
    // 따라서 스프링은 HTTP 요청이 호출될 때 프록시를 의존성으로 주입하고
    // bean을 인스턴스화한다.
    // 또는 위보다 손쉬운 방법으로 아래와 같이 줄여서 작성할 수 있다.
    @RequestScope
    public ReqScopedBean requestScopedBean() {
      return new ReqScopedBean();
    }
}
```

마찬가지로, 웹 인식 컨텍스트 관련 bean은 다음과 같이 생성한다.

```
@Configuration
public class AppConfig {
  @Bean
  @Scope(value = WebApplicationContext.SCOPE_REQUEST,
  proxyMode = ScopedProxyMode.TARGET_CLASS)
  // 웹 인식 컨텍스트가 인스턴스화될 때 HTTP 요청이 없기 때문에
  // proxyMode 속성이 필요하다.
  // 따라서 스프링은 HTTP 요청이 호출될 때 프록시를 의존성으로 주입하고
  // bean을 인스턴스화한다.
  // 또는 위보다 손쉬운 방법으로 아래와 같이 줄여서 작성할 수 있다.
  @SessionScope
  public ReqScopedBean requestScopedBean() {
    return new ReqScopedBean();
  }
  @ApplicationScope
  public ReqScopedBean requestScopedBean() {
    return new ReqScopedBean();
  }
  // 여기서 "scopeName"은 흥미롭게도 값의 별칭이며 손쉬운 방법은 없다.
  // 또한 websocket을 하드 코딩한 값이다.
  @Scope(scopeName = "websocket", proxyMode = ScopedProxyMode.TARGET_CLASS)
  public ReqScopedBean requestScopedBean() {
    return new ReqScopedBean();
  }
}
```

여기에서는 bean을 간략하게 설명했다. 더 자세한 내용은 공식 스프링 문서 (https://docs.spring.
io/spring-framework/docs/current/reference/html/core.html#beans-definition)에서 볼 수 있
다. 이제 bean을 구성하는 방법을 배우기 위해 계속 진행해보자.

자바를 사용하여 bean 설정

스프링 3 이전에는 자바 언어를 사용해서만 bean을 정의할 수 있었다. 스프링 3에서는 자바를 사용하여
스프링 bean을 설정하고 정의하기 위해 @Configuration, @Bean, @import, @DependsOn 애노테이션을
도입했다.

위의 2.4. Bean과 그 범위 정의하기 절에서 @Configuration와 @Bean 애노테이션에 대해 이미 살펴보
았다. 이번 절에서는 @Import와 @DependsOn 애노테이션 사용 방법을 살펴보자.

@Import 애노테이션은 자동 설정을 사용하지 않고 애플리케이션을 개발할 때 특히 유용하다.

@Import 애노테이션

둘 이상의 설정 클래스가 있는 경우 설정을 모듈화하는 데 사용된다. @Import 애노테이션은 자동 설정된
클래스들에서 bean의 정의를 가져오므로 컨텍스트를 수동으로 인스턴스화할 때 유용하다. 스프링 부트
는 자동 설정을 사용하므로 @Import를 사용할 필요가 없다. 그러나 컨텍스트를 수동으로 인스턴스화하
려면 @Import를 사용하여 설정을 모듈화해야 한다.

설정 클래스 FooConfig에 FooBean이 포함되어 있고, 설정 클래스 BarConfig에는 BarBean이 포함되어
있다고 가정해 보자. BarConfig 클래스는 @Import를 사용하여 FooConfig도 가져온다.

```
@Configuration
public class FooConfig {
  @Bean
  public FooBean fooBean() {
    return new FooBean();
  }
}
@Configuration
@Import(FooConfig.class)
```

```
public class BarConfig {
  @Bean
  public BarBean barBean() {
    return new BarBean();
  }
}
```

이제 컨테이너(컨텍스트)를 인스턴스화하는 동안 BarConfig를 제공하여 다음과 같이 스프링 컨테이너 안에서 FooBean과 BarBean 정의를 모두 가져올 수 있다.

```
public static void main(String[] args) {
  ApplicationContext appContext = new AnnotationConfigApplicationContext(BarConfig.class);
  // 컨텍스트에서 FooBean과 BarBean bean을 가져오기
  FooBean fooBean = appContext.getBean(FooBean.class);
  BarBean barBean = appContext.getBean(BarBean.class);
}
```

@DependsOn 애노테이션

스프링 컨테이너는 bean의 초기화 순서를 관리한다. 다른 bean에 의존하는 bean이 있다면 순서는 어떻게 될까? 의존하는 bean이 그것을 필요로 하는 bean보다 먼저 초기화되도록 확실히 순서를 고정하고 싶을 것이다. Bean의 초기화 순서가 잘못되고 그로 인해 스프링 컨테이너가 의존성을 찾지 못하면 NoSuchBeanDefinitionException 예외가 발생한다. @DependsOn은 이런 상황을 막기 위해 XML이 아닌 자바를 사용하여 bean을 설정할 때 초기화 순서를 고정하는 데 도움이 된다.

FooBean과 BarBean bean에 의존하는 BazBean bean이 있다고 가정해 보자. @DependsOn 애노테이션을 사용하면 초기화 순서를 유지할 수 있다. 스프링 컨테이너는 지시를 따르고 BazBean을 생성하기 전에 FooBean와 BarBean bean을 모두 초기화한다. 코드는 다음과 같다.

```
@Configuration
public class AppConfig {
  @Bean
  public FooBean fooBean() {
    return new FooBean();
  }
```

```
  @Bean
  public BarBean barBean() {
    return new BarBean();
  }
  @Bean
  @DependsOn({"fooBean","barBean"})
  public BazBean bazBean(){
    return new BazBean();
  }
}
```

DI 코딩 방법

다음 예를 살펴보자. CartService 생성자 내에 CartRepository 인스턴스화가 수행됐다. CartService 는 CartRepository에 대한 의존성을 가지고 있다.

```
public class CartService {
  private CartRepository repository;
  public CartService() {
    this.repository = new CartRepositoryImpl();
  }
}
```

다음과 같은 방식으로 이러한 의존성을 분리할 수 있다.

```
public class CartService {
  private CartRepository repository;
  public CartService(CartRepository repository) {
    this.repository = repository;
  }
}
```

CartRepository 구현 bean을 만들면, 설정 메타데이터를 사용해서 CartRepository bean을 쉽게 주입할 수 있다. 그 전에 스프링 컨테이너를 다시 살펴보자.

이 장의 @Import 애노테이션 하위 절에서 ApplicationContext를 초기화하는 방법을 살펴본 바 있다. 이 부분이 생성될 때 bean의 설정에서 모든 메타데이터를 가져온다. @Import를 사용하면 여러 설정을 가질 수 있다.

각 bean은 의존성을 가질 수 있다. 즉, bean은 CartService 예제에서와 같이 설정 작업을 위해 다른 객체가 필요할 수 있다. 이런 의존성은 생성자, 설정자 메소드 또는 프로퍼티를 사용하여 정의할 수 있다. 의존하는 객체(생성자, 설정자 메소드 인수 또는 클래스 프로퍼티의 일부)는 bean의 정의와 범위를 사용하여 스프링 컨테이너(ApplicationContext)에 의해 주입된다. DI를 정의하는 이러한 각 방법을 살펴보자.

> **노트**
> DI는 클래스를 그 의존성으로부터 사실상 독립적으로 만든다. 따라서 인터페이스 계약이 깨지지 않는 한, 의존성에서의 변경이 클래스에 영향을 미치지 않는다(코드 변경 없음). 실제로, 의존성의 기본 구현을 변경하거나 다른 구현 클래스를 사용할 수 있다.

생성자로 의존성 정의

이제 CartRepository를 CartService 생성자에 주입해 보자. 생성자를 사용하여 의존성을 주입하는 방법은 다음과 같다.

```
@Configuration
public class AppConfig {
  @Bean
  public CartRepository cartRepository() {
    return new CartRepositoryImpl();
  }
  @Bean
  public CartService cartService() {
    return new CartService(cartRepository());
  }
}
```

설정자 메소드로 의존성 정의

이제 CartService 클래스를 변경해 보자. 생성자를 사용하는 대신 설정자(setter) 메소드를 사용해 의존성을 인스턴스화한다.

```
public class CartService {
  private CartRepository repository;
  public void setCartRepository(CartRepository repository) {
    this.repository = repository;
  }
}
```

의존성을 주입하기 위해서는 다음 설정을 사용할 수 있다.

```
@Configuration
public class AppConfig {
  @Bean
  public CartRepository cartRepository() {
    return new CartRepositoryImpl();
  }
  @Bean
  public CartService cartService() {
    CartService service = new CartService();
    Service.setCartService(cartRepository());
    Return service;
  }
}
```

클래스 프로퍼티를 사용한 의존성 정의

스프링은 @Autowired 애노테이션을 사용하여 의존성을 주입하는 기본 제공 솔루션을 제공한다. @Autowired는 코드를 더 깔끔하게 만든다. 다음 예를 살펴보자.

```
@Service
public class CartService {
  @Autowired
  private CartRepository repository;
}
```

스프링 컨테이너는 CartRepository bean 주입을 처리한다. @Autowired는 다음 절에서 자세히 알아보자.

애노테이션을 사용하여 bean의 메타데이터 설정

스프링 프레임워크는 bean에 대한 메타데이터를 설정하기 위한 많은 애노테이션을 제공한다. 이 책에서는 가장 일반적으로 사용되는 애노테이션인 @Autowired, @Qualifier, @Inject, @Resource, @Primary, @Value를 살펴보겠다.

@Autowired 사용 방법

@Autowired 애노테이션을 사용하면 @Configuration 애노테이션이 달린 별도의 설정 클래스를 작성하는 대신 bean의 클래스 자체에서 설정 부분을 정의할 수 있다.

@Autowired 애노테이션은 필드(클래스 프로퍼티 기반 의존성 주입 예제 참조), 생성자, 설정자 또는 모든 메소드에 적용할 수 있다.

스프링 컨테이너는 @Autowired라는 애노테이션이 달린 bean을 주입하기 위해 리플렉션(reflection)을 사용한다. 이것은 다른 주입 접근 방법보다 비용이 많이 든다.

@Autowired를 클래스 멤버에 적용하는 것은 의존하는 bean을 주입할 생성자 또는 설정자 메소드가 없는 경우에만 작동한다는 점에 유의하자.

다음은 의존성을 주입하는 @Autowired 방법의 코드의 예다.

```
@Component
public class CartService {
  private CartRepository repository;
  private ARepository aRepository;
  private BRepository bRepository;
  private CRepository cRepository;
  @Autowired // 멤버(필드) 기반 오토 와이어링
  private AnyBean anyBean;
  @Autowired // 생성자 기반 오토 와이어링
  public CartService(CartRepository cartRepository) {
    this.repository = repository;
  }
  @Autowired // 설정자 기반 오토 와이어링
  public void setARepository(ARepository aRepository) {
```

```
    this.aRepository = aRepository;
  }
  @Autowired // 메소드 기반 오토 와이어링
  public void xMethod(BRepository bRepository, CRepository cRepository) {
    this.bRepository = bRepository;
    this.cRepository = cRepository;
  }
}
```

@Autowired는 리플렉션을 기반으로 작동한다. 그러나 모호성을 제거하기 위해 일치하는 bean들은 타입별 일치(type matching), 한정자 일치(qualifier matching), 또는 이름 일치(name matching)를 사용하여 찾아내고 주입된다. 이것은 필드와 설정자 메소드 주입 모두에 적용할 수 있다.

타입별 일치(Match by type)

다음 예시는 타입별 일치가 우선하기 때문에 작동한다. CartService bean을 찾아 CartController에 주입한 경우다.

```
@Configuration
public class AppConfig {
  @Bean
  public CartRepository cartRepository() {
    return new CartRepositoryImpl();
  }
  @Bean
  public CartService cartService() {
    CartService service = new CartService();
    service.setCartService(cartRepository());
    Return service;
  }
}
@Controller
public class CartController {
  @Autowired
  private CartService service;
}
```

한정자별 일치(Match by qualifier)

주어진 타입의 bean이 두 개 이상 있다고 가정해 보자. 이 경우 스프링 컨테이너는 타입별로 올바른 bean을 결정할 수 없게 된다.

```
@Configuration
public class AppConfig {
  @Bean
  public CartService cartService1() {
    return new CartServiceImpl1();
  }
  @Bean
  public CartService cartService2() {
    return new CartServiceImpl2();
  }
}
@Controller
public class CartController {
  @Autowired
  private CartService service1;
  @Autowired
  private CartService service2;
}
```

이 예제는 실행될 때 `NoUniqueBeanDefinitionException`을 반환한다. 이런 상황을 해결하기 위해서는 @Qualifier 애노테이션을 사용할 수 있다.

자세히 살펴보면 설정 클래스에 메소드 이름으로 식별되는 두 개의 bean(`cartService1`과 `cartService2`)이 있음을 알 수 있다. 또는 @Bean 애노테이션의 값 속성을 사용해 이름/별칭을 지정할 수도 있다. 이제 다음과 같이 @Qualifier 애노테이션을 사용해 이름을 지정하고 이 두 개의 다른 bean에 동일한 타입을 할당해 보자.

```
@Controller
public class CartController {
  @Autowired
```

```
  @Qualifier("cartService1")
  private CartService service1;
  @Autowired
  @Qualifier("cartService2")
  private CartService service2;
}
```

이름으로 일치(Match by name)

@Component의 일종인 @Service 애노테이션을 이용하여 서비스를 정의해보자. 컴포넌트 스캔이 있다고 가정하는 상황이다.

```
@Service(value="cartServc")
public class CartService {
  // 코드
}

@Controller
public class CartController {
  @Autowired
  private CartService cartServc;
}
```

이 코드는 CartService을 위한 CartController의 필드 이름이 @Service 애노테이션의 값 애트리뷰트에 부여된 것과 동일하기 때문에 작동한다. 필드 이름을 cartServc에서 다른 이름으로 변경하면 NoUniqueBeanDefinitionException과 함께 작동이 실패한다.

@Inject (JSR-330 - https://jcp.org/en/jsr/detail?id=330)와 @Resource (JSR-250 - https://jcp.org/en/jsr/detail?id=250) 같은 다른 애노테이션도 있다. @Inject에는 javax.inject 라이브러리도 필요하다. @Resource와 @Inject는 @Autowired와 유사하며 의존성을 주입하는 데 사용한다. @Autowired와 @Inject는 동일한 실행 경로 우선 순위를 갖는다(동일하게 타입별, 한정자별, 이름별의 순서). 그러나 @Resource의 실행 경로 선호 순서는 이름(첫 번째 선호), 타입, 한정자별로 지정된다.

@Primary의 목적은 무엇일까?

@Qualifier는 이전 절에서 살펴보았듯이 여러 bean이 주입되는 경우 어떤 타입이 사용돼야 하는지 결정할 때 도움을 주는 역할을 한다. @Primary 애노테이션을 사용하면 여러 타입의 bean 중 하나를 기본값으로 설정할 수 있다. @Primary가 있는 bean 애노테이션은 auto-wired 필드에 주입된다.

```
@Configuration
public class AppConfig {
  @Bean
  @Primary
  public CartService cartService1() {
    return new CartServiceImpl1();
  }
  @Bean
  public CartService cartService2() {
    return new CartServiceImpl2();
  }
}
@Controller
public class CartController {
  @Autowired
  private CartService service;
}
```

이 예에서 @Primary로 표시된 bean은 CartController 클래스에 CartService를 위한 의존성을 주입하는 데 사용된다.

@Value는 언제 사용할까?

스프링은 <xyz>.properties 또는 <xyz>.yml과 같은 외부 프로퍼티 파일의 사용을 지원한다. 코드에서 프로퍼티 값을 사용할 때는 @Value 애노테이션을 사용한다. 아래 예제 코드를 살펴보자.

```
@Configuration
@PropertySource("classpath:application.properties")
public class AppConfig {}
@Controller
```

```
public class CartController {
  @Value("${default.currency}")
  String defaultCurrency;
}
```

defaultCurrency 필드는 application.properties 파일에 정의된 default.currency 필드에서 값을 가져온다. 스프링 부트를 사용하는 경우 @PropertySource를 사용할 필요가 없다. src/main/resources 디렉터리 아래에 application.yml 또는 프로퍼티 파일을 두기만 하면 된다.

이제 bean의 메타데이터를 구성해 다양한 결과를 얻는 방법에 대해 어느 정도 이해했으니, 이번 장에서 앞서 개념적으로 소개한 AOP에 대한 코드 작성으로 넘어가 보자.

AOP용 코드 작성

이전 2.2. 스프링 소개 절에서 AOP에 대해 논의했다. AOP를 간단히 설명하면 로깅, 트랜잭션, 보안 등과 같은 횡단 관심사를 해결하는 프로그래밍 패러다임이다. 이러한 횡단 관심사는 AOP에서 관점(aspect)이라고도 불리운다. AOP를 사용하면 코드를 모듈화하고 횡단 관심사를 중요한 곳에 배치할 수 있다.

다음 코드는 메소드가 실행하는 데 걸리는 시간을 캡처한다.

```
class Test
  public void performSomeTask() {
    long start = System.currentTimeMillis();
    // 비즈니스 로직
    long executionTime = System.currentTimeMillis() - start;
    System.out.println("Time taken: " + executionTime + "ms");
  }
}
```

실행 시간 계산은 성능을 모니터링하는데 사용되며, 이 코드는 소요된 시간을 캡처한다. 애플리케이션에 수백 개의 메소드가 있는 경우 시간을 모니터링하기 위해 각 메소드에 시간 캡처 코드를 추가해야 한다. 이후 코드를 수정하고 싶다면 어떨까? 모든 위치에서 코드를 수정해야 할까? 절대 그렇게 하고 싶지 않을 것이다. AOP는 횡단(cross-cutting) 코드를 모듈화해 개발자의 코드 작성 및 수정을 돕는다.

메소드가 실행되는 데 걸리는 시간을 캡처하는 AOP 예제를 만들어 보자. 여기에서 로깅 모니터링 시간은 메소드 실행에 걸리는 시간을 캡처하는 관점이 된다.

첫 번째 단계로 메소드를 대상으로 하는 애노테이션(TimeMonitor)을 정의한다. @TimeMonitor 애노테이션이 달린 메소드는 해당 메소드에 소요된 시간을 기록한다. 이것은 포인트컷(pointcut)을 식별하는 데 도움이 된다. 포인트컷은 Aspect 클래스의 코드 설명에서 정의된다:

```
@Target(ElementType.METHOD)
@Retention(RetentionPolicy.RUNTIME)
public @interface TimeMonitor {}
```

다음으로 Aspect를 정의해야 한다. Aspect는 프로그램을 실행하는 동안 추가 로직을 특정 지점에 삽입한다. 이 포인트를 **조인 포인트(Join Point)**라고 한다. 조인 포인트는 수정 중인 필드, 호출되는 메소드, 또는 발생되는 예외(exception)가 될 수 있다.

@Aspect 애노테이션은 클래스를 Aspect로 표시하는 데 사용된다. 관점-모니터링 시간은 다음 코드를 사용하여 정의했다.

```
@Aspect
@Component
public class TimeMonitorAspect {
  @Around("@annotation(com.packt.modern.api.TimeMonitor)")
  public Object logTime(ProceedingJoinPoint joinPoint) throws Throwable {
    long start = System.currentTimeMillis();
    Object proceed = joinPoint.proceed();
    long executionTime = System.currentTimeMillis() - start;
    System.out.println(joinPoint.getSignature() + " takes: " + executionTime + " ms");
    return proceed;
  }
}
```

@Around는 Advice를 정의하는 메소드 애노테이션이다. Advice는 특정 시간(Joinpoint)에 Aspect가 취하는 액션이다. Advice는 다음 중 하나다.

- @Before: Advice가 JoinPoint보다 먼저 실행된다.
- After: JoinPoint 이후에 실행되는 Advice로 세 가지 하위 타입이 있다.

- @After: Advice는 메소드의 성공과 실패에 상관없이 JoinPoint 이후에 실행된다.
- @AfterReturning: JoinPoint가 성공적으로 실행된 후 Advice가 실행된다.
- @AfterThrowing: JoinPoint에서 예외가 발생한 후 Advice가 실행된다.
- @Around: Advice가 JoinPoint 전후에 실행된다.

`TimeMonitor Advice` 대상이 메소드이기 때문에 `TimeMonitorAspect`는 메소드 수준에서 실행된다.

`@Around`는 또한 `@annotation(com.packt.modern.api.TimeMonitor)`를 표현식의 인수로 취한다. 이 판단 표현식은 Advice의 실행 여부를 결정하는 포인트컷으로 알려져 있다. `logTime` 메소드는 `@TimeMonitor`로 애노테이션이 달린 모든 메소드에 대해 실행된다. 스프링은 AspectJ 표현식 구문을 지원한다. 이러한 표현식은 본질적으로 동적이므로 포인트컷을 정의하는 동안 유연성을 허용한다.

`JoinPoint`는 메소드 `logTime()` 매개변수로 추가된다. `JoinPoint` 객체를 사용하면 대상 및 프록시의 모든 정보를 캡처할 수 있다. `JoinPoint` 객체를 사용하여 메소드의 전체 시그니처, 클래스 이름, 메소드 이름, 인수 등을 캡처할 수 있다.

이것이 `TimeMonitorAspect`를 구현하는 데 필요한 전부다. 이제 `@TimeMonitor` 애노테이션을 추가하면 다음과 같이 메소드에서 소요된 계산 시간을 기록할 수 있다.

```
class Test
  @TimeMonitor
  public void performSomeTask() {
    // 비즈니스 로직
  }
}
```

`JoinPoint`를 사용하면 **대상 객체(target object)**와 **프록시(proxy)**를 캡처할 수 있다. 이 때 대상 객체와 프록시의 역할이 궁금할 것이다. 대상 객체와 프록시는 스프링 AOP 모듈에 의해 생성되며 AOP의 작동에 중요한 역할을 한다. Advice는 대상 객체에 적용된다. 스프링 AOP는 대상 객체의 서브클래스를 생성하고 메소드를 오버라이드하고 어드바이스를 삽입한다. 한편, 프록시는 CGLIB나 JDK Proxy lib를 이용하여 대상 객체에 어드바이스를 적용한 후 생성되는 객체이다.

스프링의 중요한 개념들을 다루었으니, 이제 스프링 웹 애플리케이션 개발에 있어 최고의 도구 중 하나인 스프링 부트를 알아보자.

스프링 부트를 사용하는 이유

스프링 부트는 스프링에 특화된 최신 프로덕션 레디 웹 애플리케이션을 개발하기 위한 최선의 선택으로 여겨진다. 스프링 부트 공식 웹 사이트(https://projects.spring.io/spring-boot/)가 소개하는 장점을 살펴보자.

스프링 부트는 2014년 4월에 출시(GA)된 피보탈(Pivotal)에서 만든 놀라운 스프링 도구다. '컨테이너 없는' 웹 애플리케이션 아키텍처에 대한 지원 개선(Improved support for 'containerless' web application architectures)이라는 제목의 SPR-9888(https://jira.spring.io/browse/SPR-9888) 요청에 따라 개발되었다.

스프링 부트를 사용해 본 독자라면 스프링 부트에는 왜 컨테이너가 없는지 궁금할 것이다. 오늘날의 클라우드 환경 또는 PaaS(Platform-as-a-Service)는 안정성, 관리 또는 확장성과 같은 컨테이너 기반 웹 아키텍처가 제공하는 대부분의 기능을 제공한다. 따라서 스프링 부트는 자체적으로 초경량 컨테이너를 만드는 데 중점을 둔다.

스프링 부트에는 자체 기본 구성을 가지고 있으며 프로덕션 레디 웹 애플리케이션을 간단하게 만들기 위한 자동 구성을 지원한다. **스프링 이니셜라이저(Spring Initializr)**(http://start.spring.io)는 그룹, 아티팩트 및 의존성과 같은 프로젝트 메타데이터와 함께 Maven 또는 Gradle과 같은 빌드 도구를 선택할 수 있는 웹 페이지다. 스프링 이니셜라이저로 스프링 부트 프로젝트를 생성하는 과정은 간단하다. 필수 필드를 채우고 **프로젝트 생성(Generate Project)** 버튼만 클릭하면 프로덕션 애플리케이션에 사용할 수 있는 스프링 부트 프로젝트가 제공된다.

이 책은 스프링 이니셜라이저의 **기본 패키징(Packaging)** 옵션으로 Jar를 사용하겠다. WebLogic 또는 Tomcat과 같은 웹 서버에 애플리케이션을 배포하려는 경우에는 **War(web archive)** 패키지 옵션을 사용한다.

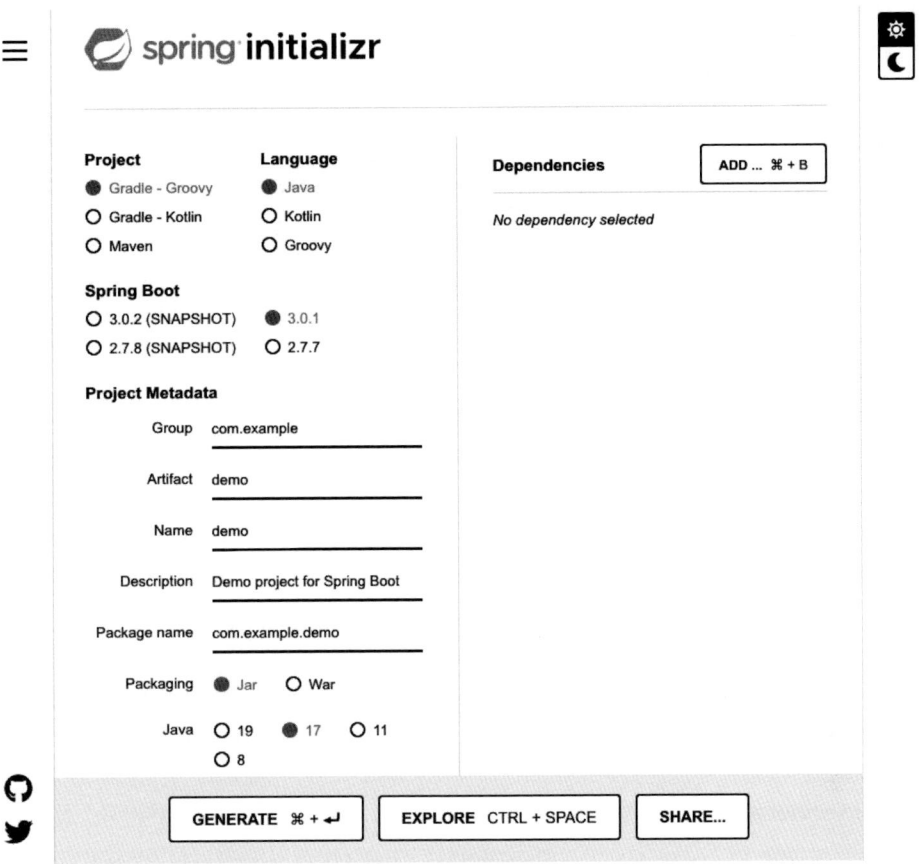

그림 2.2 – 스프링 이니셜라이저

간단히 말해서, 스프링 이니셜라이저는 개발자의 몫이던 설정 부분을 모두 수행한다. 덕분에 개발자는 비즈니스 로직과 API 작성에만 집중할 수 있다.

> **코드 빌드 및 실행**
>
> 프로젝트 루트에서 `gradlew clean build`를 실행하여 코드를 빌드할 수 있고, `java -jar build/libs/Chapter02-0.0.1-SNAPSHOT.jar`를 사용하여 서비스를 실행할 수 있다. 경로에 Java 17을 사용해야 한다는 점을 확인해야 한다.

다음 절에서는 스프링 MVC와 REST 컨트롤러 기능을 담당하는 서블릿 디스패처(servlet dispatcher)에 대해 자세히 알아보자.

서블릿 디스패처의 중요성 이해

이전 장에서는 RESTful 웹 서비스가 HTTP 프로토콜에 기반한다는 점을 살펴봤다. 자바에는 HTTP 프로토콜과 함께 작동하는 서블릿 기능이 있다. 서블릿을 사용하면 REST 엔드포인트에서 작동하는 경로 매핑을 가질 수 있으며 식별을 위한 HTTP 메소드도 제공한다. 또한 JSON 및 XML을 비롯한 다양한 타입의 응답 객체를 구성할 수 있다. 그러나 이는 세련되지 않은 REST 엔드포인트 구현 방법이다. 왜냐하면 여전히 요청 URI를 처리하고 매개변수를 파싱하고 JSON/XML과 응답을 직접 변환해야 하기 때문이다.

스프링 MVC를 이용하면 위 작업을 간소화할 수 있다. 스프링 MVC는 **MVC(모델-뷰-컨트롤러, Model-View-Controller)** 패턴을 기반으로 하며 스프링 프레임워크의 첫 번째 출시 때부터 제공됐다. MVC는 잘 알려진 설계 패턴이다.

- **모델**: 모델은 애플리케이션 데이터를 포함하는 자바 객체(POJO)다. 또한 응용 프로그램의 상태를 나타낸다.
- **뷰**: 뷰는 HTML/JSP/템플릿 파일로 구성된 프레젠테이션 레이어다. 뷰는 모델에서 데이터를 렌더링하고 HTML 출력을 생성한다.
- **컨트롤러**: 컨트롤러는 사용자 요청을 처리하고 모델을 빌드한다.

DispatcherServlet은 스프링 MVC의 일부분으로 프론트 컨트롤러 역할을 한다. 즉, 들어오는 모든 HTTP 요청을 처리한다. 스프링 MVC는 웹 프레임워크이며, UI 앱도 백엔드의 일부인 기존 웹 애플리케이션을 개발할 수 있게 해준다. 그러나 이 책은 RESTful 웹 서비스를 개발할 것이고 UI는 React 자바스크립트 라이브러리를 기반으로 할 것이기 때문에, 서블릿 디스패처는 `@RestController`를 사용하여 REST 엔드포인트를 구현하는 역할 정도로만 사용할 것이다.

REST 컨트롤러를 위한 스프링 MVC의 사용자 요청 흐름을 살펴보자.

1. 사용자는 HTTP 요청을 보내고, `DispatcherServlet`이 요청을 수신한다.
2. `DispatcherServlet`은 배턴(baton)을 `HandlerMapping`에 전달한다. `HandlerMapping`은 요청된 URI에 대한 올바른 컨트롤러를 찾는 작업을 수행하여 `DispatcherServlet`에 다시 전달한다.
3. `DispatcherServlet`은 `HandlerAdaptor`를 사용하여 `Controller`를 처리한다.
4. `HandlerAdaptor`는 `Controller` 내부에서 적절한 메소드를 호출한다.

5. 그런 다음 Controller는 관련 비즈니스 로직을 실행하고 응답을 구성한다.

6. 스프링은 자바에서 JSON/XML 변환을 위해 요청 및 응답 객체의 마샬링(marshalling)/언마샬링(unmarshalling)[1]을 사용하며 그 반대의 경우도 마찬가지다.

이 프로세스를 시각적으로 표현해 보자.

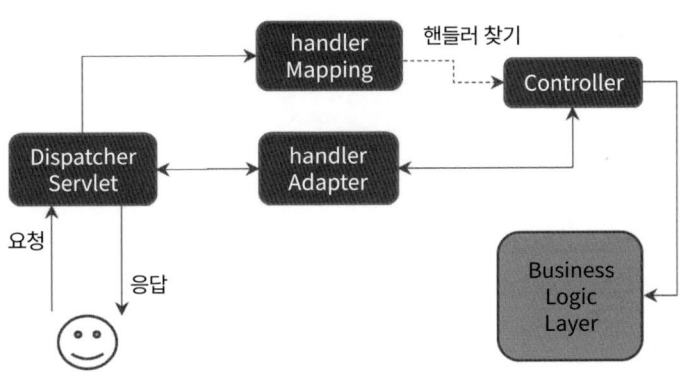

그림 2.3 – DispatcherServlet

이제 REST API 구현의 핵심인 DispatcherServlet의 중요성이 이해될 것이다.

요약

이 장에서는 스프링의 핵심 개념인 bean, 의존성 주입, AOP에 대해 살펴봤다. 또한 bean의 범위를 정의하고 ApplicationContext를 생성해 bean을 가져오는 방법을 배웠다. 이 방식을 사용하면 자바와 애노테이션을 이용해 bean의 설정 메타데이터를 정의할 수 있으며 동일한 타입의 다른 bean을 사용할 수도 있다.

또한 모듈식 접근 방식을 사용하여 횡단 관심사인 샘플 Aspect를 구현하고 서비스에 적용하는 AOP 프로그래밍 패러다임의 핵심 개념을 배웠다.

이 책에서는 REST API를 구현할 것이기 때문에 서블릿 디스패처의 개념을 이해하는 것이 중요하다.

---

[1] (옮긴이) 마샬링(marshalling 또는 l을 하나만 사용하여 marshaling이라고도 표기)이란 한 객체의 메모리에서 표현방식을 저장 또는 전송에 적합한 다른 데이터 형식(예, JSON/XML)으로 변환하는 과정이고, 언마샬링은 그 반대의 과정이다.

다음 장에서는 OpenAPI 명세를 사용하여 첫 번째 REST API 애플리케이션을 구현한다. 구현을 위해서는 스프링 컨트롤러를 사용할 예정이다.

질문

1. 프로토타입 범위를 갖는 bean을 어떻게 정의하는가?
2. 프로토타입 bean과 싱글톤 bean의 차이점은 무엇인가?
3. 세션과 요청 범위가 작동하려면 무엇이 필요한가?
4. AOP 측면에서 어드바이스와 포인트컷의 관계는 무엇인가?
5. 메소드 실행 전에는 메소드 이름과 인수 이름을 출력하고, 메소드 실행 후에는 응답 메시지가 있는 경우 응답 메시지를 타입과 함께 출력하는 로깅을 위한 Aspect를 작성하라.

답변

1. 다음과 같이 @Scope 애노테이션을 사용해서 정의한다.

    ```
    @Scope(ConfigurableBeanFactory.SCOPE_PROTOTYPE)
    ```

2. 싱글톤 범위로 정의된 bean은 스프링 컨테이너당 한 번만 인스턴스화된다. 요청될 때마다 같은 인스턴스가 주입되는 반면, 프로토타입 범위로 정의된 bean은 컨테이너가 주입을 할 때마다 새로운 인스턴스를 생성한다. 간단히 말해, 싱글톤 범위 bean은 컨테이너당 하나의 bean을 생성하지만, 프로토타입 범위 bean은 새로운 주입이 있을 때마다 새로운 인스턴스를 생성한다.

3. 세션 및 요청 범위는 웹 인식 스프링 컨텍스트가 사용될 때만 작동한다. 웹 인식 컨텍스트가 필요한 다른 범위는 애플리케이션 및 WebSocket 범위가 있다.

4. 어드바이스는 어떤 특정 시점(JoinPoint)에 관점(Aspect)에 의해 취해지는 동작이다. Aspect는 특정 지점(JoinPoint)에서 추가적인 로직(advice)을 수행한다. 예를 들어, 메소드 호출, 예외 발생 등이 이에 해당한다.

5. 다음 코드는 메소드 실행 전에 메소드 이름과 인자 이름을 출력하고, 메소드 실행 후에 반환 타입과 함께 메시지를 출력한다.

    ```
    @Aspect
    @Component
    public class TimeMonitorAspect {
    ```

```
@Around("@annotation(TimeMonitor)")
public Object logTime(ProceedingJoinPointjoinPoint) throws Throwable {
  System.out.println(String.format("Method Name: %s, Arg Name: %s",
  joinPoint.getSignature().getName(),
  Arrays.toString(((CodeSignature)
  joinPoint.getSignature())
  .getParameterNames())));
  Object proceed = joinPoint.proceed();
  System.out.println(String.format("Method %s contains the following return type: %s",
  joinPoint.getSignature().((MethodSignature)
  joinPoint.getSignature()).
  getReturnType().toGenericString()));
  return proceed;
  }
}
```

추가 읽을거리

- 제어의 역전과 의존성 주입 패턴(Inversion of Control Containers and the Dependency Injection pattern): https://martinfowler.com/articles/injection.html

- 스프링 프레임워크 문서(이 책을 작성하는 시점에서의 최신 버전은 6.0.0-M5): https://docs.spring.io/spring-framework/docs/6.0.x/reference/html/

- 스프링 부트 2 기본사항(Spring Boot 2 Fundamentals): https://www.packtpub.com/product/spring-boot-2-fundamentals/9781838821975

- 스프링 및 스프링 부트로 자바 애플리케이션 개발(Developing Java Applications with Spring and Spring Boot): https://www.packtpub.com/product/developing-java-applications-with-spring-and-springboot/9781789534757

03

API 명세 및 구현

지금까지 REST API의 설계 측면과 RESTful 웹 서비스 개발에 필요한 스프링 기본사항에 대해 배웠다. 이 장에서는 1장과 2장의 지식을 사용해 REST API를 구현한다. 구현을 위해서는 설계 우선 접근 방식(design-first approach)을 선택하겠다.

이 책은 OpenAPI 명세(OpenAPI Specification, OAS)를 사용해서 API를 먼저 설계하고 나중에 구현한다. 또한 요청을 처리하는 동안 발생하는 에러를 처리하는 방법도 배우게 된다. 이해를 돕기 위해 샘플 전자 상거래 앱의 API를 설계하고 구현해보자.

이번 장에서는 API 사양을 설계하고 OpenAPI 코드 생성기를 사용하여 모델 및 API 자바 인터페이스에 대한 코드를 생성하는 방법을 배울 수 있을 것이다. 또한 API 자바 인터페이스를 구현하기 위한 유사 스프링 컨트롤러를 작성하고 웹 서비스에 대한 글로벌 예외 핸들러를 다루는 방법도 알게 될 것이다. 다음 주제를 다룰 예정이다:

이 장은 다음 주제를 중점적으로 다룬다.

- OAS로 API 설계
- OAS의 기본 구조 이해
- OAS를 스프링 코드로 변환

- OAS 코드 인터페이스 구현
- 전역 예외 핸들러(Global Exception Handler) 추가
- 구현한 컨트롤러 테스트

기술 요구 사항

이 장의 실습을 실행하려면 아래와 같은 환경이 필요하다.

- NetBeans, IntelliJ 또는 Eclipse와 같은 자바 통합개발환경(IDE)
- 자바 개발 키트(Java Development Kit, JDK) 17
- 의존성과 그래들(Gradle)을 다운로드하기 위한 인터넷 연결

이 장의 코드 파일은 이 책의 깃허브 저장소의 Chapter03 폴더에서 확인할 수 있다.

OAS로 API 설계

설계 없이 API 코딩을 바로 시작하다 보면 잦은 수정, API 관리의 어려움, 개발 외 부서가 API를 검토할 때 생기는 어려움 등 여러가지 문제가 생긴다. 따라서 프로그래밍시에는 **설계 우선(design-first) 접근 방식**을 사용해야 한다.

먼저 떠오르는 질문은 'REST API를 어떻게 설계할 수 있을까?'이다. 1장, RESTful 웹 서비스 기본사항에서는 REST API 구현을 지배하는 표준이 없다는 것을 살펴봤다. OAS는 REST API의 명세 및 설명 측면의 일부를 해결하기 위해 도입됐다. 이를 통해 **YAML(YAML Ain't Markup Language)** 또는 **JSON(JavaScript Object Notation)** 마크업 언어로 REST API를 작성할 수 있다.

이 책은 전자 상거래 앱 REST API를 구현하기 위해 OAS 버전 3.0(https://github.com/OAI/OpenAPI-Specification/blob/master/versions/3.0.3.md)를 사용한다. 작성 형식으로는 더 깔끔하고 읽기 쉬운 YAML(camel['kæməl, 캐멀]과 같은 운율로 yamel[애멀]이라고 발음)을 사용하겠다. YAML을 작성하는 큰 원칙은 다음과 같다. 공백을 구분한다(space-sensitive). 들여쓰기를 위한 공백(space for indentation)을 사용한다. 예를 들어 키: 값 쌍(key: value pair)을 나타낼 때는 콜론(:) 뒤의 공백에 주의한다. 자세한 YAML 문법은 https://yaml.org/spec/에서 YAML에 확인하기 바란다.

OAS는 Swagger 명세에 많이 쓰이게 되면서 널리 알려졌다. 그래서 OAS 지원 도구를 흔히 **Swagger 도구**라고 뭉뚱그려 부르기도 한다. 그러나 Swagger 도구는 REST API의 전체 개발 수명 주기를 돕는 오픈 소스 프로젝트다. 이 장에서는 아래에서 소개하는 Swagger 도구를 사용할 예정이다.

- 전자 상거래 앱 REST API 설계와 설명을 위한 **Swagger Editor** (https://editor.swagger.io/). 이를 통해 REST API의 설계 및 설명을 작성하거나 작성한 값을 미리보기도 할 수 있다. 파일 작성시에는 OAS 3.0 버전이 설정되어 있는지 먼저 확인하고 사용하자. 이것의 베타 버전은 https://editor-next.swagger.io/에서 사용할 수 있다.

- 스프링 기반 API 인터페이스를 생성하기 위한 **Swagger Codegen** (https://github.com/swagger-api/swaggercodegen). Swagger Codegen 위에서 작동하는 코드를 생성하기 위해 그래들 플러그인[1]을 사용한다. OpenAPI 도구 그래들 플러그인 – OpenAPI Generator[2]를 마우스로 선택해도 된다. 그러나 이 방법은 작성 시점 기준으로 1,700여개(자바/스프링의 경우에도 다수)인 미해결 문제 수가 있을 정도로 불안정하므로 실무에서는 Swagger Codegen을 선호한다.

- REST API 문서 생성을 위한 **Swagger UI** (https://swagger.io/swagger-ui/). API 문서를 생성하기 위해 동일한 그래들 플러그인이 사용된다.

OAS 지원 도구를 사용해 API를 개발하는 데 '설계 우선 접근 방식'이 어떻게 적용될 수 있는지에 대한 이해를 얻었으니, 이제 OAS의 기본 구조를 살펴보자.

OAS의 기본 구조 이해

OpenAPI 부분의 정의 구조는 다음과 같다(키워드 및 대소문자 구분에 유의하자).

- openapi (버전)
- info
- externalDocs
- servers
- tags
- paths
- components

---

[1] https://github.com/int128/gradle-swagger-generatorplugin
[2] https://github.com/OpenAPITools/openapi-generator/tree/master/modules/openapi-generator-gradle-plugin

이들은 모두 루트(root)의 일부다. 처음 세 부분(openapi, info, externalDocs)은 API의 메타데이터를 정의하는 데 사용된다.

API 정의는 단일 파일에 작성하거나 여러 파일로 나누어 작성할 수 있으며 OAS는 둘 다 지원한다. 이 책은 샘플 전자 상거래 API 정의에 대해 단일 파일을 사용할 것이다.

이 모든 부분을 이론적으로 논의한 다음 전자 상거래 API 정의를 작성하는 것 대신, 두 가지를 함께 논의할 것이다. 먼저 전자 상거래 API의 각 부분에 대한 정의를 다루고, 이어서 사용 이유와 의미에 대해 설명한다.

OAS의 메타데이터 절

전자 상거래 API 정의의 메타데이터 부분을 살펴보자.

코드: /Chapter03/src/main/resources/api/openapi.yaml

```yaml
openapi: 3.0.3
info:
  title: 샘플 전자 상거래 앱
  description: >
    '이것은 ***샘플 전자 상거래 앱 API***이다. Swagger에 대한 자세한 내용은
    [swagger.io](http://swagger.io)에서 확인할 수 있다.
    설명은 마크다운 마크업을 지원한다. 예를 들어 백틱3(back tick)을 사용하여
    `인라인 코드`를 사용할 수 있다.'
  termsOfService: https://github.com/PacktPublishing/Modern-API-Development-with-
            Spring-and-Spring-Boot/blob/master/LICENSE
  contact:
    email: support@packtpub.com
  license:
    name: MIT
    url: https://github.com/PacktPublishing/Modern-API-Development-with-Spring-and-
        Spring-Boot/blob/master/LICENSE
  version: 1.0.0
externalDocs:
  description: API와 함께 생성하고자 하는 문서 링크.
  url: http://swagger.io
```

---

3 (옮긴이) 백틱(back tick, `)은 키보드 숫자 1 왼쪽에 있는 특수 문자다. 맥북에서 백틱을 입력할 때는 option + \을 누른다.

이제 각 부분을 자세히 살펴 보자.

- `openapi`: openapi 부분은 API 정의를 작성하는 데 어떤 OA를 사용 중인지 알려준다. OpenAPI는 시맨틱 버전 관리(https://semver.org/)를 사용한다. 즉, 버전이 `major:minor:patch` 형식이 된다. openapi 메타데이터 값을 보면 3.0.3을 사용하고 있다. 이것은 우리가 패치(patch) 3과 함께 메이저(major) 버전 3을 사용하고 있음을 보여준다(마이너(minor) 버전은 0이다).
- `info`: info 부분에는 API에 대한 메타데이터가 포함된다. 이 정보는 문서 생성에 사용되며 클라이언트가 사용할 수 있다. info에는 다음 필드가 포함되며, `title`과 `version`만 필수 필드이고 나머지는 선택 필드다.
    - `title`: API의 제목이다.
    - `description`: API 세부정보를 설명하기 위해 사용한다. 이 부분에는 마크다운(https://spec.commonmark.org/)을 사용할 수 있다. 〉(각괄호) 기호는 여러 라인에 걸친 값을 추가하는 데 사용된다.
    - `termOfService`: 서비스 약관으로 연결되는 URL이다. 올바른 URL 형식을 따르는지 확인하자.
    - `contact`: API 제공자의 연락처 정보다. `email` 애트리뷰트는 담당자/조직의 이메일 주소여야 한다. 이 부분에서 우리가 사용하지 않은 다른 애트리뷰트로는 `name`과 URL이 있다. `name` 애트리뷰트는 담당자 또는 조직의 이름을 나타낸다. URL 애트리뷰트는 연락처 페이지에 대한 링크를 제공한다. 이들은 선택 필드이며 모든 애트리뷰트도 역시 선택 사항이다.
    - `license`: 라이선스 정보다. `name` 애트리뷰트는 MIT와 같은 올바른 라이선스 이름을 나타내는 필수 필드다. `url`은 선택 사항이며 라이선스 문서에 대한 링크를 제공한다.
    - `version`: API 버전을 문자열 형식으로 노출한다.
- `externalDocs`: externalDocs는 노출된 API의 확장 문서를 가리키는 선택적 필드로 `description`과 `url`의 두 가지 애트리뷰트가 있다. description은 외부 문서의 요약을 정의하는 선택적(optional) 필드다. description에 Markdown 구문을 사용할 수 있다. url 애트리뷰트는 필수(mandatory) 항목이며 외부 문서에 대한 링크다.

API 정의를 계속 작성해보자. 메타데이터 부분의 작성은 끝났고, `servers`와 `tags` 절을 기입할 차례다.

OAS의 servers와 tags 절

메타데이터 부분 이후에는 `servers`와 `tags` 절을 작성한다. 다음 코드를 살펴보자.

코드: /Chapter03/src/main/resources/api/openapi.yaml

```
servers:
  - url: https://ecommerce.swagger.io/v2
tags:
```

```
  - name: cart
    description: 카트에 대한 모든 것
    externalDocs:
      description: 더 많은 것을 찾아보자 (추가 문서 링크)
      url: http://swagger.io
  - name: order
    description: 주문에 대한 오퍼레이션
  - name: user
    description: 사용자에 대한 오퍼레이션
```

이제 각 코드 섹션을 자세히 논의해 보자.

- **servers**: servers는 API를 호스팅하는 서버 목록을 가지는 선택적 항목이다. 호스팅된 API 문서가 대화식이면 Swagger UI에서 여기에 작성된 서버를 사용해서 API를 직접 호출하고 응답을 표시할 수 있다. 이 부분이 제공되지 않으면 기본값으로 호스트된 문서 서버의 루트(/)를 가리킨다. 서버 URL은 url 애트리뷰트를 사용해 표시한다.

- **tags**: 루트 수준에서 정의된 tags 절은 tag와 tag 메타데이터의 컬렉션을 포함한다. Tags는 리소스가 수행하는 오퍼레이션을 그룹화하는 데 사용된다. tags 메타데이터는 필수 필드인 name과 두 개의 추가 선택적 속성인 description과 externalDocs를 포함한다.

name 애트리뷰트는 태그 이름을 포함한다. 메타데이터를 살펴본 이전 부분에서 description과 externalDocs 필드에 대해 이미 논의한 바와 같다.

OAS의 마지막 두 절에 대해 논의해 보자.

OAS의 컴포넌트(components) 절

OAS에 쓰여진 순서대로라면 path를 논의할 차례다. 그러나 개념적으로는 먼저 자신의 모델을 작성하고 그 모델을 path 항목 안에 사용하는 것이 순서다. 따라서 먼저 components 항목을 작성해보자.

다음은 샘플 전자 상거래 앱의 components 항목에 있는 코드다.

코드: /Chapter03/src/main/resources/api/openapi.yaml

```
components:
  schemas:
    Cart:
      description: 사용자의 쇼핑 카트
```

```yaml
    type: object
    properties:
      customerId:
        description: 카트를 소유하고 있는 고객의 ID
        type: string
      items:
        description: 카트 안에 있는 아이템의 컬렉션
        type: array
        items:
          $ref: '#/components/schemas/Item'
```

YAML을 처음 사용하는 경우 약간 복잡하다고 생각할 수 있다. 그러나 이 부분을 살펴보고 나면 YAML이 편안하게 느껴질 것이다.

이 부분에서 Cart라는 모델을 정의했다. Cart 모델은 object 타입이며 Id(문자열)와 items(배열)의 두 필드를 포함한다.

객체 데이터 타입(object data type)

모든 모델 또는 필드를 객체로 정의할 수 있다. 타입을 객체로 표시하면 다음 속성은 모든 객체의 필드로 구성된 properties다. 예를 들어, 이전 코드의 Cart 모델은 다음 구문을 가진다.

```
type: object
properties:
    <field name>:
        type: <data type>
```

OAS는 다음과 같은 6가지 기본 데이터 타입을 지원한다(모두 소문자다).

- string
- number
- integer
- boolean
- object
- array

Cart 모델에서는 `string`, `object`, `array` 데이터 타입을 사용했다. 다른 데이터 타입은 `number`, `integer`, `boolean`이 있다. 그렇다면 날짜(date), 시간(time), 부동 소수점(float) 타입은 어떻게 정의하는지 궁금할 것이다. `format` 애트리뷰트를 사용하면 기본 데이터 타입 외의 타입을 정의할 수 있고, 객체(`object`) 타입과 함께 사용할 수 있다. 예를 들어 다음 코드를 살펴보자.

```
orderDate:
  type: string
  format: date-time
```

이 코드에서 `orderDate`는 `string`으로 정의했다. 한편 `format`은 포함할 문자열 값을 결정한다. `format`은 `date-time`으로 표시되므로 `orderDate` 필드에는 RFC 3339, 섹션 5.6(https://tools.ietf.org/html/rfc3339#section-5.6)에 정의된 형식의 날짜와 시간을 포함한다. (예: `2020-10-22T19:31:58Z`)

타입(type)과 함께 사용할 수 있는 몇 가지 다른 일반적인 형식(format)을 더 살펴보자.

- `type: number`와 함께 `format: float`은 부동 소수점 숫자를 포함한다.
- `type: number`와 함께 `format: double`은 배정밀도(double precision)의 부동 소수점 숫자를 포함한다.
- `type: integer`와 함께 `format: int32`는 int 타입(부호 있는 32비트 정수)을 포함한다.
- `type: integer`와 함께 `format: int64`는 long 타입(부호 있는 64비트 정수)을 포함한다.
- `type: string`과 함께 `type: date`는 RFC 3339에 따른 날짜를 포함한다(예: 2020-10-22).
- `type: string`과 함께 `format: byte`는 Base64로 인코딩한 값을 포함한다.
- `type: string`과 함께 `format: binary`는 이진 데이터를 포함한다(파일에 사용할 수 있다).

Cart 모델의 `items` 필드는 사용자 정의 `Item` 타입의 배열이다. 여기서 `Item`은 또 다른 모델이며 `$ref`를 사용하여 참조된다. 사실, 모든 사용자 정의 타입은 `$ref`를 사용하는 참조다. `Item` 모델은 `components/schema` 절의 일부이기도 하다. 따라서 `$ref`의 값은 `#/component/schemas/{type}`으로 사용자 정의 타입에 대한 앵커를 포함한다.

`$ref`는 참조 객체를 나타낸다. JSON 참조 (https://tools.ietf.org/html/draft-pbryan-zyp-json-ref-03)를 기반으로 하며 YAML에서도 동일하다. `$ref`를 통해서는 동일 문서 또는 외부 문서의 객체를 참조할 수 있다. 주로 API 정의가 여러 파일로 나누어져 있을 때 사용한다. 이전 코드에서 이미 한 가지 사용법을 살펴봤다. 또 다른 예시를 보자.

```
# Relative Schema Document
$ref: Cart.yaml
# Relative Document with embedded Schema
$ref: definitions.yaml#/Cart
```

이 코드와 같은 내용을 YAML 파일로 작성할 때는 주의할 사항이 있다. 자세히 보면 두 개의 items가 있다. 하나는 Cart 객체 타입(object type)의 프로퍼티이고 다른 하나는 배열 타입(array type)의 프로퍼티다. 전자는 단순히 Cart 객체의 필드다. 그러나 후자는 배열에 속하며 배열 구문의 일부다.

> **Array 문법**
>
> type: array
>
> items:
>
>   type: \<type of object\>
>
> i. type of object를 배열(array)로 배치하면 중첩 배열(nested array)을 가질 수 있다.
>
> ii. 코드와 같이 $ref를 이용하여 사용자 정의 타입을 참조할 수도 있다. (이 경우 items에 type 애트리뷰트는 필요하지 않다.)

이번에는 Item 모델을 살펴보자.

코드: /Chapter03/src/main/resources/api/openapi.yaml

```
Item:
  description: 쇼핑 카트 안에 있는 아이템
  type: object
  properties:
    id:
      description: 아이템 식별자
      type: string
    quantity:
      description: 아이템 수량
      type: integer
      format: int32
    unitPrice:
      description: 아이템의 단위 가격
      type: number
      format: double
```

Item 모델은 components/schema 절의 일부이기도 하다. 위 내용은 전자 상거래 앱 API에서 사용하는 몇 가지 모델을 정의한 부분으로, 코드는 깃허브 저장소의 /Chapter03/src/main/resources/api/openapi.yaml를 참고하기 바란다.

지금까지 components/schema 절에서 모델을 정의하는 방법을 배웠다. 다음으로 OAS의 경로 절에서 API의 엔드포인트를 정의하는 방법을 살펴보겠다.

> **중요 노트**
> schemas와 마찬가지로 components 절에서 requestBodies(요청 페이로드)와 responses을 정의할 수도 있다. 이는 공통 요청 본문과 응답이 있는 경우에 유용하다.

OAS의 경로(path) 절

path는 OAS의 마지막 절이며(순서로는 마지막에서 두 번째이지만 이전 하위 절에서 이미 components에 대해 논의했다), 엔드포인트를 정의하는 곳이다. 이 부분에는 URI를 구성하고 HTTP 메소드를 작성한다.

GET /api/v1/carts/{customerId}/items에 대한 정의를 작성해 보자. 이 API는 지정된 고객 식별자와 연결된 카트에 item을 추가한다.

코드: /Chapter03/src/main/resources/api/openapi.yaml

```yaml
paths:
  /api/v1/carts/{customerId}/items:
    get:
      tags:
        - cart
      summary: 쇼핑 카트를 반환한다
      description: 주어진 고객의 쇼핑 카트를 반환한다
      operationId: getCartByCustomerId
      parameters:
        - name: customerId
          in: path
          description: 고객 식별자
          required: true
          schema:
```

```
          type: string
    responses:
      200:
        description: 성공적인 오퍼레이션
        content:
          application/xml:
            schema:
              type: array.
              items:
                $ref: '#/components/schemas/Cart'.
          application/json:
            schema:
              type: array
              items:
                $ref: '#/components/schemas/Cart'
      404:
        description: 주어진 고객 ID가 존재하지 않음
        content: {}
```

그냥 살펴보기만 해도 엔드포인트가 무엇인지, 이 API가 사용하는 HTTP 메소드와 매개 변수가 무엇인지, 그리고 가장 중요한 내용인 어떤 응답을 기대할 수 있는지를 파악할 수 있다. 위 내용을 더 자세히 살펴 보자. 여기서 v1은 API의 버전을 나타낸다. 각 엔드포인트 경로(예: /api/v1/carts/{customerId}/items)에는 연결된 HTTP 메소드(예: POST)가 있다. 엔드포인트 경로는 항상 /로 시작한다.

각 메소드는 tags, summary, description, operationId, parameters, reponses, requestBody의 7개 필드를 가질 수 있다. 각 필드에 대해 살펴보겠다.

- tags: tags는 API를 그룹화할 때 사용한다. cart로 태그가 지정된 API에 대한 다음 스크린샷을 살펴보자. Swagger Codegen은 tags를 사용하여 코드를 생성할 수도 있다. 다음 스크린샷에 나열된 모든 카트 엔드포인트는 CartsApi.java에 있을 것이다.

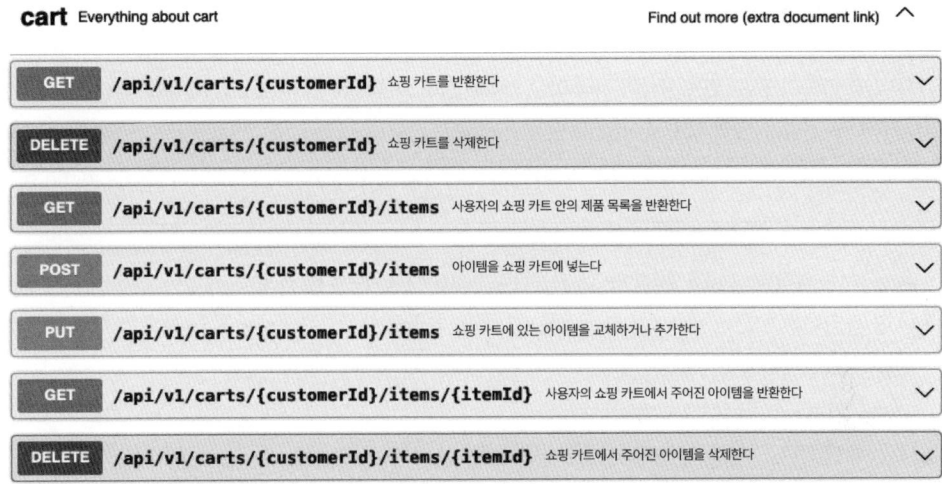

그림 3.1 - Cart APIs

- summary와 description: summary와 description 절은 앞서 OAS의 메타데이터 절에서 논의한 것과 동일한 기능을 한다. 여기에는 각기 주어진 API의 작업 요약과 자세한 설명이 포함돼 있다. 동일한 스키마를 참조하는 description 필드에는 마크다운도 사용 가능하다.

- operationId: 이 부분은 오퍼레이션 이름을 의미한다. 이전 코드에서 볼 수 있듯이 addCartItemsByCustomerId 값을 할당했다. 여기에 작성한 오퍼레이션 이름은 Swagger Codegen에서 생성한 API 인터페이스의 메소드 이름으로 사용된다.

- parameters: 자세히 보면 name 필드 앞에 - (하이픈)이 있다. 이는 배열 요소 선언을 의미한다. parameters 필드는 여러 개의 매개변수를 포함할 수 있고, 실제로 경로(path)와 쿼리 매개변수(query parameters)의 조합인 배열로 선언된다.

  path 매개변수(parameter)의 경우 parameters 아래의 name 값이 중괄호({}) 안의 path에 지정된 값과 동일한지 확인해야 한다.

  parameter 필드는 API query, path, header, cookie 매개변수를 포함한다. 이전 코드에서는 path 매개변수(in 필드의 값)를 사용한 바 있다. query 매개변수를 선언하면 query의 값을 변경하는 등 다른 매개변수 타입에 대한 값을 변경할 수 있다.

  description은 평소와 같이 정의된 매개변수를 설명한다.

  parameters 절 내의 required 필드를 사용하면 필드의 필수/선택 여부를 표시할 수 있다. 이 때 사용하는 매개변수의 타입은 Boolean이다.

  parameter의 데이터 타입을 선언하고, schema 필드를 사용하는 곳이기도 하다.

- responses: responses는 모든 API 오퍼레이션의 필수 필드다. API가 요청에 대해 응답할 수 있는 응답 타입을 정의한다. 이 부분에는 기본 필드로 HTTP 상태 코드가 포함된다. 이 필드에는 default 응답 또는 200과 같은 성공적인 HTTP 상태 코드가 될 수 있는 응답이 하나 이상 있어야 한다. 이름에서 알 수 있듯이 API 오퍼레이션에 다른 응답이 정의되거나 사용할 수 없을 때에는 default 응답이 사용된다.

  응답 타입(예: 200 또는 default) 필드에는 description, content, headers의 세 가지 타입의 필드가 있다.
  - description은 응답을 설명하는 데 사용된다.
  - headers는 헤더와 그 값을 정의하는 데 사용된다. headers 예제는 다음과 같다.

  ```
  responses:
    200:
      description: operation successful
      headers:
        X-RateLimit-Limit:
          schema:
            type: integer
  ```

- content는 다양한 미디어 타입을 나타내는 콘텐츠 타입을 정의한다. 위 예제에서는 application/json을 사용했다. 마찬가지로 application/xml과 같은 다른 미디어 타입도 정의할 수 있다. content 타입 필드에는 schema 필드를 사용하여 정의할 수 있는 실제 응답 객체가 포함돼 있다. 그 안에 Item 모델의 배열을 정의했기 때문이다.

  앞서 언급했듯이 components 절에 재사용이 가능한 응답을 생성하면 $ref를 사용하여 직접 사용할 수 있다.

- requestBody: requestBody는 요청 페이로드 객체를 정의하는 데 사용된다. responses 객체와 마찬가지로 requestBody에는 description과 content 필드도 포함된다. Content는 responses 객체를 정의하는 것과 유사한 방식으로 정의할 수 있다. 예를 들어 이전 코드의 POST /carts/{customerId}/items를 참조할 수 있다. 응답으로 components 절 아래에 재사용이 가능한 요청 본문을 만들고 $ref를 사용하여 직접 사용할 수도 있다.

지금까지 OAS를 사용하여 API 명세를 정의하는 방법을 알아보았다. 이 과정에서 샘플 전자 상거래 앱 API의 일부를 작성했다. 다른 API도 유사한 방법으로 작성한다. 전자 상거래 API 정의의 전체 코드는 /src/main/resources/api/openapi.yaml을 참조하기 바란다.

openapi.yaml에서 코드를 복사하여 https://editor.swagger.io의 편집기에 붙여 넣어 보자. 최적화된 사용자 인터페이스에서 API를 작성하는 편이 훨씬 좋지 않은가? 기본 버전이 3.0으로 설정되어 있지 않은 경우 편집(Edit) 메뉴를 사용하여 API를 OpenAPI 버전 3으로 변환해야 한다.

이제 API 설계를 마쳤다. openapi.yaml을 사용하여 코드를 생성하고 결과를 확인할 차례다.

OAS를 스프링 코드로 변환

드디어 API 구현을 시작할 차례다. 기대되지 않는가! 지금까지 RESTful 웹 서비스의 이론과 개념, 스프링 기본사항에 대해 배웠고 샘플 전자 상거래 앱을 위한 첫 번째 API 명세를 설계했다.

이 절을 위해 이 책의 Git 리포지토리를 복제하거나, **스프링 이니셜라이저(Spring Initializr)** (https://start.spring.io/)와 아래에 있는 옵션을 사용하면 스프링 프로젝트 생성을 처음부터 시작할 수 있다.

- Project: Gradle - Groovy
- Language: Java
- Spring Boot: 3.0.8

    또는 3.X.X 사용 가능한 버전을 사용한다. 프로젝트 메타데이터를 선호하는 값으로 대체한다.

- Packaging: Jar
- Java: 17
- Dependencies: Spring Web

프로젝트 생성을 완료했으면 선호하는 IDE(IntelliJ, Eclipse 또는 NetBeans)에서 프로젝트를 열고, **build.gradle** 파일의 **dependencies** 아래에 OpenAPI 지원에 필요한 다음과 같은 의존성을 추가해보자.

코드: /Chapter03/build.gradle

```
swaggerCodegen 'org.openapitools:openapi-generator-cli:6.2.1'
compileOnly 'io.swagger:swagger-annotations:1.6.4'
compileOnly 'org.springframework.boot:spring-boot-starter-validation'
compileOnly 'org.openapitools:jackson-databind-nullable:0.2.3'
implementation 'com.fasterxml.jackson.dataformat:Jackson-dataformat-xml'
implementation 'org.springframework.boot:spring-boot-starter-hateoas'
implementation 'io.springfox:springfox-oas:3.0.0'
```

이 책에서는 방금 작성한 API 정의로부터 코드를 생성하기 위해 Swagger 플러그인을 사용하겠다. 다음 7개 단계에 따라 코드를 생성해보자.

1. **Gradle 플러그인 추가**: OpenAPI Generator CLI 도구를 사용하려면 다음과 같이 build.gradle의 plugins {} 아래에 Swagger Gradle 플러그인을 추가한다.

```
plugins {
  …
  …
  id 'org.hidetake.swagger.generator' version '2.19.2'
}
```

2. **코드 생성을 위한 OpenAPI config 정의:** OpenAPI Generator의 CLI가 사용해야 하는 모델과 API 패키지 이름이나, REST 인터페이스 또는 날짜/시간 관련 객체를 생성하는 데 사용하는 라이브러리 등 여러 설정이 필요하다. 이러한 모든 설정과 다른 설정은 config.json(/src/main/resources/api/config.json)에 정의한다.

코드: /Chapter03/src/main/resources/api/config.json

```json
{
  "library": "spring-boot",
  "dateLibrary": "java8",
  "hideGenerationTimestamp": true,
  "modelPackage": "com.packt.modern.api.model",
  "apiPackage": "com.packt.modern.api",
  "invokerPackage": "com.packt.modern.api",
  "serializableModel": true,
  "useTags": true,
  "useGzipFeature": true,
  "hateoas": true,
  "unhandledException": true,
  "useSpringBoot3": true,
  "useSwaggerUI": true,
  …
  …
  "importMappings": {
    "ResourceSupport":"org.springframework.hateoas.RepresentationModel",
    "Link": "org.springframework.hateoas.Link"
  }
}
```

이 설정은 spring-boot를 라이브러리로 설정하며, Swagger Codegen이 스프링 부트와 일치하는 클래스를 생성하도록 한다. useSpringBoot3이 true로 설정된 것을 볼 수 있는데, 이는 생성된 클래스가 스프링 부트 3와 일치하도록 하기 위해서다.

importMappings를 제외한 나머지 프로퍼티는 전부 스스로의 속성이나 버전을 규정하고 있다. 이 YAML 파일에는 자바 또는 외부 라이브러리에 있는 타입에 대한 타입 매핑도 포함된다. 따라서 importMapping 객체에 대한 코드가 생성되면 생성된 코드가 매핑한 클래스를 사용한다. 모델에서 Link를 사용하는 경우 생성된 모델은 YAML 파일에 정의된 모델 대신 매핑된 'org.springframework.hateoas.Link' 클래스를 사용한다.

이 항목에 hateoas를 사용하면 스프링 HATEOAS 라이브러리를 사용하고 HATEOAS 링크를 추가할 수 있다.

설정에 대한 자세한 정보는 https://github.com/swagger-api/swagger-codegen#customizing-the-generator를 참조하기 바란다.

3. **OpenAPI 생성기 ignore 파일 정의**: .gitignore와 유사한 파일을 추가하여 생성에서 제외할 코드를 특정할 수도 있다. 파일(/src/main/resources/api/.openapi-generator-ignore)에 다음 코드 줄을 추가하면 된다.

```
**/*Controller.java
```

우리가 만들 프로젝트는 컨트롤러를 별도 생성할 예정이므로 위의 항목을 추가한다. 위 항목을 추가하면 API 인터페이스와 모델만 생성된다. 컨트롤러는 나중에 수동으로 추가하기로 하자.

4. **코드**: /Chapter03/src/main/resources/api/openapi.yaml에서 OAS 파일을 복사해서 /src/main/resources/api에 넣는다.

5. **Gradle 빌드 파일에서 swaggerSources 태스크 정의**: 이제 build.gradle 파일의 swaggerSources 태스크에 로직을 추가해 보자.

```
swaggerSources {
  def typeMappings = 'URI=URI'
  def importMappings = 'URI=java.net.URI'
  eStore {
    def apiYaml = "${rootDir}/src/main/resources/api/openapi.yaml"
    def configJson = "${rootDir}/src/main/resources/api/config.json"
    inputFile = file(apiYaml)
    def ignoreFile = file("${rootDir}/src/main/resources/api
                          /.openapi-generator-ignore")
    code {
      language = 'spring'
      configFile = file(configJson)
      rawOptions = ['-ignore-file-override', ignoreFile,
                    '-type-mappings',
           typeMappings, '-import-mappings', importMappings] as
                    List<String>
      components = [models: true, apis: true, supportingFiles:'ApiUtil.java']
      dependsOn validation
    }
```

```
    }
}
```

여기서는 `openapi.yaml` 파일의 위치를 가리키는 `inputFile`을 포함하는 `eStore`(사용자 정의 이름)를 정의했다. 개발자가 입력을 정의하면 생성기는 code에서 설정된 출력을 생성한다.

위 예시의 `code` 블록에서는 `language`(다양한 언어 지원), `config.json`을 가리키는 `configFile`, `rawOption` (타입 및 가져오기 매핑 포함), `components`를 정의했다. Language를 제외하고는 모두 선택 사항이다.

이 책에서는 모델과 API 생성만 OpenAPI 생성기로 수행한다. 하지만 OpenAPI 생성기를 통해서는 클라이언트 또는 테스트 파일과 같은 다른 파일도 생성할 수 있다. 생성된 API 인터페이스에는 `ApiUtil.java`가 필요하다. 그렇지 않으면 빌드할 때 컴파일 에러가 발생한다. 그래서 이 파일을 `components`에 추가했다.

6. **compileJava 작업 의존성에 swaggerSources 추가**: 다음으로 `swaggerSources`를 `compileJava` 작업에 의존하는 태스크로 추가해야 한다. 이것은 `eStore`에 정의된 코드 블록을 가리킨다.

```
compileJava.dependsOn swaggerSources.eStore.code
```

또한, `processResources` 태스크에 `generateSwaggerCode` 태스크를 의존성으로 추가해야 한다.

```
processResources {
    dependsOn(generateSwaggerCode)
}
```

7. **생성된 소스 코드를 Gradle sourceSets에 추가**: 또한 생성된 소스 코드와 리소스를 sourceSet에 추가하는 작업이 필요하다. 이 과정을 거치면 생성된 소스 코드와 리소스를 개발 및 빌드에 사용할 수 있다.

```
sourceSets.main.java.srcDir "${swaggerSources.eStore.code.outputDir}/src/main/java"
```

```
sourceSets.main.resources.srcDir "${swaggerSources.eStore.code.outputDir}/src/main/resources"
```

소스 코드는 Chapter03\build\swagger-code-eStore와 같이 프로젝트의 /build 디렉토리에 생성된다. 빌드를 완료하면 생성된 소스 코드와 리소스가 Gradle sourceSets에 추가될 것이다.

> **중요 노트**
>
> Swagger Codegen 유틸리티를 사용하여 API 자바 인터페이스 및 모델을 생성했다. 따라서 IDE에서 처음으로 프로젝트를 로드할 때 빌드를 실행하지 않으면 오류가 발생할 수 있다. 이는 IDE가 생성된 자바 파일(모델 및 API 자바 인터페이스)을 찾지 못하기 때문이다. 빌드의 `gradlew clean build` 명령을 실행하여 이러한 파일을 생성할 수 있다.

8. **코드 생성, 컴파일 및 빌드를 위한 빌드 실행**: 마지막 단계로 빌드를 실행해 보자. 빌드 경로에 실행 가능한 자바 코드가 있는지 확인한다. 자바 버전은 build.gradle(sourceCompatibility = '17') 프로퍼티 또는 IDE 설정에 정의된 버전과 일치해야 한다.

```
$ gradlew clean build[4]
```

빌드가 성공적으로 실행되면 아래 사진과 같이 빌드 디렉터리에서 생성된 코드를 찾을 수 있다.

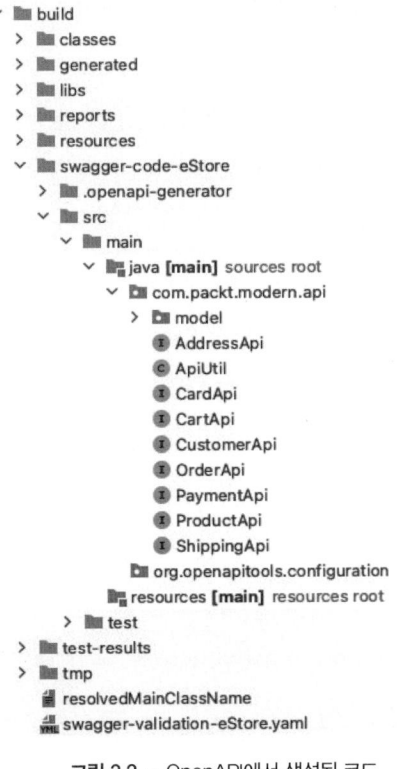

그림 3.2 - OpenAPI에서 생성된 코드

작업을 모두 마쳤다. 앞서 언급한 단계를 모두 수행하면 API 모델 및 API 자바 인터페이스 코드를 성공적으로 생성할 수 있다. 다음 절에서는 OpenAPI Codegen에서 만든 API 인터페이스를 구현하겠다.

---

4 (옮긴이) 윈도우에서는 gradlew.bat 파일이 있는 디렉터리를 윈도우의 PATH에 등록해서 실행하거나, gradlew.bat 파일이 있는 디렉터리에서 ./gradlew clean build 로 실행한다.

OAS 코드 인터페이스 구현

지금까지 전자 상거래 앱 모델과 API 인터페이스로 구성된 코드를 생성했다. 이렇게 생성된 인터페이스에는 책에서 YAML로 작성한 모든 애노테이션이 포함되어 있다. 예를 들어 CartApi.java 안에 있는 @RequestMapping, @PathVariable, @RequestBody는 엔드포인트 경로 (/api/v1/carts/{customerId}/items), 경로 변수의 값(예: path안의 {customerId}을 포함한다.), 요청 페이로드(예: Item)를 각각 가지고 있다. 마찬가지로 생성된 모델에는 JSON 및 XML 콘텐츠 타입을 지원하는 데 필요한 모든 매핑이 포함돼 있다.

개발자는 Swagger Codegen으로 스프링 코드를 작성해 인터페이스를 구현하고 그 안에 비즈니스 로직을 작성하기만 하면 된다. Swagger Codegen은 제공된 각 태그에 대한 API 인터페이스를 생성하는 기능이다. 예를 들어 cart 및 payment 태그에 대해 각각 CartApi 및 PaymentAPI 자바 인터페이스를 생성한다. 모든 경로는 태그 기반으로 단일 자바 인터페이스로 함께 묶인다. cart 태그가 있는 모든 API의 경우 단일 자바 인터페이스인 CartApi.java로 함께 묶인다.

이제 각 인터페이스에 대한 클래스를 만들고 구현하기만 하면 된다. com.packt.modern.api.controllers 패키지에 CartController.java를 만들고 CartApi를 구현해 보자.

코드: /Chapter03/src/main/java/com/packt/modern/api/controllers/CartsController.java

```java
@RestController
public class CartsController implements CartApi {

  private static final Logger log = LoggerFactory.getLogger(CartsController.class);

  @Override
  public ResponseEntity<List<Item>> addCartItemsByCustomerId
  (String customerId, @Valid Item item) {
    log.info("고객 ID 요청: {}\nItem: {}", customerId, item);
    return ok(Collections.EMPTY_LIST);
  }

  @Override
  public ResponseEntity<List<Cart>> getCartByCustomerId(String customerId) {
    throw new RuntimeException("수동 예외 발생 (Manual Exception thrown)");
  }
```

```
// 다른 메소드 구현 (생략됨)

}
```

위 예제에서는 데모 목적으로 두 개의 메소드를 구현했다. 실제 비즈니스 로직은 다음 장에서 구현할 것이다.

Item 요청 (POST /api/v1/carts/{customerId}/items)을 추가하기 위해 addCartItemsByCustomerId 메소드 내부에서 들어오는 요청 페이로드와 고객 ID를 기록한다. 또 다른 메소드인 getCartByCustomerId는 단순히 예외를 발생시킨다. 이를 통해 다음 절에서 만들 전역 예외 처리기(Global Exception Handler)의 결과를 확인할 수 있다.

전역 예외 처리기 추가

하나의 애플리케이션에는 여러 메소드로 구성된 여러 개의 컨트롤러가 있다. 컨트롤러에 작성된 각 메소드들이 동작하는 동안에는 확인된 예외나 런타임 예외가 자주 발생한다. 이 경우 더 나은 유지 관리와 모듈화, 그리고 클린 코드(clean code)를 위해서는 애플리케이션에서 발행하는 모든 에러를 처리할 중심 역할이 필요하다.

스프링은 이를 위해 AOP 기능을 제공한다. @ControllerAdvice라는 애노테이션이 달린 단일 클래스를 작성한 후 각 예외에 @ExceptionHandler를 추가하면 된다. 이 예외 처리기 메소드는 어느 메소드에서 에러가 발생하든 공통된 에러 메시지를 생성하여 다른 관련 정보와 함께 사용자에게 전달한다.

회사가 타사 라이브러리 사용을 승인한 상태라면 Lombok 라이브러리의 사용을 추천한다. Lombok을 사용하면 획득자(getter), 설정자(setter), 생성자(constructor) 등에 대한 코드의 장황함이 제거된다.

먼저 모든 에러 정보를 포함하는 Error라는 클래스를 exceptions 패키지 안에 작성해 보자.

코드: /Chapter03/src/main/java/com/packt/modern/api/exceptions/Error.java

```
public class Error {
  private static final long serialVersionUID = 1L;
  private String errorCode;
  private String message;
  private Integer status;
  private String url = "Not available";
```

```
    private String reqMethod = "Not available";

    // 획득자(getter)와 설정자(setter)들 (간결함을 위해 생략됨)

}
```

다음 속성들을 사용한다:

- errorCode: HTTP 오류 코드와 다른 애플리케이션 오류 코드
- message: 문제에 대한 간단하고 사람이 읽을 수 있는 요약
- status: 문제 발생 시 원 서버에 의해 설정된 HTTP 상태 코드
- url: 오류를 발생시킨 요청의 URL
- reqMethod: 오류를 발생시킨 요청의 메소드

필요한 경우 여기에 다른 필드를 추가할 수 있다. Exceptions 패키지에는 사용자 정의 예외 및 전역 예외 처리를 위한 모든 코드가 포함된다.

이제 사용자 정의 예외와 해당 예외들의 에러 코드를 포함한 모든 예외 키를 포함하는 ErrorCode라는 열거형(enum)을 작성해 보자.

코드: /Chapter03/src/main/java/com/packt/modern/api/exceptions/ErrorCode.java

```
public enum ErrorCode {
  GENERIC_ERROR("PACKT-0001", "시스템이 요청을 완료할 수 없습니다, 시스템 지원
      담당자에게 연락하세요."),
  HTTP_MEDIATYPE_NOT_SUPPORTED("PACKT-0002", "요청한 미디어 타입을 지원하지 않습니다.
      'Content-Type' 헤더 값으로 application/json이나 application/xml를
      사용하세요."),
  HTTP_MESSAGE_NOT_WRITABLE("PACKT-0003", "Missing 'Accept' 헤더가 없습니다.
      'Accept' 헤더를 추가하세요."),
  HTTP_MEDIA_TYPE_NOT_ACCEPTABLE("PACKT-0004", "요청한 'Accept' 헤더 값을 지원하지
      않습니다. 'Accept' 값으로 application/json 이나 application/xml룰
      사용하세요."),
  JSON_PARSE_ERROR("PACKT-0005", "요청 페이로드가 유효한 JSON 객체여야 합니다."),
  HTTP_MESSAGE_NOT_READABLE("PACKT-0006", "요청 페이로드는 'Content-Type'에 따라
      유효한 JSON 또는 XML 객체여야 합니다.");
```

```java
  private String errCode;
  private String errMsgKey;

  ErrorCode(final String errCode, final String errMsgKey) {
    this.errCode = errCode;
    this.errMsgKey = errMsgKey;
  }

  public String getErrCode()   { return errCode;   }
  public String getErrMsgKey() { return errMsgKey; }
}
```

위 예제는 메시지 키 대신 실제 에러 메시지를 추가했다. 국제화를 위해 메시지 키를 추가하고 리소스 파일을 src/main/resources에 추가할 수도 있다.

다음으로 Error 객체를 생성하는 유틸리티를 추가한다.

코드: /Chapter03/src/main/java/com/packt/modern/api/exceptions/ErrorUtils.java

```java
public class ErrorUtils {
  private ErrorUtils() {}

  public static Error createError(final String errMsgKey, final String errorCode,
      final Integer httpStatusCode) {
    Error error = new Error();
    error.setMessage(errMsgKey);
    error.setErrorCode(errorCode);
    error.setStatus(httpStatusCode);
    return error;
  }
}
```

마지막으로 전역 예외 처리기를 구현한 클래스를 다음과 같이 만든다.

코드: /Chapter03/src/main/java/com/packt/modern/api/exceptions/RestApiErrorHandler.java

```java
@ControllerAdvice
public class RestApiErrorHandler {
  private final MessageSource messageSource;
```

```java
    @Autowired
    public RestApiErrorHandler(MessageSource messageSource) {
        this.messageSource = messageSource;

    }
    @ExceptionHandler(Exception.class)
    public ResponseEntity<Error> handleException
        (HttpServletRequest request, Exception ex, Locale locale) {
        Error error = ErrorUtils
            .createError(ErrorCode.GENERIC_ERROR.getErrMsgKey(),
ErrorCode.GENERIC_ERROR.getErrCode(), HttpStatus.INTERNAL_SERVER_ERROR.value())
.setUrl(request.getRequestURL().toString()).setReqMethod(request.getMethod());
        return new ResponseEntity<>(error, HttpStatus.INTERNAL_SERVER_ERROR);
    }

    @ExceptionHandler(HttpMediaTypeNotSupportedException.class)
    public ResponseEntity<Error>
        handleHttpMediaTypeNotSupportedException(
        HttpServletRequest request,
        HttpMediaTypeNotSupportedException ex, Locale locale) {
        Error error = ErrorUtils
            .createError(ErrorCode.HTTP_MEDIATYPE_NOT_SUPPORTED.getErrMsgKey(),
            ErrorCode.HTTP_MEDIATYPE_NOT_SUPPORTED.getErrCode(),
            HttpStatus.UNSUPPORTED_MEDIA_TYPE.value())
            .setUrl(request.getRequestURL().toString()).setReqMethod(request.getMethod());
        return new ResponseEntity<>(error, HttpStatus. INTERNAL_SERVER_ERROR);
    }
    // 간결함을 위해 제거된 코드
}
```

위 예제는 클래스에 @ControllerAdvice를 표시했다. 이제 위 클래스로 REST 컨트롤러의 모든 요청 및 응답 처리를 추적하고 @ExceptionHandler를 사용한 예외를 처리할 수 있다.

앞 코드에서, 일반 internal server error와 HttpMediaTypeNotSupportException이라는 두 가지 예외를 처리했다. ErrorCode, HttpServletRequest, HttpStatus를 사용하여 Error 객체를 채우는 구조다. 이후 최종적으로 ResponseEntity 내부에 래핑된 에러를 적절한 HTTP 상태로 반환한다.

사용자 정의 예외도 이 부분에 추가할 수 있다. 국제화된 메시지를 지원하기 위한 Locale 인스턴스(메소드 매개변수)와 messageSource 클래스 멤버 사용도 가능하다.

API를 설계하고 코드와 구현을 생성했으니, 다음 하위 절에서 구현을 테스트해 보자.

API 구현 테스트

코드를 실행할 준비가 되면 프로젝트의 루트 폴더에서 다음 명령을 사용하여 아티팩트를 컴파일하고 빌드할 수 있다.

```
$ ./gradlew clean build
```

위 명령은 build 폴더를 제거하고 아티팩트(컴파일된 클래스 및 JAR)를 생성한다. 빌드가 성공하면 다음 명령을 사용하여 애플리케이션을 실행한다.

```
$ java -jar build\libs\Chapter03-0.0.1-SNAPSHOT.jar
```

이제 curl 명령을 사용하여 테스트를 수행할 수 있다[5].

```
$ curl --request GET 'http://localhost:8080/api/v1/carts/1' --header 'Accept: application/xml'
```

이 명령은 ID가 1인 /carts에 대한 GET 요청을 호출한다. 여기에서 Accept 헤더를 사용하여 XML 응답을 요청하면 다음 응답이 반환된다.

```
<Error>
   <errorCode>PACKT-0001</errorCode>
   <message>시스템이 요청을 완료할 수 없습니다. 시스템 지원 담당에게 연락하세요.</message>
   <status>500</status>
   <url>http://localhost:8080/api/v1/carts/1</url>
   <reqMethod>GET</reqMethod>
</Error>
```

---

5 (옮긴이) 윈도우에서 테스트할 때는 아래와 같이 작은따옴표 대신 큰 따옴표를 사용해야 한다.
   curl --request GET "http://localhost:8080/api/v1/carts/1" --header "Accept: application/xml"

Accept 헤더를 application/xml에서 application/json으로 변경하면 다음과 같은 JSON 응답을 받는다.

```
$ curl --request GET 'http://localhost:8080/api/v1/carts/1' --header 'Accept: application/json'
{
"errorCode": "PACKT-0001",
"message": "시스템이 요청을 완료할 수 없습니다. 시스템 지원 담당에게 연락하세요.",
"status": 500,
"url": "http://localhost:8080/api/v1/carts/1",
"reqMethod": "GET"
}
```

마찬가지로 다음과 같이 카트에 아이템을 추가하는 API를 호출할 수 있다.

```
$ curl --request POST 'http://localhost:8080/api/v1/carts/1/items' \
  --header 'Content-Type: application/json' \
  --header 'Accept: application/json' \
  --data-raw '{
    "id": "1",
    "quantity": 1,
    "unitPrice": 2.5
  }'
[]
```

예제에서 빈 컬렉션을 반환하도록 구현했기 때문에 응답 결과로 [](빈 배열)이 출력됐다. 요청과 함께 페이로드(아이템 객체)를 보내기 때문에 이 요청에는 Content-Type 헤더를 제공해야 한다. 페이로드가 XML로 작성된 경우 Content-Type을 application/xml로 변경하면 된다. Accept 헤더 값이 application/xml이면 <List/> 값을 반환한다. Content-Type과 Accept 헤더를 제거/변경하거나 잘못된 형식의 JSON 또는 XML을 사용하여 다른 에러 응답을 테스트할 수 있다.

이번 장에서는 OpenAPI를 사용하면 API 설명을 생성한 다음 생성된 모델과 API 인터페이스를 사용하여 API를 구현하는 방법을 살펴봤다.

요약

이 장에서는 RESTful 웹 서비스를 작성하기 위해 설계 우선 접근 방식을 선택했다. OAS를 사용하여 API 설명을 작성하는 방법과 Swagger Codegen 도구(그래들 플러그인 사용)를 사용하여 모델 및 API 인터페이스를 생성하는 방법을 배웠다. 모든 예외 처리를 중앙 집중화하기 위해 전역 예외 처리기(Global Exception Handler)도 구현했다. API 자바 인터페이스가 있으면 비즈니스 로직을 위한 구현을 작성할 수 있다. 이후 OAS 및 Swagger Codegen을 사용하여 RESTful API를 작성했다. 또한 전역적으로 예외를 처리하는 방법도 배웠다.

다음 장에서는 데이터베이스 영속성을 갖춘 비즈니스 로직을 작성하여 완성된 API 인터페이스를 구현할 것이다.

질문

1. OpenAPI란 무엇이며 어떻게 도움이 되는가?
2. YAML OAS 기반 파일의 모델에서 중첩 배열(nested array)은 어떻게 정의할 수 있는가?
3. 전역 예외 처리기(Global Exception Handler)를 구현하려면 어떤 애노테이션이 필요한가?
4. OpenAPI 설명(description)에서 자바 코드로 작성된 모델이나 클래스를 어떻게 사용할 수 있는가?
5. Swagger Codegen을 사용하여 모델과 API 인터페이스만 생성하는 이유는 무엇인가?

답변

1. OAS는 REST API의 명세와 설명의 몇 가지 측면을 해결하기 위해 도입되었다. YAML 또는 JSON 마크업 언어로 REST API를 작성할 수 있게 해주며, 이를 통해 비기술적인 이해 관계자를 포함한 모든 이해 관계자와 개발 단계에서 리뷰와 토론을 할 수 있게 해준다. 또한, 다양한 언어로 문서, 모델, 인터페이스, 클라이언트 및 서버를 생성할 수도 있다.
2. 배열은 다음 코드를 사용하여 정의된다.

   ```
   type: array
   items:
     type: array
   ```

```
    items:
      type: string
```

3. 글로벌 예외 핸들러를 구현하려면 클래스 애노테이션인 @ControllerAdvice와 메소드 애노테이션인 @ExceptionHandler가 필요하다.

4. `build.gradle` 파일의 swaggerSources 태스크에서 --type-mappings 및 --import-mappings rawOptions을 사용할 수 있다.

5. Swagger Codegen을 사용하여 모델과 API 자바 인터페이스만 생성하는데, 이는 개발자들이 컨트롤러의 전체 구현을 담당할 수 있게 해준다.

추가 읽을거리

- OpenAPI 명세 3.0: https://github.com/OAI/OpenAPISpecification/blob/master/versions/3.0.3.md

- OpenAPI Codegen용 Gradle 플러그인: https://github.com/int128/gradle-swagger-generator-plugin

- 스프링용 OAS 코드 생성기 구성 옵션: https://openapigenerator.tech/docs/generators/spring/

- YAML 명세: https://yaml.org/spec/

- 시맨틱 버전 관리: https://semver.org/

04

API를 위한 비즈니스 로직 작성

이전 장에서 OpenAPI를 사용하여 API 명세를 정의했다. API 자바 인터페이스와 모델은 OpenAPI(Swagger Codegen)에 의해 생성됐다. 이 장에서는 비즈니스 로직과 데이터 지속성 측면에서 API 코드를 구현할 것이다. 여기서 비즈니스 로직은 도메인 기능을 위해 작성하는 실제 코드를 의미하며, 우리 경우에는 전자 상거래와 관련된 오퍼레이션, 예를 들어 쇼핑 카트 결제 등의 작업을 포함한다.

구현을 위해 서비스와 리포지토리를 작성하고 API 응답에 하이퍼미디어와 **엔터티 태그(ETags)**를 추가할 것이다. Hypermedia As The Engine Of Application State (HATEOAS)는 스프링과 Hypertext Application Language (HAL)을 사용해 구현될 것이다. HAL은 HATEOAS를 구현하기 위한 표준 중 하나이다. 다른 표준으로는 Collection+JSON과 JSON-LD가 있다. 이 책에서는 HAL을 사용할 것이다. "_links" 필드로 표시된 API 응답에 ETags 추가 절의 첫 번째 예제에서 샘플을 찾을 수 있다. 제공된 코드는 간결함을 위해 중요한 줄들만으로 구성되어 있으며 전체 파일이 아님을 유념해야 한다. 코드 뒤에 주어진 링크로 접속하면 전체 파일을 볼 수 있다.

이 장은 주로 다음 주제를 다룬다.

- 서비스 설계 개요
- 리포지토리 컴포넌트 추가
- 서비스 컴포넌트 추가

- 하이퍼미디어 구현
- 서비스 및 HATEOAS로 컨트롤러 기능 향상
- API 응답에 Etag 추가
- API 테스트

기술 요구 사항

이 장과 이후 장의 지시사항을 **실행하기 위해서는** Insomnia 또는 Postman과 같은 REST API 클라이언트가 필요하다.

이 장의 코드 파일은 이 책의 깃허브 저장소 Chapter04 폴더에 있다.

서비스 설계 개요

이 장에서는 프레젠테이션 레이어, 응용 프로그램 레이어, 도메인 레이어, 인프라 레이어라는 4개 레이어로 구성된 멀티레이어 아키텍처를 구현할 것이다. 멀티레이어 아키텍처는 **DDD(Domain-Driven Design)**로 알려진 아키텍처 스타일의 기본 빌딩 블록이다. 먼저 각 레이어의 역할을 간략히 살펴보자.

- **프레젠테이션 레이어**: 이 레이어는 **사용자 인터페이스(UI)**를 담당한다. 7장, 사용자 인터페이스 설계하기에서는 전자 상거래 앱용 UI를 개발할 것이다.
- **애플리케이션 레이어**: 애플리케이션 레이어는 애플리케이션 로직을 포함하고 애플리케이션의 전체 흐름을 유지하고 조정한다. 참고로 여기에는 비즈니스 로직이 아닌 애플리케이션 로직만 포함되어 있다. RESTful 웹 서비스, 비동기 API, gRPC API, GraphQL API는 이 레이어의 일부다.

  3장, API 명세 및 구현에서 이미 다룬 REST API 인터페이스와 컨트롤러(REST API 인터페이스 구현)도 애플리케이션 레이어의 일부다. 이전 장에서는 데모 목적으로 컨트롤러를 구현했다. 이 장에서는 실제 데이터를 제공하기 위해 컨트롤러를 광범위하게 구현하겠다.
- **도메인 레이어**: 도메인 레이어는 비즈니스 로직과 도메인 정보를 포함한다. 여기에는 주문(Order), 제품(Product) 등과 같은 비즈니스 객체의 상태가 포함된다. 도메인 레이어는 서비스와 리포지토리로 구성된다. 이 장에서 이에 대해서도 다룬다. 이어서 소개할 인프라 레이어는 도메인 레이어의 객체를 읽고 유지하는 역할을 한다.
- **인프라 레이어**: 인프라 레이어는 다른 모든 레이어에 대한 지원을 담당한다. 데이터베이스, 메시지 브로커, 파일 시스템 등과의 상호 작용을 위한 통신 담당 역할이다. 스프링 부트는 인프라 레이어로 작동하며 데이터베이스, 메시지 브로커 등과 같은 외부 및 내부 시스템과의 통신 및 상호 작용을 지원한다.

우리는 개발 방법론 중 상향식 접근 방식(bottom-to-top approach)을 사용할 것이다. @Repository 컴포넌트로 도메인 레이어 구현을 시작해보자.

Repository 컴포넌트 추가

@Repository 컴포넌트를 추가하기 위해 상향식 접근 방식을 사용해 보자. 우선 @Repository 컴포넌트를 사용하여 도메인 레이어 구현을 시작한다. 다음 절에서는 서비스를 구현해 컨트롤러 컴포넌트를 개선할 것이다. 먼저 @Repository 컴포넌트를 코딩한 다음 생성자 주입을 사용하여 @Service 컴포넌트에서 사용한다. @Controller 컴포넌트는 @Service 컴포넌트를 사용해 활용도가 높아지며 생성자 주입을 통해 컨트롤러에도 주입된다.

@Repository 애노테이션

Repository 컴포넌트는 @Repository 애노테이션으로 표시한 자바 클래스로 데이터베이스와 상호 작용할 때 사용하는 특별한 스프링 컴포넌트다.

@Repository는 DDD의 리포지토리와 **자바 EE(Enterprise Edition)** 패턴인 **DAO(Data Access Object)**를 모두 나타내는 범용 스테레오 타입이다. 개발자와 팀은 기본 접근 방식을 기반으로 리포지토리 객체를 처리해야 한다. DDD에서 리포지토리는 모든 객체에 대한 참조를 전달하고 요청된 객체의 참조를 반환해야 하는 중심 객체다. 이를 위해 @Repository로 표시된 클래스를 작성하기 전에 필요한 모든 의존성과 설정을 준비해야 한다.

이 책은 다음 라이브러리를 데이터베이스 의존성으로 사용한다.

- **데이터 유지를 위한 H2 데이터베이스**: 책에서는 H2의 메모리 인스턴스를 사용한다.(H2 데이터베이스는 파일 기반 인스턴스를 사용할 수도 있다.)
- **Hibernate 객체 관계형 매핑(Object Relational Mapping, ORM)**: 데이터베이스 객체 매핑용이다.
- **데이터베이스 마이그레이션을 위한 Flyway**: 데이터베이스 유지 관리에 도움이 되며 롤백, 버전 업그레이드 등을 허용하는 데이터베이스 변경 기록도 주관한다.

이러한 의존성을 build.gradle 파일에 추가해 보자. org.springframework.boot:spring-boot-starter-data-jpa는 Hibernate를 포함한 모든 필수 JPA 의존성을 추가해 준다.

코드: /Chapter04/build.gradle

```
implementation 'org.springframework.boot:spring-boot-starter-data-jpa'
implementation 'org.flywaydb:flyway-core'
runtimeOnly 'com.h2database:h2'
```

의존성을 추가하면 데이터베이스와 관련된 설정도 추가할 수 있다.

데이터베이스 및 JPA 설정

또한, 다음과 같은 설정으로 application.properties 파일을 수정해야 한다. 설정 파일은 /Chapter04/src/main/resources/application.properties에 있다.

- **데이터 소스 설정**: 다음은 스프링 데이터 소스 설정이다.

    ```
    spring.datasource.name=ecomm
    spring.datasource.url=jdbc:h2:mem:ecomm;DB_CLOSE_DELAY=-1;IGNORECASE=TRUE;DATABASE_TO_UPPER=false
    spring.datasource.driverClassName=org.h2.Driver
    spring.datasource.username=sa
    spring.datasource.password=
    ```

    데이터 소스에 H2 관련 프로퍼티를 추가해야 한다. URL 값은 메모리 기반 H2 데이터베이스 인스턴스를 사용함을 의미한다.

- **H2 데이터베이스 설정**: 다음은 두 가지 H2 데이터베이스 설정이다.

    ```
    spring.h2.console.enabled=true
    spring.h2.console.settings.web-allow-others=false
    ```

    H2 콘솔은 로컬 접속만 활성화하며, 이는 localhost에서만 H2 콘솔에 접속할 수 있음을 의미한다. web-allow-others는 false로 설정해 원격 접속을 비활성화했다.

- **JPA 설정**: 다음은 JPA/Hibernate 설정이다.

    ```
    spring.jpa.properties.hibernate.default_schema=ecomm
    spring.jpa.database-platform=org.hibernate.dialect.H2Dialect
    spring.jpa.show-sql=true
    spring.jpa.format_sql=true
    ```

```
spring.jpa.generate-ddl=false
spring.jpa.hibernate.ddl-auto=none
```

이 책의 실습은 데이터베이스 마이그레이션에 Flyway를 사용할 것이므로 DDL을 생성하거나 SQL 파일 처리를 하지 않을 것이다. 그래서 generate-ddl은 false로, 그리고 ddl-auto는 none으로 설정했다.

- **Flyway 설정**: 다음은 Flyway 설정이다.

```
spring.flyway.url=jdbc:h2:mem:ecomm
spring.flyway.schemas=ecomm
spring.flyway.user=sa
spring.flyway.password=
```

여기에서는 Flyway가 데이터베이스에 연결하는 데 필요한 속성들이 설정됐다.

H2 데이터베이스 액세스

/h2-console을 사용하여 H2 데이터베이스 콘솔에 액세스할 수 있다. 예를 들어 서버가 localhost 및 포트 8080에서 실행 중일 때는 http://localhost:8080/h2-console/을 사용하여 서버에 액세스할 수 있다.

데이터베이스 구성을 설정했다. 다음 하위 절에서는 데이터베이스 스키마와 시드 데이터 스크립트를 생성할 차례다.

데이터베이스 및 시드 데이터 스크립트

이제 build.gradle과 application.properties 파일 설정을 완료했다. 드디어 코드 작성을 시작할 수 있다. 먼저 Flyway 데이터베이스 마이그레이션 스크립트를 추가해보자. 이 스크립트는 SQL로만 작성할 수 있다. 이 파일은 src/main/resources 디렉터리 내의 db/migration 디렉터리에 배치할 수 있다. Flyway 명명 규칙(V<version>.<name>.sql)을 따르고 db/migration 디렉터리 안에 V1.0.0__Init.sql 파일을 생성한다. 그런 다음 이 파일에 다음 스크립트를 추가하면 된다.

코드: /Chapter04/src/main/resources/db/migration/V1.0.0__Init.sql

```
create schema if not exists ecomm;
create TABLE IF NOT EXISTS ecomm.product (
  id uuid NOT NULL DEFAULT random_uuid(),
  name varchar(56) NOT NULL,
```

```
    description varchar(200),
    price numeric(16, 4) DEFAULT 0 NOT NULL,
    count numeric(8, 0),
    image_url varchar(40),
    PRIMARY KEY(id)
);
create TABLE IF NOT EXISTS ecomm.tag (
    id uuid NOT NULL DEFAULT random_uuid(),
    name varchar(20),
    PRIMARY KEY(id)
);
-- 간결함을 위해 다른 코드는 제거함
```

이 스크립트는 ecomm 스키마를 생성하고 샘플 전자 상거래 앱에 필요한 모든 테이블을 추가한다. 또한 시드 데이터[1]에 대한 insert 문을 추가한다.

엔터티 추가

이제 엔터티를 추가할 수 있다. 엔터티는 @Entity 애노테이션으로 표시한 특별한 객체이며, Hibernate와 같은 ORM 구현체를 사용해 데이터베이스 테이블에 직접 매핑한다. (또다른 인기있는 ORM으로는 EclipseLink가 있다.) packt.modern.api.entity 패키지에 모든 엔터티 객체를 배치할 수 있다.

이제 CartEntity.java 파일을 생성해 보자.

코드: /Chapter04/src/main/java/com/packt/modern/api/entity/CartEntity.java

```
@Entity
@Table(name = "cart")
public class CartEntity {
    @Id
    @GeneratedValue
    @Column(name = "ID", updatable = false, nullable = false)
    private UUID id;
    @OneToOne
    @JoinColumn(name = "USER_ID", referencedColumnName = "ID")
    private UserEntity user;
```

---

[1] (옮긴이) 시드 데이터는 테스트 등을 목적으로 하는 빈 데이터베이스를 채우기 위한 초기 데이터 집합이다.

```
@ManyToMany(cascade = CascadeType.ALL)
@JoinTable(
  name = "CART_ITEM",
  joinColumns = @JoinColumn(name = "CART_ID"),
  inverseJoinColumns = @JoinColumn(name = "ITEM_ID")
)
private List<ItemEntity> items = Collections.emptyList();
// 획득자와 설정자, 그리고 다른 코드들은 간결함을 위해 제거함
```

여기에서 @Entity 애노테이션은 jakarta.persistence 패키지의 일부로, 엔터티이자 데이터베이스 테이블에 매핑함을 나타낸다. 보통은 엔터티 이름을 사용하나 이 책에서는 @Table 애노테이션을 사용해 데이터베이스 테이블에 매핑했다. 이전에는 javax.persistence 패키지가 오라클의 일부였다. 오라클이 JEE를 오픈 소스화하고 이를 이클립스 재단에 넘긴 후, javax.persistence 패키지 명을 jakarta.persistence로 변경해야 했다.

또한 Cart 엔터티를 User 엔터티와 Item 엔터티에 각각 매핑하기 위해 일대일 및 다대다 애노테이션을 사용했다. ItemEntity 리스트는 @JoinTable과도 연관되어 있다. CART_ITEM 조인 테이블을 사용해 해당 테이블의 CART_ID와 ITEM_ID 열을 기반으로 cart와 product 아이템을 매핑하기 때문이다.

UserEntity 내부에는 다음 코드 블록처럼 관계를 유지하기 위한 Cart 엔터티도 추가했다. FetchType은 LAZY로 표기했다. 이로 인해 명시적으로 요청할 때만 user의 cart를 로드한다. 또한 user가 참조하지 않는 cart는 제거할 필요가 있다. 이 경우 orphanRemoval을 true로 설정하면 된다.

코드: /Chapter04/src/main/java/com/packt/modern/api/entity/UserEntity.java

```
@Entity
@Table(name = "\"user\"")
public class UserEntity {
  // 다른 코드
  @OneToOne(mappedBy = "user", fetch = FetchType.LAZY, orphanRemoval = true)
  private CartEntity cart;
  // 다른 코드...
```

다른 모든 엔터티도 /Chapter04/src/main/java/com/packt/modern/api/entity에 있는 엔터티 패키지에 추가된다.

이제 리포지토리를 추가할 차례다.

리포지토리 추가

실습에 사용되는 모든 리포지토리는 /Chapter04/src/main/java/com/packt/modern/api/repository 를 참조하기 바란다.

스프링 데이터 JPA를 활용한 리포지토리는 CRUD 오퍼레이션을 추가하는 가장 간단한 방법이다. 이 방법을 사용하면 save, saveAll, findById, findAll, findAllById, delete, deleteById와 같은 모든 CRUD 작업 구현을 제공하는 CrudRepository와 같은 기본 구현을 가진 인터페이스를 확장(extend)하기만 하면 된다. Save(Entity e) 메소드는 엔터티 생성 및 업데이트 오퍼레이션에 모두 사용된다.

CartRepository를 생성해 보자.

코드: /Chapter04/src/main/java/com/packt/modern/api/repository/CartRepository.java
```
public interface CartRepository extends CrudRepository<CartEntity, UUID> {
  @Query("select c from CartEntity c join c.user u where u.id = :customerId")
  public Optional<CartEntity> findByCustomerId(@Param("customerId") UUID customerId);
}
```

CartRepository 인터페이스는 org.springframework.data.repository 패키지의 CrudRepository 부분을 확장한다. @Query 애노테이션(org.springframework.data.jpa.repository 패키지의 일부)으로 표시된 JPA 쿼리 언어가 지원하는 메소드를 추가할 수도 있다. @Query 애노테이션 내부의 쿼리는 **JPQL(Java Persistence Query Language)**로 작성된다. JPQL은 SQL과 매우 유사하나 실제 테이블 이름을 사용하는 대신 데이터베이스 테이블에 매핑한 자바 클래스 이름을 사용한다. 따라서 Cart 대신 CartEntity를 테이블 이름으로 사용했다.

> **JPQL에서 컬럼을 선택하기**
>
> 마찬가지로 컬럼의 경우, 데이터베이스 테이블 필드 대신 클래스에서 주어진 필드의 변수 이름을 사용해야 한다. 어떤 경우에든, 데이터베이스 테이블 이름이나 필드 이름을 사용하고 이것이 실제 테이블에 매핑된 클래스와 클래스 멤버와 일치하지 않으면 오류가 발생한다.

"JPQL 또는 기본 SQL을 사용하여 나만의 사용자 지정 메소드를 추가하려면 어떻게 해야할까?"라는 궁금증이 생길 것이다. 이는 어렵지 않다. 이 책의 앞 부분에서 주문(order)을 위해 사용자 정의 인터페이스를 추가한 부분을 활용해 확인해 보자. 먼저 CartRepository와 매우 유사한 OrderRepository를 살펴보겠다.

코드: /Chapter04/src/main/java/com/packt/modern/api/repository/OrderRepository.java

```java
@Repository
public interface OrderRepository extends
        CrudRepository<OrderEntity, UUID>, OrderRepositoryExt {
  @Query("select o from OrderEntity o join o.userEntity u where u.id = :customerId")
  public Iterable<OrderEntity> findByCustomerId(@Param("customerId") UUID customerId);
}
```

자세히 살펴보면 OrderRepositoryExt라는 추가 인터페이스를 확장했다. 이것은 Order 리포지토리에 대한 추가 인터페이스이며 다음 코드로 구성된다.

코드: /Chapter04/src/main/java/com/packt/modern/api/repository/OrderRepositoryExt.java

```java
public interface OrderRepositoryExt {
  Optional<OrderEntity> insert(NewOrder m);
}
```

이미 CrudRepository에 동일 목적을 위한 save() 메소드가 존재하나 다른 구현 방법도 사용해보겠다. 그리고 고유한 리포지토리 메소드를 구현하는 방법을 보여주기 위해 별도의 리포지토리 인터페이스를 추가하기로 하자.

이제 다음과 같이 OrderRepositoryExt 인터페이스 구현을 만들어 보자.

코드: /Chapter04/src/main/java/com/packt/modern/api/repository/OrderRepositoryImpl.java

```java
@Repository
@Transactional
public class OrderRepositoryImpl implements OrderRepositoryExt {
  @PersistenceContext
  private EntityManager em;
  private final ItemRepository itemRepo;
  private final CartRepository cRepo;
  private final OrderItemRepository oiRepo;
  public OrderRepositoryImpl(EntityManager em,CartRepository cRepo,
  OrderItemRepository oiRepo) {
    this.em = em;
    this.cRepo = cRepo;
    this.oiRepo= oiRepo;
  }
  // 나머지 코드
```

이 방법으로 JPQL/HQL(Hibernate Query Language) 또는 네이티브 SQL 안에서 별도의 구현을 가질 수도 있다. 이 경우 `@Repository` 애노테이션은 스프링 컨테이너에게 이 특별한 컴포넌트가 리포지토리이고 기본 JPA를 사용해 데이터베이스와 상호 작용하는 역할이라고 알려준다.

위 코드의 `@Transactional`은 이 클래스의 메소드에 의해 수행되는 트랜잭션이 스프링에서 관리되고 있음을 의미하는 특별 애노테이션이다. 이 애노테이션은 커밋과 롤백 추가 같은 모든 수동 작업을 제거한다. 이 애노테이션은 클래스 내의 특정 메소드에 추가할 수도 있다.

또한 `EntityManager` 클래스에 `@PersistenceContext`를 사용하면 다음 코드와 같이 수동으로 쿼리를 만들고 실행할 수 있다.

```java
@Override
public Optional<OrderEntity> insert(NewOrder m) {
  Iterable<ItemEntity> dbItems = itemRepo.findByCustomerId(m.getCustomerId());
  List<ItemEntity> items = StreamSupport.stream(dbItems.spliterator(), false)
                        .collect(toList());
  if (items.size() < 1) {
    throw new ResourceNotFoundException(String.format(
        "There is no item found in customer's (ID: %s) cart.", m.getCustomerId()));
  }
  BigDecimal total = BigDecimal.ZERO;
  for (ItemEntity i : items) {
    total = (BigDecimal.valueOf(i.getQuantity()).multiply(i.getPrice())).add(total);
  }
  Timestamp orderDate = Timestamp.from(Instant.now());
  em.createNativeQuery("""
    INSERT INTO ecomm.orders (address_id, card_id, customer_id
    order_date, total, status) VALUES(?, ?, ?, ?, ?, ?)
    """)
    .setParameter(1, m.getAddress().getId())
    .setParameter(2, m.getCard().getId())
    .setParameter(3, m.getCustomerId())
    .setParameter(4, orderDate)
    .setParameter(5, total)
    .setParameter(6, StatusEnum.CREATED.getValue())
    .executeUpdate();
```

```
    Optional<CartEntity> oCart = cRepo.findByCustomerId(UUID.fromString(m.getCustomerId()));
    CartEntity cart = oCart.orElseThrow(() -> new ResourceNotFoundException(String.format
("지정된 고객에 대한 카트를 찾을 수 없음 (ID: %s)", m.getCustomerId())));
    itemRepo.deleteCartItemJoinById(cart.getItems().stream()
            .map(i -> i.getId()).collect(toList()), cart.getId());
    OrderEntity entity = (OrderEntity) em.createNativeQuery("""
      SELECT o.* FROM ecomm.orders o WHERE o.customer_id = ? AND
      o.order_date >= ?
      """, OrderEntity.class)
      .setParameter(1, m.getCustomerId())
      .setParameter(2, OffsetDateTime.ofInstant(orderDate.toInstant(),
        ZoneId.of("Z")).truncatedTo(ChronoUnit.MICROS))
      .getSingleResult();
    oiRepo.saveAll(cart.getItems().stream()
        .map(i -> new OrderItemEntity().setOrderId(entity.getId())
            .setItemId(i.getId())).collect(toList()));
    return Optional.of(entity);
}
```

이 방법은 기본적으로 고객의 카트에 있는 아이템을 먼저 가져온다. 그런 다음 주문 합계를 계산하고 새 주문을 생성해 데이터베이스에 저장한다. 또 카트 아이템은 이제 주문의 일부이기 때문에 매핑을 제거해 아이템을 카트에서 제거한다. 마지막으로 주문 및 카트 아이템의 매핑을 저장한다.

주문 생성은 준비된 명령문과 함께 기본 SQL 쿼리를 사용해 수행한다.

자세히 살펴보면, 공식 자바 15 기능인 **텍스트 블록(text blocks)**[2]을 사용했다는 것을 알 수 있다..

마찬가지로 다른 모든 엔터티에 대해서도 별도의 리포지토리를 만들 수 있다. 모든 엔터티는 /Chapter04/src/main/java/com/packt/modern/api/repository에 있다.

리포지토리를 완성하고 나면 다음 단계인 서비스 추가를 구현할 차례다.

---

[2] https://docs.oracle.com/en/java/javase/15/text-blocks/index.html

서비스 컴포넌트 추가

@Service 컴포넌트는 컨트롤러와 리포지토리 사이에서 작동하는 인터페이스다. 이 책은 서비스 컴포넌트에 비즈니스 로직을 추가할 예정이다. 컨트롤러에서 리포지토리를 직접 호출하는 방법도 있지만 리포지토리는 데이터 검색 및 영속성 기능의 일부여야 하므로 이는 좋은 방법이 아니다. 서비스 컴포넌트는 또한 데이터베이스 및 기타 외부 응용 프로그램과 같은 다양한 소스로부터 데이터를 공급하는 데 도움을 준다.

서비스 컴포넌트는 @Service 애노테이션으로 표시한다. 이 애노테이션은 클래스 경로 스캐닝 과정에서 스프링 @Component로 구현된 특정 클래스가 자동으로 감지되도록 한다. 서비스 클래스는 비즈니스 로직을 추가하는 데 사용된다. 리포지토리와 마찬가지로 **서비스** 객체는 DDD의 서비스와 자바 EE의 비즈니스 서비스 파사드(Business Service Façade) 패턴을 모두 나타낸다. 리포지토리와 마찬가지로 서비스 컴포넌트도 범용 스테레오 타입이며 기본 접근 방식으로 사용할 수 있다.

먼저 일반 자바 인터페이스인 서비스 인터페이스를 생성하고 우리가 필요로 하는 모든 메소드를 작성해 보자. 이 인터페이스는 CartService에서 수행할 수 있는 모든 작업을 표시한다.

코드: /Chapter04/src/main/java/com/packt/modern/api/service/CartService.java

```java
public interface CartService {
  public List<Item> addCartItemsByCustomerId(String customerId, @Valid Item item);
  public List<Item> addOrReplaceItemsByCustomerId(String customerId, @Valid Item item);
  public void deleteCart(String customerId);
  public void deleteItemFromCart(String customerId, String itemId);
  public CartEntity getCartByCustomerId(String customerId);
  public List<Item> getCartItemsByCustomerId(String customerId);
  public Item getCartItemsByItemId(String customerId, String itemId);
}
```

CartServiceImpl 클래스는 @Service로 애노테이션 처리되므로 자동 감지해 주입에 사용된다. CartRepository, UserRepository, ItemService 클래스 의존성은 생성자 주입을 사용해 주입된다.

CartService 인터페이스의 메소드 구현 예시를 하나 더 살펴보자. 다음 코드는 아이템을 추가하거나 아이템이 이미 있는 경우 카트에 담긴 제품의 가격과 수량을 업데이트하는 코드다.

```
@Override
public List<Item> addOrReplaceItemsByCustomerId(String customerId, @Valid Item item) {
  // 1
  CartEntity entity = getCartByCustomerId(customerId);
  List<ItemEntity> items =Objects.nonNull(entity.getItems()) ?
                   entity.getItems() : Collections.emptyList();
  AtomicBoolean itemExists = new AtomicBoolean(false);

  // 2
  items.forEach(i -> {
    if (i.getProduct().getId().equals(UUID.fromString(item.getId()))) {
      i.setQuantity(item.getQuantity()).setPrice(i.getPrice());
      itemExists.set(true);
    }
  });
  if (!itemExists.get()) {
    items.add(itemService.toEntity(item));
  }
  // 3
  return itemService.toModelList(repository.save(entity).getItems());
}
```

위 코드는 애플리케이션 상태를 관리하지 않고 있다. 대신 데이터베이스를 요청하거나 엔터티 객체를 설정하고 객체를 유지한 다음 모델 클래스를 반환하는 일종의 비즈니스 로직을 만든다. 문장(statements)을 하나씩 살펴보자.

1. 이 메소드는 매개변수로 customerId만 갖고 Cart 매개변수는 없다. 따라서 먼저 주어진 customerId를 기반으로 데이터베이스에서 CartEntity를 가져온다.

2. 프로그램 컨트롤은 CartEntity 객체에서 검색된 항목을 반복한다. 주어진 아이템이 이미 있다면 수량과 가격을 변경한다. 주어진 아이템이 없다면 지정된 Item 모델에서 새 Item 엔터티를 만들어 CartEntity 객체에 저장한다. itemExists 플래그는 기존 Item을 업데이트하거나 새 Item을 추가할지 여부를 확인하는 데 사용된다.

3. 마지막으로 업데이트된 CartEntity 객체가 데이터베이스에 저장된다. 최신 Item 엔터티는 데이터베이스에서 검색된 다음 모델 컬렉션으로 변환돼 호출 프로그램으로 다시 반환된다.

다른 Service 컴포넌트도 Cart에 구현한 방식으로 작성할 수 있다. 다음으로 컨트롤러 클래스의 기능을 향상시키기 전에 마지막으로 전반적인 기능에 변경사항을 추가해 보자.

하이퍼미디어 구현

*1장 RESTful 웹 서비스 기본사항*에서 하이퍼미디어와 HATEOAS에 대해 배웠다. 스프링은 `org.springframework.boot:spring-boot-starter-hateoas` 의존성을 사용하여 HATEOAS에 대한 최신 지원을 제공한다.

먼저 API 응답의 일부로 반환된 모든 모델에 링크 필드가 포함되어 있는지 확인해야 한다. 수동 또는 자동 생성을 통해 링크(`org.springframework.hateoas.Link` 클래스)를 모델과 연결하는 다양한 방법이 있다. 스프링 HATEOAS의 링크와 속성은 RFC 8288[3]에 따라 구현된다. 예를 들어 다음과 같이 수동으로 자체 링크를 만들 수 있다.

```
import static org.springframework.hateoas.server.mvc.WebMvcLinkBuilder.linkTo;
import static org.springframework.hateoas.server.mvc.WebMvcLinkBuilder.methodOn;
// 다른 코드 블록...
responseModel.setSelf(linkTo(methodOn(CartController.class)
.getItemsByUserId(userId,item)).withSelfRel())
```

여기서 `responseModel`은 API가 반환하는 모델 객체다. `responseModel`에는 `linkTo`와 `methodOn` 정적 메소드를 사용해 설정되는 `_self`라는 필드가 있다. `linkTo`와 `methodOn` 메소드는 스프링 HATEOAS 라이브러리가 제공하며 이를 통해 주어진 컨트롤러 메소드에 대한 자체 링크를 생성한다.

모델에 링크를 추가하는 작업은 스프링 HATEOAS의 `RepresentationModelAssembler` 인터페이스를 사용하여 자동으로 수행될 수도 있다. 이 인터페이스는 주로 주어진 엔터티를 Model과 CollectionModel로 변환하는 `toModel(T model)`와 `toCollectionModel(Iterable<?extents T> entities)`의 두 가지 메소드를 노출한다.

스프링 HATEOAS는 하이퍼미디어로 사용자 정의 모델을 강화하기 위해 다음 클래스를 제공한다. 모델에 기본적으로 추가하기 위한 링크와 메소드가 포함된 클래스다.

- `RepresentationModel`: 모델/DTO는 이 클래스를 확장하여 링크를 수집할 수 있다.
- `EntityModel`: `RepresentationModel`을 확장하고 그 안에 있는 도메인 객체(즉, 모델)를 content private 필드로 래핑한다. 따라서 도메인 모델/DTO 및 링크를 포함한다.

---

[3] https://tools.ietf.org/html/rfc8288

- CollectionModel: CollectionModel은 RepresentationModel도 확장한다. 모델 컬렉션을 래핑하고 링크를 유지 관리하고 저장하는 방법을 제공한다.
- PageModel: PageModel은 CollectionModel을 확장하고 getNextLink() 및 getPreviousLink()와 같은 페이지와 getTotalPages()를 사용하여 페이지 메타데이터를 통해 반복하는 방법을 제공한다.

스프링 HATEOAS로 작업하는 기본 방법은 다음 코드와 같이 도메인 모델로 RepresentationModel을 확장하는 것이다.

```java
public class Cart extends RepresentationModel<Cart> implements Serializable {
  private static final long serialVersionUID = 1L;
  @JsonProperty("customerId")
  @JacksonXmlProperty(localName = "customerId")
  private String customerId;
  @JsonProperty("items")
  @JacksonXmlProperty(localName = "items")
  @Valid
  private List<Item> items = null;
  // 간결함을 위해 나머지 코드는 제거함
```

RepresentationModel을 확장하면 getLink(), hasLink(), add()를 포함한 추가 메소드로 모델이 강화된다.

이러한 모든 모델은 Swagger Codegen에서 생성할 수 있다. 그러므로 하이퍼미디어를 지원하는 새 모델을 생성하도록 Swagger Codegen을 설정해 보자. 다음 config.json 파일을 사용하면 Swagger Codegen을 설정할 수 있다.

코드: /Chapter04/src/main/resources/api/config.json

```json
{
  // ...
  "apiPackage": "com.packt.modern.api",
  "invokerPackage": "com.packt.modern.api",
  "serializableModel": true,
  "useTags": true,
  "useGzipFeature": true,
  "hateoas": true,
  "unhandledException": true,
```

```
    // ...
}
```

config.json 파일에 hateoas 프로퍼티를 추가하고 true로 설정하면 RepresentationModel 클래스를 확장하는 모델이 자동 생성된다.

여기까지 작성했다면 API 비즈니스 로직을 구현하기 위한 절차가 절반 정도 끝났다. 이제 링크가 적절한 URL로 자동으로 채워지도록 해야 한다. 이를 위해 RepresentationModelAssembler를 내부적으로 구현하는 RepresentationModelAssemblerSupport 추상 클래스를 확장한다. 다음 코드 블록과 같이 Cart용 어셈블러를 작성해 보자.

코드: /Chapter04/src/main/java/com/packt/modern/api/hateoas/CartRepresentationModelAssembler.java

```java
@Component
public class CartRepresentationModelAssembler extends
    RepresentationModelAssemblerSupport<CartEntity, Cart> {
  private ItemService itemService;
  public CartRepresentationModelAssembler(ItemService itemService) {
    super(CartsController.class, Cart.class);
    this.itemService = itemService;
  }
  @Override
  public Cart toModel(CartEntity entity) {
    String uid = Objects.nonNull(entity.getUser()) ?
                    entity.getUser().getId().toString() : null;
    String cid = Objects.nonNull(entity.getId()) ?
                    entity.getId().toString() : null;
    Cart resource = new Cart();
    BeanUtils.copyProperties(entity, resource);
    resource.id(cid).customerId(uid)
            .items(itemService.toModelList(entity.getItems()));
    resource.add(linkTo(methodOn(CartsController.class)
            .getCartByCustomerId(uid)).withSelfRel());
    resource.add(linkTo(methodOn(CartsController.class)
            .getCartItemsByCustomerId(uid.toString())).withRel("cart-items"));
    return resource;
  }
  public List<Cart> toListModel(Iterable<CartEntity> entities) {
```

```
    if (Objects.isNull(entities)) return Collections.emptyList();
    return StreamSupport.stream(entities.spliterator(), false)
            .map(e -> toModel(e)).collect(toList());
  }
}
```

앞 코드에서, Cart 어셈블러에서 중요한 부분은 RepresentationModelAssemblerSupport를 확장하고 toModel() 메소드를 재정의(overriding)하는 것이다. 자세히 살펴보면 Cart 모델과 함께 CartController.class도 super() 호출을 사용하여 Rep에 전달된 것을 볼 수 있다. 어셈블러는 이를 통해 앞에서 공유한 methodOn 메소드에 필요한 적절한 링크를 생성한다. 이런 방법으로 링크를 자동으로 생성할 수 있다.

경우에 따라 다른 리소스 컨트롤러에 대한 추가 링크가 필요한 상황도 생긴다. 이 경우는 RepresentationModelProcessor를 구현하는 bean을 작성하고 다음과 같이 process() 메소드를 재정의하여 달성할 수 있다.

```
@Override
public Order process(Order model) {
model.add(Link.of("/payments/{orderId}").withRel(
LinkRelation.of("payments")).expand(model.getOrderId()));
  return model;
}
```

위 방법에 대한 추가적인 정보는 https://docs.spring.io/spring-hateoas/docs/current/reference/html/을 참조하기 바란다.

다음 절에서 컨트롤러 클래스에 생성한 서비스와 HATEOAS 활성화 기능을 활용해 보자.

서비스와 HATEOAS로 컨트롤러 향상

*3장, API 명세 및 구현*에서는 Swagger Codegen 생성 API 명세 인터페이스인 CartApi를 구현하는 Cart API용 Controller 클래스인 CartController를 만들었다. 해당 컨트롤러는 비즈니스 로직이나 데이터 영속성 호출이 없는 단순한 코드 블록이었다.

이제 리포지토리, 서비스 및 HATEOAS 어셈블러를 작성했으므로 다음과 같이 API 컨트롤러 클래스를 향상시킬 수 있다.

코드: /Chapter04/src/main/java/com/packt/modern/api/controller/CartsController.java

```java
@RestController
public class CartsController implements CartApi {
  private static final Logger log = LoggerFactory.getLogger(CartsController.class);
  private CartService service;
  private final CartRepresentationModelAssembler assembler;
  public CartsController(CartService service, CartRepresentationModelAssembler assembler) {
    this.service = service;
    this.assembler = assembler;
  }
```

CartsController에 CartService와 CartRepresentationModelAssembler가 생성자를 사용하여 주입된 것을 볼 수 있다. 스프링 컨테이너는 런타임에 이러한 의존성을 주입한다. 이 경우 다음 코드 블록과 같이 사용하는 것이 가능해진다.

코드: /Chapter04/src/main/java/com/packt/modern/api/controller/CartsController.java

```java
@Override
public ResponseEntity<Cart> getCartByCustomerId(String customerId) {
  return ok(assembler.toModel(service.getCartByCustomerId(customerId)));
}
```

앞의 코드에서 서비스는 customerId(리포지토리에서 내부적으로 검색)를 기반으로 Cart 엔터티를 검색한다. 그런 다음 이 Cart 엔터티는 스프링 HATEOAS의 RepresentationModelAssemblerSupport 클래스를 거치며 사용가능한 하이퍼미디어 링크를 포함하는 모델로 변환된다.

ResponseEntity의 ok() 정적 메소드는 상태 200 OK를 포함하도록 반환된 모델을 래핑하는 데 사용한다.

위 방법을 사용하면 다른 컨트롤러도 향상시켜 구현할 수 있다. 이제 API 응답에 ETag를 추가해 보자.

API 응답에 ETag 추가

ETag는 응답 엔터티의 계산된 해시 또는 이에 상응하는 값을 포함하는 HTTP 응답 헤더이며 엔터티의 작은 변경에도 반드시 해당 값을 변경해야 한다. HTTP 요청 객체는 조건부 응답을 수신하기 위한 If-None-Match와 If-Match 헤더를 포함할 수 있다.

다음과 같이 ETag를 사용하여 응답을 검색하기 위한 API를 호출해 보자.

```
$ curl -v --location --request GET 'http://localhost:8080/
api/v1/products/6d62d909-f957-430e-8689-b5129c0bb75e' --header
'Content-Type: application/json' --header 'Accept: application/json'
* … text trimmed
> GET /api/v1/products/6d62d909-f957-430e-8689-b5129c0bb75e HTTP/1.1
> Host: localhost:8080
> User-Agent: curl/7.55.1
> Content-Type: application/json
> Accept: application/json
>
< HTTP/1.1 200
< ETag: "098e97de3b61db55286f5f2812785116f"
< Content-Type: application/json
< Content-Length: 339
<
{
  "_links": {
    "self": {
      "href": "http://localhost:8080/6d62d909-f957-430e-8689-b5129c0bb75e"
    }
  },
  "id": "6d62d909-f957-430e-8689-b5129c0bb75e",
  "name": "Antifragile",
  "description": "Antifragile - Things …",
  "imageUrl": "/images/Antifragile.jpg",
  "price": 17.1500,
  "count": 33,
  "tag": ["psychology", "book"]
}
```

이제 ETag 헤더의 값을 If-None-Match 헤더로 복사하고 If-None-Match 헤더와 함께 동일한 요청을 다시 보내 보자.

```
$ curl -v --location --request GET 'http://localhost:8080/api/v1/
products/6d62d909-f957-430e-8689-b5129c0bb75e' --header 'Content-
Type: application/json' --header 'Accept: application/json' --header
'If-None-Match: "098e97de3b61db55286f5f2812785116f"'
* … text trimmed
> GET /api/v1/products/6d62d909-f957-430e-8689-b5129c0bb75e HTTP/1.1
> Host: localhost:8080
> User-Agent: curl/7.55.1
> Content-Type: application/json
> Accept: application/jsonAdding ETags to API responses 107
> If-None-Match: "098e97de3b61db55286f5f2812785116f"
>
< HTTP/1.1 304
< ETag: "098e97de3b61db55286f5f2812785116f"
```

위 요청의 결과 데이터베이스의 엔터티에 변경 사항은 없고 동일한 엔터티가 포함되어 있으므로 200 OK 대신 304 (NOT MODIFIED) 응답을 보내는 것을 볼 수 있다.

ETag를 구현하는 가장 쉽고 간단한 방법은 다음과 같이 스프링의 ShallowEtagHeaderFilter를 사용하는 것이다.

코드: /Chapter04/src/main/java/com/packt/modern/api/AppConfig.java

```
@Bean
public ShallowEtagHeaderFilter shallowEtagHeaderFilter() {
  return new ShallowEtagHeaderFilter();
}
```

이 구현을 위해 스프링은 응답에 기록된 캐시 콘텐츠에서 MD5 해시를 계산한다. 그런 다음 If-None-Match 헤더가 있는 요청을 수신하면 응답에 기록된 캐시 콘텐츠에서 MD5 해시를 다시 생성한 다음 이 두 해시를 비교한다. 둘 다 같으면 304 NOT MODIFIED 응답을 보낸다. 이렇게 하면 대역폭은 절약되지만 동일한 CPU 계산을 사용한 작업이 수행된다.

이러한 불필요한 CPU 계산을 피하고 더 나은 ETag 처리를 하기 위해, HTTP 캐시 제어 (`org.springframework.http.CacheControl`) 클래스를 사용하거나 각 변경에 대해 업데이트되는 버전 또는 유사한 애트리뷰트를 사용할 수 있다.

```
Return ResponseEntity.ok()
    .cacheControl(CacheControl.maxAge(5, TimeUnit.DAYS))
    .eTag(prodcut.getModifiedDateInEpoch())
    .body(product);
```

응답에 ETag를 추가하면 UI 앱이 페이지/객체를 새로고침할 지 또는 이벤트를 트리거할 지 여부를 결정할 수 있다. 특히 라이브 점수 또는 주식 시세 제공과 같이 애플리케이션에서 데이터가 자주 변경되는 경우에 유용하다.

API 테스트

이제 테스트를 해 볼 차례다. 다음 위치에서 HTTP 아카이브 파일인 API 클라이언트 컬렉션을 찾을 수 있으며, 이는 Insomnia 또는 Postman API 클라이언트에서 사용할 수 있다.

```
/Chapter04/Chapter04-API-Collection.har
```

> **4장 코드를 빌드 및 실행하기**
>
> 프로젝트 루트에서 `gradlew clean build`를 실행하여 코드를 빌드하고, `java -jar build/libs/Chapter04-0.0.1-SNAPSHOT.jar`를 사용하여 서비스를 실행할 수 있다. 해당 경로에서 자바 17를 사용해야 한다.

요약

이 장에서는 Flyway를 사용한 데이터베이스 마이그레이션, 리포지토리를 사용한 데이터 유지 및 관리, 서비스에 비즈니스 로직을 작성하는 방법을 배웠다. 또한 스프링 HATEOAS 어셈블러를 사용하여 API 응답에 하이퍼미디어를 자동으로 추가하는 방법도 살펴봤다. 이후 RESTful API 개발과 관련된 일상적인 작업에서 이러한 기술을 사용할 수 있는 완전한 RESTful API 개발 사례를 알아봤다.

지금까지 동기(synchronous) API를 작성했다. 다음 장에서는 비동기(async) API와 스프링으로 비동기 API를 구현하는 방법을 배운다.

질문

1. @Repository 클래스를 사용하는 이유는 무엇인가?
2. Swagger 생성 클래스 또는 모델에 추가 임포트 또는 애노테이션을 추가할 수 있는가?
3. ETag는 어떻게 유용한가?

답변

1. 리포지토리 클래스는 @Repository로 표시되며, 이는 이 클래스들이 패키지 수준의 자동 스캔에 의해 자동으로 감지되고 주입에 사용할 수 있게 해주는 전문화된 @Component다. 스프링은 특히 DDD 리포지토리와 JEE DAO 패턴을 위해 이 클래스들을 제공한다. 이 계층은 데이터베이스와의 상호작용 — 중앙 리포지토리로서의 검색 및 지속성 — 을 위해 애플리케이션에 의해 사용된다.
2. 모델과 API 생성 방식을 변경할 수 있다. 수정하고자 하는 템플릿을 복사한 다음 resources 폴더에 넣어야 한다. 그런 다음 build.gradle 파일의 swaggerSources 블록을 수정하여 템플릿 소스를 가리키는 추가 구성 매개변수를 추가해야 한다. 예를 들어 templateDir = file("${rootDir}/src/main/resources/templates")와 같이 설정한다. 이곳은 api.mustache와 같이 수정된 템플릿을 보관하는 곳이다. 이것은 OpenAPI Codegen 템플릿을 확장할 것이다. 모든 템플릿은 OpenAPI 생성기 JAR 파일 내부에서 찾을 수 있으며, 예를 들어 JavaSpring 디렉터리의 openapigenerator-cli-4.3.1.jar과 같다. 수정하고자 하는 파일을 src/main/resource/templates 디렉터리에 복사한 다음 이것저것 시도해볼 수 있다. 다음 자원을 활용할 수 있다:

    - JavaSpring templates: https://github.com/swagger-api/swaggercodegen/tree/master/modules/swagger-codegen/src/main/resources/JavaSpring

    - Mustache template variables: https://github.com/swaggerapi/swaggercodegen/wiki/Mustache-Template-Variables

    - An article explaining implementing a similar approach: https://arnoldgalovics.com/swagger-codegen-custom-template/

3. ETags는 기본 API 응답이 업데이트될 때만 페이지/섹션을 다시 렌더링함으로써 REST/HTTP 클라이언트의 성능과 사용자 경험을 향상시키는 데 도움을 준다. 또한 필요할 때만 응답 본문을 전송함으로써 대역폭을 절약할 수 있다. 예를 들어, 데이터베이스에서 검색된 값, 즉 버전 또는 마지막 수정 날짜를 기반으로 ETag가 생성되면 CPU 사용률을 최적화할 수 있다.

추가 읽을거리

- 스프링 HATEOAS: https://docs.spring.io/spring-hateoas/docs/current/reference/html/
- RFC-8288: https://tools.ietf.org/html/rfc8288

05

비동기 API 설계

지금까지는 동기식 호출을 사용하는 기존 모델을 기반으로 RESTful 웹 서비스를 개발했다. 코드를 비동기식(Reactive)이나 논-블로킹(non-blocking) 방식으로 만들고 싶다면 어떻게 해야 할까? 이 장에서는 비동기적이고 논-블로킹인 호출 방식으로 만든 비동기 API 설계를 구현한다. 이 API는 자체적인 Project Reactor(https://projectreactor.io)를 기반으로 하는 **스프링 웹플럭스(Spring WebFlux)**를 사용해 구현하겠다. Reactor는 Java 가상 머신(JVM)에서 논-블로킹 애플리케이션을 구축하기 위한 라이브러리다.

이를 위해 먼저 비동기식 프로그래밍의 기본사항을 살펴본 다음, 기존 방식과 비동기식 방식의 프로그래밍을 상호 연관시키고 비교함으로써 더 쉽게 만들기 위해 이전 장에서 만든 전자 상거래 REST API(4장, API를 위한 비즈니스 로직 작성에서 다룸)를 비동기식 API로 마이그레이션할 예정이다.

이 장에서는 다음 주제를 살펴본다.

- 리액티브 스트림(Reactive Streams) 이해
- 스프링 웹플럭스 탐색
- DispatcherHandler 이해
- 컨트롤러(Controllers)
- 함수형 엔드포인트(Functional endpoints)
- 전자 상거래 앱용 리액티브 API(Reactive API) 구현

이 장의 끝에서는 리액티브 API를 어떻게 개발하고 구현하는지를 배우고, 비동기식 API 개발을 살펴본다. 여러분은 리액티브 컨트롤러와 함수형 엔드포인트를 구현하고, 데이터베이스 지속성을 위해 R2DBC를 사용할 수 있게 될 것이다.

기술 요구 사항

이 장에 있는 코드는 이 책의 깃허브 저장소의 Chapter05 폴더에서 찾을 수 있다.

리액티브 스트림 이해하기

일반적인 자바 코드는 스레드 풀을 사용해 비동기성을 구현한다. 웹 서버는 요청을 처리하기 위해 스레드 풀을 사용하며, 각 수신 요청에 스레드를 할당한다. 응용 프로그램은 데이터베이스 연결에 스레드 풀을 사용하며, 각 데이터베이스 호출시에도 별도의 스레드를 사용하고 결과를 기다린다. 따라서 각 웹 요청 및 데이터베이스 호출은 자체 스레드를 사용한다. 그러나 이와 관련된 대기가 있으므로 블로킹 호출이다. 스레드는 데이터베이스에서 응답이 다시 수신되거나 응답 객체가 작성될 때까지 대기하는 데 리소스를 활용한다. 이 때 JVM의 리소스만 사용할 수 있으므로 확장에 제약이 생긴다. 이러한 제한을 극복하기 위해서 서비스를 제공하는 다른 인스턴스와 함께 로드 밸런서를 사용하는 수평적 확장 방법을 사용한다.

최근 10년 동안은 클라이언트-서버 아키텍처의 사용 빈도가 증가한 시기라고 볼 수 있다. 많은 IoT 장치, 기본 앱이 있는 스마트폰, 일류 웹 앱(first-class web apps)[1] 및 기존 웹 응용 프로그램이 등장했기 때문이다. 응용 프로그램은 서드파티 서비스를 비롯한 다양한 데이터 소스를 사용할 뿐 아니라 다른 응용 프로그램과 연계하여 동작하는 프로그램도 많아졌다. 또한 마이크로 서비스 기반 아키텍처가 부상하며 자체 서비스 간의 통신도 증가했다. 이러한 고차원의 네트워크 통신 수요를 처리하려면 많은 리소스가 필요하다. 따라서 스케일링이 중요해졌다. 스레드는 비용이 들며 한정적이므로 효과적인 활용을 위해 블로킹을 줄여야 한다. 이때 비동기가 도움이 된다. 비동기식 호출은 호출이 완료되는 즉시 스레드를 해제하며 자바스크립트와 같은 콜백 유틸리티를 사용한다. 소스에서 데이터를 사용할 수 있는 경

---

[1] (옮긴이) "First-class web apps"라는 용어는 일반적으로 웹 애플리케이션 개발에서 중요하고 우선순위가 높은 웹 애플리케이션을 의미한다. 이러한 웹 애플리케이션은 고성능, 우수한 사용자 경험, 확장성, 보안 등의 특징을 갖추고 있으며, 모바일 및 데스크탑 플랫폼에서도 일관된 기능과 성능을 제공한다. First-class web apps는 사용자에게 매끄럽고 풍부한 인터랙션을 제공하며, 종종 싱글 페이지 애플리케이션(SPA), 프로그레시브 웹 애플리케이션(PWA)과 같은 현대적인 웹 개발 방식을 채택한다.

우에는 데이터를 푸시(push)한다. 프로젝트 리액터(Project Reactor)는 **리액티브 스트림(Reactive Streams)** 기반이고, 리액티브 스트림은 데이터 소스인 발행자(publisher)가 구독자(subscriber)에게 데이터를 푸시하는 **발행자-구독자 모델(publisher-subscriber model)**이다.

반면에 Node.js는 대부분의 리소스를 단일 스레드를 활용해 사용한다. **이벤트 루프(event loop)**라고 하는 비동기식 논-블로킹 설계를 기반으로 한 방법이다.

리액티브 API는 이벤트 루프 설계를 기반으로 한 푸시 스타일 알림을 사용한다. 이외 리액티브 스트림은 세부적으로 `map`, `flatMap`, `filter`와 같은 자바 스트림(Java Streams) 오퍼레이션도 지원한다. 내부적으로 리액티브 스트림은 푸시 스타일을 사용하는 반면 자바 스트림은 풀 모델(pull model)에서 작동한다. 즉 컬렉션(Collection)과 같은 소스의 항목을 가져온다. 리액티브에서는 소스(발행자)는 데이터를 푸시할 뿐이다.

리액티브 스트림에서 데이터 스트림은 비동기적이고 논-블로킹이며 백프레셔(back-pressure)를 지원한다. (백프레셔에 대한 설명은 이 장의 구독자 절을 참조하자.)

리액티브 스트림 명세에 따라 네 가지 기본 타입이 있다.

- 발행자(Publisher)
- 구독자(Subscriber)
- 구독(Subscription)
- 프로세서(Processor)

각각에 대해 살펴보자.

발행자(Publisher)

발행자는 한 명 이상의 구독자에게 데이터 스트림을 제공한다. 구독자는 subscribe() 메소드를 사용하여 발행자를 구독한다. 각 구독자는 발행자를 한 번만 구독할 수 있다.

가장 중요한 것은 발행자가 구독자의 요청에 따라 데이터를 푸시한다는 것이다. 리액티브 스트림은 게으르다(lazy). 따라서 발행자는 구독자가 있는 경우에만 요소를 푸시한다.

발행자는 다음과 같이 정의한다.

```
package org.reactivestreams;
// T – 발행자가 전송하는 요소의 타입
public interface Publisher<T> {
  public void subscribe(Subscriber<? super T> s);
}
```

여기서 Publisher 인터페이스는 subscribe 메소드를 포함하고 있다. 다음 하위 절에서 Subscriber 타입에 대해 알아보자.

구독자(Subscriber)

구독자는 발행자가 푸시한 데이터를 사용한다. 발행자와 구독자 사이의 통신 방법은 다음과 같다.

1. Subscriber 인스턴스가 Publisher.subscribe() 메소드에 전달되면 onSubscribe() 메소드를 트리거한다. 여기에는 백프레셔, 즉 구독자가 발행자에게 요구하는 데이터의 양을 제어하는 Subscription이라는 매개변수를 포함한다.

2. 첫 번째 단계 후 Publisher는 Subscription.request(long) 호출을 기다린다. Publisher는 Subscription.request() 호출이 이루어진 후에만 데이터를 Subscriber에게 푸시한다. 이 메소드를 사용할 때는 Publisher의 요소(element) 개수가 필요하다.

   일반적으로 발행자는 구독자가 데이터를 안전하게 처리할 수 있는지 여부와 상관없이 데이터를 구독자에게 푸시한다. 그러나 구독자는 자신이 안전하게 처리할 수 있는 데이터의 양을 잘 알고 있다. 따라서 리액티브 스트림에서 Subscriber는 Subscription 인스턴스를 사용하여 Publisher에게 원하는 요소의 개수를 전달한다. 이 과정을 **백프레셔(back-pressure)** 또는 **흐름 제어(flow control)**로 부른다.

   Publisher가 Subscriber에게 속도를 줄이도록 요청했지만 Subscriber가 속도를 늦출 수 없다면 어떻게 될까? 이 경우 Publisher는 실패(fail), 삭제(drop) 또는 버퍼링(buffer) 여부를 결정해야 한다.

3. *2단계*를 사용하여 요청이 이루어지면 Publisher는 데이터 알림을 보내고 데이터를 소비하기 위해 onNext() 메소드가 사용된다. Subscription.request()에 의해 전달된 요구(demand)에 따라 Publisher가 데이터 알림을 푸시할 때까지 트리거된다.

4. 마지막으로 onError() 또는 onCompletion()이 끝내는 상태(terminal state)로 트리거된다. 이러한 호출 중 하나가 트리거 된 후에는 Subscription.request()를 호출해도 알림이 전송되지 않는다. 그리고는 끝내는 메소드(terminal method)가 호출된다.
   - onError()는 에러가 발생하는 순간 호출된다.
   - 모든 요소가 푸시되면 onCompletion()이 호출된다.

Subscriber 인터페이스는 다음과 같이 정의할 수 있다.

```
package org.reactivestreams;
// T - 발행자가 전송하는 요소의 타입
public interface Subscriber<T> {
  public void onSubscribe(Subscription s);
  public void onNext(T t);
  public void onError(Throwable t);
  public void onComplete();
}
```

구독(Subscription)

구독은 발행자와 구독자 사이의 중재자(mediator)다. Subscription.subscriber() 메소드를 호출하고 발행자에게 요구(demand)를 알리는 것은 구독자의 책임이다. 구독자는 필요할 때 Subscription.subscriber() 메소드를 호출할 수 있다.

cancel() 메소드는 발행자에게 데이터 알림 전송을 중지하고 리소스를 정리하도록 요청한다.

구독은 다음과 같이 정의한다.

```
package org.reactivestreams;
public interface Subscription {
  public void request(long n);
  public void cancel();
}
```

프로세서(Processor)

프로세서는 발행자와 구독자 사이에서 다리 역할을 하며 프로세싱 단계(processing stage)를 나타낸다. 발행자와 구독자 모두에게 작동하며 각 인터페이스에 정의한 컨트랙트(contract)를 따른다. 프로세서는 다음과 같이 정의한다.

```
package org.reactivestreams;
public interface Processor<T, R> extends Subscriber<T>, Publisher<R> {
}
```

다음 예를 살펴보자. 여기서는 `Flux.just()` 정적 팩토리 메소드를 사용하여 `Flux`를 생성한다. `Flux`는 프로젝트 리액터(Project Reactor)의 발행자 타입이다. 이 발행자는 4개의 정수 요소를 포함한다. 그런 다음 감소 연산자(자바 스트림과 유사)를 사용해 합계 연산을 수행한다.

```
Flux<Integer> fluxInt = Flux.just(1, 10, 100, 1000).log();
fluxInt.reduce(Integer::sum).subscribe(sum -> System.out.printf("Sum is: %d", sum));
```

이 코드는 다음 결과를 출력한다.

```
11:00:38.074 [main] INFO reactor.Flux.Array.1 - | onSubscribe([Synchronous Fuseable]
FluxArray.ArraySubscription)
11:00:38.074 [main] INFO reactor.Flux.Array.1 - | request(unbounded)
11:00:38.084 [main] INFO reactor.Flux.Array.1 - | onNext(1)
11:00:38.084 [main] INFO reactor.Flux.Array.1 - | onNext(10)
11:00:38.084 [main] INFO reactor.Flux.Array.1 - | onNext(100)
11:00:38.084 [main] INFO reactor.Flux.Array.1 - | onNext(1000)
11:00:38.084 [main] INFO reactor.Flux.Array.1 - | onComplete()
Sum is: 1111
Process finished with exit code 0
```

출력 결과를 보면 `Publisher`를 구독할 때 `Subscriber`가 무제한(unbounded) `Subscription. request()`를 보낸다. 이후 첫 번째 요소가 알림을 받으면 `onNext()`가 호출되는 식이다. 마지막에 발행자가 푸시 요소를 완료하면 `onComplete()` 이벤트가 호출된다. 이것이 리액티브 스트림의 작동 과정이다.

리액티브 스트림의 작동 방식에 대한 아이디어를 얻었으니 이제 스프링이 스프링 웹플럭스 모듈에서 리액티브 스트림을 사용하는 방법과 이유를 살펴보자.

스프링 웹플럭스 살펴보기

기존의 서블릿(Servlet) API는 블로킹 API였다. 입력 및 출력 스트림을 사용해 API를 블로킹한다. 서블릿 3.0 컨테이너는 기반이 되는 이벤트 루프를 발전시켜 사용한다. 비동기 요청은 비동기적으로 처리되지만 읽기 및 쓰기 작업은 여전히 블로킹하는 입/출력 스트림을 사용한다. 한편 서블릿 3.1 컨테이너는 비동기성을 지원하며 논-블로킹 I/O 스트림 API를 제공한다. 그러나 `request.getParameters()` 와 같은 특정 서블릿 API는 블로킹하는 요청 본문을 구문 분석하고 `Filter`와 같은 동기 컨트랙트(contract)도 제공한다. **스프링 MVC** 프레임워크는 서블릿 API와 서블릿 컨테이너를 기반으로 한다.

따라서 스프링은 완전히 논-블로킹이며 백프레셔 기능을 제공하는 **스프링 웹플럭스(Spring WebFlux)**를 제공한다. 이 결과 웹플럭스는 적은 수의 스레드와 동시성을 제공하고 더 적은 하드웨어 리소스로도 확장된다. 웹플럭스는 비동기 로직의 선언적 구성을 지원하기 위해 플루언트(fluent)[2]하며 함수형인 연속 스타일의 API를 제공한다. 비동기 기능 코드를 작성하는 것은 명령형 코드를 작성하는 것보다 복잡하다. 그러나 사용해보면 정확하고 읽기 쉬운 코드를 작성할 수 있기 때문에 좋아하게 될 것이다.

스프링 웹플럭스와 스프링 MVC는 공존할 수 있다. 그러나 리액티브 프로그래밍 모델의 효과적인 사용을 위해서는 블로킹 호출과 리액티브 흐름을 섞어서는 안 된다.

스프링 웹플럭스는 다음 기능과 아키타입(archetype)을 지원한다.

- 이벤트 루프 동시성 모델
- 애노테이션이 달린 컨트롤러와 함수형 엔드포인트
- 리액티브 클라이언트
- Tomcat, Undertow 및 Jetty와 같은 Netty 및 서블릿 3.1 컨테이너 기반 웹 서버

이제 WebFlux에 대한 기본적인 이해를 얻었다면, 리액티브 API와 리액터 코어(Reactor Core)를 이해함으로써 WebFlux의 작동 방식에 대해 더 깊이 이해할 수 있다. 먼저 리액티브 API를 탐색해 보자. 이어지는 하위 절에서 Reactor Core를 살펴볼 것이다. .

리액티브 API 이해

스프링 웹플럭스 API는 리액티브 API이며 발행자를 일반 입력으로 허용한다. 그런 다음 웹플럭스는 입력받은 발행자를 리액터 코어 또는 RxJava와 같은 리액티브 라이브러리에서 지원하는 타입에 맞게 조정한다. 이후 지원하는 리액티브 라이브러리 타입에 따라 입력을 처리하고 출력을 반환한다. 웹플럭스 API는 이를 통해 다른 리액티브 라이브러리와 상호 운용이 가능해진다.

스프링 웹플럭스는 기본 핵심 의존성으로 리액터(`https://projectreactor.io`)를 사용한다. 프로젝트 리액터는 리액티브 스트림 라이브러리를 제공한다. 이전 단락에서 언급했듯이 웹플럭스 발행자의 입력을 수락한 다음 리액터 타입에 적용하고, 그런 다음 `Mono` 또는 `Flux` 출력으로 반환하는 방식으로 작동한다.

---

2 (옮긴이) 플루언트 인터페이스(fluent interface)를 설명하는 아래 링크를 참고하자.
   https://ko.wikipedia.org/wiki/플루언트_인터페이스
   https://en.wikipedia.org/wiki/Fluent_interface

리액티브 스트림의 발행자는 구독자가 요청한 데이터를 푸시할 때 하나 이상의(무한한) 요소를 푸시할 수 있다. 프로젝트 리액터는 더 나아가 Mono와 Flux라는 두 가지 발행자 구현을 제공한다. Mono는 구독자에게 0 또는 1을 반환할 수 있지만 Flux는 0에서 N까지의 요소를 반환한다. 둘 다 CorePublisher 인터페이스를 구현하는 추상 클래스다. `CorePublisher` 인터페이스는 발행자를 확장한다.

리포지토리에는 다음과 같은 메소드를 작성한다.

```
public Product findById(UUID id);
public List<Product> getAll();
```

이는 Mono와 Flux로 대체할 수 있다.

```
public Mono<Product> findById(UUID id);
public Flux<Product> getAll();
```

스트림은 소스가 재시작될 수 있는지 여부에 따라 핫(hot) 스트림 또는 콜드(cold) 스트림으로 분류될 수 있다[3]. 콜드 스트림에 대한 구독자가 여러 명 있고 핫 스트림의 여러 구독자에 대해 동일한 소스가 사용되는 경우 소스는 다시 시작된다. 프로젝트 리액터의 스트림은 기본적으로 콜드다. 따라서 스트림을 사용하면 다시 시작할 때까지 재사용할 수 없다. 그러나 프로젝트 리액터에서 `cache()` 메소드를 사용하면 콜드 스트림을 핫 스트림으로 전환할 수 있다. 이 두 가지 방법은 Mono 및 Flux 추상 클래스에서 모두 사용한다. 콜드 스트림과 핫 스트림의 개념을 몇 가지 예시를 통해 이해해 보자.

```
Flux<Integer> fluxInt = Flux.just(1, 10, 100).log();
fluxInt.reduce(Integer::sum).subscribe(sum -> System.out.printf("Sum is: %d\n", sum));
fluxInt.reduce(Integer::max).subscribe(max -> System.out.printf("Maximum is: %d", max));
```

여기에서 3개의 숫자로 된 Flux 객체, fluxInt를 생성했다. 그런 다음 합계와 최대라는 두 개의 오퍼레이션을 별도로 수행한다. 이 경우 구독자는 2명이 된다. 프로젝트 리액터의 기본 스트림은 콜드다. 따라서 두 번째 구독자가 등록하면 다음과 같이 출력은 다시 시작된다.

---

[3] (옮긴이) 콜드 스트림은 구독자 없이는 데이터가 생성되지 않으며 구독자마다 모든 데이터를 보낸다. 반면에 핫 스트림은 구독자 존재 여부에 상관없이 데이터가 생성되며 구독자는 구독한 시점 이후에 발생하는 데이터부터 수신한다.

```
11:23:35.060 [main] INFO reactor.Flux.Array.1 - |
onSubscribe([Synchronous Fuseable] FluxArray.ArraySubscription)
11:23:35.060 [main] INFO reactor.Flux.Array.1 - |
request(unbounded)
11:23:35.060 [main] INFO reactor.Flux.Array.1 - | onNext(1)
11:23:35.060 [main] INFO reactor.Flux.Array.1 - | onNext(10)
11:23:35.060 [main] INFO reactor.Flux.Array.1 - | onNext(100)
11:23:35.060 [main] INFO reactor.Flux.Array.1 - | onComplete()
Sum is: 111
11:23:35.076 [main] INFO reactor.Flux.Array.1 - |
onSubscribe([Synchronous Fuseable] FluxArray.ArraySubscription)
11:23:35.076 [main] INFO reactor.Flux.Array.1 - | request(unbounded)
11:23:35.076 [main] INFO reactor.Flux.Array.1 - | onNext(1)
11:23:35.076 [main] INFO reactor.Flux.Array.1 - | onNext(10)
11:23:35.076 [main] INFO reactor.Flux.Array.1 - | onNext(100)
11:23:35.076 [main] INFO reactor.Flux.Array.1 - | onComplete()
Maximum is: 100
```

소스는 대개 동일한 프로그램에서 생성된다. 하지만 HTTP 요청처럼 소스가 다른 곳에 있거나 소스를 다시 시작하고 싶지 않다면 어떻게 될까? 이 경우 다음 코드 블록과 같이 cache()를 사용하여 콜드 스트림을 핫 스트림으로 전환할 수 있다. 이 코드와 이전 코드의 유일한 차이점은 Flux.just()에 cache() 호출을 추가했다는 것이다.

```
Flux<Integer> fluxInt = Flux.just(1, 10, 100).log().cache();
fluxInt.reduce(Integer::sum).subscribe(sum -> System.out.printf("Sum is: %d\n", sum));
fluxInt.reduce(Integer::max).subscribe(max -> System.out.printf("Maximum is: %d", max));
```

이제 출력을 보자. 소스가 다시 시작하지 않고, 동일한 소스가 다시 사용된다.

```
11:29:25.665 [main] INFO reactor.Flux.Array.1 - |
onSubscribe([Synchronous Fuseable] FluxArray.ArraySubscription)
11:29:25.665 [main] INFO reactor.Flux.Array.1 - | request(unbounded)
11:29:25.665 [main] INFO reactor.Flux.Array.1 - | onNext(1)
11:29:25.665 [main] INFO reactor.Flux.Array.1 - | onNext(10)
```

```
11:29:25.665 [main] INFO reactor.Flux.Array.1 - | onNext(100)
11:29:25.665 [main] INFO reactor.Flux.Array.1 - | onComplete()
Sum is: 111
Maximum is: 100
```

이제 스프링 웹플럭스의 리액티브 코어(Reactive Core)는 무엇으로 구성되어 있는지 살펴볼 차례다. 드디어 리액티브 API의 핵심에 도달했다.

리액티브 코어

리액티브 코어는 스프링으로 리액티브 웹 애플리케이션을 개발하기 위한 기초를 제공한다. 웹 애플리케이션은 HTTP 웹 요청을 처리하기 위해 보통 세 가지 수준의 지원을 필요로 한다.

- 서버에 의한 웹 요청 처리:
  - HttpHandler: reactor.core.publisher.Mono 패키지의 인터페이스는 다양한 HTTP 서버 API(예: Netty 또는 Tomcat) 위에 요청/응답 핸들러의 추상화를 제공한다.

    ```
    public interface HttpHandler {
        Mono<Void> handle(ServerHttpRequest request, ServerHttpResponse response);
    }
    ```

  - WebHandler: org.springframework.web.server 패키지의 인터페이스는 사용자 세션, 요청 및 세션 속성, 요청에 대한 로케일과 주체, 폼 데이터 등을 지원한다. WebHandler에 대한 자세한 정보는 https://docs.spring.io/spring-framework/docs/current/reference/html/web-reactive.html#webflux-web-handler-api 에서 확인할 수 있다.
- WebClient를 이용한 클라이언트의 웹 요청 호출 처리
- 요청 및 응답에 대해 서버 및 클라이언트 수준 모두에서 콘텐츠 직렬화 및 역직렬화를 하기 위한 코덱(Encoder, Decoder, HttpMessageWriter, HttpMessageReader, DataBuffer)

이러한 컴포넌트는 스프링 웹플럭스의 핵심이다. 웹플럭스 애플리케이션 설정에는 `webHandler(DispatcherHandler)`, `WebFilter`, `WebExceptionHandler`, `HandlerMapping`, `HandlerAdapter`과 `HandlerResultHandler`와 같은 bean도 포함된다.

리액티브 코어에는 REST 서비스 구현을 위한 Tomcat, Jetty, Netty 및 Undertow 웹 서버에 대한 특정 HandlerAdapter 인스턴스가 있다. 리액티브 스트림을 지원하는 Netty와 같은 웹 서버

는 구독자의 요구를 처리한다. 그러나 서버 핸들러가 리액티브 스트림을 지원하지 않는 경우 `org.springframework.http.server.reactive.ServletHttpHandlerAdapter`의 HTTP `HandlerAdapter`를 사용한다. 이는 리액티브 스트림과 서블릿 3.1 컨테이너 비동기 I/O 간의 조정(adaptation)을 처리하고 `Subscriber` 클래스를 구현한다. 이를 위해 OS TCP 버퍼를 사용한다. OS TCP는 자체 백프레셔(제어 흐름)을 사용한다. 즉, 버퍼가 가득 차면 OS는 TCP 백프레셔를 사용하여 들어오는 요소를 중지한다.

브라우저 또는 모든 HTTP 클라이언트는 HTTP 프로토콜의 방법으로 REST API를 사용한다. 웹 서버에서 받은 요청은 스프링 웹플럭스 애플리케이션에 전달된다. 그런 다음 웹플럭스는 컨트롤러로 가는 리액티브 파이프라인을 빌드한다. `HttpHandler`는 웹플럭스와 HTTP 프로토콜을 사용하여 통신하는 웹 서버 간의 인터페이스다. 기본 서버가 Netty와 같은 리액티브 스트림을 지원하는 경우 기본적으로 구독은 서버에서 수행된다. 그렇지 않으면 웹플럭스는 서블릿 3.1 컨테이너 기반 서버에 `ServletHttpHandlerAdapter`를 사용한다. 이후 `ServletHttpHandlerAdapter`는 스트림을 비동기 I/O 서블릿 API에 맞게 조정하며 반대의 경우도 마찬가지다. 위 단계를 마치면 최종적으로 리액티브 스트림의 구독이 `ServletHttpHandlerAdapter`로 발생한다.

요약하자면 Mono/Flux 스트림은 웹플럭스 내부 클래스에 의해 구독되고 컨트롤러가 Mono/Flux 스트림을 보낼 때 이 클래스는 해당 내용을 HTTP 패킷으로 변환한다. HTTP 프로토콜은 이벤트 스트림을 지원한다. 그러나 JSON 등의 다른 미디어 타입일 때는 스프링 웹플럭스는 Mono/Flux 스트림을 구독하고 `onComplete()` 또는 `onError()`가 트리거될 때까지 기다린다. 그런 다음 하나의 HTTP 응답에서 전체 요소 목록 또는 Mono의 경우 단일 요소를 직렬화한다(serialize).

스프링 웹플럭스를 이용하려면 프런트 컨트롤러인 스프링 MVC의 `DispatcherServlet`과 유사한 컴포넌트가 필요하다. 다음 절에서 이에 대해 논의해 보자.

DispatcherHandler 이해하기

스프링 웹플럭스의 프런트 컨트롤러인 `DispatcherHandler`는 스프링 MVC 프레임워크의 `DispatcherServlet`이다. `DispatcherHandler`는 요청을 처리하기 위해 특별한 컴포넌트를 사용하는 알고리즘을 포함하며, 그 특별한 컴포넌트는 `HandlerMapping`(요청을 핸들러에 매핑), `HandlerAdapter`(요청에 매핑된 핸들러를 호출하는 `DispatcherHandler` 헬퍼) 및 `HandlerResultHandler`(결과를 처리하고 결과를 형성하기 위한 단어 회문⁴)와 같은 것이다. DispatcherHandler 컴포넌트는 webHandler라는 bean으로 식별된다.

DispatcherHandler는 다음 순서로 요청을 처리한다.

1. DispatcherHandler가 웹 요청을 받는다.
2. DispatcherHandler는 HandlerMapping을 사용해 요청에 일치하는 핸들러를 찾고 첫 번째 일치하는 것을 사용한다.
3. 그런 다음 각 HandlerAdapter를 사용해 요청을 처리하고 HandlerResult(처리 후 반환 값)를 노출한다. 반환 값은 다음 중 하나가 된다. ResponseEntity, ServerResponse, @RestController에서 반환된 값 또는 뷰 리졸버(view resolver)가 반환한 값(CharSequence, view, map 등).
4. 그런 다음 각 HandlerResultHandler를 사용해 2단계에서 수신한 HandlerResult 타입을 기반으로 응답을 작성하거나 뷰를 렌더링한다. ResponseEntityResultHandler는 ResponseEntity에 사용되고 ServerResponseResultHandler는 ServerResponse에 사용되며 ResponseBodyResultHandler는 @RestController 또는 @ResponseBody 애노테이션이 달린 메소드, 그리고 ViewResolutionResultHandler는 뷰 리졸버가 반환한 값에 사용된다.
5. 요청을 완료한다.

스프링 MVC와 같은 애노테이션이 달린 컨트롤러(Controllers) 또는 함수형 엔드포인트를 사용하여 스프링 웹플럭스에서 REST 엔드포인트를 만들 수 있다. 다음 절에서 살펴보자.

컨트롤러

스프링 재단은 애노테이션이 논-블로킹 방식이기 때문에 스프링 MVC와 스프링 웹플럭스에 동일한 애노테이션을 유지했다. 따라서 REST 컨트롤러를 생성하기 위해서 이전 장에서 사용한 것과 동일한 애노테이션을 사용할 수 있다. 이 때 애노테이션은 리액티브 코어에서 실행되고 논-블로킹 흐름을 제공한다. 그러나 개발자는 논-블로킹 흐름을 완전히 구현하고 리액티브 체인(파이프라인)을 유지 관리할 책임이 있다. 리액티브 체인에서 사용하는 모든 블로킹 호출은 리액티브 체인을 블로킹 호출로 변환하는 역할을 한다.

논-블로킹 및 리액티브 호출을 지원하는 간단한 REST 컨트롤러를 만들어 보자.

---

4 (옮긴이) 회문(回文): madam이나 nurses run처럼 앞에서부터 읽으나 뒤에서부터 읽으나 동일한 단어나 구를 의미한다.

```java
@RestController
public class OrderController {
  @RequestMapping(value = "/api/v1/orders", method = RequestMethod.POST)
  public ResponseEntity<Order> addOrder(@RequestBody NewOrder newOrder) {
    // …
  }
  @RequestMapping(value = "/api/v1/orders/{id}", method = RequestMethod.GET)
  public ResponseEntity<Order> getOrderById(@PathVariable("id") String id){
    // …
  }
}
```

스프링 MVC에서 사용한 모든 애노테이션이 고스란히 쓰인 것을 확인할 수 있다.

- @RestController는 클래스를 REST 컨트롤러로 표시할 때 사용된다. 이 애노테이션이 없으면 엔드포인트가 등록되지 않아 요청이 NOT FOUND 404로 반환된다.
- @RequestMapping은 경로와 HTTP 메소드를 정의할 때 사용한다. 경로만 정의해도 되면 @PostMapping을 사용해도 된다. 마찬가지로 각 HTTP 메소드에 대해서는 @GetMapping을 해당 매핑으로 사용한다.
- @RequestBody 애노테이션은 매개변수를 요청 본문에 표시하며 적절한 코덱을 변환에 사용한다. 또다른 경로 매개변수와 쿼리 매개변수로는 각각 @PathVariable과 @RequestParam이 있다.

이 책은 REST 엔드포인트를 작성하기 위해 애노테이션 기반 모델을 사용할 것이다. 이 방법은 웹플럭스를 사용한 전자 상거래 앱 컨트롤러를 구현할 때 자세히 살펴보겠다. 또한 스프링 웹플럭스에서는 다음 절에서 설명할 함수형 프로그래밍 스타일로 REST 엔드포인트를 작성하는 방법도 가능하다.

함수형 엔드포인트

스프링 MVC를 사용한 기존 REST 컨트롤러는 명령형 프로그래밍으로 작성되었다. 반면 리액티브 프로그래밍은 대개 함수형 프로그래밍 스타일을 따른다. 그래서 스프링 웹플럭스는 동일한 리액티브 코어 기반을 사용하면서도 함수형 엔드포인트(Functional endpoints)를 사용하여 REST 엔드포인트를 정의하는 대체 방법을 허용한다.

함수형 엔드포인트를 사용하여 동일한 순서로 동작하는 REST 엔드포인트를 작성하는 방법을 살펴보자.

```
import static org.springframework.http.MediaType.APPLICATION_ JSON;
import static org.springframework.web.reactive.function.server.RequestPredicates.*;
import static org.springframework.web.reactive.function.server.RouterFunctions.route;
// . . .
OrderRepository repository = ...
OrderHandler handler = new OrderHandler(repository);
RouterFunction<ServerResponse> route = route()
    .GET("/v1/api/orders/{id}", accept(APPLICATION_JSON), handler::getOrderById)
    .POST("/v1/api/orders", handler::addOrder)
    .build();
public class OrderHandler {
    public Mono<ServerResponse> addOrder(ServerRequest req){
        // ...
    }
    public Mono<ServerResponse> getOrderById(ServerRequest req) {
        // ...
    }
}
```

RouterFunctions.route() 빌더는 함수형 프로그래밍 스타일로 단일 명령문에 모든 REST 경로를 작성할 수 있게 하는 메소드다. 이후 핸들러 클래스의 메소드 참조를 사용해 요청을 처리하는 부분은 애노테이션 기반 모델의 @RequestMapping 본문과 동일하다.

이제 OrderHandler 메소드에 다음 코드를 추가해 보자.

```
public class OrderHandler {
    public Mono<ServerResponse> addOrder(ServerRequest req){
        Mono<NewOrder> order = req.bodyToMono(NewOrder.class);
        return ok().build(repository.save(toEntity(order)));
    }
    public Mono<ServerResponse> getOrderById(ServerRequest req) {
        String orderId = req.pathVariable("id");
        return repository.getOrderById(UUID.fromString(orderId))
            .flatMap(order -> ok()
                .contentType(APPLICATION_JSON).bodyValue(toModel(order)))
            .switchIfEmpty(ServerResponse.notFound().build());
    }
}
```

REST 컨트롤러의 `@RequestMapping()` 매핑 메소드와 달리 핸들러 메소드에는 본문, 경로 또는 쿼리 매개변수 같은 여러 매개변수가 없다. 이 매개변수를 추출하는 데 사용하는 `ServerRequest` 매개변수만 있다. `addOrder` 메소드에서 `Order` 객체는 `request.bodyToMono()`를 사용해 추출되며, 이 메소드는 요청 본문을 구문 분석해 `Order` 객체로 변환한다. 유사하게, `getOrderById()`메소드는 서버 요청 객체에서 `request.pathVariable("id")`을 호출하여 주어진 ID로 식별된 `Order` 객체로 추출한다.

이제 요청의 결과인 응답을 살펴보자. 핸들러 메소드는 스프링 MVC의 `ResponseEntity`와 비교한 `ServerResponse` 객체를 사용한다. `ok()` 정적 메소드는 `ResponseEntity`에서 온 것처럼 보이지만 사실 `org.springframework.web.reactive.function.server.ServerResponse.ok`에서 온 것이다. 스프링 재단은 스프링 웹플럭스의 API를 스프링 MVC와 최대한 유사하게 유지하려고 노력했다. 그러나 근원적인 구현은 다르며 논-블로킹 리액티브 인터페이스를 제공한다.

이러한 핸들러 메소드에서 기억해둘 지점은 응답이 작성되는 방식이다. 핸들러 메소드 구현 시에는 명령형 스타일이 아닌 함수형 스타일을 사용하며 리액티브 체인이 끊어지지 않도록 해야 한다. 리포지토리는 두 경우 모두 `Mono` 객체(발행자)를 반환하고 이는 `ServerResponse` 내부에 래핑된 응답으로 반환된다.

`getOrderById()` 핸들러 메소드에서는 독특한 코드를 찾을 수 있다. 핸들러 메소드는 리포지토리에서 수신한 `Mono` 객체에 대한 `flatMap` 오퍼레이션을 수행한다. 이후 엔터티에서 모델로 변환한 다음 `ServerResponse` 객체로 래핑한 응답을 반환한다. 이때 리포지토리가 null을 반환하면 어떻게 될까. 리포지토리는 컨트랙트에 따라 Mono를 반환하며, 이는 본질적으로 자바의 `Optional` 클래스와 유사하다. 따라서 `Mono` 객체는 비어 있을 수는 있어도 null이 될 수는 없다. 리포지토리가 빈 `Mono`를 반환하면 `switchIfEmpty()` 연산자가 사용되며 `NOT FOUND 404` 응답이 전송된다.

에러의 경우 `doOnError()` 또는 `onErrorReturn()`과 같이 사용할 수 있는 다양한 에러 연산자가 있다.

지금까지 `Mono` 타입을 사용하는 논리 흐름을 살펴봤다. `Mono` 타입 대신 `Flux` 타입을 사용해도 동일한 방법으로 작동한다.

이번 절에서는 스프링 컨텍스트에서 리액티브, 비동기식, 그리고 논-블로킹 프로그래밍을 구현하는 방법과 관련된 많은 이론을 논의했다. 다음 절에서는 코딩 단계로 넘어가 4장, API를 위한 비즈니스 로직 작성에서 개발한 전자 상거래 API를 리액티브 API로 마이그레이션해보자.

전자 상거래 앱용 리액티브 API 구현

지금까지 리액티브 스트림이 작동하는 방식에 대해 살펴보았다. 이제 여러분은 비동기식 및 논-블로킹 REST API를 직접 구현할 수 있다.

이 책은 설계 우선 접근 방식을 따르므로 먼저 API 설계 명세가 필요하다. 해당 내용은 이전에 *3장 API 명세 및 구현*에서 만든 전자 상거래 API 명세를 재사용하기로 하자.

OpenAPI Codegen은 스프링 MVC 호환 API 자바 인터페이스를 생성하는 API 인터페이스/컨트랙트를 생성할 때 사용한다. 3장에서 작성한 명세를 수정하면서 리액티브 API 인터페이스 생성을 위해서는 어떤 변경이 필요한지 보자.

리액티브 API용 OpenAPI Codegen 변경

다음과 같이 스프링 웹플럭스와 호환되는 자바 인터페이스를 생성하려면 몇 가지 OpenAPI Codegen 설정을 조정해야 한다.

코드: /Chapter05/src/main/resources/api/config.json

```
{
  "library": "spring-boot",
  "dateLibrary": "java8",
  "hideGenerationTimestamp": true,
  "modelPackage": "com.packt.modern.api.model",
  "apiPackage": "com.packt.modern.api",
  "invokerPackage": "com.packt.modern.api",
  "serializableModel": true,
  "useTags": true,
  "useGzipFeature": true,
  "reactive": true,
  "interfaceOnly": true,
  …
  …
}
```

리액티브 API 지원은 library로 spring-boot를 선택한 경우에만 제공된다. 또한 reactive 플래그를 true로 설정해야 한다. reactive 플래그의 기본값은 false다.

이제 다음 명령을 실행해 보자.

```
$ gradlew clean generateSwaggerCode
```

위 명령어를 실행하면 애노테이션 기반의 REST 컨트롤러 인터페이스인 동시에 리액티브 스트림과 호환되는 자바 인터페이스가 생성된다. API 인터페이스를 열면 `OrderAPI` 인터페이스에 대한 다음 코드 블록과 같이 `Mono/Flux` 리액터 타입을 찾을 수 있다.

```java
@Operation(
operationId = "addOrder",
summary = "Creates a new order for the …",
tags = { "order" },
responses = {
  @ApiResponse(responseCode = "201",
  description = "Order added successfully",
  content = {
    @Content(mediaType = "application/xml",
    schema = @Schema(
      implementation = Order.class)),
    @Content(mediaType = "application/json",
      schema = @Schema(
        implementation = Order.class))
    }),
    @ApiResponse(responseCode = "406",
    description = "If payment not authorized")
  }
)
@RequestMapping(
  method = RequestMethod.POST,
  value = "/api/v1/orders",
  produces = { "application/xml", "application/json" },
  consumes = { "application/xml", "application/json" }
)
default Mono<ResponseEntity<Order>> addOrder(
  @Parameter(name = "NewOrder", description =
  "New Order Request object")
  @Valid @RequestBody(required = false)
```

```
        Mono<NewOrder> newOrder,
        @Parameter(hidden = true)
        final ServerWebExchange exg) throws Exception {
```

추가 매개변수인 ServerWebExchange가 리액티브 컨트롤러에 필요하다는 추가 변경 사항도 확인했을 것이다.

리액티브 지원에 필요한 의존성을 아직 추가하지 않았기 때문에 이대로 실행을 시도한다면 코드를 컴파일할 때 컴파일 에러가 발생한다. 다음 절에서 리액티브 지원에 필요한 의존성을 추가하는 방법을 알아보자.

build.gradle에 리액티브 의존성 추가

먼저 지금은 스프링 MVC가 필요 없으므로 spring-boot-starter-web을 제거한다. 둘째, 스프링 웹플럭스와 리액터 지원에 관련한 각기 테스트를 위해 spring-boot-starter-webflux와 reactor-test를 추가한다. 의존성이 성공적으로 추가되면 OpenAPI 생성 코드에 컴파일 에러가 표시되지 않는다.

다음과 같이 build.gradle에 필요한 리액티브 의존성을 추가하면 된다.

코드: /Chapter05/build.gradle

```
implementation 'org.springframework.boot:spring-boot-starter-webflux'

testImplementation('org.springframework.boot:spring-boot-starter-test')
testImplementation 'io.projectreactor:reactor-test'
```

리액티브 API의 사용을 위해서는 REST 컨트롤러에서 데이터베이스까지를 잇는 완전한 리액티브 파이프라인이 필요하다. 그러나 기존 명세를 통해 만들어진 애플리케이션에 포함된 JDBC와 Hibernate 의존성은 블로킹 호출만 지원한다. JDBC는 완전 블로킹 API다. Hibernate도 블로킹이다. 그러나 이 책에서 구현 중인 샘플 전자 상거래 앱에는 데이터베이스에 대한 리액티브 의존성이 필요하다.

이 책의 초판이 출간된 후, Hibernate Reactive[5]가 출시되었다. Hibernate Reactive는 PostgreSQL, MySQL/MariaDB, Db2 11.5+, CockroachDB 22.1+, MS SQL Server 2019+, Oracle Database 21+를 지원한다. 글을 쓰는 시점에 Hibernate Reactive는 H2를 지원하지 않는

---

5 https://github.com/hibernate/hibernate-reactive

다. 그래서 우리는 단순히 Spring Data를 사용할 것인데, 이는 리액티브 스트림을 작업하는 데 필요한 `spring-data-r2dbc` 라이브러리를 제공하는 스프링 프레임워크다.

MongoDB와 같은 많은 NoSQL 데이터베이스는 이미 리액티브 데이터베이스 드라이버를 제공한다. R2DBC 기반 드라이버는 완전한 논-블로킹/리액티브 API 호출을 위해 JDBC 대신 관계형 데이터베이스에 사용해야 한다. R2DBC는 Reactive Relational Database Connectivity를 나타낸다. R2DBC는 데이터베이스 드라이버용 SPI(서비스 공급자 인터페이스)를 설정하는 리액티브 API의 개방형 명세다. 거의 모든 인기있는 관계형 데이터베이스는 H2, Oracle Database, MySQL, MariaDB, SQL Server, PostgresSQL와 Proxy와 같은 R2DBC 드라이버를 지원한다.

`build.gradle` 파일에 Spring Data 및 H2에 대한 R2DBC 의존성을 추가해 보자.

```
implementation 'org.springframework.boot:spring-boot-starter-data-r2dbc'

implementation 'com.h2database:h2'
runtimeOnly 'io.r2dbc:r2dbc-h2'
```

이제 컴파일 에러 없이 엔드-투-엔드(컨트롤러에서 리포지토리로) 코드를 작성할 수 있다. 본격적으로 API 인터페이스에 대한 구현을 작성하기 전에 전역 예외 처리를 추가하겠다.

예외 처리

이 절에서는 *3장, API 명세 및 구현*에서 스프링 MVC에 추가한 방식으로 전역 예외 처리기를 추가한다. 그 전에 리액티브 파이프라인에서 예외를 처리하는 방법이 궁금할 것이다. 리액티브 파이프라인은 스트림의 흐름이므로 예외 처리를 명령형 코드의 수행 방식으로는 추가할 수 없다. 에러 역시 파이프라인 흐름에서 발생시켜야 한다.

다음 코드를 살펴보자.

```
.flatMap(card -> {
  if (Objects.isNull(card.getId())) {
    return service.registerCard(mono)
      .map(ce -> status(HttpStatus.CREATED)
        .body(assembler.entityToModel(ce, exchange)));
  } else {
    return Mono.error(
```

```
            () -> new CardAlreadyExistsException(" for user with ID - " + d.getId()));
    }
})
```

위 코드는 flatMap 오퍼레이션을 수행한다. 카드(card)가 유효하지 않은 경우, 즉 요청된 ID가 카드에 없는 경우 에러가 발생해야 한다. 여기서 Mono.error()가 사용되는 이유는 파이프라인이 Mono를 반환된 객체로 예상하기 때문이다. 마찬가지로 반환된 타입으로 Flux가 예상되는 경우에는 Flux.error()를 사용하면 된다.

서비스 또는 리포지토리 호출에서 객체를 기대하고 있지만 빈 객체를 수신하는 상태를 가정해 보자. 이 경우 다음 코드와 같이 switchIfEmpty() 연산자를 사용할 수 있다.

```
Mono<List<String>> monoIds = itemRepo.findByCustomerId(customerId)
    .switchIfEmpty(Mono.error(new ResourceNotFoundException(
       ". No items found in Cart of customer with Id - " + customerId)))
    .map(i -> i.getId().toString())
    .collectList().cache();
```

위 코드에서 itemRepo.findByCustomerId() 메소드는 아이템 리포지토리에서 List의 Mono 객체를 받게 될 것을 예상한다. 그러나 반환된 객체가 비어 있으면 단순히 ResourceNotFoundException을 던진다. switchIfEmpty()는 대체 Mono 인스턴스를 허용한다.

지금쯤이면 어떤 예외 타입이 발생할지 궁금해졌을 것이다. 이 때 발생하는 예외는 런타임 예외이다. ResourceNotFoundException 클래스의 선언을 참조하자.

```
public class ResourceNotFoundException extends RuntimeException
```

마찬가지로, onErrorReturn(), onErrorResume() 또는 리액티브 스트림의 유사한 에러 연산자를 사용할 수도 있다. 다음 코드 블록에서 onErrorReturn()의 사용법을 살펴보자.

```
return service.getCartByCustomerId(customerId)
    .map(cart ->
        assembler.itemfromEntities(cart.getItems().stream()
            .filter(i -> i.getProductId().toString().equals(itemId.trim())).collect(toList()))
        .get(0)).map(ResponseEntity::ok)
    .onErrorReturn(notFound().build())
```

애플리케이션에 예외가 발생하면 어떤 예외든 처리되어야 하며, 사용자는 에러에 대한 응답을 받아야 한다. 이것이 우리가 먼저 전역 예외 처리기를 살펴보는 이유이다.

컨트롤러에 대한 전역 예외 처리

이전 장의 스프링 MVC에서는 `@ControllerAdvice`를 사용하여 전역 예외 핸들러를 생성했다. 스프링 웹플럭스에서는 에러를 처리하기 위해 약간 다른 경로를 취한다. 먼저 스프링 MVC에서도 사용할 수 있는 `ApiErrorAttributes` 클래스를 생성한다. 이 클래스는 `ErrorAttributes` 인터페이스의 기본 구현인 `DefaultErrorAttributes`를 확장한 클래스다. `ErrorAttributes` 인터페이스는 맵, 에러 필드 맵 및 해당 값을 처리하는 방법을 제공한다. 해당 클래스를 생성하면 이러한 에러 속성을 사용하여 사용자에게 에러를 표시하거나 로깅할 수 있다.

`DefaultErrorAttributes` 클래스는 다음 속성을 제공한다.

- `timestamp`: 에러가 캡처된 시간
- `status`: 상태 코드
- `error`: 에러 설명
- `exception`: 루트 예외의 클래스 이름(설정된 경우)
- `message`: 예외 메시지(설정된 경우)
- `errors`: BindingResult 예외의 모든 ObjectErrors (설정된 경우)
- `trace`: 예외 스택 추적(설정된 경우)
- `path`: 예외가 발생한 URL 경로
- `requestId`: 현재 요청과 연결된 고유 ID

다음과 같이 `ApiErrorAttributes`에서 상태 및 메시지에 내부 서버 에러와 일반 에러 메시지(시스템이 요청을 완료할 수 없습니다. 시스템 지원 담당에게 연락하세요.)라는 두 가지 기본값을 추가했다.

코드: /Chapter05/src/main/java/com/packt/modern/api/exception/ApiErrorAttributes.java

```
@Component
public class ApiErrorAttributes extends DefaultErrorAttributes {
    private HttpStatus status = HttpStatus.INTERNAL_SERVER_ERROR;
    private String message = ErrorCode.GENERIC_ERROR.getErrMsgKey();
```

```java
@Override
public Map<String, Object> getErrorAttributes(ServerRequest request,
        ErrorAttributeOptions options) {
    var attributes = super.getErrorAttributes(request, options);
    attributes.put("status", status);
    attributes.put("message", message);
    attributes.put("code", ErrorCode.GENERIC_ERROR.getErrCode());
    return attributes;
}
// 획득자/설정자들(Getter/Setters)
}
```

이제 사용자 지정 전역 예외 처리기 클래스에서 이 `ApiErrorAttributes` 클래스를 사용할 수 있다. 이를 위해 `AbstractErrorWebExceptionHandler` 추상 클래스를 확장하는 `ApiErrorWebExceptionHandler` 클래스를 생성해 보자.

`AbstractErrorWebExceptionHandler` 클래스는 `ErrorWebExceptionHandler`와 `InitializingBean` 인터페이스를 구현한다. `ErrorWebExceptionHandler`는 `WebExceptionHandler` 인터페이스를 확장하는 기능 인터페이스로, `WebExceptionHandler`가 예외를 렌더링할 때 사용됨을 나타낸다. `WebExceptionHandler`는 서버 교환 처리가 발생할 때 예외를 처리하기 위한 컨트랙트다.

마지막으로 `InitializingBean` 인터페이스는 스프링 핵심 프레임워크의 일부다. 모든 속성이 채워질 때 반응하는 컴포넌트에서 사용된다. 또한 모든 필수 속성이 설정됐는지 확인할 때도 사용할 수도 있다.

기본사항을 공부했으니 이제 `ApiErrorAttributes` 클래스를 작성해 보자.

코드: /Chapter05/src/main/java/com/packt/modern/api/exception/ApiErrorWebExceptionHandler.java

```java
@Component
@Order(-2)
public class ApiErrorWebExceptionHandler extends AbstractErrorWebExceptionHandler {
    public ApiErrorWebExceptionHandler(
        ApiErrorAttributes errorAttributes,
        ApplicationContext appCon,
        ServerCodecConfigurer serverCodecConfigurer){
            super(errorAttributes,
            new WebProperties().getResources(),appCon);
```

```
    super.setMessageWriters(serverCodecConfigurer.getWriters());
    super.setMessageReaders(serverCodecConfigurer.getReaders());
}
@Override
protected RouterFunction<ServerResponse>
  getRoutingFunction(ErrorAttributes errA) {
  return RouterFunctions.route(
    RequestPredicates.all(), this::renderErrorResponse);
}
```

이 코드에서 가장 주목할 부분은 실행 선호도를 알려주는 `@Order` 애노테이션을 추가했다는 점이다. `ResponseStatusExceptionHandler`는 스프링 프레임워크에 의해 0으로 정렬되고 `DefaultErrorWebExceptionHandler`는 -1로 정렬된다. 둘 다 앞에서 만든 것과 같은 예외 처리기다. `ApiErrorWebExceptionHandler`에 이 두 가지보다 우선 순위를 지정하지 않으면 실행되지 않는다. 따라서 `ApiErrorWebExceptionHandler`의 순서는 -2로 설정한다.

다음으로 이 클래스는 private으로 정의된 `renderErrorResponse()` 메소드를 호출하는 `getRoutingFunction()` 메소드를 재정의한다는 점을 기억하자. 여기에는 다음과 같이 에러 처리를 위한 사용자 정의 구현이 있다.

코드: /Chapter05/src/main/java/com/packt/modern/api/exception/ApiErrorWebExceptionHandler.java

```
private Mono<ServerResponse> renderErrorResponse(ServerRequest request) {
  Map<String, Object> errorPropertiesMap = getErrorAttributes(request, ErrorAttributeOptions.defau
lts());
  Throwable throwable = (Throwable) request
      .attribute("org.springframework.boot.web.reactive.error.DefaultErrorAttributes.ERROR")
      .orElseThrow(
          () -> new IllegalStateException("ServerWebExchange에서 예외 속성이 누락됨"));

  ErrorCode errorCode = ErrorCode.GENERIC_ERROR;
  if (throwable instanceof IllegalArgumentException
      || throwable instanceof DataIntegrityViolationException
      || throwable instanceof ServerWebInputException) {
    errorCode = ILLEGAL_ARGUMENT_EXCEPTION;
  } else if (throwable instanceof CustomerNotFoundException) {
    errorCode = CUSTOMER_NOT_FOUND;
```

```
} else if (throwable instanceof ResourceNotFoundException) {
    errorCode = RESOURCE_NOT_FOUND;
} // 다른 else-if
    …
    …
```

errorPropertiesMap은 에러 속성을 추출한다. 이것은 에러 응답을 구성할 때 사용된다. 다음으로 throwable을 사용해 발생한 예외를 캡처한다. 이후 예외 타입을 확인하고 적절한 코드를 할당한다. InternalServerError에 불과한 GenericError로 기본값을 유지한다.

다음으로 아래와 같이 switch 문을 사용하여 발생한 예외를 기반으로 에러 응답을 생성한다.

코드: /Chapter05/src/main/java/com/packt/modern/api/exception/ApiErrorWebExceptionHandler.java

```
switch (errorCode) {
    case ILLEGAL_ARGUMENT_EXCEPTION -> {
        errorPropertiesMap.put( "status", HttpStatus.BAD_REQUEST);
        errorPropertiesMap.put("code", ILLEGAL_ARGUMENT_EXCEPTION.getErrCode());
        errorPropertiesMap.put("error", ILLEGAL_ARGUMENT_EXCEPTION);
        errorPropertiesMap.put("message", String
            .format("%s %s", ILLEGAL_ARGUMENT_EXCEPTION.getErrMsgKey(),  throwable.getMessage()));
        return ServerResponse.status(HttpStatus.BAD_REQUEST)
            .contentType(MediaType.APPLICATION_JSON)
            .body(BodyInserters.fromValue(errorPropertiesMap));
    }
    case CUSTOMER_NOT_FOUND -> {
        errorPropertiesMap.put("status", HttpStatus.NOT_FOUND);
        errorPropertiesMap.put("code", CUSTOMER_NOT_FOUND.getErrCode());
        errorPropertiesMap.put("error", CUSTOMER_NOT_FOUND);
        errorPropertiesMap.put("message", String
            .format("%s %s", CUSTOMER_NOT_FOUND.getErrMsgKey(), throwable.getMessage()));
        return ServerResponse.status(HttpStatus.NOT_FOUND)
            .contentType(MediaType.APPLICATION_JSON)
            .body(BodyInserters.fromValue(errorPropertiesMap));
    }
    case RESOURCE_NOT_FOUND -> {
                // 나머지 코드는 간결함을 위해 생략
}
```

아마도 다음 버전의 자바에서는 if-else와 switch 블록을 결합하여 이 코드를 더 간결하게 만들 수 있을 것이다. errorPropertiesMap을 인수로 삼고 이를 기반으로 형성된 서버 응답을 반환하는 별도의 메소드를 만들 수도 있다. 여기에 스위치를 사용하면 된다.

CustomerNotFoundException과 같은 사용자 정의 애플리케이션 예외 클래스와 ErrorCode와 Error와 같은 기타 예외 처리 지원 클래스는 기존 코드에서 사용된다(4장, API를 위한 비즈니스 로직 작성).

지금까지 예외 처리에 대해서 충분히 살펴보았다. 이제 HATEOAS를 살펴볼 차례다.

API 응답에 하이퍼미디어 링크 추가

하이퍼미디어 링크를 추가하기 위해서는 리액티브 API에 대한 HATEOAS 지원을 이용하면 된다. 방법은 이전 장에서 스프링 MVC를 사용한 것과 유사하다. HATEOAS 지원을 위해 이러한 어셈블러를 다시 만든다. HATEOAS 어셈블러 클래스는 모델에서 엔터티로 또는 그 반대로 변환하기 위해서도 사용할 수 있다.

스프링 웹플럭스는 하이퍼미디어 링크를 형성하기 위한 ReactiveRepresentationModelAssembler라는 인터페이스를 지원한다. 여기에 응답 모델에 대한 링크 추가를 위해 toModel() 메소드를 재정의해 보자.

마지막으로 링크를 채우기 위한 몇 가지 기초 작업을 수행한다. 다음과 같이 단일 기본 방법으로 HateoasSupport 인터페이스를 생성하면 된다.

코드: /Chapter05/src/main/java/com/packt/modern/api/hateoas/HateoasSupport.java

```java
public interface HateoasSupport {
  default UriComponentsBuilder getUriComponentBuilder( @Nullable ServerWebExchange exchange) {
    if (exchange == null) {
      return UriComponentsBuilder.fromPath("/");
    }
    ServerHttpRequest request = exchange.getRequest();
    PathContainer contextPath = request.getPath(). contextPath();

    return UriComponentsBuilder.fromHttpRequest(request)
        .replacePath(contextPath.toString())
        .replaceQuery("");
  }
}
```

여기서, 이 클래스에는 ServerWebExchange를 인수로 받아들이고 UriComponentsBuilder 인스턴스를 반환하는 단일 기본 메소드 getUriCompononentBuilder()가 포함돼 있다. 이 인스턴스를 사용하면 프로토콜, 호스트 및 포트가 있는 링크를 추가할 때 사용할 서버 URI를 추출할 수 있다. ServerWebExchange 인수 역시 컨트롤러 메소드에 추가했다. 이 인터페이스는 HTTP 요청, 응답 및 기타 속성을 가져오는 데 사용된다.

이제 표현 모델 어셈블러를 정의하기 위해 지금 작성한 두 가지 인터페이스인 HateoasSupport와 ReactiveRepresentationModelAssembler를 사용할 수 있다.

다음과 같이 주소의 표현 모델 어셈블러를 정의해 보자.

코드: /Chapter05/src/main/java/com/packt/modern/api/hateoas/AddressRepresentationModelAssembler.java

```java
@Component
public class AddressRepresentationModelAssembler implements ReactiveRepresentationModelAssembler<AddressEntity, Address>, HateoasSupport {

  private static String serverUri = null;
  private String getServerUri(@Nullable ServerWebExchange exchange) {
    if (Strings.isBlank(serverUri)) {
      serverUri = getUriComponentBuilder(exchange).toUriString();
    }
    return serverUri;
  }
```

위 코드에서 우리는 UriComponentBuilder에서 서버 URI를 추출하는 getServerUri()라는 또다른 private 메소드를 정의했다. 이 메소드는 HateoasSupport 인터페이스의 기본 getUriComponentBuilder() 메소드에서 반환된다.

이제 다음 코드 블록과 같이 toModel() 메소드를 재정의할 수 있다.

코드: /Chapter05/src/main/java/com/packt/modern/api/hateoas/AddressRepresentationModelAssembler.java

```java
@Override
public Mono<Address> toModel(AddressEntity entity, ServerWebExchange exchange) {
    return Mono.just(entityToModel(entity, exchange));
}

public Address entityToModel(AddressEntity entity, ServerWebExchange exchange) {
```

```
    Address resource = new Address();
    if(Objects.isNull(entity)) {
      return resource;
    }
    BeanUtils.copyProperties(entity, resource);
    resource.setId(entity.getId().toString());
    String serverUri = getServerUri(exchange);
    resource.add(Link.of(String.format("%s/api/v1/addresses", serverUri)).withRel("addresses"));
    resource.add(
      Link.of(String.format("%s/api/v1/addresses/%s", serverUri, entity.getId())).withSelfRel());
    return resource;
}
```

toModel() 메소드는 entityToModel() 메소드를 사용하여 AddressEntity 인스턴스에서 형성된 하이퍼미디어 링크가 있는 Mono<Address> 객체를 반환한다. entityToModel()은 엔터티 인스턴스에서 모델 인스턴스로 속성을 복사한다. 가장 중요한 것은 resource.add() 메소드를 사용하여 모델에 하이퍼미디어 링크를 추가한다는 점이다. add() 메소드는 org.springframework.hateoas.Link 인스턴스를 인수로 사용한다. 그런 다음 Link 클래스의 of() 정적 팩토리 메소드를 사용해 링크를 형성한다. 이 때 서버 URI를 사용하여 링크에 추가하는 것을 볼 수 있다. 원하는 만큼 링크를 만들고 add() 메소드를 사용해 리소스에 추가할 수 있다.

ReactiveRepresentationModelAssembler 인터페이스는 Mono<CollectionModel<D>> 컬렉션 모델을 반환하는 기본 구현과 함께 toCollectionModel() 메소드를 제공한다. 그러나 여기에 표시된 대로 주소의 Flux 인스턴스를 반환하는 toListModel() 메소드를 추가할 수도 있다.

코드: /Chapter05/src/main/java/com/packt/modern/api/hateoas/AddressRepresentationModelAssembler.java

```
public Flux<Address> toListModel(Flux<AddressEntity> entities,
      ServerWebExchange exchange) {
  if (Objects.isNull(entities)) {
    return Flux.empty();
  }
  return Flux.from(entities.map(e -> entityToModel(e, exchange)));
}
```

이 메소드는 내부적으로 entityToModel() 메소드를 사용한다. 마찬가지로 다른 API 모델에 대한 표현 모델 어셈블러를 생성할 수 있다. 모든 모델들은 /Chapter05/src/main/java/com/packt/modern/api/hateoas에서 찾을 수 있다.

이제 기본 코드 인프라가 완료됐으므로 OpenAPI Codegen에서 생성한 인터페이스를 기반으로 API를 구현할 수 있다. 먼저 서비스에서 사용할 리포지토리를 개발한다. 그리고 컨트롤러 구현을 작성한다. 리포지토리부터 시작하자.

엔터티 정의

엔터티는 *4장, API를 위한 비즈니스 로직 작성*에서 정의하고 사용한 것과 거의 같은 방식으로 정의된다. 그러나 Hibernate 매핑과 JPA를 사용하는 대신 다음과 같이 스프링 데이터 애노테이션을 사용하기로 하자.

코드: /Chapter05/src/main/java/com/packt/modern/api/entity/OrderEntity.java

```java
@Table("ecomm.orders")
public class OrderEntity {
  @Id
  @Column("id")
  private UUID id;

  @Column("customer_id")
  private UUID customerId;

  @Column("address_id")
  private UUID addressId;

  @Column("card_id")
  private UUID cardId;

  @Column("order_date")
  private Timestamp orderDate;

  // 테이블 칼럼과 매핑되는 다른 필드들

  private UUID cartId;
```

```
private UserEntity userEntity;

private AddressEntity addressEntity;

private PaymentEntity paymentEntity;

private List<ShipmentEntity> shipments = new ArrayList<>();

// 다른 엔터티 필드들과 획득자/설정자들
```

여기서는 Hibernate 대신 Spring Data를 사용하기 때문에, Spring Data 애노테이션인 `@Table`을 사용하여 엔터티 클래스를 테이블 이름과 연결하고, `@Column`을 사용하여 필드를 테이블의 컬럼에 매핑한다. 명백하게, `@Id`는 식별자 컬럼으로 사용된다. 이와 비슷하게 다른 엔터티들도 정의할 수 있다.

엔터티를 정의한 후, 다음 하위 절에서 리포지토리를 추가해 보자.

리포지토리 추가

리포지토리는 애플리케이션 코드와 데이터베이스 사이의 인터페이스다. 스프링 MVC와 동일한 기능을 한다. 그러나 우리는 리액티브 패러다임을 사용한 코드를 작성하고 있다. 따라서 R2DBC-/리액티브 기반 드라이버를 사용하는 리포지토리와 리액티브 스트림 위에 리액티브 타입의 인스턴스를 반환하는 과정이 필요하다. 이것이 우리가 JDBC를 사용할 수 없는 이유다.

스프링 데이터 R2DBC는 `ReactiveCrudRepository`, `ReactiveSortingRepository`, `RxJava2CrudRepository`, 그리고 `RxJava3CrudRepository`와 같은 Reactor 및 RxJava를 위한 다양한 리포지토리를 제공한다. 또한 사용자 정의 구현도 작성할 수 있다. `ReactiveCrudRepository`에는 사용자 정의 구현도 작성할 예정이다.

먼저 Order 엔터티에 대한 리포지토리를 작성해 보자. 다른 엔터티의 경우 `/Chapter05/src/main/java/com/packt/modern/api/repository`에서 리포지토리 예제 코드를 확인할 수 있다.

먼저 다음과 같이 `Order` 엔터티에 대한 CRUD(Create, Read, Update, Delete) 리포지토리를 작성해 보자.

코드: /Chapter05/src/main/java/com/packt/modern/api/repository/OrderRepository.java
```
@Repository
public interface OrderRepository extends ReactiveCrudRepository<OrderEntity, UUID>,
OrderRepositoryExt {
  @Query("select o.* from ecomm.orders o join ecomm.user u on o.customer_id = u.id where u.id = :custId")
  Flux<OrderEntity> findByCustomerId(String custId);
}
```

이 리포지토리는 위의 코드처럼 간단하게 작성할 수 있다. OrderRepository 인터페이스는 ReactiveCrudRepository와 자체 사용자 정의 리포지토리 인터페이스인 OrderRepositoryExt를 확장했다.

먼저 OrderRepository의 역할을 살펴보자. 우리는 OrderRepository 인터페이스에 findByCustomerId()라는 별도 메소드를 추가했다. 이 메소드는 주어진 고객 ID로 주문을 찾는다. ReactiveCrudRepository 인터페이스와 Query() 애노테이션은 스프링 데이터 R2DBC 라이브러리의 일부다. 이전 장에서 생성한 리포지토리와 달리 Query()는 기본 SQL 쿼리를 사용한다.

개발자는 별도의 커스텀 리포지토리를 작성할 수도 있다. 아래와 같은 간단한 컨트랙트를 작성해 보자.

코드: /Chapter05/src/main/java/com/packt/modern/api/repository/OrderRepositoryExt.java
```
public interface OrderRepositoryExt {
  Mono<OrderEntity> insert(Mono<NewOrder> m);
  Mono<OrderEntity> updateMapping(OrderEntity orderEntity);
}
```

위 인터페이스에는 두 가지 메소드 시그니처가 작성됐다. 첫 번째 시그니처는 데이터베이스에 새 주문 레코드를 삽입하고 두 번째 시그니처는 주문 항목과 카트 항목 매핑을 업데이트한다. 수행할 동작은 주문이 접수될 때 아이템을 카트에서 제거하고 주문에 추가하는 것이다. 원하는 경우 두 작업을 함께 결합할 수도 있다.

먼저 다음 코드 블록과 같이 OrderRepositoryExt 인터페이스를 확장하는 OrderRepositoryExtImpl 클래스를 정의하자.

코드: /Chapter05/src/main/java/com/packt/modern/api/repository/OrderRepositoryExtImpl.java

```java
@Repository
public class OrderRepositoryExtImpl implements OrderRepositoryExt {

  private ConnectionFactory connectionFactory;
  private DatabaseClient dbClient;
  private ItemRepository itemRepo;
  private CartRepository cartRepo;
  private OrderItemRepository oiRepo;

  public OrderRepositoryExtImpl(ConnectionFactory connectionFactory, ItemRepository itemRepo,
OrderItemRepository oiRepo, CartRepository cartRepo, DatabaseClient dbClient) {
    this.itemRepo = itemRepo;
    this.connectionFactory = connectionFactory;
    this.oiRepo = oiRepo;
    this.cartRepo = cartRepo;
    this.dbClient = dbClient;
}
```

위 예제에서는 몇 가지 클래스 속성을 정의하고 이 속성을 생성자 기반 의존성 주입에 대한 인수로 생성자에 추가했다.

컨트랙트에 따라 `Mono<NewOrder>`를 받는다. 따라서 `OrderRepositoryExtImpl` 클래스에서 모델을 엔터티로 변환하는 메소드를 추가해야 한다. `CartEntity`에 카트 아이템이 포함되어 있으므로 추가 인수도 필요하다. 위 동작을 수행하는 코드는 아래와 같다.

코드: /Chapter05/src/main/java/com/packt/modern/api/repository/OrderRepositoryExtImpl.java

```java
  private OrderEntity toEntity(NewOrder order, CartEntity c) {
    OrderEntity orderEntity = new OrderEntity();
    BeanUtils.copyProperties(order, orderEntity);
    orderEntity.setUserEntity(c.getUser());
    orderEntity.setCartId(c.getId());
    orderEntity.setItems(c.getItems())
        .setCustomerId(UUID.fromString(order.getCustomerId()))
        .setAddressId(UUID.fromString( order.getAddress().getId()))
        .setOrderDate(Timestamp.from(Instant.now()))
        .setTotal(c.getItems().stream().collect(Collectors. toMap(k -> k.getProductId(),
          v -> BigDecimal.valueOf(v.getQuantity()).multiply(v. getPrice())))
```

```
            .values().stream().reduce(BigDecimal::add). orElse(BigDecimal.ZERO));
    return orderEntity;
}
```

위 코드는 합계를 설정하는 코드를 제외하면 매우 간단하다. 합계는 스트림을 사용해 계산했다. 이해를 돕기 위해 다음과 같이 분해해 보자.

1. 먼저 CartEntity에서 아이템을 가져온다.
2. 그런 다음 아이템에서 스트림을 만든다.
3. 키를 상품 ID로, 값을 수량과 가격의 곱으로 한 맵을 생성한다.
4. 맵에서 가져온 값을 스트림으로 변환한다.
5. BigDecimal에 메소드를 추가해 reduce 오퍼레이션을 수행한다. 그 다음 총 금액을 제공한다.
6. 값이 없으면 0을 반환한다.

toEntity() 메소드 외에도 데이터베이스에서 행을 읽고 이를 OrderEntity로 변환하는 또 다른 매퍼가 필요하다. 이를 위해 java.util.function 패키지의 일부인 BiFunction를 사용하겠다.

코드: /Chapter05/src/main/java/com/packt/modern/api/repository/OrderRepositoryExtImpl.java
```java
class OrderMapper implements BiFunction<Row, Object, OrderEntity> {
  @Override
  public OrderEntity apply(Row row, Object o) {
    OrderEntity oe = new OrderEntity();
    return oe.setId(row.get("id", UUID.class))
        .setCustomerId(row.get("customer_id", UUID.class))
        .setAddressId(row.get("address_id", UUID.class))
        .setCardId(row.get("card_id", UUID.class))
        .setOrderDate(Timestamp.from(
          ZonedDateTime.of((LocalDateTime)
          row.get("order_date"), ZoneId.of("Z")).toInstant()))
        .setTotal(row.get("total", BigDecimal.class))
        .setPaymentId(row.get("payment_id", UUID.class))
        .setShipmentId(row.get("shipment_id", UUID.class))
        .setStatus(StatusEnum.fromValue(row.get("status",
          String.class)));
  }
}
```

여기서, 행의 속성을 `OrderEntity`에 매핑해 `OrderEntity`를 반환하는 `apply()` 메소드를 재정의했다. `apply()` 메소드의 두 번째 매개변수는 필요하지 않은 메타데이터가 포함돼 있으므로 사용하지 않는다.

먼저 `OrderRepositoryExt` 인터페이스에 `updateMapping()` 메소드를 구현해 보자.

코드: /Chapter05/src/main/java/com/packt/modern/api/repository/OrderRepositoryExtImpl.java

```java
@Override
public Mono<OrderEntity> updateMapping(OrderEntity orderEntity) {
  return oiRepo.saveAll(orderEntity.getItems().stream()
      .map(i -> new OrderItemEntity()
        .setOrderId(orderEntity.getId()).setItemId(i.getId()))
        .collect(toList()))
    .then(
      itemRepo.deleteCartItemJoinById(orderEntity.getItems()
         .stream().map(i -> i.getId().toString())
         .collect(toList()),
      orderEntity.getCartId().toString())
         .then(Mono.just(orderEntity))
    );
}
```

지금까지 우리는 리액티브 스트림의 파이프라인을 만들고 두 가지 연속적인 데이터베이스 작업을 수행했다. 먼저 `OrderItemRepository`를 사용해 주문 아이템 매핑을 만든 다음 `ItemRepository`를 사용하여 카트 아이템 매핑을 제거한다.

자바 스트림은 첫 번째 오퍼레이션에서 `OrderItemEntity` 인스턴스의 입력 목록을 만들고 두 번째 오퍼레이션에서 항목 ID 목록을 만드는 데 사용됐다.

지금까지 `ReactiveCrudRepository` 메소드를 사용한 메소드를 구현해 보았다. 이제 다음과 같이 엔터티 템플릿을 사용하여 사용자 지정 메소드를 구현해 보자.

코드: /Chapter05/src/main/java/com/packt/modern/api/repository/OrderRepositoryExtImpl.java

```java
@Override
public Mono<OrderEntity> insert(Mono<NewOrder> mdl) {
  AtomicReference<UUID> orderId = new AtomicReference<>();
  Mono<List<ItemEntity>> itemEntities = mdl
      .flatMap(m -> itemRepo.findByCustomerId(m.getCustomerId())
```

```
      .collectList().cache());
  Mono<CartEntity> cartEntity = mdl
      .flatMap(m -> cartRepo.findByCustomerId(m.getCustomerId()))
      .cache();
  cartEntity = Mono.zip(cartEntity, itemEntities, (c, i) -> {
    if (i.size() < 1) {
      throw new ResourceNotFoundException(String
        .format("No item found in customer's (ID:%s) cart.", c.getUser().getId()));
    }
    return c.setItems(i);
  }).cache();
```

위 코드는 OrderRepositoryExt 인터페이스의 insert() 메서드를 재정의한다. insert() 메서드는 플루언트하고 함수형인 리액티브 API로 채워져 있다. insert() 메서드는 NewOrder 모델의 Mono 인스턴스를 새 주문 생성을 위한 페이로드에 포함한 인수로 받는다. 스프링 데이터 R2DBC는 중첩된 엔터티를 가져오는 것을 허용하지 않는다. 그러나 Cart와 해당 아이템을 함께 가져올 수 있는 Order와 유사한 Cart용 사용자 지정 리포지토리를 작성하면 해결할 수 있다.

현재까지 작성한 애플리케이션 구조에서는 Cart와 Item 엔터티에 대해 ReactiveCrudRepository를 사용하고 있다. 따라서 해당 데이터를 하나씩 가져온다. 먼저 아이템 리포지토리를 사용해 주어진 고객 ID를 기반으로 카트 아이템을 가져온다. Customer는 Cart와 일대일로 매핑된다. 그 결과 고객 ID로 식별한 CartRepository를 활용해 Cart 엔터티를 가져올 수 있다.

이 과정에서 Mono<List<ItemEntity>>와 Mono<CartEntity>라는 두 개의 개별 Mono 객체를 얻었다. 이제 이들을 결합해야 한다. Mono에는 두 개의 Mono 객체를 가져온 다음 자바 BiFunction을 사용하여 병합할 수 있는 zip() 연산자가 있다. zip()은 주어진 Mono 객체가 모두 아이템을 생성할 때만 새로운 Mono 객체를 반환한다. zip()은 다형성이므로 다른 형식도 사용할 수 있다.

이제 카트와 해당 아이템, NewOrder라는 페이로드가 있다. 다음 코드 블록을 통해 이 항목들을 데이터베이스에 삽입해 보자.

코드: /Chapter05/src/main/java/com/packt/modern/api/repository/OrderRepositoryExtImpl.java

```
R2dbcEntityTemplate template = new R2dbcEntityTemplate(connectionFactory);
Mono<OrderEntity> orderEntity = Mono.zip(mdl, cartEntity, (m, c) -> toEntity(m, c)).cache();
return orderEntity.flatMap(oe -> dbClient.sql("""
    INSERT INTO ecomm.orders (address_id, card_id, customer_id, order_date, total, status)
```

```
VALUES($1, $2, $3, $4, $5, $6)""")
    .bind("$1", Parameter.fromOrEmpty(oe.getAddressId(), UUID.class))
    .bind("$2", Parameter.fromOrEmpty(oe.getCardId(), UUID. class))
    .bind("$3", Parameter.fromOrEmpty(oe.getCustomerId(), UUID.class))
    .bind("$4", OffsetDateTime.ofInstant(oe.getOrderDate().toInstant(),
ZoneId.of("Z")).truncatedTo(ChronoUnit.MICROS))
    .bind("$5", oe.getTotal())
    .bind("$6", StatusEnum.CREATED.getValue()).map(new OrderMapper()::apply)
    .one())
    .then(orderEntity.flatMap(x -> template.selectOne(
        query(where("customer_id").is(x.getCustomerId())
            .and("order_date")
            .greaterThanOrEquals(OffsetDateTime
                .ofInstant(x.getOrderDate().toInstant(), ZoneId.of("Z"))
                    .truncatedTo(ChronoUnit.MICROS))),
        OrderEntity.class).map(t -> x.setId(t.getId())
            .setStatus(t.getStatus()))
    ));
```

여기서, 다시 `Mono.zip()`을 사용해 `OrderEntity` 인스턴스를 만든다. 이 인스턴스의 값을 사용하면 주문(orders) 테이블에 삽입할 수 있다.

SQL 쿼리를 실행하기 위해 데이터베이스와 상호 작용하기 위해서는 `DatabaseClient` 또는 `R2dbcEntityTemplate`을 이용하면 된다. `DatabaseClient`는 `sql()` 메소드를 사용하여 SQL을 직접 처리하는 경량 구현인 반면, `R2dbcEntityTemplate`은 CRUD 오퍼레이션을 위한 플루언트 API를 제공한다. 사용법을 보여주기 위해 두 클래스를 모두 사용했다.

먼저 `DatabaseClient.sql()`을 사용하여 주문 테이블에 새 주문을 삽입한다. 이후 `OrderMapper`를 사용해 데이터베이스에서 반환된 행을 엔터티에 매핑한다. 이 작업이 완료되면 then() 리액티브 연산자를 사용해 새로 삽입된 레코드를 선택한 다음 `R2dbcEntityTemplate.selectOne()` 메소드를 사용하여 다시 `orderEntity`에 매핑한다.

마찬가지로 다른 엔터티에 대한 리포지토리를 만들 수 있다. 이제 서비스에서 이러한 리포지토리를 사용할 수 있다. 다음 절에서 살펴 보자.

서비스 추가

Order에 대한 서비스를 추가해 보자. OrderService 인터페이스에는 변경사항이 없다. 인터페이스 메소드 시그니처가 논-블로킹 흐름을 유지하기 위해 반응형 타입을 반환 타입으로 가지도록 해야 한다는 점만 확인하면 된다.

코드: /Chapter05/src/main/java/com/packt/modern/api/service/OrderService.java

```java
public interface OrderService {
  Mono<OrderEntity> addOrder(@Valid Mono<NewOrder> newOrder);
  Mono<OrderEntity> updateMapping(@Valid OrderEntity orderEntity);
  Flux<OrderEntity> getOrdersByCustomerId(@NotNull @Valid String customerId);
  Mono<OrderEntity> getByOrderId(String id);
}
```

다음으로, OrderService에서 설명된 네 가지 메소드 각각을 구현할 것이다. 먼저 OrderService의 처음 두 메소드를 다음과 같이 구현해 보자. .

코드: /Chapter05/src/main/java/com/packt/modern/api/service/OrderServiceImpl.java

```java
@Override
public Mono<OrderEntity> addOrder(@Valid Mono<NewOrder> newOrder) {
  return repository.insert(newOrder);
}

@Override
public Mono<OrderEntity> updateMapping(@Valid OrderEntity orderEntity) {
  return repository.updateMapping(orderEntity);
}
```

처음 두 방법은 간단하다. 각각의 메소드를 호출하기 위해 OrderRepository 인스턴스를 사용하면 된다. 유휴 시나리오(idle scenario)[6] 상태에서, 오버라이드된 updateMapping 메소드는 매핑을 업데이트한 후 나머지 프로세스를 트리거할 것이다:

---

[6] (옮긴이) 유휴 시나리오(idle scenario)는 컴퓨터 과학 및 프로그래밍에서 사용되는 용어로, 시스템이 활동적이지 않거나 특정 작업을 수행하지 않는 상태를 말한다. 이 상황에서는 시스템이 대기 상태에 있거나, 최소한의 리소스를 사용하고 있다. 일반적으로 이러한 시나리오는 시스템이 사용자의 입력이나 추가 작업을 기다리는 동안 발생하며, 이때 시스템의 성능을 최적화하거나 에너지를 절약하기 위한 작업이 이루어질 수 있다. 유휴 시나리오는 시스템이 효율적으로 대기하면서 다음 작업을 준비하는 방법을 평가하는 데 중요하다.

1. 결제 시작하기
2. 결제가 승인되면 상태를 paid로 변경하기
3. 배송을 시작하고 상태를 Shipment Initiated 또는 Shipped로 변경하기

우리의 애플리케이션은 실제 앱이 아니며 학습 목적으로 작성되고 있기 때문에, 모든 세 단계의 코드를 실행하는 것은 아니다. 단순함을 위해 매핑만 업데이트하고 있다. 세 번째 작업인 getOrdersByCustomerId를 구현해 보자. 이것은 다음과 같이 조금 까다로울 수 있다:

코드: /Chapter05/src/main/java/com/packt/modern/api/service/OrderServiceImpl.java

```java
private BiFunction<OrderEntity, List<ItemEntity>, OrderEntity>
        biOrderItems = (o, fi) -> o.setItems(fi);
@Override
public Flux<OrderEntity> getOrdersByCustomerId(String customerId) {
  return repository.findByCustomerId(customerId).flatMap(order ->
    Mono.just(order)
      .zipWith(userRepo.findById(order.getCustomerId()))
      .map(t -> t.getT1().setUserEntity(t.getT2()))
      .zipWith(addRepo.findById(order.getAddressId()))
      .map(t -> t.getT1().setAddressEntity(t.getT2()))
      .zipWith(cardRepo.findById(
        order.getCardId() != null ? order.getCardId()
        : UUID.fromString(
          "0a59ba9f-629e-4445-8129-b9bce1985d6a"))
        .defaultIfEmpty(new CardEntity()))
      .map(t -> t.getT1().setCardEntity(t.getT2()))
      .zipWith(itemRepo.findByCustomerId(
        order.getCustomerId().toString()).collectList(), biOrderItems)
  );
}
```

이 방법은 복잡해 보이지만 잘 살펴보면 그렇지 않다. 위 코드가 수행하는 것은 기본적으로 여러 리포지토리에서 데이터를 가져온 다음 OrderEntity 내부에 중첩된 엔터티를 채우는 것이다. 이것은 map() 연산자와 함께, 또는 BiFunction을 별도의 인수로 사용한 zipWith() 연산자로 수행된다.

먼저 고객 ID를 사용하여 주문을 가져온 다음, 주문을 플랫 매핑해 중첩된 엔터티를 채운다. 이를 구현하기 위해 flatMap() 연산자 내부에서 zipWith()를 사용했다. 첫 번째 zipWith()를 관찰하면 사용자

엔터티를 가져온 다음 map() 연산자를 사용해 중첩된 사용자 엔터티의 속성을 설정한다. 마찬가지로 다른 중첩 엔터티가 채워진다.

마지막 zipWith() 연산자에서는 BiFunction biOrderItems를 사용해 OrderEntity 인스턴스의 항목 엔터티를 설정했다.

OrderService 인터페이스의 마지막 메소드를 구현하는 다음의 코드에서도 동일한 알고리즘이 사용된다.

코드: /Chapter05/src/main/java/com/packt/modern/api/service/OrderServiceImpl.java

```java
@Override
public Mono<OrderEntity> getByOrderId(String id) {
  return repository.findById(UUID.fromString(id)).flatMap(order ->
    Mono.just(order)
      .zipWith(userRepo.findById(order.getCustomerId()))
      .map(t -> t.getT1().setUserEntity(t.getT2()))
      .zipWith(addRepo.findById(order.getAddressId()))
      .map(t -> t.getT1().setAddressEntity(t.getT2()))
      .zipWith(cardRepo.findById(order.getCardId()))
      .map(t -> t.getT1().setCardEntity(t.getT2()))
      .zipWith(itemRepo.findByCustomerId(
        order.getCustomerId().toString()).collectList(),
        biOrderItems)
  );
}
```

지금까지 다른 객체들을 병합하기 위해 zipWith() 연산자를 사용해왔다. 다음과 같이 Mono.zip() 연산자를 사용하여 두 개의 Mono 인스턴스를 병합하는 또 다른 방법도 있다.

코드: /Chapter05/src/main/java/com/packt/modern/api/service/CartServiceImpl.java

```java
private BiFunction<CartEntity, List<ItemEntity>, CartEntity> cartItemBiFun = (c, i) -> c
.setItems(i);
@Override
public Mono<CartEntity> getCartByCustomerId(String customerId) {
  Mono<CartEntity> cart = repository. findByCustomerId(customerId)
    .subscribeOn(Schedulers.boundedElastic());
  Flux<ItemEntity> items = itemRepo. findByCustomerId(customerId)
    .subscribeOn(Schedulers.boundedElastic());
  return Mono.zip(cart, items.collectList(), cartItemBiFun);
}
```

이 예제는 `CartServiceImpl` 클래스에서 가져온 것이다. 여기에서 우리는 두 개의 개별 호출을 수행하는데, 하나는 `cart` 리포지토리, 다른 하나는 `item` 리포지토리에서 온다. 결과적으로 이 두 호출은 두 개의 `Mono` 인스턴스를 생성하고 `Mono.zip()` 연산자를 사용해 병합한다. 이것은 `Mono`를 사용하여 직접 호출한다. 이전 예제는 `zipWith()` 연산자가 있는 `Mono/Flux` 인스턴스에서 사용됐다.

유사한 방법을 사용해 나머지 서비스를 생성한 내용은 `/Chapter05/src/main/java/com/packt/modern/api/service`에서 찾을 수 있다.

비동기 서비스를 구현하여 데이터베이스 호출을 포함한 비동기 오퍼레이션을 수행할 수 있게 되었다. 이제 이러한 서비스 클래스를 컨트롤러에서 사용할 수 있다. 이제 리액티브 API 구현의 마지막 절로 초점을 옮겨 보자.

컨트롤러 구현 추가

REST 컨트롤러 인터페이스는 앞의 장에서 OpenAPI Codegen 도구에 의해 생성했다. 이제 이 인터페이스의 구현을 만들어 보자. 이번에는 서비스와 어셈블러를 호출하는 리액티브 파이프라인이 있다는 점만 다르다. 또한 생성된 컨트랙트를 기반으로 `Mono` 또는 `Flux`로 래핑된 `ResponseEntity` 객체만 반환해야 한다.

Orders REST API의 컨트롤러 인터페이스인 `OrderApi`를 구현해 보겠다.

코드: /Chapter05/src/main/java/com/packt/modern/api/controller/OrderController.java

```java
@RestController
public class OrderController implements OrderApi {
  private final OrderRepresentationModelAssembler assembler;
  private OrderService service;
  public OrderController(OrderService service,
          OrderRepresentationModelAssembler assembler) {
    this.service = service;
    this.assembler = assembler;
  }
}
```

위의 예제에서 `@RestController`는 `@Controller`와 `@ResponseBody`를 결합한 트릭이다. 이것은 REST 컨트롤러를 생성하기 위해 *4장, API를 위한 비즈니스 로직 작성*에서 사용한 것과 동일한 애노테이션이다. 그러나 이제 메소드는 리액티브 파이프라인을 적용하기 위해 다른 시그니처를 가진다. 리액티브 호출 체인을 끊거나 블로킹 호출을 추가하지는 않았는지 확인하자. 이 경우 REST 호출이 완전히 논-블로킹되지 않거나 원치 않는 결과가 나타날 수 있다.

주문 서비스와 어셈블러를 주입하기 위해서는 생성자 기반 의존성 주입을 사용한다. 메소드 구현을 추가해 보자.

코드: /Chapter05/src/main/java/com/packt/modern/api/controller/OrderController.java

```java
@Override
public Mono<ResponseEntity<Order>> addOrder(@Valid Mono<NewOrder> newOrder,
    ServerWebExchange exchange) {
  return service.addOrder(newOrder.cache())
    .zipWhen(x -> service.updateMapping(x))
    .map(t -> status(HttpStatus.CREATED)
      .body(assembler.entityToModel(t.getT2(), exchange)))
    .defaultIfEmpty(notFound().build());
}
```

메소드 인수와 반환 형식은 모두 래퍼로 사용되는 리액티브 형식(Mono)이다. 리액티브 컨트롤러에는 앞에서 설명한 ServerWebExchange라는 추가 매개변수도 있다.

이 메소드에서는 newOrder 인스턴스를 서비스에 전달하기만 하면 된다. newOrder 인스턴스는 한 번 이상 구독해야 하기 때문에 cache()를 사용했다. 그 결과 addOrder() 호출에 의해 새로 생성된 EntityOrder를 얻는다. 그 후 새로 생성된 주문 엔티티를 사용해 updateMapping 오퍼레이션을 수행하는 zipWhen() 연산자를 사용한다. 마지막에는 래핑하여 ResponseEntity 내부에 보낸다. 결과가 빈 인스턴스일 때는 NOT FOUND 404를 반환한다.

깊은 이해를 위해 다른 API 인터페이스 구현도 살펴보겠다.

코드: /Chapter05/src/main/java/com/packt/modern/api/controller/OrderController.java

```java
@Override
public Mono<ResponseEntity<Flux<Order>>>
getOrdersByCustomerId(@NotNull @Valid String customerId, ServerWebExchange exchange) {
  return Mono.just(ok(assembler.toListModel(
    service.getOrdersByCustomerId(customerId), exchange)));
}
```

```java
@Override
public Mono<ResponseEntity<Order>> getByOrderId(String id, ServerWebExchange exchange) {
  return service.getByOrderId(id).map(o -> assembler.entityToModel(o, exchange))
    .map(ResponseEntity::ok)
    .defaultIfEmpty(notFound().build());
}
```

이전 코드에서 두 메소드는 성격이 유사하다. 서비스는 주어진 고객 ID와 주문 ID를 기반으로 `OrderEntity`를 반환한다. 그런 다음 모델로 변환되어 `ResponseEntity`와 `Mono` 내부에 래핑된다.

다른 REST 컨트롤러도 동일한 접근 방식으로 구현된다. 나머지는 `/Chapter05/src/main/java/com/packt/modern/api/controller`에서 참고하기 바란다.

이제 남아있는 작은 변경 사항들을 살펴보고 나면 리액티브 API 구현은 거의 완성이다.

애플리케이션에 H2 콘솔 추가

H2 콘솔 앱은 스프링 MVC에서는 사용 가능한 방식이지만 스프링 웹플럭스에서는 기본으로 지원하지 않는다. 다음과 같이 직접 bean을 정의해 추가해야 한다.

코드: /Chapter05/src/main/java/com/packt/modern/api/H2ConsoleComponent.java

```java
@Component
public class H2ConsoleComponent {
private Server webServer;

  @Value("${modern.api.h2.console.port:8081}")
  Integer h2ConsolePort;

  @EventListener(ContextRefreshedEvent.class)
  public void start() throws java.sql.SQLException {
    log.info("starting h2 console at port "+h2ConsolePort);
    this.webServer = org.h2.tools.Server.createWebServer(
        "-webPort", h2ConsolePort.toString(), "-tcpAllowOthers").start();
  }

  @EventListener(ContextClosedEvent.class)
  public void stop() {
```

```
    this.webServer.stop();
  }
}
```

위 코드(H2ConsoleComponent)의 구성은 간단하다. ContextRefreshEvent와 ContextStopEvent에 각각 실행되는 start()와 stop() 메소드를 추가했다. ContextRefreshEvent는 ApplicationContext를 새로 고침하거나 초기화될 때 발생하는 애플리케이션 이벤트다. ContextStopEvent는 ApplicationContext 가 닫힐 때 시작되는 애플리케이션 이벤트이기도 하다.

start() 메소드는 H2 라이브러리를 사용한 웹 서버가 지정된 포트에서 만들어지고 시작되도록 한다. stop() 메소드는 H2 웹 서버, 즉 H2 콘솔 앱을 중지한다.

H2 콘솔을 실행하려면 다른 포트가 필요하며 application.properties 파일에 modern.api. h2.console.port=8081 속성을 추가해 설정할 수 있다. h2ConsolePort 프로퍼티는 @Value("${modern. api.h2.console.port:8081}")로 애노테이션 처리되므로 H2ConsoleComponent bean이 초기화될 때 application.properties에 설정된 값이 선택되어 h2ConsolePort에 할당된다. 스프링 프레임워크 속 성이 application.properties 파일에 정의되지 않은 경우 값 8081이 할당된다.

application.properties를 논의한 김에 해당 파일에 추가해야 할 다른 변경 사항도 함께 살펴보자.

애플리케이션 설정 추가

이 책에서는 데이터베이스 마이그레이션을 위해 Flyway를 사용할 것이다. 아래와 같이 필요한 설정을 추가해 보자.

코드: /Chapter05/src/main/resources/application.properties

```
spring.flyway.url=jdbc:h2:file:../data/ecomm;AUTO_SERVER=TRUE;DB_CLOSE_DELAY=1;IGNORECASE=TRUE;DA
TABASE_TO_ UPPER=FALSE;DB_CLOSE_ON_EXIT=FALSE
spring.flyway.schemas=ecomm
spring.flyway.user=
spring.flyway.password=
```

위 예제에서 R2DBC 대신 JDBC를 사용하는 이유가 궁금할 것이다. Flyway가 아직 R2DBC 지원을 하지 않기 때문이다(책 작성 당시). 지원이 추가되면 R2DBC로 변경할 수 있다. 우리는 ecomm 스키마를 지정하고 사용자 이름과 암호를 비워두는 방식으로 설정했다.

마찬가지로 application.properties 파일에 Spring Data 구성을 추가할 수 있다.

코드: /Chapter05/src/main/resources/application.properties

```
spring.r2dbc.url=r2dbc:h2:file://././data/ecomm?options=AUTO_SERVER=TRUE;DB_CLOSE_DELAY=-1;IGNOR
ECASE=TRUE;DATABASE_TO_UPPER=FALSE;DB_CLOSE_ON_EXIT=FALSE
spring.r2dbc.driver=io.r2dbc:r2dbc-h2
spring.r2dbc.name=
spring.r2dbc.password=
```

스프링 데이터는 R2DBC를 지원하므로 R2DBC 기반 URL을 사용한다. 드라이버에 대한 io.r2dbc:r2dbc-h2를 H2로 설정하고 빈 사용자 이름과 암호를 설정했다.

마찬가지로 다음과 같이 스프링 R2DBC 및 H2용 콘솔에 디버그 문을 추가하기 위해 logback-spring.xml에 다음 로깅 속성을 추가했다.

```xml
<logger name="org.springframework.r2dbc" level="debug" additivity="false">
  <appender-ref ref="STDOUT"/>
</logger>
<logger name="reactor.core" level="debug" additivity="false">
  <appender-ref ref="STDOUT"/>
</logger>
<logger name="io.r2dbc.h2" level="debug" additivity="false">
  <appender-ref ref="STDOUT"/>
</logger>
```

이것으로 Reactive RESTful API 구현을 마쳤다. 다음 절에서는 지금까지 작성한 애플리케이션을 테스트해 보자.

리액티브 API 테스트

이제 테스트를 해볼 수 있다! Postman Collection 버전 2.1을 기반으로 하는 Postman(API 클라이언트) 컬렉션은 다음 위치에서 찾을 수 있다. 해당 파일을 가져온 다음 API를 테스트하면 된다.

```
/Chapter05/Chapter05-API-Collection.har
```

> **5장 코드를 빌드 및 실행하기**
>
> 프로젝트 루트에서 gradlew clean build를 실행하여 코드를 빌드하고, `java -jar build/libs/Chapter05-0.0.1-SNAPSHOT.jar`를 사용하여 서비스를 실행할 수 있다. 해당 경로에서 자바 17를 사용해야 한다.

요약

비동기, 논-블로킹, 함수형 패러다임을 사용한 리액티브 API 개발에 대해 즐겁게 배웠길 바란다. 플루언트하고 함수형인 패러다임에 익숙하지 않은 경우 처음에는 복잡하다고 생각할 수 있지만 익숙해지면 함수형 스타일의 코드를 즐겨 작성하게 될 것이다. 자바 스트림과 함수형 코드 작성에 익숙한 경우라면 좀더 확실하게 개념을 이해할 수 있게 된다.

이번 장에서는 함수형의 리액티브한 코드를 작성하는 방법을 다루었다. 이제 리액티브, 비동기, 그리고 논-블로킹 코드와 REST API를 작성할 수 있다. 또한 리액티브 프로그래밍이 존재하는 한 앞으로 더욱 견고해지고 향상될 R2DBC에 대해서도 배웠다. 다음 장에서는 RESTful 서비스 개발의 보안 측면을 살펴본다.

질문

1. 애플리케이션 개발을 위해 리액티브 패러다임이 꼭 필요할까?
2. 리액티브 패러다임을 사용할 때의 단점이 있는가?
3. 스프링 웹플럭스에서 HTTP 요청의 경우 누가 구독자 역할을 할까?

답변

1. 수직 스케일링(vertical scaling)이 필요한 경우에만 필요하다. 클라우드에서는 사용한 리소스에 대해서만 비용을 지불하는데, 리액티브 애플리케이션은 리소스를 최적으로 사용하는 데 도움을 준다. 리액티브 애플리케이션은 스케일을 달성하는 새로운 방법이며, 비리액티브 애플리케이션에 비해 적은 수의 스레드를 사용한다. 또한 데이터베이스, I/O 또는 외부 소스에 대한 연결 비용도 콜백이므로 리액티브 기반 애플리케이션은 메모리 사용량도 줄어든다. 그러나 리액티브 프로그래밍의 이러한 수직 스케일링시 강점에도 불구하고 기존의 애플리케이션이나 비리액티브 애플리케이션을 계속 사용해야 하는 경우도 있으며, 스프링 재단도 그것을 권장하고 있다. 새로운 스타일이나 오래된 스타일

이라는 것은 없으며 둘은 공존할 수 있다. 그러나 특정 구성 요소나 애플리케이션에 대해 스케일링이 필요한 경우 리액티브 방식을 선택할 수 있다. 몇 년 전, 넷플릭스는 Zuul API 게이트웨이를 리액티브 Zuul2 API 게이트웨이로 교체했으며, 이를 통해 스케일을 달성했지만 여전히 비리액티브 애플리케이션도 사용하고 있다.

2. 모든 것에는 장단점이 있으며, 리액티브도 예외는 아니다. 리액티브 코드는 명령형 스타일(imperative style)에 비해 작성하기 어려우며, 단일 스레드를 사용하지 않기 때문에 디버깅하기 매우 어렵다. 그러나 리액티브 패러다임에 능숙한 개발자가 있다면 이는 문제가 되지 않는다.

3. WebFlux 내부 클래스는 컨트롤러에서 보낸 Mono/Flux 스트림을 구독하고 이를 HTTP 패킷으로 변환한다. 그리고 HTTP 프로토콜은 이벤트 스트림을 지원한다. 그러나, JSON과 같은 다른 미디어 타입의 경우, Spring WebFlux는 Mono/Flux 스트림을 구독하고 onComplete() 또는 onError()가 트리거될 때까지 기다린다. 그 후, 전체 요소 목록 또는 Mono의 경우 단일 요소를 HTTP 응답으로 한 번에 직렬화한다. 이에 대한 자세한 내용은 리액티브 코어 절에서 다룰 예정이다.

추가 읽을거리

- 프로젝트 리액터: https://projectreactor.io

- 스프링 리액티브 문서: https://docs.spring.io/spring-framework/docs/current/reference/html/web-reactive.html

- 스프링 데이터 R2DBC - 참조 문서: https://docs.spring.io/spring-data/r2dbc/docs/current/reference/html/#preface

- 스프링 5에서 리액티브 프로그래밍 실습(Hands-On Reactive programming in Spring 5): https://www.packtpub.com/product/hands-on-reactiveprogramming-in-spring-5/9781787284951

- 자바 17 프로그래밍 배우기 - 두 번째 에디션(Learn Java 17 Programming - Second Edition): https://www.packtpub.com/product/learn-java-17-programming-second-edition/9781803241432

2부

보안, UI, 테스트, 배포

2부에서는 JWT와 스프링 시큐리티(Spring Security)를 사용해 REST API를 안전하게 보호하는 방법과 사용자의 역할에 따라 REST 엔드포인트에 권한을 부여하는 방법에 대해 배운다. 그리고 UI 앱이 API를 어떻게 사용하는지 이해하게 될 것이며 API의 단위 테스트와 통합테스트를 자동화하는 방법에 대해서도 알아본다. 2부의 학습을 마칠 때쯤이면 빌드된 앱을 컨테이너로 만들어 쿠버네티스(Kubernetes) 클러스터에 배포할 수 있게 될 것이다.

2부는 아래와 같은 장으로 구성된다.

- *6장, 권한부여와 인증을 통해 REST 엔드포인트 보호하기*
- *7장, 사용자 인터페이스 설계하기*
- *8장, API 테스트하기*
- *9장, 웹서비스 배포하기*

06

권한부여와 인증을 통해 REST 엔드포인트 보호하기

이전 장에선 명령형과 리액티브 코딩 스타일을 사용해 RESTful 웹 서비스를 개발했다. 이제 스프링 시큐리티를 사용해 앞서 개발한 REST 엔드포인트를 보호하는 방법을 배울 것이다. 즉, REST 엔드포인트에 대한 접근 요청에 대해 토큰을 사용해 인증하고 권한을 부여하는 서비스를 만들어 볼 것이다. 인증이 성공하면 응답의 일부분으로 **JWT(JSON Web Token)**와 리프레시 토큰이라는 두 개의 토큰을 전달받고 JWT는 액세스 토큰으로 사용한다. JWT 액세스 토큰은 인증을 요구하는 **URL(Uniform Resource Locator)**에 접근할 때 사용하고 리프레시 토큰은 사용 중인 JWT 토큰이 만료됐을 때 새 토큰을 요청하기 위해 사용한다. 이 때 리프레시 토큰이 유효하다면 새 토큰을 받을 수 있다.

사용자에게는 관리자, 일반 사용자 등과 같은 역할(Role)이 부여되며 이 역할을 통해 특정 역할을 가진 사용자만 REST 엔드포인트에 접근하도록 권한을 부여한다. 또한 **CSRF(Cross-Site Request Forgery)**와 **CORS(Cross-Origin Resource Sharing)**에 대해서도 간략히 설명할 것이다. 이번 장에서는 아래의 주제를 절별로 다룬다.

- 스프링 시큐리티와 JWT를 이용한 인증 기능의 구현
- JWT를 사용한 REST API 보호
- CORS 및 CSRF 구성
- 권한 부여에 대한 이해
- 보안 테스트

이 장을 끝마칠 즈음이면 스프링 시큐리티를 사용한 인증과 권한 부여에 대해서 이해하고 CORS와 CSRF 공격으로부터 여러분의 웹서비스를 보호할 수 있게 될 것이다.

기술 요구 사항

이 장에서 다루는 코드는 이 책의 깃허브 저장소 `https://github.com/PacktPublishing/Modern-API-Development-with-Spring-6-and-Spring-Boot-3/tree/main/Chapter06` 폴더에서 다운로드할 수 있다.

스프링 시큐리티 및 JWT를 사용한 인증 구현

스프링 시큐리티는 보일러플레이트 코드(boilerplate code)를 매번 작성하지 않아도 엔터프라이즈 애플리케이션 레벨의 보안 기능을 쉽게 구현해주는 라이브러리로 구성된 프레임워크다. 이번 장에서는 스프링 시큐리티 프레임워크를 사용해 JWT 토큰 기반 인증과 권한 부여 기능을 구현할 것이다. 또 CORS 및 CSRF를 어떻게 구성하는지도 살펴본다.

스프링 시큐리티는 JWT와 유사한 방법으로 불투명(Opaque) 토큰[1]도 지원한다. 둘의 주요 차이점은 토큰에서 정보를 읽는 방법이다. 불투명 토큰에서는 JWT에서와 같은 방법으로 정보를 읽을 수 없고 토큰을 발급한 측만 정보를 읽을 수 있다.

> **노트**
> 토큰은 5rm1tc1obfshrm2354lu9dlt5reqm1ddjchqh817rbk37q95b768bib0jf44df6suk1638sf78cef7 hfolg4ap3bkighbnk7i nr68ke780744fpej0gtd 9qflm999o8q 와 같은 문자열로 구성된다.
>
> 이 토큰을 사용하면 다양한 권한인증 플로우를 통해 보호된 HTTP 엔드포인트와 리소스들을 상태 없는(stateless) 방식으로 호출할 수 있게 된다.

이 책의 *2장, 스프링의 개념과 REST API*에서는 `DispatcherServlet`에 대해 다룬 바 있다. `DispatcherServlet`은 클라이언트 요청과 REST 컨트롤러 간의 인터페이스다. 따라서 토큰을 기반으로 인증하거나 권한을 부여하는 로직을 추가하려면 이 요청이 `DispatcherServlet`에 도달하기 전에 수행해

---

[1] (옮긴이) JWT(JSON 웹 토큰)는 의미 없는 문자열을 기반으로 토큰을 생성하던 기존 방식을 개선한 클레임(claim) 기반 토큰 방식으로 토큰에 사용자 정보나 권한, 역할을 담는다. 자세한 내용은 `https://ko.wikipedia.org/wiki/JSON_웹_토큰` 을 참고하기 바란다. JWT는 읽을 수 있는 콘텐트를 포함하는 반면, 불투명 토큰은 정보를 읽을 수 없고 인증 서버에 저장된 정보를 가리키는 식별자일 뿐이며 서버 측에서 자체 검사로 유효성을 검사한다.

야 한다. 스프링 시큐리티 라이브러리는 요청이 DispatcherServlet에 도달하기 전에 먼저 처리되는 서블릿 **프리 필터(pre-filter)**를 필터 체인의 일부로 제공한다. 프리 필터는 요청이 실제 서블릿에 도달하기 전에 적용되는 서블릿 필터로, 스프링 시큐리티의 경우 프리 필터는 DispatcherServlet에 요청이 도달하기 전에 동작한다. 이와 유사하게 **포스트 필터(post-filter)**는 요청이 서블릿/컨트롤러에 의해 처리된 후에 적용된다.

JWT 토큰 기반 인증을 구현할 때는 spring-boot-starter-security 또는 spring-boot-starter-oauth2-resource-server를 사용하는 두 가지 방법이 있다. 여기서는 기본설정을 제공하는 두 번째 방법을 사용한다.

spring-boot-starter-security는 다음 라이브러리를 포함한다.

- spring-security-core
- spring-security-config
- spring-security-web

spring-boot-starter-oauth2-resource-server는 앞에서 언급한 세 가지 JAR(Java ARchive) 파일과 함께 다음 라이브러리를 제공한다.

- spring-security-oauth2-core
- spring-security-oauth2-jose
- spring-security-oauth2-resource-server

이 장의 코드를 실행하면 아래와 같은 로그를 볼 수 있다. 로그를 보면 DefaultSecurityFilterChain이 자동 설정돼 있고, DefaultSecurityFilterChain에 어떤 필터들이 설정됐는지 알 수 있다.

```
INFO [Chapter06,,,] [null] [null] [null] [null] 31975 ---
[ main] o.s.s.web.DefaultSecurityFilterChain :
Will secure any request with [org.springframework.security.web.session.DisableEncodeUrlFilter@781
dac73, org.springframework.security.web.context.request.async.WebAsyncManagerIntegrationFilter@3a
4e524, org.springframework.security.web.context.SecurityContextHolderFilter@22048bd6, org.springfr
amework.security.web.header.HeaderWriterFilter@5844a2d1, org.springframework.web.filter.CorsFilter
@5e67a490, org.springframework.security.web.csrf.CsrfFilter@7b95bdb0, org.springframework.security.
web.authentication.logout.LogoutFilter@6bcdd6e4, org.springframework.security.oauth2.server.resourc
```

```
e.web.authentication.BearerTokenAuthenticationFilter@6826b70f, org.springframework.security.web.sa
vedrequest.RequestCacheAwareFilter@2e2f20b8, org.springframework.security.web.servletapi.SecurityC
ontextHolderAwareRequestFilter@504497fa, org.springframework.security.web.authentication.Anonymous
AuthenticationFilter@2dac2e1b, org.springframework.security.web.session.SessionManagementFilter@4a
f7dd6a, org.springframework.security.web.access.ExceptionTranslationFilter@401317a0, org.springfra
mework.security.web.access.intercept.FilterSecurityInterceptor@1ad1c363
```

클라이언트가 HTTP 요청을 발생시키면 REST 컨트롤러에 도달하기 전에 아래 보안 필터를 모두 거친다. 순서는 인증 결과에 따라 다를 수 있다.

1. `WebAsyncManagerIntegrationFilter`
2. `SecurityContextPersistenceFilter`
3. `HeaderWriterFilter`
4. `CorsFilter`
5. `CsrfFilter`
6. `LogoutFilter`
7. `BearerTokenAuthenticationFilter`
8. `RequestCacheAwareFilter`
9. `SecurityContextHolderAwareRequestFilter`
10. `AnonymousAuthenticationFilter`
11. `SessionManagementFilter`
12. `ExceptionTranslationFilter`
13. `FilterSecurityInterceptor`

이 필터 체인은 향후 릴리즈에서 변경될 수 있다. 또한 `spring-boot-starter-security`를 사용했거나 설정을 변경했다면 적용된 보안 필터 체인이 달라진다. `SecurityFilterChain`에서 사용 가능한 모든 필터는 https://docs.spring.io/spring-security/reference/servlet/architecture.html#servlet-security-filters에서 확인하기 바란다.

지금까지 기본 security chain에서 사용되는 필터들과 적용 순서에 대해 알아봤다. 이제 Spring OAuth 2.0 리소스 서버를 사용해 인증 과정에 대해 알아보자. 이를 위해 먼저 의존성을 추가해야 한다.

Gradle에 필요한 의존성 추가하기

아래와 같이 `build.gradle` 파일(https://github.com/PacktPublishing/Modern-API-Development-with-Spring-6-and-Spring-Boot-3/blob/main/Chapter06/build.gradle)에 의존성을 추가하자:

```
implementation 'org.springframework.boot:spring-boot-starter-oauth2-resource-server'
implementation 'com.auth0:java-jwt:4.3.0'
```

Spring Boot Starter OAuth 2 resource server 의존성으로 아래 JAR 파일들을 추가한다:

- spring-security-core
- spring-security-config
- spring-security-web
- spring-security-cropto
- spring-security-oauth2-core
- spring-security-oauth2-jose
- spring-security-oauth2-resource-server

JWT 구현에는 `auth0.com`에서 제공하는 `java-jwt` 라이브러리를 사용할 것이다. 이제 로그인과 토큰 기반 인증에 사용되는 두 개의 필터를 어떻게 코딩하는지 알아보자.

OAuth 2.0 리소스 서버를 사용한 인증 방법

Spring Security OAuth 2.0 리소스 서버를 사용하면 `BearerTokenAuthenticationFilter`를 사용해 인증과 권한 부여 로직을 구현하게 된다. 이 필터에는 베어러 토큰 인증 로직이 포함된다. 그러나 여전히 토큰을 생성하는 REST 엔드포인트를 작성해야 한다. OAuth2.0 리소스 서버가 인증 로직을 어떻게 처리하는지 알아보자. 먼저 아래의 다이어그램을 살펴보자.

06 _ 권한부여와 인증을 통해 REST 엔드포인트 보호하기

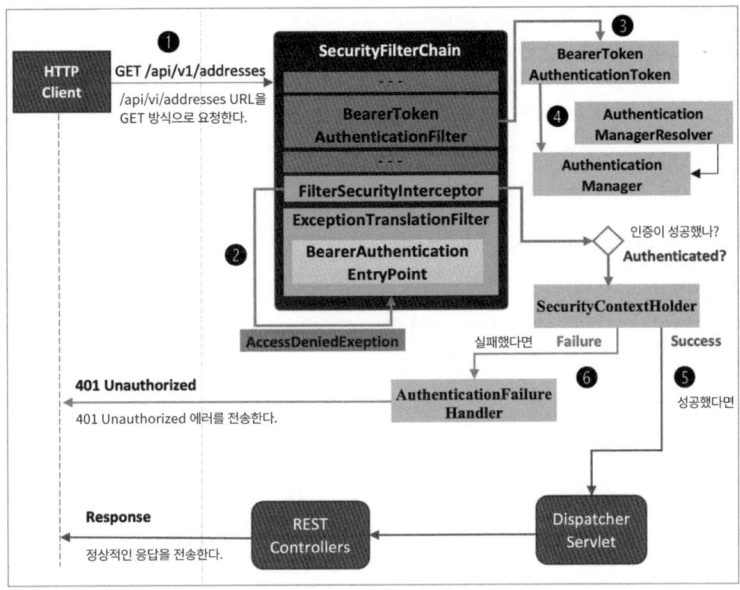

그림 6.1 – OAuth 2.0 Resource Server를 사용한 토큰 인증 흐름

그림 6.1의 흐름을 설명하자면 아래와 같다:

1. 클라이언트가 /api/v1/addresses에 GET 방식의 HTTP 요청을 보낸다.
2. `BearerTokenAuthenciationFilter`가 작동한다. 만약 요청에 `Authorization` 헤더가 없다면 `BearerTokenAuthenticationFilter`가 베어러 토큰을 찾지 못하기 때문에 인증 프로세스를 진행하지 않는다. 이 경우 `BearerTokenAuthenticationFilter`는 `FilterSecurityInterceptor`에 호출에 대한 처리를 맡기고, `FilterSecurityInterceptor`는 `AccessDeniedException` 예외를 발생시킨다(그림 6.1에서 2로 표시됨). 이 예외를 `ExceptionTranslationFilter`가 처리한다. 이제 제어의 흐름이 `BearerTokenAuthenticationEntryPoint`로 이동하고, `BearerTokenAuthenticationEntryPoint`는 `401 Unauthorized` 상태 코드와 함께 Bearer라는 문자열 값이 포함된 `WWW-Authenticate` 헤더를 클라이언트로 전달한다. 클라이언트는 Bearer 문자열이 포함된 `WWW-Authenticate` 헤더를 수신하는 경우에 유효한 Bearer 토큰이 포함된 `Authorization` 헤더를 사용해 재시도해야 한다. 이 단계에서는 클라이언트가 요청을 재생할 수 있기 때문에 보안상의 이유로 requestCache 설정은 `NullRequestCache`(비어 있음)로 설정한다.
3. HTTP 요청이 `Authorization` 헤더를 포함하고 있다고 가정해 보자. `BearerTokenAuthenticationFilter`는 HTTP 요청에서 `Authorization` 헤더를 추출하고 `Authorization` 헤더에서 토큰을 추출한다. 이 필터는 토큰 값을 사용해 `BearerTokenAuthenticationToken` 인스턴스를 생성한다. `BearerTokenAuthenticationToken`은 `Authentication` 인터페이스를 구현한 `AbstractAuthenticationToken` 클래스의 하위 클래스로 인증된 요청에 대한 토큰과 인증 대상에 대한 정보를 포함하고 있다.

4. HTTP 요청은 설정에 따라 `AuthenticationManager`를 제공하는 `AuthenticationManagerResolver`로 전달되고 `AuthenticationManager`가 `BearerTokenAuthenticationToken` 토큰을 검증한다.

5. 인증 과정이 성공하면 `SecurityContext` 인스턴스에 `Authentication` 객체가 설정된다. 그런 다음 이 인스턴스는 `SecurityContextHolder.setContext()`에 전달된다. 요청은 후속 처리를 위해 나머지 필터로 전달된 다음 `DispatcherServlet`으로 라우팅되고 마지막으로 `AddressController`로 라우팅된다.

6. 인증이 실패하면 `SecurityContextHolder.clearContext()`가 호출되어 컨텍스트 값을 정리한다. 이 경우에는 `ExceptionTranslationFilter`가 작동한다. 제어 흐름이 `BearerTokenAuthenticationEntryPoint`로 이동되고, `BearerTokenAuthenticationEntryPoint`는 401 Unauthorized 상태 코드와 함께 `WWW-Authenticate` 헤더에 아래와 같은 적절한 에러 메시지를 포함하는 값을 설정하여 클라이언트쪽으로 응답한다.

```
Bearer error="invalid_token", error_description="An error
occurred while attempting to decode the Jwt: Jwt expired at
2022-12-14T17:23:30Z", error_uri="https://tools.ietf. org/html/
rfc6750#section-3.1".
```

이제 OAuth2.0 resource server를 사용한 인증 흐름에 대해 완전히 이해했으니, JWT의 기본적인 내용들을 알아보자.

JWT의 구조

어떤 작업을 수행하거나 정보에 액세스하려면 권한이나 허가가 필요하다. 이 권한을 클레임(claim)이라고 한다. 하나의 클레임은 키-값 쌍으로 표시된다. 키는 클레임 이름을 표시하고 값에는 유효한 JSON 문자열 형태의 클레임 내용이 포함된다. 클레임은 JWT에 대한 메타데이터일 수도 있다.

> **JWT는 어떻게 발음해야 하나?**
> https://tools.ietf.org/html/rfc7519에 따르면 JWT는 영어 단어 jot와 동일하게 발음하면 된다.

JWT는 일련의 클레임을 포함하는 인코딩된 문자열이다. 이 클레임들은 **JWS(JSON Web Signature)**로 디지털 서명되거나 **JWE(JSON Web Encryption)**로 암호화된다. JWT는 통신을 하는 주체 간에 안전하게 클레임을 전송할 수 있도록 클레임 정보를 내부에 저장하고 있다. 이번 장의 추가 읽기(Further reading) 절에 **RFC(Request for Comments)** 제안 표준 관련 링크를 정리해 놓았으니 참고하기 바란다.

JWT는 인코딩된 문자열로 aaa.bbb.ccc와 같은 형태를 갖는데 각각은 점(.)을 구분자로 하여 아래 세 가지 부분으로 구성된다.

- 헤더(Header)
- 페이로드(Payload)
- 시그니처(Signature)

https://jwt.io/와 같은 웹 사이트를 이용하면 JWT의 콘텐츠 내용을 볼 수 있고 JWT를 생성할 수도 있다.

다음의 샘플 JWT 문자열을 보자. 콘텐츠를 디코딩해서 내용을 보고 싶다면 앞에서 언급한 웹사이트에 아래 문자열을 붙여 넣으면 된다:

```
eyJhbGciOiJIUzI1NiIsInR5cCI6IkpXVCJ9.eyJzdWIiOiIxMjM0NTY3ODkwIiwibmFtZSI6IkpvaG4gRG9lIiwiaWF0IjoxNTE2MjM5MDIyfQ.SflKxwRJSMeKKF2QT4fwpMeJf36POk6yJV_adQssw5c
```

이 샘플 토큰은 JWT가 어떻게 구성되고 구분자인 점(.)을 사용해 세 부분으로 나뉘는지 보여준다.

헤더

header는 Base64URL로 인코딩된 JSON 문자열로 구성되는데, 일반적으로 두개의 키-값 쌍을 포함한다. 여기에는 **typ**이라는 키 값을 갖는 '토큰의 유형'과 **alg**라는 키 값을 갖는 '서명 알고리즘' 이 포함된다.

샘플 JWT 문자열에는 아래 헤더가 포함된다:

```
{
  "alg": "HS256",
  "typ": "JWT"
}
```

위 헤더는 각각 토큰 유형과 서명 알고리즘을 나타내는 **typ** 및 **alg** 필드를 포함한다.

페이로드

payload는 JWT의 두 번째 부분으로 클레임을 포함하며 Base64URL로 인코딩된 JSON 문자열이다. 클레임의 유형으로는 등록된(registered) 클레임, 공개(public) 클레임, 그리고 비공개(private) 클레임의 세 가지 유형이 있다. 요약해보면 아래와 같다:

- **등록된(Registered) 클레임**: 몇몇 클레임들은 IANA(Internet Assigned Numbers Authority) JSON 웹 토큰 클레임 레지스트리에 등록되어 있다. 따라서, 이 클레임들은 등록된 클레임으로 알려져 있다. 이 클레임들은 필수적이진 않지만 사용하도록 권장된다. 아래에 일부 등록된 클레임을 소개한다.
    - 발급자(issure) 클레임(iss를 키값으로 함): 이 클레임은 토큰을 발급한 주체를 나타낸다.
    - 주제(subject) 클레임(sub를 키값으로 함): JWT의 주제를 나타내는 고유한 값이어야 한다.
    - 만료(expiration) 시간 클레임(exp를 키값으로 함): JWT의 만료 시간을 나타내는 숫자값으로 이 시간 이후로는 클레임이 거부된다.
    - 발급 시간(issued at) 클레임(iat를 키값으로 함): 이 클레임은 JWT가 발행된 시간을 나타낸다.
    - JWT ID 클레임(jti를 키값으로 함): 이 클레임은 JWT의 고유 식별자를 나타낸다.
    - 수신자(audience) 클레임(aud를 키값으로 함): 이 클레임은 JWT가 의도한 수신자를 나타낸다.
    - Not Before 클레임(nbf를 키값으로 함): 명시된 시간 이전에는 JWT가 거부되어야 함을 나타낸다.
- **공개(public) 클레임**: JWT 발급자가 정의하며 등록된 클레임과 충돌하지 않아야 한다. 따라서 IANA JWT 클레임 레지스트리에 등록하거나 이름이 중복되지 않도록 URI로 정의해야 한다.
- **비공개(private) 클레임**: 발급자와 수신자가 정의하여 사용해 커스텀 클레임으로 등록되거나 공개되지 않는다.

다음은 페이로드가 포함된 샘플 JWT 문자열이다:

```
{
  "sub": "scott2",
  "roles": [
    "ADMIN"
  ],
  "iss": "Modern API Development with Spring and Spring Boot",
  "exp": 1676526792,
  "iat": 1676525892
}
```

이 페이로드는 sub(주제), iss(발급자), roles(커스텀 클레임인 역할), exp(만료 시간), iat(발급 시간) 필드를 포함한다.

서명

세 번째 부분인 **서명(Signature)**도 Base64로 인코딩된 문자열이다. 서명은 JWT의 콘텐츠 보호를 위한 것으로 콘텐츠가 노출되어 눈에 보이더라도 토큰에 서명이 되어있는 콘텐트는 수정이 불가능하다. 토큰에 서명하는 과정에는 개인 키, 공개 키와 함께 Base64로 인코딩된 헤더와 페이로드가 서명 알고리즘에 전달된다. 페이로드에 민감한 정보나 비밀 정보를 포함하려면 페이로드에 추가하기 전에 암호화하는 것이 좋다.

서명은 토큰을 수신했을 때 콘텐츠 내용이 수정되지 않았다는 것을 보장한다. 공개 키, 개인 키를 사용하면 발신자를 검증할 수 있으므로 보안 단계를 강화할 수 있다.

JWT와 JWE를 조합해 사용해도 된다. 하지만 권장되는 방법은 먼저 JWE를 사용하여 페이로드를 암호화한 다음 서명하는 것이다.

이 장에서는 공개 키 및 개인 키를 사용해 토큰에 서명할 것이다. 다음 절에서 코드를 살펴보자.

JWT로 REST API에 보안 적용하기

이 절에서는 *4장, API를 위한 비즈니스 로직 작성*에서 배포된 REST 엔드포인트를 안전하게 만들 것이다. 코드는 *4장, API를 위한 비즈니스 로직 작성*에서 만든 것을 사용하고 API에 보안을 적용해 개선하기로 한다.

REST API를 보호하기 위해서는 아래와 같은 기능이 필요하다.

- 보안이 적용된 API에는 JWT 없이 액세스할 수 없다.
- JWT는 로그인이나 가입 과정, 또는 리프레시(refresh) 토큰을 사용해 만들 수 있다.
- 유효한 사용자가 사용자 이름과 비밀번호를 사용해 로그인하거나 유효한 사용자가 가입하는 경우에 한해서만 JWT와 리프레시 토큰을 제공해야 한다.

- 비밀번호는 bcrypt[2]의 강력한 해싱 기능을 사용해 인코딩한 후 저장해야 한다.
- JWT는 RSA(**이를 개발한 사람들인 Rivest, Shamir, Adleman의 성에서 따왔다**)를 사용해 생성한 키로 서명해야 한다.

> **RSA**
> RSA는 디지털 서명과 키 설정에 대해서 각각 **연방 정보 처리 표준**(Federal Information Processing Standards, FIPS)의 FIPS186과 **특별 간행물**(Special Publication, SP)의 SP800-56B를 통해서 승인된 알고리즘이다.

- 페이로드의 클레임에는 민감한 정보나 보안 정보를 저장해선 안 된다. 이러한 정보를 저장하려면 암호화해야 한다.
- 특정 역할의 사용자에게 API 접근 권한을 부여할 수 있어야 한다.

권한 부여에 관련된 로직을 구현하기 위해서는 새 API를 추가해야 한다. 먼저 이 API들을 작성해 보자.

새로운 API 추가하기

이번 절에서는 가입, 로그인, 로그아웃, 그리고 리프레시 토큰이라는 4가지 새로운 API를 추가해 기존 API를 개선할 것이다. 가입, 로그인 및 로그아웃 작업은 너무 명확하니 따로 설명하지 않는다.

기존 토큰이 만료되면 리프레시 토큰을 사용해 새 액세스 토큰(JWT)을 제공한다. 이러한 이유로 가입/로그인 API의 응답에는 엑세스 토큰과 리프레시 토큰이라는 두 가지 유형의 토큰 정보가 포함돼 전달된다. JWT 액세스 토큰은 자체 만료되므로 로그아웃 중에는 리프레시 토큰만 제거하면 된다.

이 API를 `openapi.yaml` 문서에 추가하자.

API에 보안 기능을 적용하기 위해서는 새 API를 추가하는 것 외에도 `UserApi` 인터페이스를 통해 노출되는 모든 API를 위해서 user 태그를 새로 추가하는 과정이 필요하다. 먼저 가입 API를 추가해 보자.

Sign-up 엔드포인트

`openapi.yaml`에 Sign-up 엔드포인트에 대한 명세를 아래와 같이 추가하자.

---

[2] (옮긴이) 단방향 암호화를 위해 만들어진 해시 함수다. sha256과 같은 기존 해시 함수가 암호화라는 본연의 목적이 아닌 빠르게 데이터를 검색하기 위한 자료구조로 설계됐기 때문에 가지고 있는 취약점들을 보완한 것이 brcypt이다. https://ko.wikipedia.org/wiki/Bcrypt를 참고하기 바란다.

코드: /Chapter06/src/main/resources/api/openapi.yaml

```yaml
/api/v1/users:
  post:
    tags:
      - user
    summary: 새로운 사용자가 등록한다 (user)
    description: 새로운 사용자를 생성한다 (user)
    operationId: signUp
    requestBody:
      content:
        application/xml:
          schema:
            $ref: '#/components/schemas/User'
        application/json:
          schema:
            $ref: '#/components/schemas/User'
    responses:
      201:
        description: 사용자 생성이 성공적으로 처리된 경우
        content:
          application/xml:
            schema:
              $ref: '#/components/schemas/SignedInUser'
          application/json:
            schema:
              $ref: '#/components/schemas/SignedInUser'
```

sign-up API 호출은 SignedInUser 모델을 반환한다. 이 모델은 accessToken, refreshToken, username, userId 필드를 포함한다. 모델을 추가하는 코드는 아래와 같다:

```yaml
SignedInUser:
  description: Sign-in한 사용자 정보
  type: object
  properties:
    refreshToken:
      description: 리프레시 토큰
      type: string
    accessToken:
```

```
          description: JWT 토큰 즉 엑세스 토큰
          type: string
        username:
          description: 사용자 이름
          type: string
        userId:
          description: 사용자 ID
          type: string
```

이제 sign-in 엔드포인트를 추가할 차례다.

Sign-in 엔드포인트 정의

Sign-in 엔드포인트를 위해서는 openapi.yaml에 다음 명세를 추가한다.

```
/api/v1/auth/token:
  post:
    tags:
      - user
    summary: 사용자가 Sign-in한다 (user)
    description: JWT 토큰과 리프레시 토큰을 생성한다.
    operationId: signIn
    requestBody:
      content:
        application/xml:
          schema:
            $ref: '#/components/schemas/SignInReq'
        application/json:
          schema:
            $ref: '#/components/schemas/SignInReq'
    responses:
      200:
        description: 엑세스 토큰과 리프레시 토큰을 반환한다.
        content:
          application/xml:
            schema:
              $ref: '#/components/schemas/SignedInUser'
          application/json:
```

```
        schema:
          $ref: '#/components/schemas/SignedInUser'
```

그리고, Sign-in API는 요청 페이로드를 처리할 새 모델인 `SignInReq`가 필요하다. 이 모델은 username, password만 포함하면 되므로 다음과 같이 추가하자.

```
SignInReq:
  description: Sign-in 요청을 처리할 요청 바디
  type: object
  properties:
    username:
      description: username of the User
      type: string
    password:
      description: password of the User
      type: string
```

이제 sign-out 엔드포인트를 추가하자.

Sign-out 엔드포인트

sign-out 엔드포인트를 위해서는 `openapi.yaml`에 아래 명세를 추가해야 한다..

```
# /api/v1/auth/token 아래에 작성
delete:
  tags:
    - user
  summary: 사용자를 Sign-out 시킨다 (user)
  description: 사용자를 Sign-out 시킨다 (user).
  operationId: signOut
  requestBody:
    content:
      application/xml:
        schema:
          $ref: '#/components/schemas/RefreshToken'
      application/json:
        schema:
```

```
          $ref: '#/components/schemas/RefreshToken'
responses:
  202:
    description: 로그아웃 요청이 정상적으로 처리되었다.
```

이상적인 시나리오에서는 Sign-out 요청을 받으면 사용자의 리프레시 토큰을 제거해야 한다. 이 경우에는 토큰에서 사용자 ID를 가져온 다음 해당 ID를 사용해 USER_TOKEN 테이블에서 ID를 제거하면 된다. 이 엔드포인트에 접근할때는 유효한 엑세스 토큰이 필요하다.

이 책은 토큰 삭제가 쉬운 다른 방법을 택했다. 페이로드에 삭제할 토큰을 담아서 보내는 방법이다. 따라서 이 엔드포인트는 다음과 같은 새 RefreshToken 모델이 필요하다. 아래처럼 모델을 정의하면 된다:

```
RefreshToken:
  description: 리프레시 토큰을 포함한다.
  type: object
  properties:
    refreshToken:
      description: 리프레시 토큰
      type: string
```

마지막으로 액세스 토큰을 갱신하는 엔드포인트를 추가하자.

토큰을 리프레시하는 엔드포인트

토큰을 리프레시하는 엔드포인트를 만들려면 openapi.yaml에 아래처럼 명세를 넣는다.

```
/api/v1/auth/token/refresh:
  post:
    tags:
      - user
    summary: 유효한 리프레시 토큰을 받으면 새로운 JWT 토큰을 제공한다.
    description: 유효한 리프레시 토큰을 받으면 새로운 JWT 토큰을 제공한다.
    operationId: getAccessToken
    requestBody:
      content:
        application/json:
```

```
        schema:
            $ref: '#/components/schemas/RefreshToken'
responses:
  200:
    description: 작업이 성공한 경우에 반환
    content:
      application/json:
        schema:
          $ref: '#/components/schemas/SignedInUser'
```

이 명세는 리프레시 토큰 리소스를 표현하는 URI 형태를 갖고 있지만 예외적인 형태로 구성했다. 이상적으로는 이 URI에 POST 호출을 전송하면 URI에 정의된 새로운 리소스 (리프레시 토큰)를 생성해야 한다. 하지만 이 엔드포인트는 리프레시 토큰 대신에 엑세스 토큰을 생성하고 `SignedInUser` 응답객체에 담아서 전달해준다.

기존 코드에는 리프레시 토큰을 저장하는 테이블이 없으니 테이블을 하나 추가해 보자.

데이터베이스 테이블에 리프레시 토큰 저장하기

새 테이블을 추가하기 위해 플라이웨이(Flyway)[3] 데이터베이스의 스크립트를 다음 코드와 같이 수정하자:

코드: /Chapter06/src/main/resources/db/migration/V1.0.0__Init.sql

```sql
create TABLE IF NOT EXISTS ecomm.user_token (
id uuid NOT NULL DEFAULT random_uuid(),
refresh_token varchar (128),
user_id uuid NOT NULL,
PRIMARY KEY (id),
FOREIGN KEY (user_id)
    REFERENCES ecomm."user" (id)
);
```

---

[3] (옮긴이) 오픈소스 데이터베이스 마이그레이션 도구로서, DB 스키마의 변경 이력을 코드로 관리할 수 있게 해주는 툴이다. 자세한 내용은 https://flywaydb.org/을 참고하기 바란다.

이 테이블에는 `id`, `refresh_token`, `user_id` 등의 필드를 사용하는데 각각은 하나의 행을 구분하는 식별자인 primary key, 리프레시 토큰, 사용자의 ID를 의미한다. 또한, H2 데이터베이스가 user라는 용어를 내부적으로 사용하기 때문에 테이블 이름에 쌍따옴표를 붙여서 구분하고 있다.

이제 인증과 권한부여를 위한 API 명세의 수정을 모두 완료했다. 이제 JWT를 구현하는 코드를 작성해보자.

JWT 관리자 구현하기

JWT 관리자 클래스를 구현하기 전에 다음 코드와 같이 보안 기능과 관련된 모든 상수를 선언하는 상수 클래스를 추가하자.

코드: /Chapter06/src/main/java/com/packt/modern/api/security/Constants.java

```java
public class Constants {
  public static final String ENCODER_ID = "bcrypt";
  public static final String API_URL_PREFIX = "/api/v1/**";
  public static final String H2_URL_PREFIX = "/h2-console/**";
  public static final String SIGNUP_URL = "/api/v1/users";
  public static final String TOKEN_URL = "/api/v1/auth/token";
  public static final String REFRESH_URL = "/api/v1/auth/token/refresh";
  public static final String PRODUCTS_URL = "/api/v1/products/**";
  public static final String AUTHORIZATION = "Authorization";
  public static final String TOKEN_PREFIX = "Bearer ";
  public static final String SECRET_KEY = "SECRET_KEY";
  public static final long EXPIRATION_TIME = 900_000;
  public static final String ROLE_CLAIM = "roles";
  public static final String AUTHORITY_PREFIX = "ROLE_";
}
```

`EXPIRATION_TIME`으로 명시된 `long` 값 (900_000)은 시간 값으로 15분을 나타낸다. 이외 상숫값들은 너무나 명확하기 때문에 설명을 생략하겠다.

이제 JWT 관리자 클래스인 `JwtManager`를 정의하자. `JwtManager`는 새 JWT을 생성하는 커스텀 클래스로 auth0.com에서 제공하는 `java-jwt` 라이브러리를 사용한다. 토큰 서명을 위해선 공개/비밀 키를 사용할 것이다. 이 클래스는 다음과 같이 정의한다:

코드: /Chapter06/src/main/java/com/packt/modern/api/security/JwtManager.java

```java
@Component
public class JwtManager {
  private final RSAPrivateKey privateKey;
  private final RSAPublicKey publicKey;
  public JwtManager(@Lazy RSAPrivateKey privateKey,
    @Lazy RSAPublicKey publicKey) {
    this.privateKey = privateKey;
    this.publicKey = publicKey;
  }
  public String create(UserDetails principal) {
    final long now = System.currentTimeMillis();
    return JWT.create()
      .withIssuer("Modern API Development with Spring...")
      .withSubject(principal.getUsername())
      .withClaim(
          ROLE_CLAIM,
          principal.getAuthorities().stream()
            .map(GrantedAuthority::getAuthority)
            .collect(toList()))

      .withIssuedAt(new Date(now))
      .withExpiresAt(new Date(now + EXPIRATION_TIME))
      .sign(Algorithm.RSA256(publicKey, privateKey));
  }
}
```

JWT 클래스는 토큰 생성을 위한 플루언트(fluent) API를 제공하는 java-jwt 라이브러리의 클래스이다. 이 클래스를 이용해 발행자("iss"), 주제("sub"), 발행일("iat") 및 만료일("exp") 클레임을 추가한다.

또한 UserDetails에 명시된 권한을 사용해 생성되는 커스텀 클레임인 ROLE_CLAIMS(roles)를 추가한다. UserDetails는 스프링 시큐리티가 제공하는 인터페이스다. org.springframework.security.core.userdetails.User.builder() 메소드를 사용해 UserBuilder 클래스를 만들 수 있다. UserBuilder는 UserDetails 인스턴스를 생성하는 최종 빌더 클래스이다.

마지막 부분에서는 JwtManager.create() 메소드가 sign 작업을 실행하는데, 이 작업은 공개, 개인 RSA 키와 함께 SHA256withRSA 알고리즘을 사용해 JWT를 서명한다. JWT 헤더는 알고리즘("alg") 클레임에 대해서 HS256 값을 명시한다.

서명은 RSA 알고리즘으로 생성한 공개 키와 개인 키를 사용해 수행된다. 샘플 전자 상거래 앱에 RSA 키 관리를 위한 코드를 추가해 보자.

공개 키/개인 키 생성하기

아래 코드와 같이 JDK의 keytool을 사용해 키 저장소를 만들고 공개/개인 키를 생성할 수 있다:

```
$ keytool -genkey -alias "jwt-sign-key" -keyalg RSA -keystore jwt-keystore.jks -keysize 4096
Enter keystore password:
Re-enter new password:
What is your first and last name?
  [Unknown]:  Modern API Development
What is the name of your organizational unit?
  [Unknown]:  Org Unit
What is the name of your organization?
  [Unknown]:  Packt
What is the name of your City or Locality?
  [Unknown]:  City
What is the name of your State or Province?
  [Unknown]:  State
What is the two-letter country code for this unit?
[Unknown]:  IN
Securing REST APIs with JWT 191
Is CN=Modern API Development, OU=Org Unit, O=Packt, L=City, ST=State, C=IN correct?
  [no]: yes
Generating 4,096 bit RSA key pair and self-signed certificate (SHA384withRSA) with a validity of 90 days
  for: CN=Modern API Development, OU=Org Unit, O=Packt, L=City, ST=State, C=IN
```

생성된 키 저장소는 src/main/resources 디렉터리 아래에 있어야 한다.

> **중요 노트**
> 공개/개인 키는 생성된 후 90일 동안만 유효하므로 이번 장의 코드를 실행하기 전에 새로 공개 키, 개인 키 세트를 생성했는지 확인하자.

keytool 명령에 사용되는 필수 값은 아래와 같이 application.properties 파일에도 명시해야 한다.

코드: /Chapter06/src/main/resources/application.properties

```
app.security.jwt.keystore-location=jwt-keystore.jks
app.security.jwt.keystore-password=password
app.security.jwt.key-alias=jwt-sign-key
app.security.jwt.private-key-passphrase=password
```

이제 키 저장소와 공개 키, 개인 키 정보를 설정하자.

키 저장소 및 키 구성하기

보안 관련 설정을 진행하기 위해 `SecurityConfig` 클래스를 추가하자. 이 클래스는 `WebSecurityConfigurerAdaptor` 클래스를 상속한다. 해당 내용은 아래 코드와 같다.

코드: /Chapter06/src/main/java/com/packt/modern/api/security/SecurityConfig.java

```java
@Configuration
@EnableWebSecurity
@EnableGlobalMethodSecurity(prePostEnabled = true)
public class SecurityConfig {
  @Value("${app.security.jwt.keystore-location}")
  private String keyStorePath;
  @Value("${app.security.jwt.keystore-password}")
  private String keyStorePassword;
  @Value("${app.security.jwt.key-alias}")
  private String keyAlias;
  @Value("${app.security.jwt.private-key-passphrase}")
  private String privateKeyPassphrase;
  ...
  ...
}
```

application.properties에 정의된 모든 속성을 위 코드에 추가했다.

다음에 이어지는 절에서는 application.properties에 정의된 속성을 사용해서 어떻게 KeyStore, RSAPrivateKey, 그리고 RSAPublicKey 빈을 설정하는지 알아보겠다.

KeyStore 빈

SecurityConfig.java 클래스에 아래 메소드를 추가하고 @Bean으로 애노테이션을 명시해주면 KeyStore을 위한 새 빈을 생성할 수 있다.

```java
@Bean
public KeyStore keyStore() {
  try {
    KeyStore keyStore = KeyStore.getInstance(KeyStore.getDefaultType());
    InputStream resStream = Thread.currentThread().
      getContextClassLoader().getResourceAsStream (keyStorePath);
    keyStore.load(resStream, keyStorePassword.toCharArray());
    return keyStore;
  } catch (IOException | CertificateException | NoSuchAlgorithmException | KeyStoreException e) {
    LOG.error("Unable to load keystore: {}", keyStorePath, e);
  }
  throw new IllegalArgumentException ("Can't load keystore");
}
```

위 코드는 java.security 패키지의 KeyStore 클래스를 사용해 KeyStore 인스턴스를 생성한다. 이 인스턴스는 src/main/resources 패키지에서 키 저장소를 로드하고 application.properties 파일에 설정된 비밀번호를 사용해 저장소에 접근한다.

다음은 RSAPrivateKey 빈을 정의하자.

RSAPrivateKey 빈

SecurityConfig.java 파일에 다음 메소드를 작성하고 @Bean 애노테이션을 추가해 RSAPrivateKey를 반환하는 빈을 생성해 보자:

```java
@Bean
public RSAPrivateKey jwtSigningKey(KeyStore keyStore) {
  try {
    Key key = keyStore.getKey(keyAlias, privateKeyPassphrase.toCharArray());
    if (key instanceof RSAPrivateKey) {
      return (RSAPrivateKey) key;
    }
```

```
    } catch (UnrecoverableKeyException | NoSuchAlgorithmException | KeyStoreException e) {
      LOG.error("Unable to load private key from keystore: {}", keyStorePath, e);
    }
    throw new IllegalArgumentException("Unable to load private key");
}
```

이 메소드는 키 별칭과 개인 키의 비밀번호를 이용해 개인 키를 읽고, 읽어들인 키를 사용해 RSAPrivateKey 빈을 생성한다.

이제 RSAPublicKey를 반환하는 빈을 정의하자.

RSAPublicKey 빈

SecurityConfig.java 파일에 아래 메소드를 추가하고 @Bean 애노테이션을 추가해 RSAPublicKey를 반환하는 빈을 생성하자:

```
@Bean
public RSAPublicKey jwtValidationKey(KeyStore keyStore) {
    try {
      Certificate certificate = keyStore.getCertificate(keyAlias);
      PublicKey publicKey = certificate.getPublicKey();
      if (publicKey instanceof RSAPublicKey) {
        return (RSAPublicKey) publicKey;
      }
    } catch (KeyStoreException e) {
      LOG.error("Unable to load private key from keystore: {}", keyStorePath, e);
    }
    throw new IllegalArgumentException("Unable to load RSA public key");
}
```

다시 말하지만, 키 별칭은 키 저장소에서 인증서를 검색하는데 사용된다. 그런 다음 인증서에서 공개 키를 추출하여 반환한다.

JwtManager는 RSA 방식의 공개 키와 개인 키를 사용해 JWT에 서명하므로, JWT 디코더(decoder)는 동일한 공개 키를 사용해 토큰을 디코딩해야 한다. OAuth 2.0 리소스 서버는 org.springframework. security.oauth2.jwt.JwtDecoder 인터페이스를 사용해 토큰을 디코딩한다. 따라서 JwtDecoder 인터페이스를 구현한 인스턴스를 만들고 동일한 공개 키를 설정해서 토큰 디코딩이 가능하게 해줘야 한다.

스프링 OAuth 2.0 리소스 서버는 이 작업을 편하게 지원하도록 JwtDecoder 인터페이스를 구현한 NimbusJwtDecoder 클래스를 제공한다. 공개 키를 사용해 빈을 생성해보자.

JwtDecoder 빈

아래 메소드를 작성하고 @Bean 애노테이션을 추가해 JwtDecoder 인스턴스를 반환하는 빈을 생성해보자.

```
@Bean
public JwtDecoder jwtDecoder(RSAPublicKey rsaPublicKey) {
  return NimbusJwtDecoder.withPublicKey(rsaPublicKey).build();
}
```

지금까지 JWT 토큰을 서명하는데 필요한 모든 빈을 정의했다. 이제 새로 추가할 REST API를 구현하자.

새로운 API 구현

UserApi를 통해 외부에 제공될 API를 구현해보자. UserApi는 OpenAPI 스펙에 맞춰 코드를 자동생성 해주는 툴인 Codegen을 사용해 생성된 코드의 일부이다. 먼저 user_token 테이블에 매핑될 새 엔터티를 정의해야 한다.

사용자 토큰 기능 구현하기

아래 코드처럼 user_token 테이블을 토대로 UserTokenEntity를 생성하자.

코드: /Chapter06/src/main/java/com/packt/modern/api/entity/UserTokenEntity.java

```
@Entity
@Table (name = "user_token")
public class UserTokenEntity {

  @Id
  @GeneratedValue
  @Column (name = "ID", updatable = false, nullable = false)
  private UUID id;

  @NotNull (message = "Refresh token is required.")
```

```
    @Basic (optional = false)
    @Column (name = "refresh_token")
    private String refreshToken;

    @ManyToOne (fetch = FetchType.LAZY)
    private UserEntity user;
    ...
    ...
}
```

앞에서 작성한 UserTokenEntity를 생성하고, 읽고, 업데이트 하고, 삭제하는 Repository 모듈을 다음과 같이 생성할 수 있다. 아래 코드는 사용자 ID를 이용해 UserTokenEntity를 삭제하는 deleteByUserId() 메소드와 리프레시 토큰을 기준으로 UserTokenEntity를 가져오는 findByRefreshToken() 메소드다.

코드: /Chapter06/src/main/java/com/packt/modern/api/repository/UserTokenRepository.java

```
public interface UserTokenRepository extends CrudRepository<UserTokenEntity, UUID> {
  Optional<UserTokenEntity> findByRefreshToken(String refreshToken);
  Optional<UserTokenEntity> deleteByUserId(UUID userId);
}
```

지금까지 엔터티와 Repository 모듈을 정의했다. 이제 UserService에 이 새 클래스들을 사용하는 기능을 추가하자.

UserService 클래스 개선하기

UserApi 인터페이스에서 사용하는 메소드를 UserService에 새로 추가해야 한다. 다음과 같은 메소드를 추가하자.

코드: /Chapter06/src/main/java/com/packt/modern/api/service/UserService.java

```
UserEntity findUserByUsername(String username);
Optional<SignedInUser> createUser(User user);
SignedInUser getSignedInUser(UserEntity userEntity);
Optional<SignedInUser> getAccessToken(RefreshToken refreshToken);
void removeRefreshToken(RefreshToken refreshToken);
```

각 메소드는 아래와 같은 작업을 수행한다.

- `findUserByUsername()`: 아규먼트로 전달받은 사용자 이름으로 사용자 정보를 찾아 반환한다.
- `createUser()`: 새로 가입한 사용자를 데이터베이스에 추가한다.
- `getSignedInUser()`: 리프레시 토큰, 액세스 토큰(JWT), 사용자 ID 및 사용자 이름을 담고 있는 새 `SignedInUser` 인스턴스를 만든다.
- `getAcceessToken()`: 아규먼트로 전달된 유효한 리프레시 토큰을 가지고 새 액세스 토큰(JWT)을 생성하여 반환한다.
- `removeRefreshToken()`: 사용자가 로그아웃할 때 호출되어 데이터베이스에서 리프레시 토큰을 제거한다.

자, 이제 `UserServiceImpl` 클래스에 이 메소드들을 구현하자.

findUserByUsername() 메소드 구현하기

먼저 아래와 같이 `UserServiceImpl` 클래스에 `findUserByUsername()` 메소드를 작성하자.

코드: /Chapter06/src/main/java/com/packt/modern/api/service/UserServiceImpl.java

```java
@Override
public UserEntity findUserByUsername(String username) {
  if (Strings.isBlank(username)) {
    throw new UsernameNotFoundException("Invalid user.");
  }
  final String uname = username.trim();
  Optional<UserEntity> oUserEntity = repository.findByUsername(uname);
  UserEntity userEntity = oUserEntity.orElseThrow(() ->
          new UsernameNotFoundException(String.format("Given user(%s) not found.", uname)));
  return userEntity;
}
```

설명이 필요없는 간단한 코드다. 아규먼트로 넘겨받은 사용자 이름을 사용해 데이터베이스를 쿼리하고 데이터를 찾으면 사용자를 반환하고 그렇지 않으면 `UsernameNotFoundException` 예외를 발생시킨다.

createUser() 메소드 구현하기

다음으로 `UserServiceImpl` 클래스에 아래 코드와 같이 `createUser()` 메소드를 구현하자:

코드: /Chapter06/src/main/java/com/packt/modern/api/service/UserServiceImpl.java

```java
@Override
@Transactional
public Optional<SignedInUser> createUser(User user) {
  Integer count = repository.findByUsernameOrEmail(user.getUsername(), user.getEmail());
  if (count > 0) {
    throw new GenericAlreadyExistsException("Use different username and email.");
  }
  UserEntity userEntity = repository.save(toEntity(user));
  return Optional.of(createSignedUserWithRefreshToken(userEntity));
}
```

위 코드에서는 가입 요청 중인 사용자와 동일한 사용자 이름이나 이메일을 사용하는 사용자가 데이터베이스에 이미 존재하는지 확인한다. 이미 존재하는 사용자라면 예외를 발생시키고, 그렇지 않으면 데이터베이스에 새 사용자를 생성하고 createSignedUserWithRefreshToken() 메소드를 사용해 리프레시 토큰과 액세스 토큰을 포함하는 SignedInUser 인스턴스를 반환한다.

위 코드를 작성한 후에는 다음과 같이 UserServiceImpl에 private으로 선언된 createSignedUserWithRefreshToken() 메소드를 추가한다.

```java
private SignedInUser createSignedUserWithRefreshToken(UserEntity userEntity) {
  return createSignedInUser(userEntity)
        .refreshToken(createRefreshToken(userEntity));
}
```

위 메소드도 SignedInUser를 반환하는 또 다른 private 메소드 createSignedInUser()를 사용하고 있다. 그런 다음 createRefreshToken() 메소드를 호출해 리프레시 토큰을 추가한다.

이제 이 두 개의 private 메소드, createSignedInUser()와 createRefreshToken()을 다음과 같이 작성하자.

```java
private SignedInUser createSignedInUser(UserEntity userEntity) {
  String token = tokenManager.create(org.springframework.security.core.userdetails.User.builder()
        .username(userEntity.getUsername())
        .password(userEntity.getPassword())
        .authorities(Objects.nonNull(userEntity.getRole()) ? userEntity.getRole().name() : "")
```

```
        .build());
    return new SignedInUser().username(userEntity.getUsername()).accessToken(token)
            .userId(userEntity.getId().toString());
}

private String createRefreshToken(UserEntity user) {
    String token = RandomHolder.randomKey(128);
    userTokenRepository.save(newUserTokenEntity()
                    .setRefreshToken(token).setUser(user));
    return token;
}
```

createSignedInUser() 메소드는 tokenManager를 사용해 JWT를 생성한다. tokenManager는 JwtManager의 인스턴스다. 여기에 User.builder() 메소드를 사용해 UserBuilder 클래스를 만들고, 최종 빌더 클래스인 UserBuilder를 사용해 UserDetails의 인스턴스를 생성한다. JwtManager.create() 메소드는 이 UserDetails 인스턴스를 사용해 토큰을 만든다.

createRefreshToken() 메소드는 RandomHolder라는 private static 클래스를 사용해 리프레시 토큰을 생성한다. 이 토큰은 JWT가 아니다. 보통 하루 정도 유효한 토큰을 리프레시 토큰으로 사용한다. JWT는 설정된 시간이 지나면 만료되어 자동으로 무효화되기 때문에 이 값을 데이터베이스에 저장하면 안 된다. 따라서 JWT를 리프레시 토큰의 용도로 사용할 생각으로 데이터베이스에 저장하려 한다면 다시 한 번 생각해보기 바란다.

다음과 같이 private static 클래스인 RandomHolder 클래스를 추가하자.

```
// 아래 코드는 https://stackoverflow.com/a/31214709/109354 을 참고하자.
private static class RandomHolder {
    static final Random random = new SecureRandom();
    public static String randomKey(int length) {
        return String.format("%"+length+"s", new BigInteger(length*5 /*base 32, 2^5*/, random)
                .toString(32)).replace('\u0020', '0');
    }
}
```

이 클래스는 SecureRandom 인스턴스를 사용해 임의의 BigInteger 인스턴스를 생성한다. 그런 다음 이 BigInteger 값을 32진법의 숫자들로 구성된 문자열로 변환하고, 마지막으로 변환된 문자열의 공백을 0으로 바꾼다.

위 클래스를 사용하지 않고 org.apache.commons.lang3.RandomStringUtils.randomAlphanumeric() 메소드를 사용하거나 다른 보안 랜덤 키 생성기를 사용해 리프레시 토큰을 생성할 수도 있다.

또한 아규먼트로 전달받은 사용자 이름이나 이메일을 사용해 이미 등록된 사용자의 숫자를 반환하는 메소드도 UserRepository 클래스에 추가해야 한다.

getSignedInUser() 메소드 구현

getSignedInUser() 메소드의 구현은 아래처럼 명확하고 간단하다:

```
@Override
@Transactional
public SignedInUser getSignedInUser(UserEntity userEntity) {
  userTokenRepository.deleteByUserId(userEntity.getId());
  return createSignedUserWithRefreshToken(userEntity);
}
```

먼저 아규먼트로 전달받은 사용자와 연결된 기존 토큰을 데이터베이스에서 삭제한다. 그 후 앞에서 본 *createUser()* 메소드 구현하기 절에서 정의한 createSignedUserWithRefreshToken()을 사용해 SignedInUser의 새 인스턴스를 생성하여 반환한다.

getAccessToken() 메소드 구현

getAccessToken() 메소드의 구현도 아래 코드처럼 간단하다:

```
@Override
public Optional<SignedInUser> getAccessToken(RefreshToken refreshToken) {
  return userTokenRepository
        .findByRefreshToken(refreshToken.getRefreshToken())
        .map(ut -> Optional.of(createSignedInUser(ut.getUser())
        .refreshToken(refreshToken.getRefreshToken())))
        .orElseThrow(() -> new InvalidRefreshTokenException("Invalid token."));
}
```

먼저 UserTokenRepository 인스턴스를 사용해 사용자의 토큰 엔터티를 찾는다. 그런 다음 검색된 UserToken 엔터티를 사용해 SignedInUser POJO를 만든다. createSignedInUser() 메소드는 리프레시 토큰을 생성하지 않으므로 동일한 리프레시 토큰을 다시 할당한다. 이 리프레시 토큰을 기반으로 데이터베이스에서 사용자 토큰을 찾지 못하면 예외를 발생시킨다.

JWT에 만료시간을 설정하는 로직을 적용할 수도 있다. 가령, 리프레시 토큰이 생성된 시간을 데이터베이스에 저장하고 지정한 시간이 지난 이후에 토큰이 유효한지를 검사하는 유효성 검사 로직을 추가하면 된다.

removeRefreshToken() 메소드 구현

removeRefreshToken() 메소드는 아래처럼 구현한다.

```
@Override
public void removeRefreshToken(RefreshToken refreshToken) {
userTokenRepository
  .findByRefreshToken(refreshToken.getRefreshToken())
  .ifPresentOrElse(
  userTokenRepository::delete,
  () -> {
    throw new InvalidRefreshTokenException("Invalid token.");
  });
}
```

먼저 데이터베이스에서 아규먼트로 전달받은 리프레시 토큰을 찾는다. 만약 토큰을 찾지 못하면 예외를 발생시키며 데이터베이스에서 토큰을 찾으면 이 토큰을 삭제한다.

지금까지 UserService 클래스에 메소드들을 모두 추가 구현했다. 이제 UserRepository에도 메소드들을 추가하자.

UserRepository 클래스의 개선

다음과 같이 UserRepository에 findByUsername() 및 findByUsernameOrEmail() 메소드를 추가하자.

코드: /Chapter06/src/main/java/com/packt/modern/api/repository/UserRepository.java
```java
public interface UserRepository extends CrudRepository<UserEntity, UUID> {
  Optional<UserEntity> findByUsername(String username);
@Query(
    value = "select count(u.*) from ecomm.\"user\" u
              where u.username = :username or u.email = :email",
              nativeQuery = true)
  Integer findByUsernameOrEmail(String username, String email);
}
```

위 코드는 아규먼트로 전달받은 사용자 이름 또는 이메일과 일치하는 사용자의 숫자를 반환한다.

이제 `UserApi` 인터페이스에 새로 추가된 API들을 구현할 준비가 됐다. REST 컨트롤러에 이 코드를 작성하자.

REST 컨트롤러 구현

앞에서 OpenAPI Codegen 툴로 `UserApi` 인터페이스를 생성했고, 여기에 정의된 API를 구현하는 데 필요한 서비스와 리포지토리 관련 기능도 이미 개발했다. 아직 작성하지 않은 유일한 코드는 `PasswordEncoder`다. `PasswordEncoder`는 비밀번호를 데이터베이스에 저장하기 전에 암호화하거나 로그인 과정에서 전달받은 비밀번호를 이미 암호화된 상태로 저장된 비밀번호와 비교하는 과정에 필요하다.

PasswordEncoder용 빈 추가

먼저 비밀번호의 인코딩과 디코딩에 어떤 인코딩 방식을 사용할지를 스프링 시큐리티 프레임워크에 알려줘야 하기 때문에 `PasswordEncoder` 빈을 등록해줘야 한다. 다음과 같이 `AppConfig`에 `PasswordEncoder` 빈을 추가하자.

코드: /Chapter06/src/main/java/com/packt/modern/api/AppConfig.java
```java
@Bean
public PasswordEncoder passwordEncoder() {
    Map<String, PasswordEncoder> encoders =
        Map.of(
            ENCODER_ID,
            new BCryptPasswordEncoder(),
            "pbkdf2",
```

```
                Pbkdf2PasswordEncoder.defaultsForSpringSecurity_v5_8(),
            "scrypt",
                SCryptPasswordEncoder.defaultsForSpringSecurity_v5_8());
    return new DelegatingPasswordEncoder(ENCODER_ID, encoders);
}
```

bcrypt 인코딩용으로 직접 `BCryptPasswordEncoder`의 새 인스턴스를 만들어서 반환할 수도 있지만 `DelegatingPasswordEncoder`를 사용하면 기존 암호를 지원할 뿐 아니라 향후에 더 나은 인코더가 새로 나올 때는 새 인코더로 쉽게 마이그레이션할 수 있다. 이 코드는 현재 사용 가능한 인코더 중 최고인 Bcrypt를 기본 암호 인코더로 사용한다.

`DelegatingPasswordEncoder`가 작동하려면 인코딩된 비밀번호에 {bcrypt}와 같은 해싱 알고리즘 접두사를 추가해야 한다. 예를 들어 데이터베이스에 해싱된 패스워드를 이미 저장하고 있거나 데이터베이스 스크립트에 테스트 사용자를 추가하는 로직이 있다면 {bcrypt}$2a$10$neR0EcYY5./tLVp4litNyuBy/kfrTsqEv8hiyqEKX0TXIQQwC/5Rm와 같이 {bcrypt} 접두사를 붙여서 어떤 해시 알고리즘을 사용했는지 알려줘야 한다.

`PasswordEncoder`는 영구 저장소에서 비밀번호를 읽고 접두사를 제거한 후에 매칭을 시작하는데, 이 때 동일한 접두사를 사용해 매칭 작업에 사용할 인코더를 찾는다. 이제 `UserApi` 인터페이스를 구현해 새 API를 작성하자.

컨트롤러 클래스 구현

먼저 아래 코드처럼 새 `AuthController` 클래스를 만든다.

코드: /Chapter06/src/main/java/com/packt/modern/api/controller/AuthController.java
```
@RestController
public class AuthController implements UserApi {

  private final UserService service;
  private final PasswordEncoder passwordEncoder;

  public AuthController(UserService service, PasswordEncoder passwordEncoder) {
    this.service = service;
    this.passwordEncoder = passwordEncoder;
```

```
    }
    ...
    ...
}
```

AuthController 클래스는 @RestController 애노테이션을 추가해 REST 컨트롤러로 명시한다. 그런 다음 AuthController 생성 시에 UserService와 PasswordEncoder 등 두 개의 빈을 주입한다.

먼저 다음과 같이 로그인 작업을 추가하자.

```
@Override
public ResponseEntity<SignedInUser> signIn(@Valid SignInReq signInReq) {
  UserEntity userEntity = service.findUserByUsername(signInReq.getUsername());
  if (passwordEncoder.matches(signInReq.getPassword(), userEntity.getPassword())) {
    return ok(service.getSignedInUser(userEntity));
  }
  throw new InsufficientAuthenticationException("Unauthorized.");
}
```

위 코드는 먼저 사용자를 찾고 PasswordEncoder 인스턴스를 사용해 비밀번호를 매칭한다. 모든 것이 성공적으로 진행되면 리프레시 토큰과 액세스 토큰을 포함한 SignedInUser 인스턴스를 반환하며, 실패하면 예외를 발생시킨다.

아래처럼 AuthController에 다른 작업을 추가하자.

```
@Override
public ResponseEntity<Void> signOut(@Valid RefreshToken refreshToken) {
  service.removeRefreshToken(refreshToken);
  return accepted().build();
}

@Override
public ResponseEntity<SignedInUser> signUp(@Valid User user) {
  return status(HttpStatus.CREATED).body(service.createUser(user).get());
}
```

```
@Override
public ResponseEntity<SignedInUser> getAccessToken(@Valid RefreshToken refreshToken) {
  return ok(service.getAccessToken(refreshToken).orElseThrow(InvalidRefreshTokenException::new));
}
```

signOut(), signUp() 그리고 getAccessToken() 메소드에서 수행하는 작업은 아래 설명처럼 간단하다:

- signOut()은 User 서비스를 사용해 리프레시 토큰을 제거한다. 이때 로그인 중인 사용자의 요청에서 사용자 ID를 가져온다.

- signUp()은 유효한 새 사용자를 만들고 SignedInUser 인스턴스를 반환한다. 이 코드에서는 간결하게 표현하기 위해 페이로드의 유효성을 검사하는 코드는 작성하지 않았다. 하지만, 실제 서비스용 애플리케이션을 작성할 때는 반드시 요청 페이로드의 유효성을 검사해야 한다.

- getAccessToken()은 아규먼트로 전달받은 리프레시 토큰이 유효한 경우 새 액세스 토큰과 함께 SignedInUser를 반환한다.

이것으로 컨트롤러 코딩을 마쳤다. 다음 절에서는 보안 관련 설정을 해보자.

웹 기반 보안 설정

이제 인증과 권한부여에 관련한 마지막 퍼즐을 맞춰보자. SecurityConfig 클래스는 @EnableWebSecurity라는 애노테이션이 추가돼 있다. 새 버전의 스프링 시큐리티를 사용하면 이 책의 이전 버전에서 했던 것처럼 WebSecurityConfigurerAdaptor를 상속받아 configure() 메소드를 오버라이딩할 필요가 없다. 대신에 SecurityFilterChain 클래스의 인스턴스를 설정하여 반환하는 bean을 생성하면 된다.

filterChain 메소드는 HttpSecurity를 파라미터로 받아서 SecurityFilterChain 인스턴스를 반환한다. HttpSecurity 인스턴스는 DSL(플루언트 메소드)를 지원한다. 우리는 이 메소드들을 이용해서 어떤 웹 경로를 허용할지 어떤 메소드를 허용할지 등에 관련 웹기반 보안을 설정할 수 있다. 아래 SecurityConfig.java에서 볼 수 있는 것처럼 플루언트 메소드를 이용해 설정을 한 뒤에 SecurityFilterChain 인스턴스를 반환하도록 하자.

코드: /Chapter06/src/main/java/com/packt/modern/api/security/SecurityConfig.java

```
@Bean
protected SecurityFilterChain filterChain(HttpSecurity http) throws Exception {
```

```
    http.httpBasic().disable()
    .formLogin().disable()
    .csrf().ignoringRequestMatchers(API_URL_PREFIX).ignoringRequestMatchers(toH2Console())
    .and()
    .headers().frameOptions().sameOrigin() // H2 콘솔 사용을 위해서
    .and()
    .cors()
    .and()
    .authorizeHttpRequests(req -> req.requestMatchers(toH2Console()).permitAll()
        .requestMatchers(new AntPathRequestMatcher(TOKEN_URL, HttpMethod.POST.name())).permitAll()
        .requestMatchers(new AntPathRequestMatcher(TOKEN_URL, HttpMethod.DELETE.name())).permitAll()
        .requestMatchers(new AntPathRequestMatcher(SIGNUP_URL, HttpMethod.POST.name())).permitAll()
        .requestMatchers(new AntPathRequestMatcher(REFRESH_URL, HttpMethod.POST.name())).permitAll()
        .requestMatchers(new AntPathRequestMatcher(PRODUCTS_URL, HttpMethod.GET.name())).permitAll()
        .requestMatchers("/api/v1/addresses/**").hasAuthority(RoleEnum.ADMIN.getAuthority())
        .anyRequest().authenticated())
    .oauth2ResourceServer(oauth2ResourceServer ->
        oauth2ResourceServer.jwt(jwt -> jwt.jwtAuthenticationConverter(getJwtAuthenticationConverter())))
    .sessionManagement().sessionCreationPolicy(SessionCreationPolicy.STATELESS);
return http.build();
}
```

위 코드에서는 다음과 같은 보안 관련 설정을 진행한다:

1. 제일 먼저 disable() 메소드를 호출해 HTTP 기본 인증(Basic Authentication)과 form 로그인을 비활성화한다.

2. API의 기본 경로와 H2 콘솔 URL에 대한 CSRF 설정을 무시하도록 설정한다.

3. 그 다음으로 브라우저가 동일한 오리진에서 발생하는 요청에 대해 H2 콘솔 애플리케이션을 정상적으로 표시하도록 헤더 값을 설정한다. 이것은 H2 콘솔 UI가 HTML 프레임으로 구성돼 있기 때문이다. 기본 설정 상태에서는 보안 헤더(X-Frame-Options)가 허용 상태로 설정되어 전송되지 않기 때문에 동일한 오리진에서 HTML 프레임을 표시할 수 없다. 따라서, headers().frameOptions().sameOrigin()을 설정해줘야 한다.

4. 그 다음은 CORS 설정을 활성화시켰다. 이 부분에 대해선 다음 절에서 상세히 다룰 것이다.

5. 다음으로는 요청 객체를 파라미터로 받아서 해당 요청에 대해 권한부여에 관련해 설정한다. URL 패턴을 기준으로 requestMatchers() 메소드와 AntPathRequestMatcher 클래스의 인스턴스를 사용해 접근을 제한할 수 있다:

- ant(빌드 도구) 패턴 매칭 스타일을 사용할 수 있는 `antMatchers()`를 적용해 URL 패턴마다 각각 허용하는 HTTP 메소드를 설정한다. 또는 **스프링 MVC(Model-View-Controller)**와 동일한 패턴 매칭 스타일을 사용하는 `mvcMatchers()`를 적용할 수도 있다.
- `toH2Console()` 메소드는 H2 콘솔의 경로를 포함하는 matcher를 제공하는 static 유틸리티 메소드이다.
- `/api/v1/addresses/**` 패턴은 ADMIN 역할을 가진 사용자만 접근 가능하도록 설정되었다. 이 과정에서 `hasAuthority()` 메소드를 호출하면서 Admin의 권한정보 객체를 파라미터로 전달해 요청 중인 사용자가 Admin의 역할을 가졌는지 확인한다.

6. `anyRequest().authenticated()` 메소드를 호출해 앞에서 명시적으로 설정된 URL을 제외한 모든 URL에는 인증된 사용자만 접근할 수 있도록 제한한다.
   - `oauth2ResourceServer(OAuth2ResourceServerConfigurer::jwt)`을 명시해 OAuth 2.0 리소스 서버가 JWT 베어러 토큰을 지원하도록 한다.
   - `sessionManagement().sessionCreationPolicy()` 메소드를 통해 HTTPSession을 생성하지 않도록 설정한다.

7. 마지막으로 `http.build()`를 호출한다. 이제 filterChain 메소드가 설정된 HttpSecurity 인스턴스로부터 SecurityFilterChain 인스턴스를 만들어서 반환한다.

이번 절에서는 인증과 권한부여에 관한 스프링 시큐리티를 어떻게 설정하는지에 대해 배웠다. 다음으로 CORS와 CSRF에 대해 알아보자.

CORS와 CSRF의 구성

브라우저는 보안상의 이유로 인해 다운로드한 출처(origin)가 다른 스크립트가 타 도메인의 URL을 호출하지 못하도록 제한한다. 예를 들어 http://mydomain.com에서 다운로드한 스크립트에서 http://mydomain-2.com를 요청하는 것은 불가능하다. 출처를 구분할 때는 도메인 뿐만 아니라 스킴(http://나 https:// 같은 부분 프로토콜 부분)과 포트까지 포함한다.

브라우저는 엔드포인트를 실제로 호출하기 전에 HTTP 메소드 중에 Option 메소드를 사용해 서버가 요청을 허용할지 여부를 확인한다. 이 요청은 다음 헤더를 포함한다.

- 실제 요청의 헤더인 `Access-Control-Request-Headers`
- 실제 요청의 HTTP 메소드를 포함하는 헤더인 `Access-Control-Request-Method`

- 요청한 출처(scheme, domain, port)를 포함하는 `Origin` 헤더
- 서버의 응답이 성공인 경우에만 브라우저는 실제 요청을 실행한다. 이때 서버는 `Access-Control-Allow-Origin`과 같이 허용된 출처(*이 표기된 경우는 어떤 출처도 허용함을 의미함)를 명시하는 헤더, 허용되는 HTTP 메소드를 명시하는 `Access-Control-Allow-Methods`, 허용되는 헤더를 명시하는 `Access-Control-Allow-Headers` 및 허용된 시간(초 단위)을 명시하는 `Access-Control-Max-Age` 등의 기타 헤더를 응답에 포함한다.

다른 스크립트 사이에 오리진 요청이 가능하도록 구성하려면 CORS 설정을 이용하면 된다. 이를 위해서는 기존 코드에서 다음 두 가지를 변경한다.

- CorsConfiguration 인스턴스를 이용해 CORS 설정을 처리하는 CorsConfigurationSource 빈을 추가
- configure() 메소드에서 사용하는 HTTPSecurity 인스턴스에 cors() 메소드를 추가. 이 메소드는 corsFilter 빈이 추가되면 CorsFilter를 사용하고, 그렇지 않으면 CorsConfigurationSource를 사용한다. 만약 둘 다 설정되지 않는다면 스프링 시큐리티는 스프링 MVC에 의해 설정된 내용을 사용한다.

이제 CorsConfigurationSource 빈을 SecurityConfig 클래스에 추가하자.

기본값으로 CORS를 설정해주는 `new CorsConfiguraton().applyPermitDefaultValues()`를 사용하면 모든 오리진(*) 으로의 요청 및 모든 헤더값을 허용하고, `GET`, `HEAD`, `POST` 메소드를 허용하며 max age는 30분으로 설정된다.

우리는 DELETE 메소드를 포함한 모든 HTTP 메소드를 허용해야 하므로 더 많은 커스텀 설정이 필요하다. 아래와 같이 빈을 정의하자.

코드: /Chapter06/src/main/java/com/packt/modern/api/security/SecurityConfig.java

```java
@Bean
CorsConfigurationSource corsConfigurationSource() {
  CorsConfiguration configuration = new CorsConfiguration();
  configuration.setAllowedOrigins(Arrays.asList("*"));
  configuration.setAllowedMethods(Arrays.asList("HEAD",
      "GET", "PUT", "POST", "DELETE", "PATCH"));
// CORS 응답 헤더를 위해서
  configuration.addAllowedOrigin("*");
  configuration.addAllowedHeader("*");
  configuration.addAllowedMethod("*");
  UrlBasedCorsConfigurationSource source = new UrlBasedCorsConfigurationSource();
```

```
    source.registerCorsConfiguration("/**", configuration);
    return source;
}
```

위 코드는 기본 생성자를 사용해 `CorsConfiguration` 인스턴스를 만들고 허용할 오리진, 허용된 메소드 및 응답 헤더를 설정한다. 마지막으로 `UrlBasedCorsConfigurationSource` 인스턴스를 새로 생성하고, 이 인스턴스에 `CorsConfiguration` 인스턴스를 등록한 뒤에 반환한다.

이전 절에서 `@Bean` 애노테이션이 추가된 `SecurityChainFilter` 메소드 안에서 `csrf()` DSL을 사용해 CSRF를 설정했다. `/api/v1`로 시작하는 URL과 H2 데이터베이스 콘솔 URL인 `/h2-console`을 제외한 모든 URL에 CSRF 공격을 보호하기 위한 설정도 마쳤다. 설정은 개발자의 요구 사항에 따라 얼마든지 변경이 가능하다.

먼저 CSRF/XSRF가 무엇인지 알아보자. **CSRF 또는 XSRF는 Cross-Origin Request Forgery**의 약자로 웹 보안 취약점을 의미한다. 이 취약점이 어떤 문제가 되는지 이해하기 위해 우리가 은행 고객이고 현재 은행 웹 사이트에 로그인한 상태라고 가정해 보자. 때마침 이메일 알람을 받고 이메일 링크를 클릭하거나 악성 스크립트가 포함됐을지도 모르는 악성 웹사이트의 링크를 클릭할 수도 있다. 그러면 이 스크립트는 여러분의 은행에 자금 이체 요청을 보낸다. 은행은 여러분이 로그인 상태에서 정상적으로 요청했다고 생각하기 때문에 공격자의 계좌로 자금을 이체한다. 해커는 이 취약점을 사용해 다른 해킹 활동을 할 수 있다.

이러한 공격을 방지하기 위해 애플리케이션은 로그인한 사용자와 연결된 고유한 CSRF 토큰을 보내주고 요청 시마다 서버로 토큰을 함께 보내도록 한다. 클라이언트는 이 토큰을 숨겨진 폼 필드에 저장하고 사용자는 폼을 전송할 때 이 토큰을 요청과 함께 다시 보낸다. 서버 애플리케이션은 요청을 받으면 CSRF 토큰을 확인하고 유효한 토큰인 경우에만 요청을 처리한다. 동일한 출처에서만 토큰을 읽을 수 있는 정책 덕분에 악성 스크립트는 이 토큰을 읽을 수 없고 그 덕분에 안전하게 작동한다.

하지만 공격자가 사용자를 속여 CSRF 토큰을 공개하도록 한다면 공격을 방어하기가 매우 어렵다. 다만 이 웹 서비스는 REST 엔드포인트만 제공하는 용도이기 때문에 `csrf().disable()`을 사용하여 CSRF 보호를 비활성화해도 된다.

이제 마지막 절에서 사용자의 역할에 따라 다른 권한을 설정해 보자.

권한부여(authorization)에 대한 이해

유효한 사용자 이름과 비밀번호를 사용하거나 엑세스 토큰을 사용한 인증 과정을 거치면 URL, 웹 리소스, 보호된 웹 페이지와 같은 리소스에 액세스할 수 있다. 권한 부여는 리소스에 접근하기 전에 처리된다. 즉, 권한 부여 과정은 읽기, 쓰기와 같은 권한의 범위나 관리자, 사용자, 매니저 등과 같은 역할에 관해서 보안을 좀 더 세세하게 설정하도록 해준다. 스프링 시큐리티를 사용하면 개발자의 필요에 따라 커스텀 권한을 구성할 수 있다.

이 책에서는 샘플 전자 상거래 앱을 위해서 세 가지 유형의 역할, 즉 고객(사용자), 관리자, **고객 지원 담당자**(Customer Support Representative, CSR)를 구성할 것이다. 각 사용자는 확실히 구분되는 고유 권한을 가진다. 예를 들어 고객은 온라인으로 물건을 주문하고 구매할 수 있지만 고객 지원 담당자나 관리자의 리소스에는 액세스할 수 없어야 한다. 고객 지원 담당자도 마찬가지로 관리자 전용 리소스에 액세스할 수 없어야 한다. 이렇게 권한 또는 역할에 따라 리소스에 대한 접근을 허용하는 보안 설정을 권한 부여라고 한다. 실패한 사용자 인증은 HTTP 401(인증되지 않음)을 반환해야 하고 실패한 권한 부여는 HTTP 403(금지됨)을 반환해야 하는데, 이는 사용자가 인증은 됐지만 리소스에 접근하는 데 필요한 권한/역할이 없음을 의미한다.

아래 코드를 통해 샘플 전자 상거래 앱에서 사용하는 이 세 가지 역할을 살펴보자.

코드: /Chapter06/src/main/java/com/packt/modern/api/entity/RoleEnum.java

```java
public enum RoleEnum implements GrantedAuthority {
  USER(Const.USER),
  ADMIN(Const.ADMIN),
  CSR(Const.CSR);

  private String authority;

  RoleEnum(String authority) {
    this.authority = authority;
  }

  @JsonCreator
  public static RoleEnum fromAuthority(String authority) {
    for (RoleEnum b : RoleEnum.values()) {
      if (b.authority.equals(authority)) {
```

```
      return b;
    }
  }
  throw new IllegalArgumentException("Unexpected value '" + authority + "'");
}

@Override
public String toString() {
  return String.valueOf(authority);
}

@Override
@JsonValue
public String getAuthority() {
  return authority;
}

public class Const {
  public static final String ADMIN = "ROLE_ADMIN";
  public static final String USER = "ROLE_USER";
  public static final String CSR = "ROLE_CSR";
}
}
```

이 코드에서는 getAuthority() 메소드를 오버라이드하기 위해 스프링 시큐리티의 GrantedAuthority 인터페이스를 구현한 열거형 클래스를 선언했다. GrantedAuthority는 Authentication 인터페이스 객체에 부여된 권한을 나타낸다. BearerTokenAuthenticationToken은 Authentication 인터페이스를 구현한 AbstractAuthenticationToken 클래스를 상속하는 클래스로 인증된 요청에 대한 토큰과 사용자를 나타낸다. 메소드 수준에서 역할 기반으로 접근 제한을 해야 하므로 사용자의 역할을 이 열거형 클래스 내부에 문자열 상수를 사용해 정의했다.

이제 역할과 권한에 대해 자세히 살펴보자.

역할과 권한

권한은 세부적인 제어를 위해 사용할 수도 있지만, 많은 권한을 묶어서 역할이라는 세트로 적용할 수도 있다. 역할은 주로 `ROLE_` 접두사를 포함하고 있는 권한을 의미하며 해당 접두사는 스프링 시큐리티에서 변경할 수 있다.

스프링 시큐리티는 역할과 권한 기반으로 접근 제한을 하기 위해 `hasRole()` 및 `hasAuthority()` 메소드를 제공한다. `hasRole()`과 `hasAuthority()`는 거의 동일하지만 `hasRole()` 메소드는 `ROLE_` 접두사 없이 `Authority`와 매핑된다. 따라서, `hasRole('ADMIN')` 과 같은 형태로 사용하고 `RoleEnum` 클래스에는 `ADMIN`이 아니라 `ROLE_ADMIN`으로 정의해야 한다. 반면 `hasAuthority('ADMIN')`를 사용하는 경우는 `ADMIN`으로 정의한다.

OAuth 2.0 리소스 서버는 기본적으로 범위(scp) 클레임을 기반으로 권한을 생성한다. 다른 애플리케이션과의 통합을 위해 주문 내역과 같은 리소스에 대해 액세스를 허용하려면 써드파티 애플리케이션의 접근을 제한할 수 있다. 써드파티 애플리케이션은 하나 이상의 범위를 요청할 수 있다. 이 정보는 사용자 동의 화면을 통해 사용자에게 동의를 요청하며 애플리케이션에 발급되는 액세스 토큰은 사용자가 허용한 범위로 제한된다. 그러나 이번 장에서는 이런 사용자 동의 화면을 통한 흐름을 제공하지 않으며 REST 엔드포인트에 대한 접근만 허용하는 것으로 제한하겠다.

JWT가 `scope`나 `scp`라는 이름의 클레임을 포함하고 있으면 스프링 시큐리티는 해당 클레임의 값에 "`SCOPE_`" 접두사를 붙여 권한을 구성한다. 예를 들어 페이로드에 `scp=["READ","WRITE"]` 클레임이 포함된 경우라면 이는 `Authority` 목록이 `SCOPE_READ` 및 `SCOPE_WRITE`로 구성됨을 의미한다.

우선 스프링 OAuth2.0 리소스 서버가 `scope` 클레임을 기본 권한으로 사용하기 때문에 기본 권한 매핑 방식을 변경할 것이다. 이를 수행하기 위해 보안 설정 시에 `OAuth2ResourceServer`의 `JwtConfigurer`에 커스텀 인증 변환기를 추가한다. 그리고 다음과 같이 변환기를 반환하는 메소드를 추가하자.

코드: /Chapter06/src/main/java/com/packt/modern/api/security/SecurityConfig.java

```java
private Converter<Jwt, AbstractAuthenticationToken> getJwtAuthenticationConverter() {
  JwtGrantedAuthoritiesConverter authorityConverter = new JwtGrantedAuthoritiesConverter();
  authorityConverter.setAuthorityPrefix(AUTHORITY_PREFIX);
  authorityConverter.setAuthoritiesClaimName(ROLE_CLAIM);
  JwtAuthenticationConverter converter = new JwtAuthenticationConverter();
  converter.setJwtGrantedAuthoritiesConverter(authorityConverter);
```

```
    return converter;
}
```

먼저 JwtGrantedAuthoritiesConverter의 새 인스턴스를 만든 다음 권한 접두사인 ROLE_와 권한 클레임 이름(JWT에 포함된 클레임의 키)을 역할로 할당한다.

이제 이 private 메소드를 사용해 OAuth 2.0 리소스 서버를 구성할 수 있다. 다음 코드를 사용해 기존 설정을 수정하자. 또, 아래 코드처럼 역할에 따라 POST /api/v1/addresses API 호출을 제한하도록 설정할 수도 있다.

```
.requestMatchers("/api/v1/addresses/**").hasAuthority(RoleEnum.ADMIN.getAuthority())
        .anyRequest().authenticated())
    .oauth2ResourceServer(oauth2ResourceServer ->
        oauth2ResourceServer.jwt(jwt -> jwt.jwtAuthenticationConverter(getJwtAuthenticationCon
verter())))
```

이 설정을 /api/v1/addresses에 추가하면 이 엔드포인트가 POST 방식으로 호출될 때는 인증과 권한 부여 상태를 모두 확인하게 된다. 이는 로그인한 사용자가 이 엔드포인트를 성공적으로 호출하려면 ADMIN 역할이 필요함을 의미한다. 또한 기본 클레임을 scope에서 role로 변경했다.

이제 역할 기반의 접근 제어를 메소드 수준에서 처리하도록 프로그래밍해보자. 스프링 시큐리티는 @PreAuthorize, @Secured 및 @RolesAllowed와 같은 애노테이션을 사용해 스프링 빈의 public 메소드에 대한 접근을 권한과 역할 기반으로 제한하도록 지원한다. 이 기능들은 기본적으로 비활성화되어 있으므로 명시적으로 활성화시켜야 한다.

다음과 같이 스프링 시큐리티 설정 클래스에 @EnableGlobalMethodSecurity(prePostEnabled = true) 애노테이션을 추가해 이 기능을 활성화하자.

```
@Configuration
@EnableWebSecurity
@EnableGlobalMethodSecurity(prePostEnabled = true)
public class SecurityConfig {
```

앞에서 메소드 수준의 보안과 관련한 전역 설정을 명시할 때 prePostEnabled 속성을 true로 설정했기 때문에, @PreAuthorize(주어진 액세스 제어 표현식이 메소드 호출 전에 평가됨) 및 @PostAuthorize(주어진 액세스 제어 표현식이 메소드 호출 후에 평가됨) 애노테이션을 사용해 스프링 빈의 퍼블릭 메소드에 제한을 둘 수 있다.

@EnableGlobalMethodSecurity는 다음 속성도 지원한다.

- secureEnabled: public 메소드에 @Secured 주석을 사용할 수 있다.
- jsr250Enabled: @RolesAllowed와 같은 JSR-250 주석을 사용할 수 있게 해준다. @RolesAllowed는 public 클래스와 public 메소드 모두에 적용할 수 있다. 이름에서 알 수 있듯이 역할 목록을 사용해 접근을 제한할 수 있게 된다.

@PreAuthorize/@PostAuthorize는 권한/역할을 설정할 때 사용할 수 있을 뿐만 아니라 **SpEL(Spring Expression Language)** 표현식도 함께 사용할 수 있기 때문에 다른 보안 애노테이션보다 더 강력하다.

데모를 위해 AddressController의 DELETE /v1/auth/addresss/{id}와 맵핑된 deleteAddressesById() 메소드에 아래 코드와 같이 @PreAuthorize 애노테이션을 추가해 보자.

```
@PreAuthorize("hasRole('" + Const.ADMIN + "')")
@Override
public ResponseEntity<Void> deleteAddressesById(String id) {
  service.deleteAddressesById(id);
  return accepted().build();
}
```

앞의 코드에 대해 좀 더 자세히 알아보자:

- 여기서 hasRole()은 내장 SpEL 표현식이다. 유효한 SpEL 표현식을 전달해야 하며 문자열이어야 한다. 이 SpEL 표현식을 구성하는 데 사용하는 모든 변수는 final로 선언해야 한다. 따라서 RoleEnum 열거형 클래스의 Const.ADMIN과 같은 상수를 보면 final 문자열 상수로 선언했다.
- 이제 DELETE /api/v1/addresses/{id} REST API는 ADMIN 역할을 가진 사용자만 호출할 수 있다.
- 스프링 시큐리티는 hasRole()과 같은 다양한 내장 SpEL 표현식을 제공한다. 아래에서 몇 가지 예를 보자.
  - hasAnyRole(String... roles): 접근주체의 역할이 지정된 역할들 중 하나와 일치하는 경우 true를 반환한다.
  - hasAuthority(String authority): 접근주체가 지정된 권한을 가지고 있는 경우 true를 반환한다. 같은 목적을 위해 hasAnyAuthority(String...authority)를 사용할 수도 있다.

- permitAll: true를 반환한다.
- denyAll: false를 반환한다.

- isAnonymous(): 현재 사용자가 익명이면 true를 반환한다.

- isAuthenticated(): 현재 사용자가 익명이 아니면 true를 반환한다.

이 표현식의 전체 목록은 https://docs.spring.io/spring-security/site/docs/3.0.x/reference/el-access.html에서 확인할 수 있다.

앞에서 알아본 것과 유사한 설정을 거치면 권한에 따라 특정 API에 접근하는 것을 제한할 수 있다. 다음 절에서는 보안 관련 테스트를 해 보자.

보안 관련 테스트하기

지금쯤이면 테스트를 하고 싶을 것이다. 아래에서 API 컬렉션을 볼 수 있다.

```
API 컬렉션: /Chapter06/Chapter06-API-Collection.har
```

HAR 타입의 파일을 임포트할 수 있게 지원하는 API 클라이언트를 사용하면 이 API 컬렉션들을 테스트할 수 있다.

> **중요 노트**
> JDK keytool에서 생성된 키는 90일 동안만 유효하므로 90일이 지났다면 키를 다시 생성해야 한다.

6장의 코드를 빌드하고 실행하기

프로젝트의 루트에서 gradlew clean build를 실행하여 코드를 빌드하면 된다. 그 후에는 java -jar build/libs/Chapter06-0.0.1-SNAPSHOT.jar를 실행하여 서비스를 구동하자. 그리고, Java17이 패스에 설정돼 있는지 꼭 확인해야 한다.

자, 첫번째 유즈케이스를 테스트해 보자.

아래 curl 명령어처럼 Authorization 헤더 없이 GET /api/vi/addresses API를 실행해보자.

```
$ curl -v 'http://localhost:8080/api/v1/addresses' -H 'Content-Type: application/json' -H 'Accept: application/json'
```

```
< HTTP/1.1 401
< Vary: Origin
< Vary: Access-Control-Request-Method
< Vary: Access-Control-Request-Headers
< WWW-Authenticate: Bearer
< X-Content-Type-Options: nosniff
< X-XSS-Protection: 1; mode=block
< Cache-Control: no-cache, no-store, max-age=0, must-revalidate
< 간결함을 위해 기타 정보는 생략
```

이 명령은 HTTP 상태 401 (승인되지 않음) 및 **WWW-Authenticate: Bearer** 응답 헤더를 반환하며, 이는 요청이 Authorization 헤더와 함께 전송돼야 함을 의미한다.

이번에는 아래와 같이 유효하지 않은 토큰을 사용한 요청을 보내보자.

```
$ curl -v 'http://localhost:8080/api/v1/addresses' -H
'Content-Type: application/json' -H 'Accept: application/json'
-H 'Authorization: Bearer eyJ0eXAiOiJKV1QiLCJhbGciOiJSUzI1NiJ9...
JWT의 나머지 부분은 간결함을 위해 제거

< HTTP/1.1 401
< Vary: Origin
< Vary: Access-Control-Request-Method
< Vary: Access-Control-Request-Headers
< WWW-Authenticate: Bearer
< 간결함을 위해 기타 정보는 생략
```

서버가 다시 401 코드로 응답한다.

우리는 Flyway 데이터베이스 마이그레이션 스크립트를 이용해서 scott/tiger, scott2/tiger 등의 두 사용자를 생성했다. 이제, 아래와 같이 scott 사용자 정보를 이용해서 로그인을 하고 유효한 JWT를 받아보자:

```
$ curl -X POST http://localhost:8080/api/v1/auth/token -H 'Accept:
application/json' -H 'Content-Type: application/json' -d '{
    "username": "scott",
```

```
    "password": "tiger"
  }'
{"refreshToken":"9rdk5b35faafkneqg9519s6p4tbbqcdt412t7h5st9savkonqnnd
5e8ntr334m8rffgo6bio1vglng1hqqse3igdonoabc971lpdgt3bjoc3je3m81ldp2au
vimts8p6","accessToken":"eyJ0eXAiOiJKV1QiLCJhbGciOiJSUzI1NiJ9.eyJzdWI
iOiJzY290dCIsInJvbGVzIjpbIlVTRVIiXSwiaXNzIjoiTW9kZXJuIEFQSSBEZXZlbG9
wbWVudCB3aXRoIFNwcmluZyBhbmQgU3ByaW5nIEJvb3QiLCJleHAiOjE2Nzc0OTYzMzk
sImlhdCI6MTY3NzQ5NTQzOX0.a7707ZbSAOw5v6Tb3w-MtBwotMEUvc1H1y2W0IU2QJh0m
lSJxSBCfdrNBl0mVk1HnwX4kOpj4grbNasBjpIpHtyOLXdp-gngxdvVfaKSPuptrW4YzA3
ikxbUMWDdEtij_y2DRxJXQ6CrPTjA40L7yB_SXswnHT988Qq6ZALeGW-Lmz-vzAZiRcZUe
6bPPn7F-p4lK_qi1nsUJ1rnWmmffLWCH37ztllcgh6bB1UJuOn9Hw2A1nQExfUutRKgFK0
-LxBUOKOKdRESOnJR9hwOL6v10IFl9xNm53LVMIcuJrndCxvmv7mv0fUOxY63UwhO9kOT
RCXViGKCa3H8RxUFwG52q2nZelle_4I8CUSeDDdmD2Rlax2NyQNe-HHEJb9c91JSzhFm0
K0-c34-kiNGqaB3jljndHoGXCBLM5prphlSdlV4U9PYhmL8ZCaDv8q6rCPSAEcRoiOBPPn
dxEApHKulj9vrO_p7K1T9dLamJSFJKw9Yz8M3_ngiE3qtEBQ3tEUFkZsJpGop5HIxrkB0O
e7L_oETir_wUe1qs8AIZcKSwP9X6fpUuOlONKDpDc-f-n5PjEAvts3BcxuM8Jrw80F6z6T
OJrcikrMt8DGaIXs2WHNP7C605l-JgwCVuZz_8S4LLtaCFnqq4xLU1Gy2qj5CBbALVoFcB
fjoVLN2fq4","username":"scott","userId":"a1b9b31d-e73c-4112-af7c-
b68530f38222"}
```

위 요청은 리프레시 토큰, 액세스 토큰을 함께 반환한다. 이 액세스 토큰을 사용해 `GET /api/v1/addresses` API를 다시 호출해 보자 (Authorization 헤더의 Bearer 토큰 값은 이전 `POST /api/v1/auth/token` API 호출의 응답에서 가져왔다). 코드는 아래와 같다:

```
$ curl -v 'http://localhost:8080/api/v1/addresses' -H 'Content-Type:
application/json' -H 'Accept: application/json' -H 'Authorization:
Bearer eyJ0eXAiOiJKV1QiLCJhbGci...
간결함을 위해 기타 정보는 생략
< HTTP/1.1 403
< Vary: Origin
< Vary: Access-Control-Request-Method
< Vary: Access-Control-Request-Headers
< WWW-Authenticate: Bearer error="insufficient_scope", error_
description="The request requires higher privileges than provided
by the access token.", error_uri="https://tools.ietf.org/html/
rfc6750#section-3.1"
```

위 호출은 403 코드를 반환한다. 이것은 사용자가 성공적으로 인증을 통과했지만 엔드포인트에 접근하기 위해 필요한 역할을 포함하지 않고 있다는 의미이다.

ADMIN 역할을 가지고 있는 scott2 사용자를 이용해서 다시 시도해보자:

```
$ curl -X POST http://localhost:8080/api/v1/auth/token -H 'Accept: application/json' -H 'Content-Type: application/json' -d '{
    "username": "scott2",
    "password": "tiger"
  }'
{"refreshToken":"a6hidhaeb8scj3p6kei61g4a649dghcf5jit1v6rba2mn92o0dm0g6gs6qfh7suiv68p2em0t0nnue8unm10bg079f39590jig0sccisecim5ep3ipuiu29ceaoc793h","accessToken":"eyJ0eXAiOiJKV1QiLCJhbGciOiJSUzI1NiJ9...","username":"scott2","userId":"a1b9b31d-e73c-4112-af7c-b68530f38223"}
## 간결함을 위해 기타 정보는 생략

$ curl -v 'http://localhost:8080/api/v1/addresses' -H 'Content-Type: application/json' -H 'Accept: application/json' -H 'Authorization: Bearer eyJ0eXAiOiJKV1QiLCJhbGciOiJSUzI1NiJ9...'
[{"links":[{"rel":"self","href":"http://localhost:8080/a731fda1-aaad-42ea-bdbc-a27eeebe2cc0"},{"rel":"self","href":"http://localhost:8080/api/v1/addresses/a731fda1-aaad-42ea-bdbc-a27eeebe2cc0"}],"id":"a731fda1-aaad-42ea-bdbc-a27eeebe2cc0","number":"9I-999","residency":"Fraser Suites Le Claridge","street":"Champs-Elysees","city":"Paris","state":"Île-de-France","country":"France","pincode":"75008"}]
```

이번에는 호출에 성공했다. 이제 리프레시 토큰을 사용해 아래와 같이 새 액세스 토큰을 발급받아 보자.

```
$ curl -X POST 'http://localhost:8080/api/v1/auth/token/refresh' -H 'Content-Type: application/json' -H 'Accept: application/json' -d '{
    "refreshToken": "a6hidhaeb8scj3p6kei61g4a649dghcf5jit1v6rba2mn92o0dm0g6gs6qfh7suiv68p2em0t0nnue8unm10bg079f39590jig0sccisecim5ep3ipuiu29ceaoc793h"
  }'
{"refreshToken":"a6hidhaeb8scj3p6kei61g4a649dghcf5jit1v6rba2mn92o0dm0g6gs6qfh7suiv68p2em0t0nnue8unm10bg079f39590jig0sccisecim5ep3ipuiu29ceao
```

```
c793h","accessToken":"eyJ0eXAiOiJKV1QiLCJhbGciOiJSUzI1NiJ9... rest of
the token truncated for brevity","username":"scott2","userId":"a1b9b
31d-e73c-4112-af7c-b68530f38223"}
```

이번에는 새 엑세스 토큰과 함께 요청시에 페이로드에 포함시켰던 것과 동일한 리프레시 토큰도 반환한다.

리프레시 토큰 API를 호출할 때 유효하지 않은 리프레시 토큰을 전달하면 아래와 같은 응답이 반환된다:

```
{"errorCode":"PACKT-0010",
 "message":"Requested resource not found. Invalid token.",
 "status":404,"url":"http://localhost:8080/api/v1/auth/token/refresh",
 "reqMethod":"POST","timestamp":"2023-02-27T11:13:27.183172Z"}
```

이와 유사하게 다른 API 엔드포인트도 호출해보면 된다. 또는, HAR 파일(https://github.com/PacktPublishing/Modern-API-Development-with-Spring-6-and-Spring-Boot-3/blob/main/Chapter06/Chapter06-API-Collection.har)을 Insomnia와 같은 API 클라이언트에서 임포트 한 뒤에 나머지 API들을 테스트해봐도 좋다.

요약

이번 장에서는 JWT, 스프링 시큐리티, 필터를 사용한 인증, 필터를 사용한 JWT 토큰의 유효성 검사, 스프링 OAuth 2.0 리소스 서버를 사용한 인증에 대해 살펴봤다. 또한 CORS와 CSRF를 통해 리소스를 보호하는 방법과 이것이 필요한 이유를 배웠다.

역할과 권한을 기반으로 API 접근을 안전하게 허용하는 방법도 배웠다. 이제 JWT, 스프링 시큐리티, 스프링 시큐리티 OAuth 2.0 리소스 서버 구현 기술을 통해 웹 리소스를 보호하는 기술을 완전히 이해했을 것이다.

다음 장에서는 이 장에서 사용된 스프링 시큐리티 프레임워크와 API를 사용해 샘플 전자 상거래 앱의 UI를 개발할 것이다. UI와 REST API를 통합하는 과정에서 UI 흐름을 이해하게 될 것이고 자바스크립트를 사용해 REST API를 호출하는 방법도 알게 될 것이다.

질문

1. 보안 컨텍스트와 접근 주체란 무엇인가?
2. 토큰 서명 또는 토큰 암호화 중에서 JWT 보호에 선호되는 방법은 무엇인가?
3. JWT를 사용하기 위한 모범 사례를 설명하라.

답변

1. 보안 컨텍스트는 SecurityContextHolder를 사용해 접근 주체를 저장하며 항상 동일한 실행 쓰레드 내에서 이용 가능하다. 보안 컨텍스트는 로직을 실행하는 동안 우리가 원하면 언제든 접근 주체에 대한 정보를 추출해서 사용할 수 있도록 해준다. @PreAuthorize 와 같은 보안 관련 애노테이션은 이 컨텍스트를 이용해서 검증을 수행한다. 접근 주체는 현재 로그인 중인 사용자를 말하며 UserDetails 인스턴스일 수도 있고 또는 사용자명을 포함하는 문자열일 수도 있다. 아래 코드를 이용해 이 정보를 가져올 수 있다:

    ```
    Object principal = SecurityContextHolder
                    .getContext().getAuthentication()
                    .getPrincipal();
    if (principal instanceof UserDetails) {
      String username =
                ((UserDetails)principal).getUsername();
    } else {
      String username = principal.toString();
    }
    ```

2. 다소 주관적인 질문일 수 있다. 하지만, JWT가 생년월일이나 신용카드 정보와 같은 민감하고 개인적인 정보를 담고 있지 않다면 JWS (Json Web Signature, 서버에서 인증을 근거로 인증정보를 서버의 private key로 서명한 것을 토큰화)를 사용하고, 만약 이런 정보들을 담고 있다면 JWE (Json Web Encryption, 서버와 클라이언트 간의 암호화된 데이터를 토큰화)를 사용해서 정보를 암호화하도록 권고하고 있다. 만약 이 두가지 방법을 함께 사용하고 싶다면, 정보를 먼저 암호화하고 그 후에 키를 이용해 서명하는 것이 좋다.

3. 다음의 가이드라인을 따르면 된다. 만약 더 새로운 방법을 발견하면 아래 리스트에 추가하자:

    - JWT가 항상 발급자(issuer)와 수신자(audience)를 항상 검증하라.
    - JWT가 none 알고리즘을 허용하도록 하지 마라 (즉, JWT에 알고리즘을 명시하지 않거나 JWT 헤더의 alg 필드에 none 값을 지정하지 마라). 대신에 어떤 알고리즘을 명시했던 간에 특정 알고리즘과 키 값을 체크하는 검증 로직을 포함시켜라.

- National Vulnerability Database (NVD)[4]를 항상 주시하라.
- 약한 비밀 키를 사용하지 말고 SHA256, SHA384, SHA512 등과 함께 비대칭 개인/공개 키를 사용하라.
- 일반적인 용도의 경우엔 최소 2,048개, 비즈니스 용도의 경우엔 3,072개의 사이즈를 갖는 키를 사용하라.
- 인증에는 개인 키를 사용해야 하며, 인증 서버는 공개 키를 사용해야 한다.
- 클라이언트는 보안 가이드라인에 따라 토큰을 저장해야 하고, 웹 애플리케이션은 서버와 통신할 때 HTTPS를 사용해야 한다.
- 웹 애플리케이션이 **크로스 사이트 스크립팅(XSS) 공격**[5]에 대비해 완벽하게 테스트됐는지 확인하고, 항상 **콘텐츠 보안 정책(CSP)**[6]을 사용하는 것이 좋다.
- 엑세스 토큰의 만료 시간을 짧게 유지하고, 새로 고침 토큰을 사용해 액세스 토큰을 갱신하도록 하라.
- OWASP[7] 보안 가이드라인과 새로운 위협을 신경써야 한다.

추가 읽을거리

- 스프링 시큐리티 5.x 핸즈온 (비디오 코스): https://www.packtpub.com/product/hands-on-spring-security-5-x-video/9781789802931

- 스프링 시큐리티 공식 문서: https://docs.spring.io/spring-security/site/docs/current/reference/html5/

- JWT: https://tools.ietf.org/html/rfc7519

- JWS: https://www.rfc-editor.org/info/rfc7515

- JWE: https://www.rfc-editor.org/info/rfc7516

- 스프링 시큐리티 내장 SpEL 표현식: https://docs.spring.io/spring-security/site/docs/3.0.x/reference/el-access.html

---

4 (옮긴이) 국가 취약점 데이터베이스(NVD)는 보안 콘텐츠 자동화 프로토콜(SCAP)을 사용하여 표현되는 표준 기반 취약점 관리 데이터의 미국 정부 리포지토리를 의미한다. https://en.wikipedia.org/wiki/National_Vulnerability_Database을 참고하기 바란다.
5 (옮긴이) 웹 애플리케이션에서 많이 나타나는 취약점의 하나로 웹사이트 관리자가 아닌 이가 웹 페이지에 악성 스크립트를 삽입할 수 있는 취약점이다. https://ko.wikipedia.org/wiki/사이트_간_스크립팅
6 (옮긴이) XSS(Cross Site Scription) 공격을 막기 위해 만든 정책을 의미한다. https://developer.mozilla.org/ko/docs/Web/HTTP/CSP 을 참고하기 바란다.
7 (옮긴이) OWASP(The Open Web Application Security Project)는 오픈소스 웹 애플리케이션 보안 프로젝트다. 주로 웹에 관한 정보노출, 악성 파일 및 스크립트, 보안 취약점 등을 연구하며, 10대 웹 애플리케이션의 취약점 (OWASP TOP 10)을 발표했다. https://ko.wikipedia.org/wiki/OWASP

07

사용자 인터페이스 설계하기

이전 장에서는 스프링 시큐리티를 이용해 인증과 권한 부여를 구현하고 샘플 전자 상거래 앱의 API 인터페이스도 구현했다. 이번 장에서는 리액트(React) 라이브러리를 사용해 샘플 전자 상거래앱의 프런트엔드를 개발할 것이다. 이 사용자 인터페이스 앱은 이전 챕터 *6장, 권한-부여와 인증*을 통해 REST 엔드포인트 보호하기에서 개발한 API를 사용한 **싱글페이지 애플리케이션(Single-page application, SPA)**으로 로그인, 제품 목록, 제품 상세 정보, 장바구니 및 주문 목록과 같은 대화형 구성 요소로 구성된다. 이 장에서는 온라인 쇼핑 앱의 여러 계층 사이의 통신을 연결하며 개발 과정의 처음부터 끝까지를 종합적으로 다룬다. 이 장을 마칠 즈음이면 SPA, 리액트를 사용한 UI 컴포넌트 개발과 함께 브라우저에 내장된 Fetch API를 통해 REST API를 사용하는 방법까지 모두 배우게 된다.

이번 장은 아래 주제를 다룬다:

- 리액트 기초
- 리액트 컴포넌트와 기타 기능에 대한 학습
- 전자 상거래 앱을 구성하는 컴포넌트 디자인
- Fetch를 이용한 API 호출
- 인증의 구현

기술 요구 사항

코드를 개발하고 실행하려면 아래의 준비가 필요하다:

- 자바스크립트에 익숙해야 한다. 즉, 데이터 유형, 변수, 함수, 루프, 그리고 배열 관련 메소드인 map(), Promise, async 등에 대해 알고 있어야 한다.
- NPM(Node Package Manager) 9.X을 사용해 Node.js 18.X을 개발하는 환경에 대해 알고 있어야 한다. 또, npm install yarn -g 명령으로 설치하는 yarn에 대해서 알고 있으면 더 좋다.
- 비주얼 스튜디오 코드(Visual Studio Code, VS Code): 무료 소스 코드 에디터이다. 물론 다른 에디터가 좋다면 그것을 써도 좋다.
- create-react-app 명령을 수행할 때 자동으로 포함되는 리액트 18 라이브러리에 대한 지식이 필요하다.

그럼 이제 시작해보자!

예제 코드는 Chapter07 폴더를 참조하기 바란다.

React 기초

리액트는 격리된 작은 컴포넌트를 포함하는 대화형, 동적 UI를 빌드하기 위한 선언적 라이브러리다. 앵귤러JS(AngularJS)와 같은 다른 자바스크립트 프레임워크처럼 동작 가능하고 이런 프레임워크들과 비교 가능하기 때문에 때때로 프레임워크라고도 부른다. 그러나, 리액트는 리액트 라우터(React Router), 리액트 리덕스(React Redux) 등과 같이 리액트를 지원하는 라이브러리와 함께 작동하는 라이브러리이다. 일반적으로 싱글 페이지 애플리케이션을 개발하는 데 사용하지만 풀스택(full-stack) 응용 프로그램 개발에 사용할 수도 있다.

리액트는 MVC(Model-View-Controller) 아키텍처에 따라 애플리케이션의 뷰 레이어를 구축하는 데 사용할 수 있고 자체적인 상태를 가진 재사용이 가능한 UI 컴포넌트를 만들 수도 있다. 템플릿 작성을 위해서는 일반적인 자바스크립트와 함께 HTML(HyperText Markup Language)을 사용하거나 **JSX(JavaScript Syntax Extension)**를 사용한다. 이 장에서는 JSX를 사용할 것이다. JSX는 동적 변경과 상호 작용을 위해 **가상 문서 객체 모델**(Virtual Document Object Model, VDOM)을 사용한다.

create-react-app 유틸리티를 사용해 새 리액트 앱을 만들어보자. 이 유틸리티를 사용하면 샘플 전자 상거래 앱의 프런트엔드 개발에 사용할 기본 앱 구조를 생성해준다.

리액트 앱 만들기

리액트를 사용하면 아무것도 없는 상태에서도 처음부터 리액트 UI 앱을 구성하고 빌드할 수 있다. 하지만, 리액트의 장점은 create-react-app 유틸리티를 사용해 기본 형태의 샘플 앱을 빠르게 구성해서 개발할 수 있다는 점이다. 이 기본 형태의 앱에 추가 개발을 해서 완전한 UI 애플리케이션을 구축하게 된다.

이 명령어의 문법은 아래와 같다:

```
npx create-react-app <app name>
```

npm 패키지 실행기(npm package executor, NPX)는 **명령줄 인터페이스(CLI)** 도구와 npm 레지스트리에서 제공하는 다양한 실행 파일을 사용하게 해주는 도구다. 기본적으로 npm 5.2.0에 포함돼 있으며, npm i npx 명령을 통해 설치할 수도 있다. NPX를 이용해 create-react-app 리액트 패키지를 직접 실행해 보자.

이제 다음 명령을 사용해 ecomm-ui 애플리케이션을 생성하자:

```
$ npx create-react-app ecomm-ui
Creating a new React app in /Users/dev/Modern-API-Development-with-
Spring-6-and-Spring-Boot-3/Chapter07/ecomm-ui.
Installing packages. This might take a couple of minutes.
Installing react, react-dom, and react-scripts with cra-template...
//... 간결함을 위해 기타 정보는 생략
added 1418 packages in 50s
Success! Created ecomm-ui at /Users/sourabhsharma/dev/pws/java/Modern-
API-Development-with-Spring-6-and-Spring-Boot-3/Chapter07/ecomm-ui
//... 간결함을 위해 기타 정보는 생략
Inside that directory
We suggest that you begin by typing:
  cd ecomm-ui
  npm start
```

필요한 패키지들이 모두 성공적으로 설치되면, 앱 디렉터리로 이동한 뒤 아래 명령어를 실행해서 create-react-app 명령으로 설치된 애플리케이션을 실행할 수 있다.

```
$ cd ecomm-ui
$ code .
```

code . 명령은 비주얼 스튜디오 코드에서 ecomm-ui 앱 프로젝트를 열 수 있게 하는 명령이다. 이제 아래 명령을 사용해 개발 서버를 시작하자.

```
$ yarn start
```

서버가 성공적으로 시작되면 다음 스크린샷과 같이 기본 브라우저에 localhost:3000으로 새 탭이 열린다:

그림 7.1 – create-react-app 유틸리티를 이용해 생성된 기본 UI 앱

create-react-app을 통해 자동 생성된 리액트 앱을 실행해 봤다. 앞으로 이 기본 뼈대 위에 e-commerce UI 앱을 추가해 나갈 예정인데, 그 전에 리액트에 대한 기본적인 개념과 자동 생성된 파일에 대해 이해해야 한다.

기본 구조와 파일에 대해 알아보자

자동 생성된 리액트 앱은 루트 프로젝트 디렉터리 내에 아래 디렉터리와 파일을 포함한다.

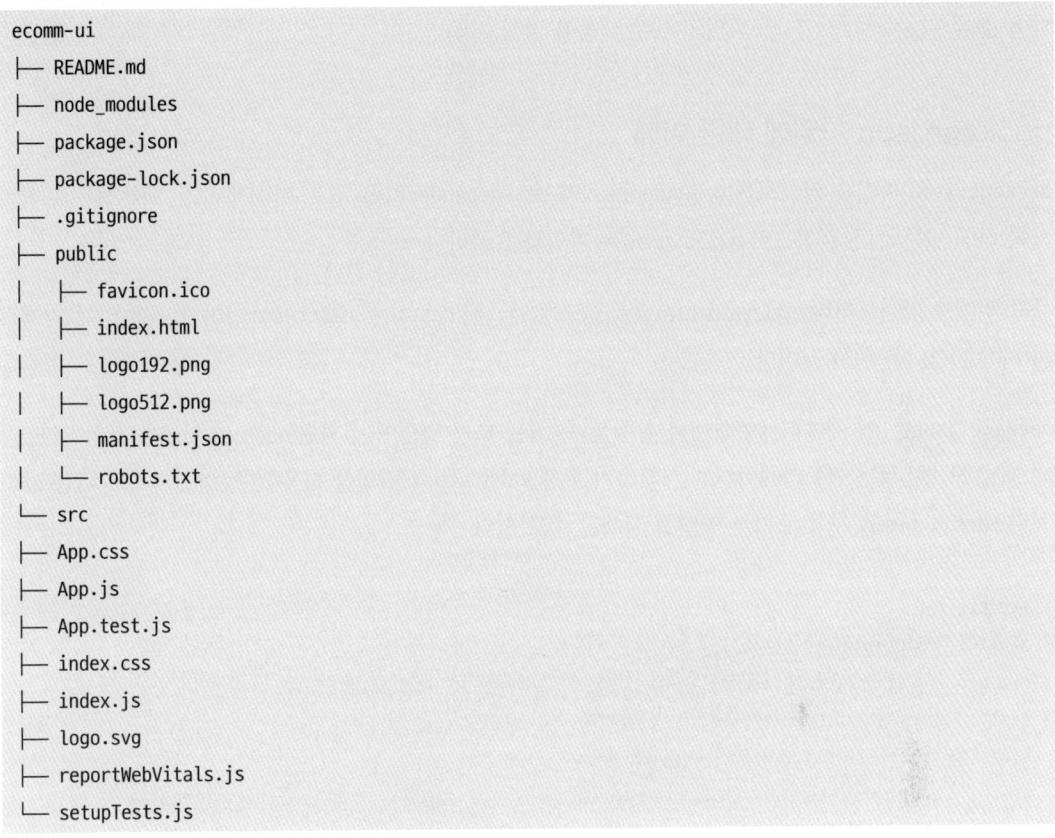

먼저 중요한 부분부터 살펴보면 다음과 같다:

- node_modules: 이 폴더는 변경하지 않을 것이다. 노드(Node) 기반 응용 프로그램은 여기에 모든 의존성 패키지의 로컬 복사본을 보관한다.

- public: 이 디렉터리엔 index.html, 이미지, favicon 아이콘 및 robots.txt를 포함한 앱의 모든 정적 리소스가 포함돼 있다.

- src: 이 디렉터리엔 리액트 코드와 CSS(Cascading Style Sheets), Sass(Synthetically Awesome Style Sheets), Less(Leaner Style Sheets) 등이 저장된다. 또 테스트 코드도 여기 저장된다.

- package.json: 이 JSON(JavaScript Object Notation) 파일에는 메타데이터와 함께 scripts 필드에 정의된 명령, dependencies와 dev-dependencies 필드에 기술된 의존성 패키지에 대한 정의가 포함돼 있다.

serviceWorker.js 파일, logo.svg 파일, 그리고 테스트 파일은 이 장에서는 사용하지 않기 때문에 지금은 src 디렉터리에서 삭제해도 된다.

다음 절에서는 package.json 파일의 세부 내용을 알아보자.

package.json 파일에 대한 이해

package.json 파일을 열어보면 dependencies와 dev-dependencies 필드 아래에 모든 의존성을 포함하도록 하고 있는데, 본질적으로 build.gradle 파일과 유사하다.

주요 리액트 라이브러리는 dependencies 필드에 언급된 react 및 react-dom이며 이들은 각각 리액트와 가상 DOM을 위한 것이다.

package.json은 이 애플리케이션에서 실행할 수 있는 모든 명령이 정의된 scripts 필드를 포함한다. 앞의 개발 모드에서는 애플리케이션을 시작하기 위해 yarn start 명령을 사용했다. 마찬가지로 다음 코드처럼 yarn 및 npm을 사용해 다른 명령을 실행할 수도 있다.

```
"scripts": {
"start": "react-scripts start",
"build": "react-scripts build",
"test": "react-scripts test",
"eject": "react-scripts eject"
},
```

react-scripts는 create-react-app 유틸리티에 의해 설치되는 CLI 패키지이다. 여기에는 많은 의존성이 포함되어 있으며 이 중 몇 가지 중요한 의존성을 살펴보자면 아래와 같다:

- **웹팩**(Webpack. https://webpack.js.org/): 자바스크립트, CSS, 이미지, HTML 등을 번들로 묶어 주는 모듈 번들러다. CSS와 이미지는 의존성 때문에 추가 로더가 필요할 수도 있다. 예를 들어 Webpack은 모든 자바스크립트 파일을 하나의 자바스크립트 파일로 번들링한다. 물론 webpack.config.js 파일에 명시된 설정을 변경해 웹팩이 번들링하는 방식을 커스터마이징 할 수도 있다.

- **제스트**(Jest, https://jestjs.io/): 페이스북에서 유지, 관리하는 자바스크립트 테스트 프레임워크이다.

- **ESLint**(https://eslint.org/): ESLint는 코드 품질을 유지하는 데 도움을 주는 정적분석 도구로 Java 개발자들이 사용하는 Checkstyle과 매우 유사하다.[1]

---

[1] (옮긴이) 린팅(linting)이란, 린트(lint) 또는 린터(linter)는 소스 코드를 분석하여 프로그램 오류, 버그, 스타일 오류, 의심스러운 구조체에 표시(flag)를 달아 놓기 위한 도구들을 가리킨다. 이 용어는 C 언어 소스 코드를 검사하는 유닉스 유틸리티에서 기원한다. https://ko.wikipedia.org/wiki/린트_(소프트웨어)을 참고하자.

- **바벨**(Babel, https://babeljs.io/): 바벨은 자바스크립트 코드를 이전 버전과 호환되는 자바스크립트 코드로 변환하는 트랜스컴파일러 도구이다. 이 책이 쓰여질 당시 최신 자바스크립트의 초안(draft) 버전은 ES13이라고도 불리는 ECMAScript 2022이다. 최신 자바스크립트의 안정 버전은 ECMAScript 2018(ES9)이다. 바벨을 사용하면 최신 버전으로 작성된 자바스크립트 코드를 최적화하고 이전 버전과 호환되는 코드를 생성할 수 있다.

`react-scripts`는 `package.json`의 `dependencies` 필드에서 찾을 수 있다. 각각의 명령에 대해 설명하면 아래와 같다:

- `start`: 이 명령을 사용해 node 환경에서 개발 서버를 시작할 수 있다. 또한 핫 리로드(hot reload) 기능을 제공한다. 이로 인해 리액트 코드에 대한 모든 변경 사항은 서버를 다시 시작하지 않고도 애플리케이션에 반영된다. 따라서 정적분석 관련 또는 코드 관련 이슈가 있다면 콘솔(터미널 창)과 웹 브라우저에 표시된다.
- `build`: 이 명령은 프로덕션 배포를 위해 리액트 애플리케이션 코드를 패키징한다. 하나의 CSS 파일에 정의된 여러 개의 자바스크립트 파일들을 하나의 파일로 통합하고 코드를 최소화, 최적화한다. 그런 다음 이 통합본을 사용해 웹 서버에 배포한다.
- `test`: 이 명령은 제스트(Jest)[2]를 테스트 러너(test runner)로 사용해 테스트를 실행한다. 이 명령은 `.test.js`나 `.spec.js`와 같은 확장자를 가진 모든 테스트 파일을 실행한다.
- `eject`: 리액트는 웹팩, 바벨 등에 대해서 기본 빌드 설정을 제공한다. 이 빌드 설정은 빌드하는 앱의 최적화를 위한 베스트 프랙티스를 구현하고 있다. 이 명령을 사용하면 숨겨진 기본 빌드 구성을 표시하도록 할 수 있고, 이렇게 노출된 빌드 구성을 재정의하고 커스터마이징 할 수 있다. 하지만, 이 작업은 되돌릴 수 없는 단방향 작업이기 때문에 최대한 주의를 기울여야 한다.

다음 절에서는 리액트가 어떻게 작동하는지 알아보자.

React 앱의 부트스트랩

웹 페이지는 HTML 문서일 뿐이다. HTML 문서에는 DOM이 포함돼 있으며, DOM은 HTML 엘리먼트로 구성된 트리와 같은 구조를 취한다. DOM에 어떤 변경이 발생하면 브라우저는 HTML 문서를 다시 렌더링한다. 실제 DOM에서, 특히 n번째 깊이에 있는 엘리먼트까지 변경하는 것은 DOM 트리를 순회해 렌더링한다는 면에서 리소스를 매우 많이 사용하는 작업이다. 각 변경이 전체 DOM 트리에서 수행되고 이것은 시간과 메모리를 소모하는 작업이기 때문이다.

---

[2] (옮긴이) Jest는 페이스북에서 개발하고 유지 관리하는 자바스크립트 테스팅 프레임워크다. https://en.wikipedia.org/wiki/Jest_(JavaScript_framework)을 참고하기 바란다.

리액트는 **VDOM**을 사용해 이러한 작업을 가볍게 만든다. VDOM은 실제 DOM을 메모리 내에 복사한 것이다. 리액트는 react-dom 패키지를 사용해 VDOM을 유지, 관리한다. 따라서 리액트 앱을 초기화할 때 제일 먼저 하는 작업은 루트 HTML 엘리먼트의 ID를 ReactDOM 객체의 render 함수에 전달하는 것이다. 리액트는 첫 번째 렌더링 후 이 루트 엘리먼트 아래에 VDOM을 렌더링한다.

첫 번째 렌더링 후에는 리액트 컴포넌트와 이들의 상태 변경에 따라 꼭 필요한 변경 사항만 실제 DOM에 기록된다. 리액트 컴포넌트의 render 함수는 JSX 구문의 마크업을 반환한다. 그런 다음 리액트는 이를 HTML 마크업으로 변환하고, 생성된 VDOM을 실제 HTML DOM과 비교해 실제 DOM에 필요한 변경만 적용한다. 이 프로세스는 컴포넌트가 변경될 때까지 계속된다. 그렇다면 첫 번째 렌더링은 어떻게 수행되는지 살펴보자.

public 디렉터리 아래의 index.html 파일은 메인 HTML 파일 역할을 한다. 이 파일은 사이트의 기본 뼈대를 구성하는 파일로서 title, meta, body 엘리먼트를 포함하고 있으며 ID가 root인 div 엘리먼트를 body 안에 포함한다. 첫 번째 렌더링을 수행할 때에는 이 root 엘리먼트를 src 디렉터리의 index.js에 선언된 ReactDOM의 render 함수에 전달한다. **이 부분이 리액트 앱의 진입점이다.** 아래에서 코드를 살펴보자.

코드: /Chapter07/ecomm-ui/src/index.js

```js
import React from 'react';
import ReactDOM from 'react-dom/client';
import './index.css';
import App from './App';
const root = ReactDOM.createRoot(document.getElementById('root'));

root.render(
  <React.StrictMode>
    <App />
  </React.StrictMode>
);
```

리액트는 react-dom 패키지의 ReactDOM 객체를 사용해 페이지를 렌더링한다. ReactDOM 객체는 createRoot 함수를 호출하며 root 엘리먼트를 전달하고 이를 통해 root 객체를 생성한다. document.getElementById('root') 함수는 index.html 의 `<body>` 엘리먼트의 안에 있는 `<div id="root">` 를 가져온다.

root 객체의 render() 함수는 ReactNode 타입의 엘리먼트를 아규먼트로 포함한다. 렌더링 과정에서는 <React.StrictMode> 컴포넌트로 래핑된 <App /> 태그 컴포넌트를 element 아규먼트로 전달한다.

앱 컴포넌트는 단일 컴포넌트이거나 단일 또는 다중 계층의 자식 컴포넌트로 구성된 부모 컴포넌트일 수 있다. 단일 컴포넌트는 다른 리액트 컴포넌트를 포함하지 않는다. 심플하게 JSX만 포함한다. 하지만 부모 컴포넌트는 하나 이상의 자식 컴포넌트를 포함하며, 이런 자식 컴포넌트도 다시 하나 이상의 자식 컴포넌트를 포함할 수 있다. 예를 들어 App 컴포넌트는 header, footer, 그리고 content 컴포넌트를 포함할 수 있다. content 컴포넌트는 cart 컴포넌트를 가질 수 있고, 다시 cart 컴포넌트는 아이템들을 포함할 수 있다.

<React.StrictMode> 컴포넌트는 특별한 리액트 컴포넌트로서 베스트 프랙티스를 확인해 사용되지 않는(deprecated) 메소드를 찾고, 우리가 만든 리액트 컴포넌트의 잠재적 위험을 발견하기 위해 두 번 렌더링되며, 이 과정에서 찾아낸 경고와 제안 내용을 콘솔 로그로 출력한다. <React.StrictMode> 컴포넌트는 개발 모드에서만 작동하기 때문에 프로덕션 빌드에는 영향을 미치지 않는다.

render 함수는 App 컴포넌트의 JSX를 HTML로 변환하고, 이를 <div id="root"> 태그 안에 추가한 다음 VDOM과 실제 DOM을 비교해서 발견한 변경 내용을 실제 DOM에 적용한다. 이런 방식으로 리액트 컴포넌트가 브라우저에 렌더링된다.

이제 리액트의 렌더링 과정에서 리액트 컴포넌트가 핵심적인 역할을 한다는 것을 이해했을 것이다. 다음 절에서 리액트 컴포넌트에 대해서 더 자세히 알아보자.

리액트 컴포넌트 및 기타 기능에 대해 알아보자

각 페이지는 리액트 컴포넌트를 사용해 구성된다. 예를 들어 Amazon의 **제품 목록 페이지**는 크게 헤더, 푸터, 컨텐트, 제품 목록, 필터 및 정렬 옵션, 제품 상세 컴포넌트로 나눌 수 있다. 리액트에서는 자바스크립트 클래스를 사용하거나 함수를 사용하는 두 가지 방법으로 컴포넌트를 만들 수 있다.

함수와 클래스를 모두 사용한 리액트 기반 샘플 헤더 컴포넌트를 만들어 보자.

이 경우 자바스크립트 함수를 오래된 스타일로 작성할 수도 있고 **ECMAScript 6(ES6)** 스펙에서 제공하는 화살표 함수를 사용한 스타일로 작성할 수도 있다. 화살표 함수나 자바스크립트 함수를 이용해 생성된 컴포넌트를 리액트 **함수형 컴포넌트(React functional components)**라고 부른다. 이 책에서는 주로 화살표를 사용하는 스타일로 작성할 것이다. 다음은 화살표 스타일의 자바스크립트를 사용해 작성한 Header 컴포넌트의 예시 코드다.

```
export default const Header = (props) => {
  return (
    <div>
      <h1>{props.title}</h1>
    <div>
  )
}
```

자바스크립트 클래스를 사용해 위와 동일한 Header 컴포넌트를 작성하면 아래와 같다:

```
export default class Header extends React.Component {
  render() {
    return (
      <div>
        <h1>{this.props.title}</h1>
      <div>
    )
  }
}
```

이 두 가지 구현 방식에 대해 차근차근 이해해 보자.

- 두 코드는 모두 HTML과 유사한 JSX를 반환하며, 이 JSX가 실제로 변환(JSX에서 HTML로)된 후에 렌더링 된다.
- 각각 함수와 클래스를 익스포트(export)하기 때문에, 다른 컴포넌트에서 이 함수와 클래스를 임포트(import)해서 사용할 수 있다.
- 둘 다 props를 갖는다. 하나는 아규먼트로 넘겨받고, 다른 하나는 React.Component의 일부인 this에 바인딩된다. Props는 애트리뷰트와 그 값을 나타낸다. 예를 들어 위 코드에서는 title 애트리뷰트를 사용했는데, 이 코드는 렌더링될 때 title 애트리뷰트의 값으로 대체된다.
- 클래스형 컴포넌트에는 render() 함수가 필요한 반면 함수형 컴포넌트는 단순히 return 구문만 있으면 된다.

Header 컴포넌트를 어떻게 사용하는지 보자. JSX 코드에서 다른 HTML 태그를 사용하는 것처럼 아래와 같이 이 Header 컴포넌트를 사용할 수 있다.

```
<Header title="Sample Ecommerce App" />
```

여기서 title은 Header 컴포넌트의 프로퍼티이다. 위 코드는 컴포넌트의 프로퍼티(Props)가 어떻게 전달되는지 보여준다. 이 Header 컴포넌트가 렌더링될 때 `<h1>` 엘리먼트로 감싼 title 이 표시된다.

다음으로 JSX에 대해 알아보자. Props는 title과 같은 애트리뷰트를 추가해서 사용한다. 함수형 컴포넌트에서는 직접 props를 참조해 애트리뷰트에 접근하거나 비구조화(destructuring) 형태로 `{ title }`와 같이 사용하고, 클래스 컴포넌트에서는 this.props를 사용해서 접근한다.

JSX에 대해 알아보자

리액트 컴포넌트는 JSX를 반환한다. JSX는 HTML과 매우 유사하기 때문에 HTML 코드를 작성해 컴포넌트를 디자인할 수 있으나 HTML 애트리뷰트 부분에서 차이가 있다. 따라서 class에서 className으로, for에서 htmlFor로, fill-rule에서 fillRule로 애트리뷰트를 수정해야 한다. React.StrictMode 컴포넌트를 사용하면 HTML 애트리뷰트를 사용하거나 오타가 있는 경우에 올바른 JSX 애트리뷰트 이름을 사용하라는 경고와 제안을 받을 수 있다.

컴포넌트를 동적으로 만들기 위해 JSX 또는 엘리먼트의 속성 내에 자바스크립트 표현식을 넣을 수도 있는데, 이때는 표현식을 중괄호({})로 감싼 형태로 사용한다.

JSX와 표현식을 이해하기 위해 몇 가지 샘플 코드를 살펴보겠다. 아래 JSX 코드는 CartItem 컴포넌트에서 가져왔다. 진하게 표시된 부분에 주목해 보자. 나머지 코드는 HTML과 매우 유사한 JSX 코드다.

```
<div className="w-32">
  <img className="h-24" src={item?.imageUrl} alt="" />
</div>
<div className="flex flex-col justify-between ml-4 flex-grow">
  <Link to={"/products/" + item.id} className="font-bold
    text-sm text-indigo-500 hover:text-indigo-700">
    {item?.name}
  </Link>
  <span className="text-xs">Author: {author}</span>
  <button className="font-semibold hover:text-red-500
    text-indigo-500 text-xs text-left" onClick={() => removeItem(item.id)}>
    Remove
```

```
        </button>
    </div>
```

앞의 코드는 상품 이미지, 이름, 작성자 및 **Remove** 버튼을 표시하는 장바구니 항목을 나타내고, 상품명에는 상품 상세 페이지로 연결되는 링크가 연결돼 있다. 이렇게 JSX를 사용해 디자인하면 HTML로 렌더링된다. 또한 JSX 이기 때문에 class 애트리뷰트는 className으로 변경해서 사용해야 한다. Link는 react-router-dom 라이브러리의 일부다.

이제 장바구니 항목의 디자인을 완료했다. 최종적으로 여기에 값을 채우고 이벤트 처리를 추가해야 한다. 이런 작업에 JSX 표현식을 사용하면 도움이 된다.

장바구니 항목을 나타내는 객체인 item과 작성자 이름을 나타내는 변수인 author를 사용한다. 둘 다 리액트 컴포넌트의 state에 속한다. 다음 절에서 state에 대해 자세히 배우겠지만, 당분간은 이것들을 CartItem 컴포넌트에 정의된 변수로 생각하자. JSX를 작성하면 **중괄호({})** 안에 래핑된 표현식을 사용해서 변수를 통해 동적으로 값을 할당하고 이벤트에 따라 상호 작용하도록 정의할 수 있다.

각각의 표현식은 아래와 같이 이해하면 된다:

- `src={item?.imageUrl}`: API 응답의 일부로 item(제품) 이미지의 URL을 가져온다. 이 URL을 img 태그의 src 애트리뷰트에 할당하고 있다. 점 연산자(.)를 사용해 객체의 프로퍼티에 접근하고 있음을 주의하자. null 또는 undefined 객체의 프로퍼티를 읽으려 하면 코드에서 오류가 발생할 수 있는데 ?. 연산자를 사용하면 이를 방지할 수 있다. 이렇게 사용하면 item 객체가 null이나 undefined가 아닌 경우에만 imageUrl 프로퍼티를 안전하게 읽을 수 있다.
- `to={"/products/" + item.id}`: 애트리뷰트에 대한 링크는 item의 id 프로퍼티를 사용해 생성된다.
- `{item?.name}`: item 객체의 name 프로퍼티를 이용해 상품명을 표시한다.
- `Author: {author}`: 작성자는 author 변수를 사용하여 표시한다.
- `onClick={() => removeItem(item.id)}`: 커스텀 함수는 이 방법으로 이벤트와 연결한다. 버튼이 클릭되면 item 객체의 id 프로퍼티를 아규먼트로 전달해 removeItem() 함수를 호출한다. 아규먼트를 전달하지 않거나 여러 개의 명령문을 사용하는 경우에는 화살표 함수를 사용하는 대신 함수 이름을 직접 전달한다. 예를 들면 `onClick={removeItem}`과 같이 표기한다.

이제 리액트 컴포넌트의 state에 대해 자세히 알아보자. 먼저 state가 어떻게 동작하는지 살펴보겠다.

리액트 훅에 대해 이해해보자

컴포넌트는 동적으로 동작하며 상태를 포함한다. 상태란 특정 시점에 컴포넌트가 가지고 있는 데이터 및 메타데이터를 말한다. 상태에는 앱 수준의 전역 상태와 컴포넌트 수준의 로컬 상태, 두 가지가 있다.

리액트 버전 16.8 이전에는 클래스를 사용해서 정의한 컴포넌트만 상태를 지원했다. 그러나 16.8 이후 버전의 리액트는 함수형 컴포넌트와 클래스형 컴포넌트 모두에서 상태를 지원하며, 함수형 컴포넌트에서는 useState(), useContext() 등과 같은 훅(hook)을 사용해 상태를 지원한다.

> **훅이란?**
> 훅은 리액트가 제공하는 내장함수 또는 사용자 정의 함수로서 상태를 저장하거나 리액트가 제공하는 함수형 컴포넌트의 부가적인 효과를 관리하는데 사용한다. 유명하고 자주 사용되는 훅으로는 useState()와 useEffect()가 있다.

리액트는 16.8 버전에서 함수들의 모음인 훅이 추가됐다. 이를 통해서 함수형 컴포넌트에서는 이전에 지원되지 않았던 componentDidMount(컴포넌트를 마운트했음을 나타내는 클래스의 생명주기 메소드)와 같은 상태 및 이벤트를 지원한다. 덕분에 이제 API를 사용해 데이터를 로드하는 등의 특정 작업을 수행할 수 있다.

다음으로 리액트의 훅에 대해 알아보자.

각각의 훅은 함수형 컴포넌트에서 사용할 수 있는 특수 기능들을 나타낸다. 가장 많이 사용되는 인기 훅에 대해 하나씩 알아보자.

- useState: useState() 를 사용하면 상태를 정의하고 유지할 수 있다. 이 훅을 사용하는 방법은 다음과 같다. 먼저 아래와 같이 컴포넌트를 작성하는 코드의 맨 위에 useState 훅을 임포트한다.

    ```
    import {useState} from "react";
    ```

    다음으로 컴포넌트의 화살표 함수 내에서, 아래와 같이 return 구문 전에 상태를 정의한다.

    ```
    const [total, setTotal] = useState(0);
    ```

    상태를 선언할 때는 배열의 형태로 상태와 상태를 변경하는 setter 함수를 모두 정의해야 한다. 여기에서는 total이라는 상태값과 함께 setter 함수도 정의했다. 상태로는 객체, 배열, 문자열 또는 숫자와 같은 모든 타입을 사용할 수 있다. total 상태는 number 타입이므로 0으로 초기화한다. setTotal은 setter 함수이다. setter 함수를 사용하면 상태값인 total을 업데이트할 수 있다. 예를 들어 setTotal(100)을 호출해 total의 상태값을 업데이트하면 total 상태가 0에서 100으로 변경된다.

리액트는 상태의 setter 함수를 추적해서 이 함수가 호출될 때마다 컴포넌트의 상태를 업데이트하고 다시 렌더링한다. setter 함수의 명명 규칙은 상태 이름 앞에 set을 접두어로 추가하고 상태의 첫 글자를 대문자로 만드는 것이다. 따라서 total 상태에 대해 setTotal이란 이름의 setter 함수를 사용했다. 대부분의 컴포넌트에서는 로컬 상태 관리의 목적으로 useState를 사용한다.

- useEffect: 컴포넌트를 렌더링한 후 추가 작업을 하고 싶을 때 useEffect() 훅을 사용한다. 이 훅은 렌더링 작업이 완료될 때마다 호출된다. 또한 API를 호출해 초기 데이터를 로드하거나 이벤트 리스너를 추가하는 경우에도 사용할 수 있다. 만약 API 호출을 한 번만 수행해야 한다면 호출할 때 빈 배열([])을 전달하면 된다. ecomm-ui 코드를 살펴보면 useEffect 내에서 API 호출을 한 번만 하기 위해 빈 배열을 전달하는 경우를 여러 번 볼 수 있다. 리액트는 관심사 분리(separating the concern)의 디자인 원칙에 따라 각각의 컴포넌트 내에 별도로 useEffect 함수를 사용하는 것을 권장한다. 또한 클린업 과정을 위해 화살표 함수를 반환해야 한다. 예를 들어 어떤 컴포넌트에 대한 이벤트 리스너를 추가한다면 이 이벤트 리스너를 제거하는 화살표 함수를 반환해야 한다.

- useContext: 한 컴포넌트에서 다른 컴포넌트로 props를 전달할 수 있다. 때로는 n번째 하위 레벨에 존재하는 컴포넌트까지 props를 전달해서 사용한다. 리액트는 prop을 하위 레벨의 컴포넌트로 전달하지 않고, 컴포넌트 트리 구조에 포함된 모든 컴포넌트에서 바로 사용할 수 있도록 해주는 방법도 제공한다. 이 방법을 사용해 theme 또는 isUserLoggedIn과 같이 컴포넌트 간에 공통으로 필요한 props를 전달할 수 있다.

- 리액트는 컨텍스트를 생성하기 위해 createContext() 함수를 제공한다. 이 함수는 Provider와 Consumer를 반환함으로써 값과 변경 사항에 각각 액세스할 수 있도록 지원한다(아래 코드를 참고하기 바란다). useContext를 사용하면 Consumer를 사용하지 않고 컨텍스트를 쉽게 사용할 수 있다. 다음 코드는 useContext 훅 사용법을 보여준다.

```
import {createContext} from "react";
import ReactDOM from "react-dom";

const LoggedInContext = createContext();
const App = () => {
  return (
    <LoggedInContext.Provider isUserLoggedIn=true>
      <ProductList/>
    <LoggedInContext.Provider/>
  );
}
const ProductList = () => {
  return (
```

```
      <LoggedInContext.Consumer> { (isUserLoggedIn) =>
        <div>Is user logged-in: {isUserLoggedIn}</div>
      } <LoggedInContext.Consumer>
    );
  }
ReactDOM.render(<App/>, document.getElementById("root"));
```

위 코드의 강조된 부분 중에서 ProductList 컴포넌트의 return 블록은 useContext를 사용하면 다음처럼 훨씬 더 간단하게 만들 수 있다.

```
import {createContext, useContext} from "react";
import ReactDOM from "react-dom";
const LoggedInContext = createContext();
const App = () => {
  return (
    <LoggedInContext.Provider isUserLoggedIn=true>
      <ProductList/>
    <LoggedInContext.Provider/>
  );
}
const ProductList = () => {
  const isUserLoggedIn = useContext(LoggedInContext);
  return (
    <div>Is user logged-in: {isUserLoggedIn}</div>
  );
}
ReactDOM.render(<App/>, document.getElementById("root"));
```

이렇게 createContext와 useContext 훅을 사용하면 된다.

- useReducer: 이것은 useState 훅의 고급 버전으로 컴포넌트의 상태를 사용하게 해 줄 뿐만 아니라 reducer 함수를 첫 번째 아규먼트로 전달받아 상태를 더 잘 관리할 수 있게 해준다. 두 번째 아규먼트로는 초기 상태값을 받는다. 다음 코드에서 문법을 확인할 수 있다.

```
const [state, dispatch] = useReducer(reducer, initialState);
```

reducer 함수는 상태와 동작을 파라미터로 받아 새로운 상태를 반환하는 특별한 함수다. 이 함수에 대해서는 이번 장의 뒷부분에서 CartContext 컴포넌트를 빌드할 때 더 자세히 알아보자.

리액트의 기본 개념을 배웠으니, 이제 TailwindCSS를 사용해 ecomm-ui 애플리케이션에 스타일을 추가하자.

테일윈드(Tailwind)를 사용해 컴포넌트 스타일링하기

테일윈드 CSS는 반응형 UI를 디자인하는 데 도움이 되는 유틸리티 CSS 프레임워크다. 테마, 애니메이션, 미리 정의된 패딩과 여백, 플렉스, 그리드 등을 지원한다. 아래 코드를 프로젝트 루트 디렉터리에서 실행하면 테일윈드와 테일윈드를 실행하는 데 필요한 패키지를 설치할 수 있다.

```
$ npm install -D tailwindcss
```

이제 3.2.7 버전의 테일윈드 CSS가 설치되었다.

이제 테일윈드 CSS 관련 설정을 해보자. 아래 명령어를 실행하면 기본 설정을 포함하는 테일윈드 CSS 설정 파일이 생성된다:

```
$ npx tailwindcss init
Created Tailwind CSS config file: tailwind.config.js
```

위 명령어는 다음과 같은 내용의 파일을 생성한다:

코드: /Chapter07/ecomm-ui/tailwind.config.js
```js
/** @type {import('tailwindcss').Config} */
module.exports = {
  content: [],
  theme: {
    extend: {},
  },
  plugins: [],
}
```

이제 프로덕션 배포 시에 사용하지 않을 스타일을 제거하도록 설정을 수정하자.

프로덕션 배포에 불필요한 스타일을 제거하도록 설정

보통 프로덕션 환경에서는 애플리케이션의 성능을 향상시키기 위해 스타일 시트의 용량을 작게 유지하려고 한다. tailwind.config.js 파일의 content 블록에 아래 필터를 추가하면 불필요한 스타일을 제거할 수 있다. 그러면 테일윈드는 프로덕션 배포본을 빌드하는 동안 사용하지 않는 스타일을 다시 정리한다. 생성된 CSS 파일은 필터에 매칭되는 파일에서 사용하고 있는 스타일만을 포함한다. 코드는 아래와 같다.

코드: /Chapter07/ecomm-ui/tailwind.config.js

```js
module.exports = {
content: ["./src/**/*.{js,jsx,ts,tsx}",
         "./public/index.html"],
  theme: {
    extend: {},
},
  plugins: [],
}
```

다음으로 리액트에 테일윈드를 추가하자.

리액트에 테일윈드 포함시키기

create-react-app이 자동 생성해주는 src/index.css 파일을 열고 테일윈드의 base, components 및 utilities 스타일을 임포트하도록 다음과 같이 수정하자.

코드: /Chapter07/ecomm-ui/src/index.css

```css
@tailwind base;
@tailwind components;
@tailwind utilities;
```

위 구문은 테일윈드의 설정에 따라 빌드 과정에서 자동 생성되는 스타일을 임포트한다.

마지막으로 아래 코드처럼 src/index.js 파일에서 CSS 파일을 임포트하도록 한다.

코드: /Chapter07/ecomm-ui/src/index.js
```
import React from 'react';
import ReactDOM from 'react-dom/client';
import './index.css';
import App from './App';
import reportWebVitals from './reportWebVitals';
const root = ReactDOM.createRoot(document.getElementById('root'));
// ... 간결함을 위해 기타 정보는 생략
```

작업을 완료했다! 이제 `yarn start`를 실행하면 ecomm-ui 앱에 테일윈드 CSS가 적용될 것이다.

하지만, 그 전에 웹앱에 header, container, footer와 같은 기본적인 구조를 추가하도록 하자.

기본 컴포넌트 추가하기

먼저 Header, Footer, Container 컴포넌트를 추가하기 전에, create-react-app 명령어를 통해 생성한 아래 파일을 제거하자.

- App.css
- logo.svg

그리고, /src/App.js 파일 내에서 이 파일들을 참조하는 코드도 잊지 말고 제거하자.

그런 다음 /src 디렉터리 아래에 components 디렉터리를 새로 만든다. 새로 작성하는 모든 컴포넌트는 그림 7.2와 같이 이 디렉터리에 만들 것이다. 우선 다음과 같이 3개의 새 컴포넌트를 생성하자.

- Header: 상단에 표시되며 앱 이름 및 Login/Logout 버튼과 같은 항목을 포함한다.
- Container: 제품 목록과 같은 메인 콘텐츠를 포함한다.
- Footer: 하단에 표시되며 저작권과 같은 항목을 포함한다.

기본 구조는 아래 스크린샷에서 확인할 수 있다.

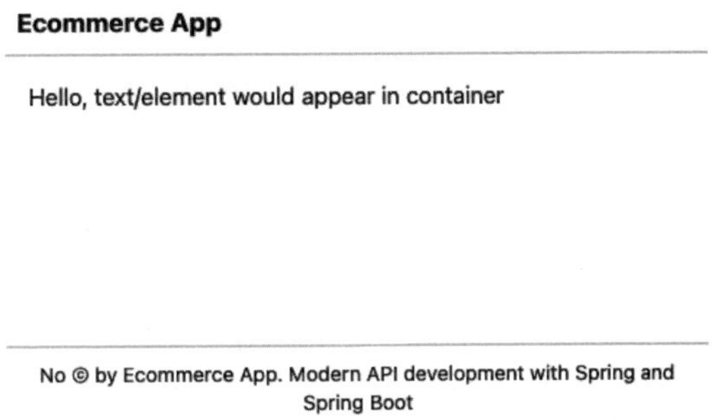

Ecommerce App

Hello, text/element would appear in container

No ⓒ by Ecommerce App. Modern API development with Spring and Spring Boot

그림 7.2 – Header, Footer, Container 컴포넌트를 포함하는 앱의 기본 구조

이 컴포넌트들을 추가해 보자. 먼저 아래 코드와 같이 Header 컴포넌트를 만든다:

```
// src/components/Header.js에 작성한다.
const Header = () => {
  return (
    <div>
      <header className="p-2 border-b-2 border-gray-300 bg-gray-200">
        <h1 className="text-lg font-bold">Ecommerce App</h1>
      </header>
    </div>
  );
};
export default Header;
```

비슷한 방법으로 아래 코드처럼 Footer 컴포넌트를 만들자:

```
// src/components/Footer.js에 작성한다.
const Footer = () => {
  return (
    <div>
      <footer className="text-center p-2 border-t-2 bg-gray-200 border-gray-300 text-sm">
        No &copy; by Ecommerce App.{" "}
        <a href="https://github.com/PacktPublishing/Modern-
          API-Development-with-Spring-and-Spring-Boot">
          Modern API development with Spring and Spring Boot
        </a>
```

```
      </footer>
    </div>
  );
};
export default Footer;
```

다음으로 Container 컴포넌트를 만들자:

```
// src/components/Container.js 에 작성한다.
const Container = () => {
  return (
    <div className="flex-grow flex-shrink-0 p-4">
      <p>Hello, text/element would appear in container</p>
    </div>
  );
};
export default Container;
```

그리고, 마지막으로 다음 코드와 같이 /src/App.js 파일을 수정하자.

```
import Header from "./components/Header";
import Footer from "./components/Footer";
import Container from "./components/Container";
function App() {
  return (
    <div className="flex flex-col min-h-screen h-full">
      <Header />
      <Container />
      <Footer />
    </div>
  );
}
export default App;
```

위와 같은 방법으로 새 컴포넌트를 만들어 사용하면 된다. 가장 단순한 형태의 컴포넌트이니 쉽게 이해할 수 있을 것이다. 좀 더 정리되고 개선된 버전의 코드가 궁금하다면 깃허브 리포지토리에서 다음을 참고하기 바란다.

- Header 컴포넌트 소스: /Chapter07/ecomm-ui/src/components/Header.js
- Footer 컴포넌트 소스: /Chapter07/ecomm-ui/src/components/Footer.js
- 가운데 부분의 실제 내용을 포함하는 Container 컴포넌트는 최초 프로젝트의 형태를 구성하는 설명 용도로 생성하였으며, 최종 소스코드에서는 사용하지 않고 (제거됨) 이 내용을 App.js 코드 내에 react-router-dom 패키지의 Routes 컴포넌트로 대체하였다. 이 Routes 컴포넌트는 cart, orders 또는 login 과 같은 라우팅 경로에 따라 해당 컴포넌트를 표시한다. 상세 내용은 뒤에서 자세히 설명하고 있으니 App.js의 내용을 보자.

이제 ecomm-ui를 작성하자.

전자상거래 앱 컴포넌트 디자인하기

디자인은 **사용자 경험(UX/UI)**의 핵심일 뿐만 아니라 프런트엔드 개발자에게도 중요하다. 디자인을 기반으로 재사용 가능하고 유지 보수가 쉬운 컴포넌트를 개발할 수 있기 때문이다. 우리의 예제 전자 상거래 앱은 크게 주의를 기울일 필요가 없을 정도로 간단하다. 이 앱은 아래 컴포넌트들을 포함한다.

- **제품 목록 컴포넌트**: 모든 제품을 표시하고 홈페이지 역할도 하는 컴포넌트다. 목록의 각 제품은 제품 이름, 가격, 그리고 Buy now(즉시 구매)와 Add to bag(장바구니에 추가) 등 두 개의 버튼이 포함된 카드 형태의 UI로 표시된다. 다음 스크린샷은 제품 이미지와 함께 제품 정보를 표시하는 **제품 목록 페이지**를 보여주고 있다.

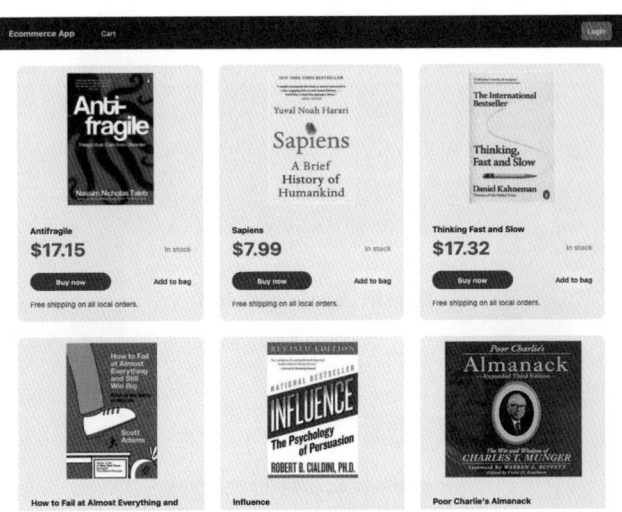

그림 7.3 – 제품 목록 페이지 (홈페이지)

- **제품 상세 컴포넌트**: 사용자가 클릭한 제품의 상세정보를 표시하는 컴포넌트다. 다음과 같이 제품 이미지, 제품 이름, 제품 설명, 태그, `Buy now` 및 `Add to bag` 버튼이 표시된다:

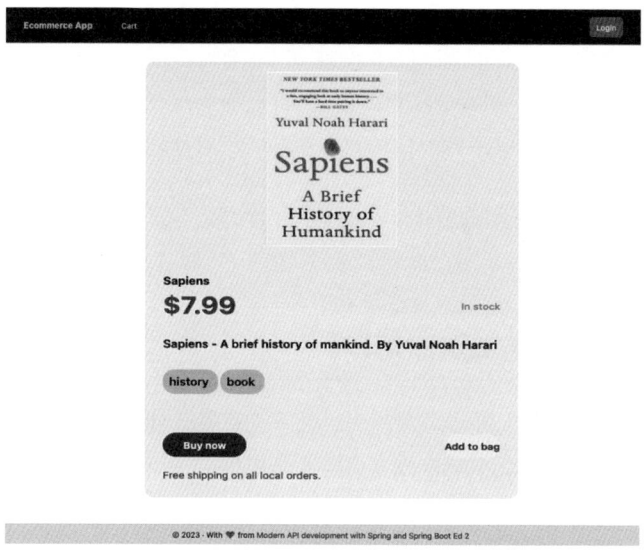

그림 7.4 – 제품 상세 페이지

- **로그인 컴포넌트**: 로그인 컴포넌트를 사용하면 아래 스크린샷과 같이 앱에 사용자 이름과 비밀번호를 사용해 로그인 할 수 있다. 로그인 시도가 실패하면 에러 메시지를 표시한다. `Cancel`을 클릭하면 **제품 목록 페이지**로 돌아간다. **제품 목록 페이지**는 고객이 구매할 수 있는 제품 목록을 표시한다.

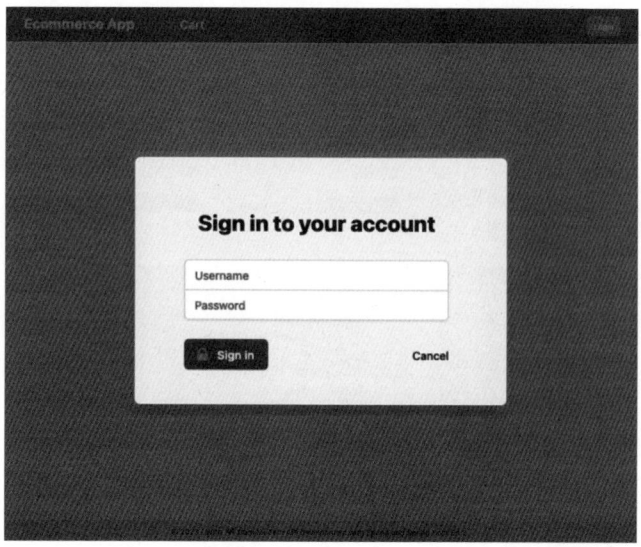

그림 7.5 – 로그인 페이지

- **장바구니 컴포넌트**: 장바구니 컴포넌트는 장바구니에 추가된 모든 항목을 나열한다. 각 항목은 제품 이미지, 이름, 설명, 가격, 수량 및 합계를 표시한다. 또한 수량을 줄이거나 늘리는 버튼과 장바구니에서 항목을 제거하는 버튼을 제공한다.

    제품 이름은 제품 세부 정보 페이지로 연결하는 링크이다. Continue shopping 버튼을 클릭하면 사용자는 다시 제품 목록 페이지로 이동한다. CHECKOUT 버튼은 결제를 수행한다. 결제가 성공하면 다음과 같이 주문이 생성되고 사용자가 Orders 페이지로 리다이렉션된다:

    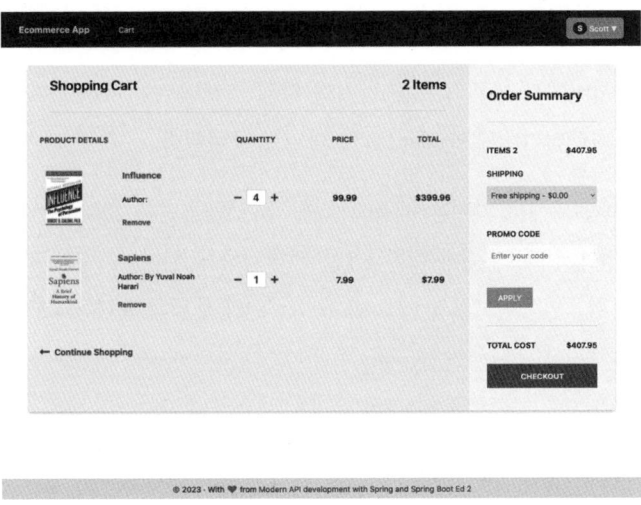

    그림 7.6 – Cart 페이지

- **주문 컴포넌트**: Orders 페이지는 사용자의 모든 주문을 테이블 형태로 렌더링하며 테이블에는 각 주문에 대한 주문 날짜, 주문 항목, 주문 상태 및 주문 금액이 표시된다.

    주문 날짜는 사용자의 현지 시간으로 표시되지만 서버에는 UTC(Universal Time Coordinated) 형식으로 저장된다. 주문 항목은 목록으로 표시되는데 각 항목별로 아래 스크린샷과 같이 대괄호 안에 수량 및 단가와 함께 표시된다:

    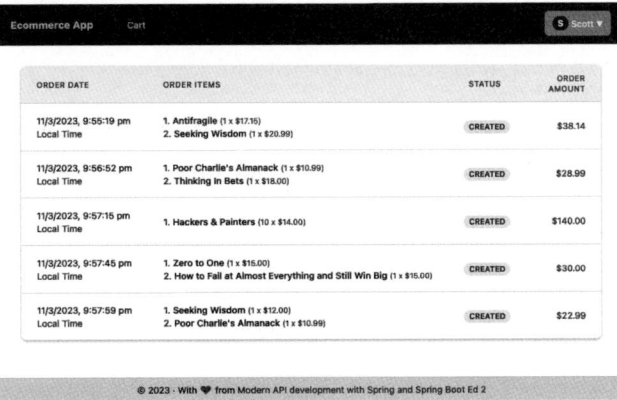

    그림 7.7 – Order 페이지

이제 이 컴포넌트들을 작성하자. 먼저 REST API를 사용해 백엔드 서버에서 제품 목록을 가져오는 **제품 목록 페이지**를 코딩할 것이다.

Fetch를 이용해 API 호출하기

첫 번째 컴포넌트인 **제품 목록 페이지**를 만들어 보자. src/components 디렉터리에 ProductList.js라는 이름으로 새 파일을 생성하자. 이 파일이 **제품 목록 페이지**의 상위 컴포넌트가 될 것이다.

이 컴포넌트는 백엔드 서버에서 제품 정보를 가져와 하위 컴포넌트인 Products에 전달하며, Products 컴포넌트는 component 디렉터리내에 Products.js 파일로 구현된다.

Products 컴포넌트는 백엔드에서 가져온 제품 목록을 루프를 돌면서 표시하는 로직을 포함하고 있다. 각각의 이터레이션 과정에서 각 제품에 대한 UI를 렌더링하게 된다. 이렇게 각각의 제품을 표시하는 ProductCard는 또다른 컴포넌트이므로 src/components 아래에 ProductCard.js라는 파일을 새로 생성하자.

Products 컴포넌트 내에 ProductCard 관련 로직을 포함시켜 작성할 수도 있지만 각 컴포넌트의 책임을 분리하려면 새 컴포넌트로 만드는 것이 좋다.

ProductCard 컴포넌트에는 **Buy now** 버튼과 **Add to bag** 링크가 있다. 이 링크들은 사용자가 로그인한 경우에만 작동해야 하며 그렇지 않은 경우에는 사용자를 로그인 페이지로 리디렉션해야 한다.

이제 **제품 목록 페이지** 컴포넌트를 구성하는 트리 구조에 대해 이해했을 것이다. 자, 이 컴포넌트에서 렌더링할 제품 정보를 가져오는 API 클라이언트를 작성할 차례다.

제품 정보를 가져오는 API 클라이언트 작성하기

샘플 전자 상거래 앱에서는 Fetch 브라우저 내장 라이브러리를 사용해 REST API를 호출할 것이다. axios와 같은 써드파티 라이브러리를 사용할 수도 있다. 하지만, Fetch는 샘플 앱에 필요한 작성을 수행하기에 충분하고 써드파티 라이브러리에 대한 의존성도 줄여준다.

먼저 모든 API 클라이언트가 사용할 설정 파일을 생성하자. src/api 디렉터리 아래에 Config.js라는 이름으로 만들면 된다.

Config는 URL과 같은 상수와 DefaultHeaders() 및 tokenExpired()와 같은 공통 메소드를 포함하는 JavaScript 클래스이다. 아래 코드와 같이 작성한다.

코드: /Chapter07/ecomm-ui/src/api/Config.js

```
class Config {
  SCHEME = process.env.SCHEME ? process.env.SCHEME : "http";
  HOST = process.env.HOST ? process.env.HOST : "localhost";
  PORT = process.env.PORT ? process.env.PORT : "8080";
  CART_URL = `${this.SCHEME}://${this.HOST}:${this.PORT}/api/v1/carts`;
  // 간결함을 위해 생략함
  defaultHeaders() {
    return {
      "Content-Type": "application/json",
      Accept: "application/json",
    };
  }
    // 간결함을 위해 생략함
}
```

위 코드는 환경 변수를 사용해 상수를 생성하고 있다. defaultHeaders() 함수는 모든 API 호출에서 사용하는 공통 헤더를 반환하고, headersWithAuthorization()은 공통으로 사용하는 Authorization 헤더를 반환한다. headersWithAuthorization()은 기본 헤더를 읽기 위해 구조분해(object destruction) 기법을 사용한다. Authorization 헤더는 로컬 스토리지에서 가져오는데, 이 값은 사용자가 성공적으로 로그인할 때 저장되고 사용자가 로그아웃하면 제거된다.

또한 로컬 저장소에 저장된 토큰의 만료 여부를 확인해주는 tokenExpired() 함수도 있다. 만료 시간은 JWT 액세스 토큰에서 추출되며, 만약 만료 시간이 지났다면 true를 반환한다. 다음 코드에서 이 함수를 확인하자.

```
// src/api/Config.js
tokenExpired() {
  const expDate = Number(localStorage.getItem
    (this.EXPIRATION));
  if (expDate > Date.now()) {
     return false;
  }
```

```
    return true;
}
```

Config 클래스에는 로컬 저장소에 액세스 토큰과 만료 시간을 저장하는 storeAccessToken() 함수도 포함되어 있다. 이 함수는 getExpiration() 함수를 사용해 액세스 토큰에서 만료 시간을 추출한다. 간단히 말해 이 함수는 먼저 토큰 문자열에서 페이로드를 추출한 다음 페이로드를 디코딩하고 JSON으로 변환한다. 최종적으로 페이로드가 유효한 객체라면 만료 시간을 반환하고 그렇지 않으면 0을 반환한다. 아래 코드에서 이 함수들을 확인할 수 있다.

코드: /Chapter07/ecomm-ui/src/api/Config.js

```js
storeAccessToken(token) {
  localStorage.setItem(this.ACCESS_TOKEN, `Bearer ${token}`);
  localStorage.setItem(this.EXPIRATION, this.getExpiration(token));
}
getExpiration(token) {
  let encodedPayload = token ? token.split(".")[1] : null;
  if (encodedPayload) {
    encodedPayload = encodedPayload.replace(/-/g, "+").replace(/_/g, "/");
    const payload = JSON.parse(window.atob(encodedPayload));
    return payload?.exp ? payload?.exp * 1000 : 0;
  }
  return 0;
}
```

이제 이 Config 클래스를 다음 코드에서 볼 수 있듯이 src/api/ProductClient.js 파일에서 사용해보자. 이 파일은 product와 관련된 API를 사용하는 클라이언트로 동작한다.

코드: /Chapter07/ecomm-ui/src/api/ProductClient.js

```js
import Config from "./Config";
class ProductClient {
  constructor() { this.config = new Config(); }
  async fetchList() {
    return fetch(this.config.PRODUCT_URL, {
      method: "GET",
      mode: "cors",
      headers: { ...this.config.defaultHeaders(),},
```

```
    })
    .then((res) => Promise.all([res, res.json()]))
    .then(([res, json]) => {
        if (!res.ok) { return { success: false, error: json };}
        return { success: true, data: json };
    }).catch((e) => {
      return this.handleError(e);
    });
  }
...
...
```

ProductClient는 클래스이고 config 인스턴스는 생성자에서 인스턴스화된다. 이 클래스에는 제품 정보를 가져오기 위한 두 개의 비동기 함수, fetchList()와 fetch()가 포함되어 있다. 전자는 모든 제품의 목록을 가져오고 후자는 제품의 ID를 사용해 하나의 제품 정보를 가져온다. fetchList()는 브라우저의 fetch 함수를 사용해 제품 목록을 가져온다. URL을 첫 번째 아규먼트로 전달하고, 두번째 아규먼트로 HTTP 메소드, 모드, 헤더를 포함하는 객체를 전달한다.

fetch 브라우저 호출은 요청을 처리하는 데 사용하는 promise 객체를 반환한다. 먼저 promise를 이용해 response와 response JSON을 가져온 다음 response.ok가 true인지를 확인한다. response.ok는 상태코드가 200~299 범위에 있는 경우에만 true를 반환한다. 응답이 성공하면 fetchList() 메소드는 data 필드와 함께 true로 설정된 success 필드를 가진 객체를 반환한다. 응답이 실패하면 data 필드에 에러 응답을 설정하고 success 필드는 false로 설정된 응답을 반환한다.

이 코드와 유사하게 ID를 기준으로 제품 정보를 가져오는 함수를 작성해 보자. 아래 코드에서 보듯이 URL을 제외하곤 모든 것이 동일하다.

src/api/ProductClient.js의 나머지 코드

```
  async fetch(prodId) {
    return fetch(this.config.PRODUCT_URL + "/" + prodId, {
      method: "GET",
      mode: "cors",
      headers: { ...this.config.defaultHeaders(),},
    })
    .then((res) => Promise.all([res,  res.json()]))
```

```
      .then(([res, json]) => {
        if (!res.ok) { return { success: false, error: json }; }
        return { success: true, data: json };
      }).catch((e) => {
        this.handleError(e);
      });
  }
  handleError(error) {
    const err = new Map([
      [TypeError, "Problem fetching the response."],
      [SyntaxError, "Problem parsing the response."],
      [Error, error.message],
    ]).get(error.constructor);
    return err;
  }
}
export default ProductClient;
```

handleError() 함수는 error.constructor를 사용해 에러 유형을 확인하고 이 결과에 따라 적절한 오류 메시지를 반환한다.

CartClient, CustomerClient 그리고 OrderClient와 같은 API 클라이언트도 비슷한 방식으로 개발하면 된다. 예제 코드 파일은 /Chapter07/ecomm-ui/src/api/에 있다.

이제 ProductClient를 사용해 제품 정보를 가져올 수 있다. 다음으로 ProductList 컴포넌트와 그 하위의 컴포넌트를 작성하자.

제품 목록 페이지 코딩하기

ProductList는 ProductClient를 사용해 제품 정보를 가져와서 제품 목록을 렌더링하는 간단한 컴포넌트다. 이런 경우에는 앞에서 설명한 바와 같이 useEffect 훅을 사용한다. 아래와 같이 코딩해 보자.

코드: /Chapter07/ecomm-ui/src/components/ProductList.js

```
// 다른 import문들
import Products from "./Products";
const ProductList = ({ auth }) => {
```

```
  const [productList, setProductList] = useState();
  const [noRecMsg, setNoRecMsg] = useState("Loading...");
  const { dispatch } = useCartContext();
  useEffect(() => {
    async function fetchProducts() {
      const res = await new ProductClient().fetchList();
      if (res && res.success) { setProductList(res.data); }
      else { setNoRecMsg(res); }
    }
    async function fetchCart(auth) {
      const res = await new CartClient(auth).fetch();
      if (res && res.success) {
        dispatch(updateCart(res.data.items));
        if (res.data?.items && res.data.items?.length < 1) {
          setNoRecMsg("Cart is empty.");
        }
      } else {
        setNoRecMsg(res && typeof res === "string"?
          res : res?.error?.message);
      }
    }
    if (auth?.token) fetchCart(auth);
    fetchProducts();
  }, []);
  // 나머지 코드 ...
```

ProductList 컴포넌트는 auth를 prop으로 사용한다. 여기에는 토큰과 같은 인증 정보가 포함돼 있다. ProductList 컴포넌트는 메인 App 컴포넌트로 사용되며 auth는 ProductList 컴포넌트에 전달된다.

API가 한 번만 호출되도록 하기 위해 빈 배열([])을 전달하고 있음을 주목하자. useState 훅을 사용해 제품 목록(productList)과 메시지 상태(noRecMsg)를 관리하며 setter 메소드를 사용해 상태를 변경한다.

왜 ProductList에서 장바구니 데이터를 가져와야 할까?

ProductList 컴포넌트와 그 하위 컴포넌트는 인증받지 않은 사용자도 접근할 수 있다. 다만 사용자가 **Buy now** 버튼이나 **Add to bag** 링크를 클릭하면 로그인하라는 메시지를 표시한다. 로그인한 사용자는 장바구니에 항목을 추가할 수 있고 사용자가 이미 장바구니에 아이템을 가지고 있을 수도 있다. 따라서 사용자가 장바구니에 상품을 추가할 때 장바구니에 이미 담겨 있는 상품의 경우라면 수량을 늘려야 하며, 추가하려는 상품이 장바구니에 없으면 장바구니에 새로 추가해야 한다.

Cart는 완전히 별도의 컴포넌트다. 즉, App 컴포넌트에서 Cart와 ProductCard 컴포넌트에 cart를 prop으로 전달해주지 않거나, cart에 대한 useContext 혹이 없다면 cart에 액세스할 수 없다는 의미다. cart의 상태를 저장할 용도로 커스텀 저장소를 만들었는데, 이 저장소는 리액트 앱에서 상태 정보를 유지하는 데 사용하는 라이브러리인 **리덕스(Redux)**와 매우 유사하다. 이 라이브러리에 대해서는 이 장의 뒷부분에서 자세히 알아보자. Dispatch는 백엔드 서버에서 받은 장바구니 항목을 cart 컨텍스트에 업데이트하는 액션이다.

다음으로 아래 코드처럼 JSX 템플릿을 작성하자. 이 코드는 값을 채운 productList 컴포넌트를 하위 컴포넌트인 Products에 전달하여 렌더링한다.

src/components/ProductList.js의 나머지 코드

```
  return (
    <div className="max-w-7xl mx-auto px-4 sm:px-6 lg:px-8">
      {productList ? (
        <div className="flex flex-wrap -mx-1 lg:-mx-4">
          <Products auth={auth} productList={productList ? productList : []} />
        </div>
      ): (
        <div className="text-lg font-semibold">{noRecMsg}</div>
      )}
    </div>
  );
};
export default ProductList;
```

위 코드에서는 auth 객체도 Products에 prop으로 전달하고 있다는 것을 주목하자.

Products의 코드는 아래와 같다.

코드: /Chapter07/ecomm-ui/src/components/Products.js

```
import ProductCard from "./ProductCard";
const Products = ({ auth, productList }) => {
  return (
```

```
    <>
      {productList.map((item) => (
        <ProductCard key={item.id} product={item} auth={auth} />
      ))}
    </>
  );
};
export default Products;
```

간단히 말해, 위 코드는 ProductList 컴포넌트가 전달한 제품 목록에 대해서 이터레이션 작업을 수행하고, 매 이터레이션 작업에서 가져온 product 아이템과 auth 객체를 각각 product와 auth라는 이름의 prop으로 ProductCard 컴포넌트에 전달한다.

위 코드에서는 리액트의 아래 두 가지 개념을 확인할 수 있다.

- 빈 태그인 <></>을 사용한다. 리액트가 컴포넌트 내에 단 하나의 최상위 태그를 필요로 하기 때문에, 만약 컴포넌트가 둘 이상의 최상위 태그를 반환하는 경우에는 이렇게 빈 태그를 사용하게 된다. 그런 다음 해당 태그를 fragment로 감싼다. 또는 react 패키지에서 React를 임포트한 후에 빈 태그 대신 <React.Fragment>를 사용할 수도 있다.

- 또 다른 개념은 ProductCard 컴포넌트에서 key라는 이름의 prop을 사용한다는 점이다. 리액트는 컬렉션을 기반으로 컴포넌트를 생성할 때 각각의 항목을 고유하게 식별하기 위해 key prop을 필요로 한다. 이를 통해 리액트는 어떤 아이템이 변경, 제거 또는 추가되는지 식별할 수 있다. 여기서는 아이템 ID를 사용했다. 컬렉션에 ID가 없다면 다음 코드 예제와 같이 index를 사용해도 된다:

```
{productList.map((item, index) => (
  <ProductCard key={index} product={item} auth={auth} />
))}
```

이제 ProductList 컴포넌트의 마지막 하위 컴포넌트인 ProductCard를 살펴보자. ProductCard 컴포넌트는 단순히 Product 값을 JSX 템플릿 표현식에 전달해 렌더링 작업을 수행한다.

이제 **Add to bag** 및 **Buy now** 버튼의 클릭 이벤트를 처리하기 위해 몇 가지 코드를 추가하자.

라우팅 설정

우리는 싱글 페이지 애플리케이션을 작성하고 있다. 이 경우에는 라우팅이 기본값으로 설정되지 않는다. 라우팅은 단일 페이지 내의 각 부분으로 요청을 매핑하는 메커니즘이다. 즉, 라우팅이란 브라우저 URL

이 변경될 때 페이지의 북마크된 부분을 로딩하도록 설정하는 것을 말한다. 또한 싱글 페이지 애플리케이션은 브라우저 히스토리를 유지, 관리한다. 우리는 라우팅 관리를 위해 react-router-dom 패키지를 사용할 것이다. 먼저 다음 코드와 같이 react-router-dom 패키지를 추가해야 한다. 아래 코드를 프로젝트 루트 디렉터리에서 실행해보자.

```
$ npm install react-router-dom
```

App 컴포넌트는 ecomm-ui 애플리케이션의 루트 컴포넌트이기 때문에, 여기에 라우팅이 설정될 것이다. ProductList 컴포넌트에서는 react-router-dom 패키지의 Link 컴포넌트와 useNavigate() 훅을 사용할 것이다. Link와 useNavigate() 훅에 대해서는 아래 설명을 참고하자.

- Link: HTML의 <a> 앵커 태그와 유사하다. href 애트리뷰트 대신 to 애트리뷰트를 사용해 URL을 연결한다. route 라이브러리가 링크를 관리하므로 링크를 클릭할 때 어떤 컴포넌트가 to 애트리뷰트의 값으로 전달되는 링크를 렌더링할지 알고 있다.

- useNavigate(): 이 훅은 컴포넌트 내부를 내비게이션 하고 router 상태에 접근하게 해준다. 만약 ProductCard 컴포넌트의 checkLogin() 함수에서 본 것처럼, navigate가 const navigate = useNavigate()와 같은 형태로 선언되어 있다면 navigate("/path")를 사용해서 하나의 컴포넌트에서 다른 컴포넌트로 네비게이션 할 수 있다.

다음으로 제품을 다루는 컴포넌트인 ProductCard를 작성하자.

ProductCard 컴포넌트 개발

먼저 필요한 패키지를 임포트하자. 그런 다음 useCartContext와 useState를 사용해 상태와 변수를 선언한다. 다음 코드에서 ProductCard 컴포넌트가 auth와 product를 props로 넘겨받는다는 점을 유의하자.

코드: /Chapter07/ecomm-ui/src/components/ProductCard.js

```js
import { useState } from "react";
import { Link, useNavigate } from "react-router-dom";
import CartClient from "../api/CartClient";
import { updateCart, useCartContext } from "../hooks/CartContext";

const ProductCard = ({ auth, product }) => {
const history = new useNavigate();
const cartClient = new CartClient(auth);
```

```
const { cartItems, dispatch } = useCartContext();
const [msg, setMsg] = new useState("");
// 이어서 계속...
```

먼저 장바구니에 제품을 추가하는 add() 비동기 함수를 작성한다. 이 함수는 먼저 사용자가 로그인했는지를 확인하고, 만약 로그인 하지 않았다면 사용자를 로그인 페이지로 리다이렉션한다. checkLogin()은 useNavigate 혹의 push 메소드를 사용해 리다이렉션하는데 이때 auth의 token 프로퍼티를 사용해 사용자가 로그인했는지 여부를 식별한다.

사용자가 로그인한 것으로 식별되면 callAddItemApi 함수를 호출해 장바구니에 제품을 추가한다. callAddItemApi 함수는 먼저 장바구니에 해당 제품이 추가되어 있는지 여부를 확인하고 존재한다면 수량을 하나 더 증가시킨다. 그런 다음 callAddItemApi 함수는 CartClient를 사용해 REST API를 호출해 장바구니에 새 항목을 추가하거나 기존 항목의 수량을 업데이트한다.

마지막으로 add 함수는 dispatch를 호출해 cart 컨텍스트의 cartItems 상태를 업데이트한다.

아래 코드에 앞에서 설명한 로직이 구현돼 있다.

src/components/ProductCard.js의 이어지는 코드

```
const add = async () => {
  const isLoggedIn = checkLogin();
  if (isLoggedIn && product?.id) {
    const res = await callAddItemApi();
    if (res && res.success) {
      if (res.data?.length > 0) {
        setMsg("Product added to bag.");
        dispatch(updateCart(res.data));
      }
    } else {
      setMsg(res && typeof res === "string" ? res : res.error.message);
    }
  }
};
const checkLogin = () => {
  if (!auth.token) {
    navigate("/login");
```

```
    return false;
  }
  return true;
};
const callAddItemApi = async () => {
  const qty = findQty(product.id);
  return cartClient.addOrUpdate({
    id: product.id,
    quantity: qty + 1,
    unitPrice: product.price,
  });
};
const findQty = (id) => {
  const idx = cartItems.findIndex((i) => i.id === id);
  if (~idx) { return cartItems[idx].quantity; }
  return 0;
};
```

여기서 add 함수는 **Add to bag** 링크를 클릭하면 호출된다. 마찬가지로 다음 코드에 표시된 buy 함수는 사용자가 **Buy now** 버튼을 클릭할 때 호출된다:

```
// ProductCard.js
const buy = async () => {
  const isLoggedIn = checkLogin();
  if (isLoggedIn && product?.id) {
    const res = await callAddItemApi();
    if (res && res.success) {
      navigate("/cart");
    } else {
      setMsg(res && typeof res === "string" ? res : res.error.message);
    }
  }
};
```

이 buy 함수는 add 함수와 매우 유사하며 callAddItemApi가 성공으로 응답하는 경우에는 useNavigate 훅을 사용해 사용자를 장바구니 페이지로 리다이렉션한다.

이제 JSX 템플릿을 보자. 다음 코드는 가독성을 높이기 위해 className 애트리뷰트를 제거했다.

코드: /Chapter07/ecomm-ui/src/components/ProductCard.js

```jsx
return (
  <div id={product.id} className="my-1 px-1 w-full...">
    <figure className="bg-gray-100 rounded-xl p-8 ...">
      <img className="w-72 h-72 mx-auto"
        src={product.imageUrl}alt={product.name} />
      <div className="pt-4 md:p-6 text-center xs:pl-2 ...">
        <form className="flex-auto">
          <div className="flex flex-wrap items-center ...">
            <h1 className="w-full flex-none font-bold mb-2.5 ...">
              <Link to={`/products/${product.id}`}>{product.name}</Link>
            </h1>
            <div className="text-4xl leading-7 font-bold ...">
              {"$"}
              {product.price.toFixed(2)}
            </div>
            <div className="text-sm font-medium text-gray-400 ...">
              In stock
            </div>
          </div>
          <div className="flex space-x-3 mt-8 mb-4 text-sm ...">
            <div className="flex-auto flex justify-between">
              <button className="w-1/2..." type="button" onClick={buy}>
                Buy now
              </button>
              <button className="flex..." type="button" onClick={add}>.
                Add to bag
              </button>
            </div>
          </div>
          <p className="text-sm text-gray-500 text-left">
            Free shipping on all local orders.
          </p>
        </form>
      </div>
    </figure>
```

```
      </div>
    );
};
export default ProductCard;
```

Buy now 버튼과 **Add to bag** 버튼이 클릭될 때 각각 buy와 add 함수가 호출되도록 onClick 이벤트를 연결했다. 또한 상품명에는 Link를 이용해 만든 링크가 걸려 있으며 to 애트리뷰트는 ProductDetail 컴포넌트를 가리키는 경로를 포함하고 있다. 이 경로는 path 파라미터로 ID를 포함한다. 이 파라미터를 사용해 특정 작업을 수행할 수 있고 브라우저 URL에 쿼리 파라미터를 넘기는 것과 유사하게 파라미터를 전달할 수도 있다.

사용자가 제품 이름을 클릭하면 ProductDetail 컴포넌트(ProductDetail.js)로 리다이렉션 된다. 이제 이 컴포넌트를 작성해보자.

ProductDetail 컴포넌트 개발

ProductDetail 컴포넌트는 경로에 포함된 ID를 사용해 백엔드로부터 제품 세부 정보를 로드한다는 점을 제외하면 ProductCard 컴포넌트와 비슷하다.

이 컴포넌트가 어떻게 동작하는지 보자. 다음 코드에는 제품 정보를 가져오는 것과 관련된 코드만 표시되어 있고 나머지 코드는 ProductCard 컴포넌트와 동일하다. 전체 코드는 깃허브 리포지토리에서 확인하기 바란다.

코드: /Chapter07/ecomm-ui/src/components/ProductDetail.js

```
import {Link, useParams, useNavigate} from "react-router-dom";
import ProductClient from "../api/ProductClient";
// 간결함을 위해 다른 imports 구문을 제거함
const ProductDetail = ({ auth }) => {
    const { id } = useParams();
    // 간결함을 위해 다른 선언문을 제거함
    // 간결함을 위해 다른 함수를 제거함
    useEffect(() => {
        async function getProduct(id) {
            const client = new ProductClient();
            const res = await client.fetch(id);
            if (res && res.success) { setProduct(res.data); }
```

```
  }
  async function fetchCart(auth) {
    const res = await new CartClient(auth).fetch();
    if (res && res.success) {
      console.log(res.data);
      dispatch(updateCart(res.data.items));
    }
  }
  if (auth?.token) fetchCart(auth);
  getProduct(id);
}, [id]);
return ( /* JSX Template */ );
};
export default ProductDetail;
```

위 예제는 react-router-dom 패키지의 useParams()를 사용해 ProductCard 컴포넌트로부터 전달된 제품 ID를 추출했다. 이 id 프로퍼티는 ProductClient 컴포넌트를 사용해 백엔드 서버에서 제품 정보를 가져오는 데 사용된다. 응답이 성공하면 setProduct라는 state 변경 함수를 사용해 검색된 제품 상세 정보를 product 변수에 설정한다.

지금까지 ProductList, Products, ProductCard, 그리고 ProductDetail과 같은 제품 관련 컴포넌트 개발을 완료했다. 이제 Cart와 Orders 컴포넌트에는 인증된 사용자만 접근할 수 있도록 인증 기능을 추가하자.

인증 기능 구현하기

Login 컴포넌트 개발을 시작하기 전에 필요한 일이 있다. 로그인이 성공한 후에 응답 메시지와 함께 전달되는 토큰을 어떻게 관리하는지 알아보자. 그리고, 액세스 토큰이 만료된 경우에 인증이 필요한 API를 호출할 때는 먼저 리프레시 토큰을 사용해 엑세스 토큰을 갱신해야 하는데, 이 과정을 어떻게 처리하는지도 설명할 것이다.

브라우저를 사용하면 쿠키, 세션 저장소, 로컬 저장소에 토큰이나 기타 정보를 저장할 수 있다. 서버 측에서는 쿠키를 사용하거나 스테이트풀(stateful) 통신을 하지 않으므로 나머지 두 가지 옵션만 남아 있다. 세션 저장소는 동일한 탭에만 제한적으로 적용되고 **리프레시(Refresh)** 버튼을 클릭하거나 탭을 닫는 즉시 삭제되기 때문에 보안을 중요하게 고려해야 하는 애플리케이션에 적당하다. 우리는 사용자가 서로 다른 탭을 전환하거나 페이지를 리프레시하는 경우에도 로그인 상태가 꾸준히 유지되길 원하므로 브라우저의 로컬 저장소를 사용할 것이다.

이외에 장바구니 상태를 관리하는 것과 같은 방식으로 스테이트(state)에 저장할 수도 있다. 하지만 이것은 세션 스토리지와 유사한 방법이므로 지금은 고려하지 않기로 한다.

커스텀 useToken 후크 만들기

지금까지 다양한 리액트 훅을 사용해 보았다. 이제 한 단계 더 나아가 커스텀 훅을 만들어 보자. 먼저 src 디렉터리 아래에 hooks 디렉터리를 새로 생성하고 그 안에 useToken.js 파일을 만든다.

그리고, 아래 코드를 그 파일에 추가한다.

코드: /Chapter07/ecomm-ui/src/hooks/useToken.js

```javascript
import { useState } from "react";
export default function useToken() {
  const getToken = () => {
    const tokenResponse = localStorage.getItem("tokenResponse");
    const userInfo = tokenResponse ? JSON.parse(tokenResponse) : "";
    return userInfo;
  };
  const [token, setToken] = useState(getToken());
  const saveToken = (tokenResponse) => {
    localStorage.setItem("tokenResponse", JSON.stringify(tokenResponse));
    setToken(tokenResponse);
  };
  return { setToken: saveToken, token };
}
```

이 코드는 토큰 상태를 유지하기 위해 useState 훅을 사용하고 있다. token이라는 스테이트를 선언하면서 useState의 생성자에서 getToken 함수를 호출해 값을 초기화한다. 이제 로그인이나 로그아웃과 같은 변경이 발생할 때마다 초기 토큰 상태를 갱신해야 한다. 이 기능을 위해 함수 saveToken을 새로 만들었다.

getToken 및 saveToken 함수는 모두 별도의 localStorage를 사용하여 토큰을 가져오고 업데이트하며, 최종적으로 토큰의 상태를 나타내는 token과 함께 saveToken 함수가 setToken의 형태로 반환된다.

다음으로 인증에 사용할 REST API 클라이언트를 하나 더 생성하자. src/api 디렉터리 아래에 Auth.js를 추가한다(/Chapter07/ecomm-ui/src/api/Auth.js).

Auth.js 클라이언트는 다른 API 클라이언트와 아주 비슷하다. 이 클라이언트는 다음의 설명과 같이 백엔드 REST API를 사용해 로그인, 로그아웃, 그리고 액세스 토큰을 갱신하는 작업을 수행한다.

- 로그인 작업은 App 컴포넌트로부터 전달받은 스테이트 아규먼트를 사용해 tokenResponse를 키값으로 하는 액세스 토큰, 리프레시 토큰, 사용자 ID 및 사용자 이름을 로컬 저장소에 저장한다. App 컴포넌트는 useToken 커스텀 훅을 사용한다. 또한 로그인 작업 중에 액세스 토큰의 만료 시간도 설정한다.
- 엑세스 토큰을 갱신하는 작업은 엑세스 토큰과 만료시간을 업데이트한다.
- 로그아웃 작업은 토큰을 제거하고 만료시간을 0으로 설정한다.

이제 로그인 기능 구현에 필요한 사전 작업을 모두 마쳤다. Login 컴포넌트를 작성해 보자.

Login 컴포넌트 작성

src/components 디렉터리에 Login.js 파일을 새로 만들고 다음 코드를 추가하자.

코드: /Chapter07/ecomm-ui/src/components/Login.js

```
import { useHistory } from "react-router-dom";
import { useState } from "react";
import PropTypes from "prop-types";
Login.propTypes = {
  auth: PropTypes.object.isRequired,
};
const Login = ({ uri, auth }) => {
  const [username, setUserName] = useState();
  const [password, setPassword] = useState();
  const [errMsg, setErrMsg] = useState();
  const navigate = useNavigate();
  const cancel = () => {
    const l = navigate.length;
    l > 2 ? navigate.goBack() : navigate("/");
```

```
  };
  const handleSubmit = async (e) => {
    e.preventDefault();
    const res = await auth.loginUser({username, password});
    if (res && res.success) {
      setErrMsg(null);
      navigate(uri ? uri : "/");
    } else {
      setErrMsg(
        res && typeof res === "string" ? res : "Invalid Username/Password"
      );
    }
  };
};
```

PropTypes를 사용하면 파라미터로 전달받은 prop의 유형을 체크할 수 있다. 이 코드에서는 prop으로 전달받은 auth가 객체인지, 그리고 필수 prop인지를 확인했다. 파라미터를 전달하고 할당하는 과정에서 유형 체크에 실패하면 콘솔에 오류 메시지가 표시된다. 보통 이렇게 prop을 체크하는 코드는 파일의 제일 끝 부분에 추가하지만 여기서는 더 나은 가독성을 위해 맨 위에 추가했다.

이 컴포넌트는 auth와 uri라는 두 가지 prop을 아규먼트로 받는다. auth prop은 사용자를 인증하는 데 사용하는 클라이언트이며 uri는 로그인에 성공한 사용자를 적절한 페이지로 보낼 때 사용할 URL을 담은 문자열이다.

Login.js는 handleSubmit, cancel 등 두 개의 함수를 구현하고 있다. cancel 함수는 사용자를 이전 페이지나 홈페이지로 되돌려 보내고, handleSubmit 함수는 인증 클라이언트의 login API를 호출하는데 이때 username과 password 값을 사용한다.

handleSubmit 함수는 사용자가 **Sign in** 버튼을 클릭해 폼을 제출할 때 호출된다. 사용자가 **Cancel** 버튼을 클릭하면 cancel 함수가 호출된다. 이외에 주목해야 할 점은 username, password의 스테이트 설정에 관한 부분이다. 이 값들은 각각의 onChange 이벤트에서 설정된다 (생략된 JSX 파일의 내용에 대해서는 GitHub의 Login.js 파일을 참고하라). e.target.value 아규먼트는 각각의 입력 필드에 입력된 값을 나타낸다. e 인스턴스는 이벤트를 나타내고 target은 각 이벤트를 발생시킨 입력 필드를 나타낸다.

이제 전체 흐름을 이해했을 것이다. 즉, 사용자가 로그인 하면 앱이 로컬 저장소에 토큰과 필요한 정보를 설정한다. API 클라이언트는 이 정보를 사용해 인증이 필요한 API를 호출한다. 헤더 컴포넌트의 일부인 로그아웃 작업(/Chapter07/ecomm-ui/src/components/Header.js)은 Auth 클라이언트의 logout 함수를 호출한다. 이 함수는 리프레시 토큰을 제거하는 백엔드 서버 API를 호출하고 로컬 저장소에서 인증 정보를 제거한다.

인증 관련 구현을 마쳤으니 이제 Cart 컴포넌트를 작성할 차례다. 하지만 그 전에 cart 컨텍스트를 작성해야 한다.

커스텀 cart context의 구현

리액트는 리덕스 라이브러리를 사용해 애플리케이션의 전역 상태를 중앙에서 관리할 수 있지만 이 책은 cart의 상태 관리를 위해 리덕스와 유사한 커스텀 훅을 작성할 것이다. 이 커스텀 훅은 리액트 라이브러리가 제공하는 createContext, useReducer, 그리고 useContext 훅을 사용한다.

앞에서 이미 createContext가 Provider와 Consumer를 반환한다는 것을 배웠다. createContext를 사용해 CartContext를 만들면 CartContext.Provider가 생성될 것이다. 그리고, useContext 훅을 사용할 것이기 때문에 Consumer는 사용하지 않는다.

다음으로 CartContext.Provider의 value로 전달할 장바구니 상태(cartItems)가 필요하다. 이 값은 CartContext를 사용하는 컴포넌트에서 읽을 수 있다. 자, 이제 reducer 함수만 있으면 된다. reducer 함수는 state와 action이라는 두 개의 아규먼트를 받는다. 제공된 action을 기반으로 상태를 변경하고 변경된 상태를 반환한다.

이제 코드로 어떻게 구현되는지 살펴보자.

코드: /Chapter07/ecomm-ui/src/hooks/CartContext.js

```js
import React,{ createContext, useReducer, useContext } from "react";
export const CartContext = createContext();
function useCartContext() {
  return useContext(CartContext);
}
export const UPDATE_CART = "UPDATE_CART";
export const ADD_ITEM = "ADD_ITEM";
export const REMOVE_ITEM = "REMOVE_ITEM";

export function updateCart(items) {
```

```
    return { type: UPDATE_CART, items };
}
export function addItem(item) {
    return { type: ADD_ITEM, item };
}
export function removeItem(index) {
    return { type: REMOVE_ITEM, index };
}
export function cartReducer(state, action) {
    switch (action.type) {
        case UPDATE_CART:
            return [...action?.items];
        case ADD_ITEM:
            return [...state, action.item];
        case REMOVE_ITEM:
            const list = [...state];
            list.splice(action.index, 1);
            return list;
        default:
            return state;
    }
}
const CartContextProvider = (props) => {
    const [cartItems, dispatch] = useReducer(cartReducer, []);
    const cartData = { cartItems, dispatch };
    return <CartContext.Provider value={cartData} {...props}/>;
};
export { CartContextProvider, useCartContext };
```

먼저 createContext 훅을 사용해 CartContext를 생성했다. 그런 다음 useContext 훅을 사용해 CartContext.Provider 태그에 선언된 value 필드의 값을 반환하는 함수를 선언했다.

다음으로 action과 state를 사용하는 reducer 함수가 필요하다. 먼저 UPDATE_CART와 같은 작업 유형을 정의한 다음, action 타입과 아규먼트 값을 모두 포함하는 action 객체를 반환하는 updateCart와 같은 함수를 작성한다. 마지막으로 state와 action을 아규먼트로 전달받아 action 타입에 따라 적절하게 상태를 변경하고 업데이트된 상태를 반환하는 reducer 함수를 작성한다.

다음으로 CartContext.Provider 컴포넌트를 반환하는 CartContextProvider 함수를 정의한다. 이 함수는 useReducer 훅에서 reducer 함수를 사용하고 훅의 두 번째 아규먼트로 빈 배열을 초기 상태값으로 전달한다. useReducer 훅은 state와 dispatch 함수를 반환한다. dispatch 함수는 action 객체를 아규먼트로 받으며 updateCart 나 addItem처럼 action 객체를 반환하는 함수도 정의하고 있다. cartData 객체에 상태값인 cartItems과 dispatcher 함수인 dispatch를 래핑하고 이를 CartContext.Provider 컴포넌트의 value 애트리뷰트로 전달한다. 마지막에 CartContextProvider 및 useCartContext 함수를 모두 export한다.

App 컴포넌트에서는 컴포넌트 래퍼로 CartContextProvider를 사용할 것이다. 이렇게 하면 CartContextProvider 내부의 모든 컴포넌트에서 cartData(cartItems와 dispatch)에 접근할 수 있으며 useCartContext를 통해 이 객체를 사용할 수 있게 된다.

이제 Cart 컴포넌트를 작성하겠다.

Cart 컴포넌트 작성하기

Cart 컴포넌트는 여러 개의 CartItem 컴포넌트를 포함하는 상위 컴포넌트다. src/components 디렉터리에 새로운 cart.js 파일을 만들고 아래 코드를 추가하자.

코드: /Chapter07/ecomm-ui/src/components/Cart.js

```
// 다른 import 구문 생략함.
import { removeItem, updateCart, useCartContext } from "../hooks/CartContext";
import CartItem from "./CartItem";

const Cart = ({ auth }) => {
  const [grandTotal, setGrandTotal] = useState(0)
  const [noRecMsg, setNoRecMsg] = useState("Loading...");
  const navigate = useNavigate();
  const cartClient = new CartClient(auth);
  const orderClient = new OrderClient(auth);
  const customerClient = new CustomerClient(auth);
  const { cartItems, dispatch } = useCartContext();
  // 이어서 계속...
```

여기서는 이전 절에서 생성된 useCartContext를 사용하고 있다. 또한, dispatch 함수가 사용하는 action 객체를 반환하는 updateCart와 같은 함수를 임포트한다. 그리고, Fetch 브라우저 내장 함수를 이용하는 API 클라이언트인 CartClient 뿐만 아니라 OrderClient와 CustomerClient를 사용해 체크아웃 작업을 진행한다.

다음과 같이 총수량(calTotal)을 계산하고 아규먼트로 전달받은 제품 ID의 수량(increaseQty)을 늘리는 함수를 추가하자.

```js
// Cart.js 이어서 계속...
const calTotal = (items) => {
  let total = 0;
  items?.forEach((i) => (total = total + i?.unitPrice * i?.quantity));
  return total.toFixed(2);
};
const increaseQty = async (id) => {
  const idx = cartItems.findIndex((i) => i.id === id);
  if (~idx) {
    cartItems[idx].quantity = cartItems[idx].quantity + 1;
    const res = await cartClient.addOrUpdate(cartItems[idx]);
    if (res && res.success) {
      refreshCart(res.data);
      if (res.data?.length < 1) { setNoRecMsg("Cart is empty."); }
    } else {
      setNoRecMsg(res && typeof res === "string" ? res : res.error.message);
    }
  }
}; // 이어서 계속...
```

increaseQty 함수는 먼저 아규먼트로 전달된 ID의 제품이 장바구니에 담겨 있는지 확인한다. 해당 ID의 제품이 장바구니에 이미 있다면 제품의 수량을 1만큼 증가시킨다. 이후 최종적으로 REST API를 호출해 서버 쪽의 장바구니 항목을 업데이트하고, API의 응답 결과를 아규먼트로 refreshCart 함수를 호출해 프런트엔드의 장바구니를 업데이트한다.

increaseQty 함수와 유사하지만 수량을 1만큼 감소시키는 decreaseQty 함수를 추가하고, 장바구니에서 항목을 제거하는 deleteItem 함수도 추가하자. 코드는 다음과 같다:

```
// Cart.js 이어서 계속...
const decreaseQty = async (id) => {
  const idx = cartItems.findIndex((i) => i.id === id);
  if (~idx && cartItems[idx].quantity <= 1) {
    return deleteItem(id);
  } else if (cartItems[idx]?.quantity > 1) {
    cartItems[idx].quantity = cartItems[idx].quantity - 1;
    const res = await cartClient.addOrUpdate(cartItems[idx]);
    if (res && res.success) {
      refreshCart(res.data);
      if (res.data?.length < 1) { setNoRecMsg("Cart is empty.");}
      return;
    } else {
      setNoRecMsg(res && typeof res === "string" ? res : res?.error?.message);
    }
  }
};
const deleteItem = async (id) => {
  const idx = cartItems.findIndex((i) => i.id === id);
  if (~idx) {
    const res = await cartClient.remove(cartItems[idx].id);
    if (res && res.success) {
      dispatch(removeItem(idx));
      if (res.data?.length < 1) { setNoRecMsg("Item is removed.");}
    } else {
      setNoRecMsg(res && typeof res === "string" ? res : "There is an error performing the remove.");
    }
  }
}; // 이어서 계속...
```

decreaseQty 함수는 increaseQty 함수에 비해 한 가지 작업을 더 수행하는데, 이 작업은 장바구니에 담긴 항목의 수량이 1이라면 deleteItem 함수를 호출해 이 항목을 장바구니에서 제거하는 작업이다.

deleteItem 함수는 전달된 ID를 가지고 먼저 cartItems에서 제품을 찾는다. 제품이 존재하는 경우 REST API를 호출해 장바구니에서 제품을 제거한다. 그리고 carItems의 상태를 업데이트하기 위해 dispatch 함수를 호출해야 하는데 이때 removeItem 함수를 호출한 후에 반환되는 action 객체를 아규먼트로 사용한다.

아래 코드와 같이 refreshCart 및 useEffect 함수를 정의하자.

```js
// Cart.js 이어서 계속...
const refreshCart = (items) => {
  setGrandTotal(calTotal(items));
  dispatch(updateCart(items));
};
useEffect(() => {
  async function fetch() {
    const res = await cartClient.fetch();
    if (res && res.success) {
      refreshCart(res.data.items);
      if (res.data?.items && res.data.items?.length < 1) {
        setNoRecMsg("Cart is empty.");
      }
    } else {
      setNoRecMsg(res && typeof res === "string" ? res : res.error.message);
    }
  }
  fetch();
}, []);
// 이어서 계속...
```

refreshCart 함수는 합계를 업데이트하고 updateCart 함수를 호출한 결과로 반환되는 action 객체를 사용해 dispatch 함수를 호출한다. useEffect는 백엔드 서버에서 장바구니 항목을 로드하고 refreshCart를 호출해 cartItems의 전역 상태를 업데이트한다.

체크아웃 기능을 수행하는 Cart 컴포넌트에 아래와 같이 마지막 함수를 추가하자.

코드: /Chapter07/ecomm-ui/src/components/Cart.js

```js
// Cart.js 이어서 계속...
const checkout = async () => {
  const res = await customerClient.fetch();
  if (res && res.success) {
    const payload = {
      address: { id: res.data.addressId },
      card: { id: res.data.cardId },
```

```
    };
    const orderRes = await orderClient.add(payload);
    if (orderRes && orderRes.success) {
      navigate("/orders");
    } else {
      setNoRecMsg(orderRes && typeof orderRes ===
          "string"
          ? orderRes: "Couldn't process checkout."
      );
    }
  } else {
    setNoRecMsg( res && typeof res === "string" ? res : "error retreiving customer");
  }
};
```

checkout 함수는 먼저 백엔드 서버에서 고객 정보를 가져온 뒤 주문을 위한 페이로드를 구성한다. 주문 API를 POST 방식으로 호출하고 이 요청에 대한 응답이 성공적으로 수신되면, 사용자 플로우는 Orders 컴포넌트로 리다이렉션된다.

마지막으로, Cart 컴포넌트는 JSX 템플릿을 반환한다.

이 JSX 템플릿에서는 사용자가 **Checkout** 버튼을 클릭하면 checkout 함수가 호출되어 사용자의 주문을 처리한다. 장바구니에 담긴 아이템은 앞으로 작성할 CartItem 컴포넌트를 사용해 렌더링되고, CartItem 컴포넌트에 removeItem, increaseQty, 그리고 decreaseQty 함수를 prop으로 전달한다.

이제 새 파일(src/components/CartItem.js)을 만들고 다음 코드를 추가해 CartItem 컴포넌트를 작성하자.

코드: /Chapter07/ecomm-ui/src/components/CartItem.js

```
// import 구문을 생략함.
const CartItem = ({ item, increaseQty, decreaseQty, removeItem }) => {
  const des = item ? item.description?.split(".") : [];
  const author = des && des.length > 0 ? des[des.length - 1] : "";
  const [total, setTotal] = useState();

  const calTotal = (item) => {
    setTotal((item?.unitPrice * item?.quantity)?.toFixed(2));
```

```
  };

  const updateQty = (qty) => {
    if (qty === -1) {
      decreaseQty(item?.id);
    } else if (qty === 1) {
      increaseQty(item?.id);
    } else {
      return false;
    }
    calTotal(item);
  };

  useEffect(() => { calTotal(item); }, []);
  return (/* JSX Template */ );
}
```

위 코드는 calTotal 함수에서 수량과 단가를 곱해 total 값을 관리하고 있으며, updateQty 헬퍼 함수를 이용해 수량을 증가시키고 감소시키는 작업을 수행하고 있다. useEffect 혹은 calTotal 함수를 호출해 Cart 페이지의 total 값을 업데이트한다.

다음 절에서는 이 애플리케이션의 마지막 컴포넌트인 Order 컴포넌트를 작성하자.

Order 컴포넌트 작성하기

Order 컴포넌트에는 백엔드 서버에서 가져온 주문 세부 정보가 포함된다. 날짜, 상태, 금액, 그리고 항목을 표 형식으로 보여준다. useEffect 훅을 사용해 첫 번째 렌더링에서 주문 세부 정보를 로드한 다음 orders 스테이트를 이용해 관리하며 이 값을 사용해 JSX 표현식에 표시한다.

src/components 디렉터리에 Orders.js라는 새 파일을 만들고 여기에 다음 코드를 추가하자.

코드: /Chapter07/ecomm-ui/src/components/Orders.js
```
// import 구문 생략
const Orders = ({ auth }) => {
  const [orders, setOrders] = useState([]); const formatDate = (dt) => {
    return dt && new Date(dt).toLocaleString();
  };
```

```
    useEffect(() => {
      async function fetchOrders() {
        const client = new OrderClient(auth);
        const res = await client.fetch();
        if (res && res.success) { setOrders(res.data); }
      }
      fetchOrders();
    }, []);
    return (/* JSX Template */ );
}
```

위 코드는 직관적이다. 단지 orders 스테이트에서 가져온 정보를 표시하고 있다.

이제 루트 컴포넌트를 업데이트해서 전체 플로우를 완성하고, yarn start 명령으로 애플리케이션을 다시 시작한 뒤에 테스트해보자.

루트(App) 컴포넌트 작성

App 컴포넌트는 리액트 애플리케이션의 루트 컴포넌트이다. 여기에는 제품 목록 및 주문 컴포넌트와 같은 모든 상위 컴포넌트와 함께 애플리케이션의 라우팅 정보 및 레이아웃이 포함된다.

아래 코드를 사용해 프로젝트 src 디렉터리에 있는 App.js 파일을 업데이트하자.

코드: /Chapter07/ecomm-ui/src/App.js

```
import { BrowserRouter as Router, Route, Switch } from "react-router-dom";
// 다른 import 구문 생략함.
function App() {
  const { token, setToken } = useToken();
  const auth = new Auth(token, setToken);
  const LoginComponent = (props) => (
    <Login {...props} uri="/login" auth={auth} />
  );
  const ProductListComponent= (props)=> <ProductList auth={auth}/>;
  // 이어서 계속...
```

첫번째 import 구문은 react-router-dom 패키지에서 필요한 컴포넌트들을 임포트한다. 그 외에 다른 import 구문들도 있는데 GitHub의 코드에서 확인하도록 하자. 그 다음에는 인증을 위한 useToken() 훅과 Auth REST API 클라이언트를 사용한다. 그리고 LoginComponent와 ProductListComponent를 반환하는 함수도 정의하고 있다.

여기서 사용하는 App.js JSX 템플릿은 지금까지 사용했던 템플릿과는 다르다. react-router-dom 패키지의 BrowserRouter(Router라는 이름으로), Route, Switch 컴포넌트를 사용하며 BrowserRouter 컴포넌트 내에 모든 Route 구성 요소를 정의한다. 컴포넌트 각각을 독립적으로 렌더링하기 위해 Routes 컴포넌트도 사용하고 있다. 그리고 Route는 일치하는 경로가 없어서 404 에러, 즉 '요청한 페이지를 찾을 수 없음' 에러가 발생하는 경우에는 NotFound 컴포넌트를 렌더링한다. Route 컴포넌트를 사용하면 경로와 해당 경로의 요청을 렌더링할 컴포넌트를 맵핑할 수 있다. 주어진 path에 맞는 컴포넌트를 이용해 렌더링할 수 있도록 element 프로퍼티를 사용해 컴포넌트를 지정하고 있다. 다음 코드는 지금까지 설명한 로직을 구현하고 있다.

코드: /Chapter07/ecomm-ui/src/App.js

```
// App.js 이어서 계속...
  return (
    <div className="flex flex-col min-h-screen h-full ">
      <Router>
        <Header userInfo={token} auth={auth} />
        <div className="flex-grow flex-shrink-0 p-4">
          <CartContextProvider>
            <Routes>
              <Route path="/" exact element={<ProductListComponent />} />
              <Route path="/login"
                element={token ? <ProductListComponent /> : <LoginComponent />} />
              <Route path="/cart"
                element={token ? <Cart auth={auth} /> : <LoginComponent />} />
              <Route path="/orders"
                element={token ? <Orders auth={auth} /> : <LoginComponent />} />
              <Route path="/products/:id" element={<ProductDetail auth={auth} />} />
              <Route path="*" exact element={<NotFound />} />
            </Routes>
          </CartContextProvider>
        </div>
```

```
      <Footer />
    </Router>
  </div>
  );
}
export default App;
```

모든 컴포넌트가 `CartContextProvider` 내부에 래핑되어 있기 때문에, 여기에 정의된 컴포넌트들이 `useCartContext` 커스텀 훅을 사용한다면 `cartItems`과 `dispatch`에 접근할 수 있게 된다.

이제 주요 개발작업은 모두 마무리 되었다. 다음 절의 설명을 보면서 코드를 실행해보자.

애플리케이션 실행하기

UI가 데이터를 가져오기 위해 REST API를 사용하기 때문에 백엔드 서버를 구동해야 한다. 6장의 코드를 사용할 것이다.

6장의 홈디렉터리로 이동하자. 6장의 루트 디렉터리에서 gradlew clean build 명령어를 실행해 코드를 빌드한 후에 아래 명령어를 통해 백엔드 서버를 시작시키자:

```
$ java -jar build/libs/Chapter06-0.0.1-SNAPSHOT.jar
```

자바17이 path에 잘 설정돼 있어야 빌드와 구동이 잘 될 것이다.

백엔드 서버가 구동되면 다른 터미널을 열고 Chapter07/ecomm 루트 디렉터리에서 아래 명령어를 실행해 ecomm-ui 앱을 구동하면 된다.

```
$ yarn start
```

애플리케이션이 순조롭게 시작됐으면 UI는 http://localhost:3000 에서 접근 가능하다. 자주 사용하는 브라우저를 통해서 http://localhost:3000 으로 접속해보자.

제품 목록 페이지가 로딩되면 사용자 계정과 패스워드(scott/tiger)를 이용해서 샘플 이커머스 앱에 로그인할 수 있고 체크아웃, 주문과 같은 모든 작업들을 실행해볼 수 있다.

다음 절에서 지금까지 배운 내용을 점검하고 요약해보자.

요약

이 장에서는 리액트의 기본 개념을 배우고 이를 사용해 다양한 유형의 컴포넌트를 만들었다. 또한 브라우저에 내장된 Fetch API를 사용해 REST API를 사용하는 방법도 배웠다. 또, 리액트를 이용해 컴포넌트 기반 UI 개발, 라우팅 구현, REST API 사용, 훅을 이용한 함수형 컴포넌트의 구현, 커스텀 훅의 작성, 리액트 컨텍스트 API와 useReducer 훅을 이용한 전역 상태 저장소의 구현과 같은 다양한 기술을 배웠다. 이 장에서 습득한 개념과 기술은 최신 프런트엔드 개발을 위한 견고한 토대를 마련하고 애플리케이션 개발에 대한 전반적인 시야를 넓혀줄 것이다.

다음 장에서는 REST 기반 웹 서비스에 대한 자동화된 테스트를 어떻게 작성하는지 알아보자.

질문

1. props와 스테이트의 차이는 무엇인가?
2. 이벤트는 무엇이고, 이벤트를 어떻게 리액트 컴포넌트에 바인딩하는가?
3. 고차 컴포넌트(higher-order component)란 무엇인가?

답변

1. Props는 프로퍼티는 부모 컴포넌트의 값/객체/함수를 자식 컴포넌트로 전달할 때 사용하는 특별한 객체인 반면, 스테이트는 컴포넌트에 속하며 컴포넌트에 따라 전역 또는 로컬이 될 수 있다. 함수형 컴포넌트의 관점에서 보면, 로컬 상태를 다룰 때는 useState 훅을 사용하고 전역 상태의 경우는 useContext를 사용한다.

2. 일반적으로 이벤트는 keydown이나 onclick과 같은 입력이 발생하는 경우에 브라우저가 생성하는 객체이다. 리액트는 브라우저의 네이티브 이벤트가 모든 브라우저에서 동일하게 작동하도록 SyntheticEvent를 사용한다. SyntheticEvent는 네이티브 이벤트를 래핑한다. 우리는 login 컴포넌트에서 onChange={(e) => setUserName(e.target.value)} 코드를 사용했다. 여기서 e는 SyntheticEvent이고 target은 그 속성 중 하나다. onChange 이벤트가 JSX에 바인딩되어 있어서 입력값이 변경될 때 setUserName이 호출된다. 이벤트를 바인딩하기 위해 자바스크립트 기술을 이용해 window.addEventListener("click", handleClick)와 같이 구현할 수도 있다.

이상적으로는 useEffect 훅에서 이 작업을 수행한다. 그리고, 이벤트 바인딩은 클린업 과정 중에 제거되어야 한다. 이 작업은 바인딩을 제거하는 화살표 함수를 반환할 때 useEffect에서 할 수 있다. 가령, `return () => { window.removeEventListener("click", handleClick); }` 와 같이 구현한다. 이 코드는 src/components 디렉터리의 Header.js 파일에서 확인하자.

3. 자바스크립트에서 **고차 함수**(high-order function)는 함수를 인수로 받거나 배열(맵, 필터 등)과 같은 함수를 반환한다. 마찬가지로 리액트의 고차 컴포넌트(high-order components)는 기존 컴포넌트와 함께 컴포지션을 사용해 새로운 컴포넌트를 반환하는 패턴이다. 기본적으로 컴포넌트를 파라미터로 받아 반환하는 새 함수를 작성한다. 고차 컴포넌트를 사용하면 기존 컴포넌트와 그 로직을 재사용할 수 있다.

ecomm-ui 애플리케이션에서 ProductCard와 ProductDetail 컴포넌트는 본질적으로 유사하므로 고차 컴포넌트를 사용해 로직을 재사용할 수 있다.

추가 읽을거리

- React 18 Design Patterns and Best Practices - 4판: https://www.packtpub.com/product/react-18-design-patterns-and-best-practices-fourth-edition/9781803233109
- 리액트 공식 문서: https://reactjs.org/docs/getting-started.html
- 리액트 라우터 가이드: https://reactrouter.com/en/main

08

API 테스트

적절한 자동화된 테스트는 이전에 작동했던 기능이 동작하지 않게 되는 버그를 줄이고 애플리케이션을 안정적으로 유지할 수 있게 해준다. 또한 변경 사항이 기존 코드에 미치는 부작용이 있는 경우 빌드 또는 테스트 단계에서 모든 변경 사항을 실패하게 한다. 이와 같은 테스트를 자동화해 두면 안심할 수 있고 프로덕션 환경에서 발생할 수 있는 예상치 못한 문제를 방지할 수 있다.

이 장에서는 단위 테스트와 통합 테스트 자동화를 어떻게 구현하는지 보여주며 테스트 자동화를 다룰 것이다. 이를 통해 API 테스트를 수동 및 자동으로 테스트하는 방법에 대해 알아본다. 먼저 단위 테스트와 통합 테스트의 자동화 방법을 배운다. 두 가지 형태의 자동화에 대해 배우고 나면, 어떤 빌드에서든 이 두 가지 유형의 테스트를 통합시킬 수 있게 될 것이다. 또 **자바 코드 커버리지(Java Code Coverage)** 도구를 설정해 다양한 코드 커버리지 메트릭을 계산하는 방법도 다룬다.

이 장에서는 아래 주제들을 다룬다:

- API와 코드를 수동으로 테스트하기
- 테스트 자동화

그럼 시작해 보자!

기술 요구 사항

이번 장의 코드는 https://github.com/PacktPublishing/Modern-API-Development-with-Spring-6-and-Spring-Boot-3/tree/dev/Chapter08 을 참고하기 바란다.

API와 코드를 수동으로 테스트하기

테스트는 소프트웨어 개발과 유지 보수 과정에서 지속적으로 실시하는 프로세스로 가능한 모든 유즈 케이스와 변경된 코드를 커버하는 전체 테스트를 수행해야 한다. API에 대해서는 아래와 같은 다양한 유형의 테스트를 수행할 수 있다.

- **단위 테스트**: 단위 테스트는 코드의 가장 작은 단위(예: 클래스 메소드)를 테스트하기 위해 개발자가 수행한다.
- **통합 테스트**: 통합 테스트는 서로 다른 레이어에 존재하는 컴포넌트의 통합을 테스트하기 위해 개발자가 수행한다.
- **컨트랙트 테스트**: 컨트랙트 테스트는 API에 대한 변경 사항이 API를 사용하는 클라이언트의 코드에 오류를 유발하지 않는지 확인하기 위해 개발자가 수행한다. API를 사용하는 클라이언트 측의 코드는 항상 API를 제공하는 측의 컨트랙트(API)를 준수해야 한다. 주로 마이크로서비스 기반 개발에 필요하다.
- **종단 간(E2E) 테스트**: 종단 간 테스트는 **품질 보증(QA)** 팀이 UI(API를 사용하는 측)에서 백엔드까지의 종단 간 시나리오를 테스트하기 위해 수행한다.
- **사용자 수락 테스트(UAT)**: 비즈니스 관점에서 비즈니스 사용자가 수행하며 종단 간 테스트와 중복될 수도 있다.

이 책의 앞부분에서는 cURL과 포스트맨 툴을 사용해 수동 API 테스트를 수행했다. API 개발시 변경이 발생하면 영향을 받는 API 뿐만 아니라 모든 API를 테스트해야 한다. 여기에는 이유가 있다. 변경 내역이 특정 API에만 영향을 미친다고 가정할 수 있지만 만약 기본 가정이 잘못된 경우에는 어떻게 될까? 테스트를 하지 않고 건너뛴 API들에 영향을 줘 프로덕션 서비스에서 문제가 발생할 수 있다. 이로 인해 패닉이 발생할 수 있으며 릴리즈를 롤백하거나 패치를 적용한 버전을 릴리즈해야 할 수도 있다.

대부분의 IT 회사에서는 이러한 상황을 피하고 제품을 가능한 한 최고의 품질로 전달하도록 릴리즈를 위한 별도의 QA 팀을 운영한다. QA팀은 개발 팀에서 수행하는 테스트와는 별도로 종단 간 테스트를 수행하고 비즈니스/도메인 사용자와 함께 사용자 수락 테스트를 수행한다.

소프트웨어의 개발에서 배포까지 과정에는 고품질의 결과물을 확보하려는 이런 추가 작업으로 인해 더 많은 시간과 노력이 필요하다. 하지만, 이젠 자동화된 테스트 덕분에 여기에 소요되는 시간이 상당히 짧

아졌다. 이전에는 우리가 수동으로 테스팅을 했었기 때문에 예전의 소프트웨어 개발 주기는 최근에 비해 굉장히 길었다. **타임 투 마켓(Time to Market, TTM)**은 오늘날 경쟁이 치열한 소프트웨어 산업에서 중요한 요소다. 오늘날에는 더 빠른 릴리즈 주기가 필요하다. 또한 테스트라고도 하는 품질 검사는 릴리즈 주기에서 가장 중요한 부분을 차지한다.

테스트 프로세스를 자동화하고 CI/CD(Continuous Integration, Continuous Delivery/Deployment) 파이프라인에 통합시키면 테스트 시간을 줄일 수 있다. **CI**는 **지속적인 통합**을 표기하는 약어로 코드 저장소와 통합되어 빌드 〉 테스트 〉 병합하는 과정을 의미한다. **CD**는 **지속적 전달**이나 **지속적 배포**를 의미하며 두 가지 개념은 서로 혼용된다. 지속적 전달은 코드가 자동으로 테스트되고 아티팩트 리포지토리나 컨테이너 레지스트리에 릴리즈되는 프로세스다. 그런 다음 이를 선택해 프로덕션 환경에 배포할 수 있다. 지속적 배포는 파이프라인을 이용한 지속적 전달보다 한 단계 진보한 것으로, 모든 단계를 자동화한다. 지속적인 배포는 또한 모든 테스트가 성공하면 프로덕션 환경에 자동으로 배포하는 과정을 수행한다. 페이스북이나 트위터와 같이 제품 코드를 공개하지 않는 서비스들은 이 방식을 사용한다. 반면에 스프링 프레임워크, 자바와 같이 공개적으로 제공되는 제품과 서비스는 지속적 전달 파이프라인을 사용한다.

다음 절에서는 이 책에서 지금까지 수행해 온 수동 테스트를 자동화할 것이다.

테스트 자동화

수동으로 수행하는 모든 테스트는 자동화를 통해 빌드 과정의 일부로 추가할 수 있다. 이는 모든 변경과 코드 커밋에 대해 빌드의 일부로 테스트 스위트를 실행한다는 것을 의미한다. 이 경우 모든 테스트를 통과한 경우에만 빌드가 성공한다.

자동화된 통합 테스트는 모든 API에 대해 추가할 수 있다. 따라서 cURL 또는 Insomnia를 사용해 각 API를 수동으로 실행하는 대신 빌드 과정에서 자동으로 API를 실행하고 빌드가 끝나면 테스트 결과를 일괄적으로 확인할 수 있다.

이 절에서는 REST 클라이언트 호출을 복제하고, 컨트롤러에서 시작해 데이터베이스(H2)를 포함한 퍼시스턴스 레이어까지의 모든 애플리케이션 계층을 테스트하는 통합 테스트를 작성할 것이다.

하지만, 먼저 필요한 단위 테스트를 추가하자. 이런 단위 테스트는 개발 과정에서 추가되거나 **테스트 주도 개발**(TDD)의 경우라면 개발 프로세스 전에 추가되는 것이 이상적이다.

단위 테스트는 클래스의 메소드와 같은 작은 코드 단위의 예상 결과를 검증하는 테스트다. 적절한 테스트가 좋은 코드 커버리지 수준(90% 이상)과 브랜치 커버리지 수준(80% 이상)으로 작성돼 있다면 대부분의 버그를 피할 수 있다. 코드 커버리지는 테스트가 실행될 때 유효성이 검사되는 코드 라인과 브랜치(if-else와 같은 분기문)의 숫자 등의 메트릭을 의미한다.

일부 클래스나 메소드는 다른 클래스 또는 인프라 서비스에 종속된다. 예를 들어 컨트롤러 클래스는 서비스 및 어셈블러 클래스에 대한 의존성이 있는 반면, 리포지토리 클래스는 하이버네이트(Hibernate) API에 대한 의존성이 있다. 모의 객체(mock)를 생성해 종속적인 동작들을 복제하면 이 동작들이 예상대로 작동하거나 정의된 테스트에 맞게 동작한다고 가정할 수 있다. 이를 통해 실제 코드 단위(예: 메소드)를 테스트하고 해당 동작을 확인할 수 있게 된다.

다음 절에서는 통합 테스트를 작성하기 전에 단위 테스트를 추가하는 방법에 대해 알아보자.

단위 테스트

이번 장에 등장하는 코드의 기본적인 내용을 이해하려면 *6장*을 참조하는 것이 좋다. 단위 테스트를 작성하기 위해서 부가적인 의존성 라이브러리를 추가할 필요는 없다. 아래와 같이 build.gradle 파일에 이미 필요한 의존성에 대한 정의가 포함되어 있기 때문이다.

코드: /Chapter08/build.gradle

```
test Implementation('org.springframework.boot:spring-boot-starter-test')
```

spring-boot-starter-test는 단위 테스트 뿐만 아니라 통합 테스트에 필요한 모든 테스트 관련 의존성 라이브러리를 추가한다. 테스트를 위해서는 주로 다음 라이브러리를 사용한다:

- **JUnit 5**: JUnit 5는 JUnit 플랫폼, JUnit Jupiter 및 JUnit Vintage와 같은 모듈들의 번들이다.
  - **JUnit Platform**을 사용하면 JVM에서 테스트를 할 수 있으며 JUnit 플랫폼의 엔진은 플랫폼에서 실행되는 테스트 프레임워크를 작성하기 위한 API를 제공한다. JUnit 플랫폼은 junit-platform-commons로 구성되어 있다.
  - **JUnit Jupiter**는 테스트와 확장 모듈을 작성하기 위한 프로그래밍 및 확장 모델을 제공한다. JUnit 플랫폼에는 Jupiter 기반 테스트를 실행할 수 있는 junit-jupiter-engine이라는 별도의 라이브러리가 포함되어 있다. 또한 junit-jupiter, junit-jupitor-api 및 junit-jupiter-params 라이브러리를 제공한다.

- **JUnit Vintage**는 JUnit의 버전 3, 4와 같은 이전 버전에서 작성된 테스트를 JUnit Platform에서 실행시키기 위해 필요하다. 우리는 최신 버전인 5를 사용할 것이므로 필요하지 않다.

  JUnit에 대한 자세한 내용은 https://junit.org/에서 확인할 수 있다.

- **AssertJ**: AssertJ는 플루언트 API[1]를 제공해 어서션(assertion) 작성을 단순화하는 테스트 어서션 라이브러리이며 확장 가능하다. 도메인 객체에 대한 커스텀 어서션을 작성할 수도 있다. 자세한 내용은 https://assertj.github.io/doc/을 읽어보자.

- **햄크레스트(Hamcrest)**: 햄크레스트는 매처(matchers)를 기반으로 어서션을 제공하는 또 다른 어서션 라이브러리이다. 이것을 사용하면 커스텀 매처를 작성할 수 있다. 이 장에서는 햄크레스트를 사용하는 것과 AssertJ를 사용하는 두 가지 모두에 대한 예제를 보겠지만, 플루언트 API를 제공하는 AssertJ가 더 좋다. 체인 메소드는 IDE가 주어진 객체를 기반으로 적절한 어서션을 제안하는 데 도움이 된다. 여러분의 유즈케이스와 취향에 따라 어서션 라이브러리 중 하나를 선택하거나 두 가지를 모두 사용할 수 있다. 자세한 내용은 http://hamcrest.org/에서 확인하자.

- **모키토(Mockito)**: 모키토는 모의객체를 추가하게 해주고 메소드 호출에 대한 스텁(stub)[2]을 만들 수 있게 해주는 프레임워크이다. 자세한 내용은 https://site.mockito.org/에서 확인하자.

단위 테스트는 테스트 가능한 가장 작은 코드 단위를 테스트한다. 한편 컨트롤러 메소드에 대한 단위 테스트는 어떻게 작성할까? 컨트롤러는 웹 서버에서 실행되며 스프링 웹 애플리케이션 컨텍스트를 사용한다. 만약 `WebApplicationContext`를 사용하고 웹 서버 위에서 실행되는 테스트를 작성하는 경우라면 단위 테스트가 아니라 통합 테스트라고 부르는 편이 적절할 것이다.

단위 테스트는 가볍고 빠르게 실행돼야 한다. 따라서 스프링 테스트 라이브러리에서 제공하는 특별한 클래스인 MockMvc를 사용해서 컨트롤러를 테스트한다. 단위 테스트를 위해 MockMvc를 스탠드얼론으로 실행되도록 설정할 수도 있다. 또 `MockitoExtension`을 사용하면 JUnit 플랫폼(JUnit5는 익스텐션을 통해 러너를 지원)에서 단위 테스트 작성을 할 때 모의 객체 추가와 메소드 스터빙 기능을 사용할 수 있으며, Mockito 라이브러리를 사용하면 필요한 의존성 라이브러리를 모의객체로 추가할 수 있다. 이러한 테스트는 정말 빠르기 때문에 개발자가 빌드를 더 신속하게 하는 데 도움이 된다.

이제 AssertJ 어서션을 사용해 테스트를 작성하자.

---

1 (옮긴이) API의 설계와 작성을 기계가 아니라 사람이 읽기 편한 산문과 같은 형태가 되도록 설계하는 방법을 말한다. 'https://ko.wikipedia.org/wiki/플루언트_인터페이스'를 참고하자.

2 (옮긴이) 스텁은 테스트 중인 모듈이 호출, 의존하는 모듈의 행동을 시뮬레이션하는 프로그램을 말한다. https://en.wikipedia.org/wiki/Test_stub을 참고하자.

AssertJ 어서션을 사용해 테스트하기

ShipmentController에 대한 첫 번째 단위 테스트를 작성해 보자.

코드: /Chapter08/src/test/java/com/packt/modern/api/controller/ShipmentControllerTest.java

```
@ExtendWith(MockitoExtension.class)
public class ShipmentControllerTest {
  private static final String id = "a1b9b31d-e73c-4112-af7c-b68530f38222";
  private MockMvc mockMvc;
  @Mock
  private ShipmentService service;
  @Mock
  private ShipmentRepresentationModelAssembler assembler;
  @Mock
  private MessageSource msgSource;
  @InjectMocks
  private ShipmentController controller;
  private ShipmentEntity entity;
  private Shipment model = new Shipment();
  private JacksonTester<List<Shipment>> shipmentTester;
  // 이어서 계속...
```

이 테스트는 Jupiter 기반 애노테이션인 ExtendWith를 사용해 MockitoExtension 확장 모듈을 등록했다. 이 확장 모듈은 테스트를 실행하고 Mockito 기반의 모의객체 삽입과 메소드 스터빙을 지원한다.

스프링 테스트 라이브러리는 스프링 MVC를 모의 객체로 추가할 수 있는 MockMvc 클래스를 제공한다. 이 클래스를 사용하면 API 엔드포인트의 URI를 호출해 컨트롤러 메소드를 실행할 수 있다. 서비스나 어셈블러와 같은 ShipmentController 클래스의 의존성은 의존성 라이브러리의 모의 객체를 생성하기 위해 @Mock 애노테이션으로 표시된다. 또는 Mockito.mock(classOrInterface)를 사용해 모의 객체를 생성할 수도 있다.

또 다른 주요 애노테이션은 컨트롤러를 선언하는 부분에 표기된 @InjectMocks이다. 이 애노테이션은 테스트 클래스에 필요한 모든 모의 객체를 찾아내 자동으로 주입(inject)한다. ShipmentController는 생성자를 통해 주입되는 ShipmentService와 ShipmentRepresentationModelAssembler 인스턴스를 사용한다. Mockito 기반의 @InjectMocks 애노테이션은 ShipmentController 클래스에서 사용되는 서비스 및 어셈블러와 같은 의존성을 찾는다. 그런 다음 테스트 클래스에서 서비스 및 어셈블러의 모의 객체를 찾는다. 일단 그것들을 찾으면 이 모의 객체들을 `ShipmentController` 클래스에 주입한다. 필요하다면 `@InjectsMocks`를 사용하는 대신에 아래와 같이 생성자를 사용해 테스트 클래스의 인스턴스를 생성할 수도 있다.

```
controller = new ShipmentController(service, assembler);
```

다시 테스트 코드를 살펴보자. `MessageSource`의 모의 객체를 생성했다. 이 모의 객체는 setup 메소드에서 사용되는 `RestApiHandler`에 아규먼트로 전달된다. 세부 내용은 다음 코드 블록에서 더 자세히 다룬다.

선언의 마지막 부분은 스프링 테스트 라이브러리의 일부인 `JacksonTester`다. `JacksonTester`는 AssertJ와 Jackson 라이브러리를 사용해 생성한 커스텀 JSON 어서션 클래스다.

JUnit Jupiter API는 테스트의 전제 조건 설정에 사용할 수 있는 `@BeforeAll`, `@BeforeEach` 메소드 애노테이션을 제공한다. 이름에서 알 수 있듯이 `@BeforeAll`은 테스트 클래스 당 한 번만 실행되는 반면 `@BeforeEach`는 각 테스트 메소드가 실행되기 전에 매번 실행된다. `@BeforeAll`은 퍼블릭 정적 메소드에 애노테이션을 추가하는 데 사용해야 하는 반면에, `@BeforeEach`는 퍼블릭 비정적 메소드에만 적용할 수 있다.

마찬가지로 JUnit은 `@AfterAll`, `@AfterEach` 애노테이션을 제공한다. `@AfterAll`은 테스트 클래스 내의 모든 테스트 메소드가 실행된 후 딱 한 번만 호출되도록 하고, `@AfterEach`는 각 테스트 메소드가 실행된 후 매번 실행되도록 한다.

`ShipmentControllerTest` 클래스를 실행하기 전에 필요한 사전 조건들은 `@BeforeEach` 애노테이션을 사용해 먼저 실행하도록 테스트를 구현하자.

코드: /Chapter08/src/test/java/com/packt/modern/api/controller/ShipmentControllerTest.java

```java
// ShipmentControllerTest.java 계속
@BeforeEach
public void setup() {
  ObjectMapper mapper = new AppConfig().objectMapper();
  JacksonTester.initFields(this, mapper);
MappingJackson2HttpMessageConverter mappingConverter =
new MappingJackson2HttpMessageConverter();
  mappingConverter.setObjectMapper(mapper);
  mockMvc = MockMvcBuilders.standaloneSetup(controller)
```

```
            .setControllerAdvice(new RestApiErrorHandler(msgSource))
            .setMessageConverters(mappingConverter)
            .build();
    final Instant now = Instant.now();
    entity = // 엔터티 초기화
    BeanUtils.copyProperties(entity, model);
    // 추가 모델 프로퍼티 초기화
}
```

먼저 AppConfig에서 가져온 ObjectMapper 인스턴스로 JacksonTester 필드를 초기화한다. 이렇게 하면 커스텀 메시지 컨버터 인스턴스인 MappingJackson2HttpMessageConverter가 생성된다.

다음으로 스탠드얼론 설정을 사용해 mockMvc 인스턴스를 생성하고 이 인스턴스의 setter 메소드를 호출해 컨트롤러 어드바이스를 초기화한다. RestApiErrorHandler 인스턴스는 MessageResource 클래스의 모의 객체를 사용한다. 또한 메시지 컨버터도 mockMvc에 설정한 후에 build 한다.

마지막으로 ShipmentEntity와 모델 클래스인 Shipment의 인스턴스를 초기화한다.

다음으로 GET /api/v1/shipping/{id}를 호출하는 테스트를 작성하자. 이 API는 ShipmentController 클래스의 getShipmentByOrderId() 메소드를 사용한다. 테스트는 @Test 애노테이션으로 표시한다. @DisplayName 애노테이션을 사용하면 테스트 보고서에 표시되는 테스트 이름을 커스터마이징 할 수도 있다.

```
@Test
@DisplayName(""returns shipments by given order ID")
public void testGetShipmentByOrderId() throws Exception {
    // given
    given(service.getShipmentByOrderId(id)).willReturn(List.of(entity));
    given(assembler.toListModel(List.of(entity))).willReturn(List.of(model));
    // when
    MockHttpServletResponse response = mockMvc.perform(
        get("/api/v1/shipping/" + id)
            .contentType(MediaType.APPLICATION_JSON)
            .accept(MediaType.APPLICATION_JSON))
            .andDo(print())
            .andReturn().getResponse();
```

```
   // then
  assertThat(response.getStatus()).isEqualTo(HttpStatus.OK.value());
  assertThat(response.getContentAsString())
    .isEqualTo(shipmentTester.write(List.of(model)).getJson());
}
```

이 코드에서는 **행위 주도 개발(BDD)**의 테스트 스타일을 사용한다. 행위 주도 개발에 대한 자세한 내용은 https://cucumber.io/docs/bdd/를 참고하기 바란다. 행위 주도 개발에서 작성하는 테스트는 Gherkin 문법(https://cucumber.io/docs/gherkin/)을 이용해 작성하며 Given > When > Then의 형태로 정의한다.

- Given: 테스트가 실행되는 컨텍스트
- When: 테스트 시나리오가 진행되는 데 필요한 조건
- Then: 테스트 결과와 검증

행위 주도 개발의 관점에서 이 테스트를 읽어보자.

- Given: 서비스가 사용 가능한 상태로 이 서비스는 아규먼트로 전달된 주문 ID에 해당하는 주문 목록을 반환하며, 어셈블러는 엔터티의 목록을 모델의 목록으로 변환한다. 또한 반환하는 값에 HATEOAS[3] 링크도 추가한다.
- When: 사용자가 GET /api/shipping/a1b9b31d-e73c-4112-af7c-b68530f38222를 통해 API를 호출한다.
- Then: 테스트는 전달된 주문 ID와 연관된 배송 정보의 유효성을 검증한다.

Mockito의 BDDMockito 클래스는 모의 객체의 메소드를 스터빙하기 위해 given()이라는 플루언트 API를 제공한다. mockMvc.perform()이 호출되면, 내부적으로 각각의 서비스 및 어셈블러의 모의 객체를 호출하고, 스텁된 메소드를 차례로 호출한 뒤 스텁에 정의된 값을 반환한다.

andDo(print()) 메소드는 페이로드와 응답 본문을 포함한 요청과 응답 과정을 로깅한다. 테스트 클래스 내에서 모든 mockMvc 로그를 추적하려면 mockMvc.perform()을 호출하는 코드에 개별적으로 정의하는 대신 아래에 강조된 코드처럼 mockMvc를 초기화할 때 직접 설정한다:

---

3 (옮긴이) HATEOAS란?
  Hypermedia As The Engine Of Application State의 약자이며 REST API를 좀 더 견고하게 설계하기 위해 하이퍼미디어를 애플리케이션의 상태를 관리하는 메커니즘으로 사용한다는 개념이다. 클라이언트의 요청에 대해 서버가 응답할 때 요청에 필요한 URI를 응답에 포함시켜 반환하는 형태로 구현된다. 자세한 내용은 https://en.wikipedia.org/wiki/HATEOAS를 참고하기 바란다.

```
mockMvc = MockMvcBuilders.standaloneSetup(controller)
        .setControllerAdvice(new RestApiErrorHandler(msgSource))
        .setMessageConverters(mappingJackson2HttpMessageConverter)
        .alwaysDo(print())
        .build();
```

마지막으로 AssertJ의 플루언트 API를 사용해 응답 상태가 200 OK인지, 함께 리턴된 JSON 객체가 기대했던 객체와 일치하는지를 확인하는 어서션을 수행한다. 먼저 Asserts.assertThat() 함수를 사용했는데 이 함수는 실제로 반환된 객체와 기대했던 객체를 isEqualTo() 메소드를 사용하여 비교한다.

지금까지 AssertJ 어서션을 사용해봤다. 이와 비슷한 방법으로는 스프링과 햄크레스트 어서션을 사용하는 방법이 있다.

스프링과 햄크레스트 어서션을 사용한 테스팅

이제 MockitoExtension을 사용해 JUnit 5 테스트를 작성하는 방법을 이해했을 것이다. 어서션의 사용 방법이 조금 다르다는 것만 제외하면 단위 테스트의 작성 방법은 이전과 동일하다. 이번에는 다음과 같이 햄크레스트 어서션 프레임워크를 사용해 어서션을 작성해보자.

코드: /Chapter08/src/test/java/com/packt/modern/api/controller/AddressControllerTest.java

```java
@Test
@DisplayName("returns address by given existing ID")
public void getAddressByOrderIdWhenExists() throws Exception {
  given(service.getAddressesById(id)).willReturn(Optional.of(entity));

  // when
  ResultActions result = mockMvc.perform(
    get("/api/v1/addresses/a1b9b31d-e73c-4112-af7c-b68530f38222")
      .contentType(MediaType.APPLICATION_JSON)
      .accept(MediaType.APPLICATION_JSON));
  // then
  result.andExpect(status().isOk());
  verifyJson(result);
}
```

앞에서 작성했던 testGetShipmentByOrderId()에서는 mockMvc.perform() 함수를 통해 REST API를 호출하고 이 호출의 응답으로 반환된 MockHttpServletResponse 인스턴스를 변수에 저장해 사용했다. 이번에는 응답을 변수로 저장하기 위해 andReturn().getResponse() 함수를 호출하는 대신 mockMvc.perform() 호출로 반환된 값을 직접 사용한다.

ResultAction 클래스는 ResultMatcher를 아규먼트로 받는 andExpect() 어서션 메소드를 제공한다. status() 메소드는 MockMvcResultMatchers 클래스의 팩토리 메소드로서 StatusResultMatchers 클래스의 인스턴스를 생성한다. 그 후에 이 인스턴스의 isOk() 메소드를 호출해 perform() 메소드 호출에 의해 반환된 HTTP 상태를 평가한다. 마지막으로 VerifyJson() 메소드는 아래 코드와 같이 JSON 응답 객체를 평가한다.

```java
private void verifyJson(final ResultActions result) throws Exception {
    final String BASE_PATH = "http://localhost";
    result
        .andExpect(jsonPath("id", is(entity.getId().toString())))
        .andExpect(jsonPath("number", is(entity.getNumber())))
        .andExpect(jsonPath("residency", is(entity.getResidency())))
        .andExpect(jsonPath("street", is(entity.getStreet())))
        .andExpect(jsonPath("city", is(entity.getCity())))
        .andExpect(jsonPath("state", is(entity.getState())))
        .andExpect(jsonPath("country", is(entity.getCountry())))
        .andExpect(jsonPath("pincode", is(entity.getPincode())))
        .andExpect(jsonPath("links[0].rel", is("self")))
        .andExpect(jsonPath("links[0].href", is(BASE_PATH + "/" + entity.getId())))
        .andExpect(jsonPath("links[1].rel", is("self")))
        .andExpect(jsonPath("links[1].href", is(BASE_PATH + URI + "/" +entity.getId())));
}
```

여기에서 MockMvcResultMatchers.jsonPath() 결과 매처(result matcher)는 두 개의 아규먼트, 즉 JSON 경로 표현식과 매처를 받는다. 따라서 먼저 JSON 필드 이름을 전달하고 Is.is()라는 햄크레스트 매처를 전달한다. 이 매처는 Is.is(equalsTo(entity.getCity()))를 좀 더 간단한 형태로 사용하게 해준다.

서비스에 대한 단위 테스트를 작성할 때는 MockMvc를 다룰 필요가 없기 때문에 컨트롤러에 대한 단위 테스트를 작성하는 것보다 훨씬 쉽다.

다음 절에서는 프라이빗 메소드의 테스트 방법을 알아보자.

프라이빗 메소드 테스트

프라이빗 메소드의 단위 테스트를 작성하는 것은 어렵다. 스프링 테스트 라이브러리는 invokeMethod라는 메소드를 제공하는 ReflectionTestUtils 클래스를 제공한다. 이 메소드를 사용하면 프라이빗 메소드를 호출할 수 있다. invokeMethod 메소드는 대상 클래스, 메소드 이름, 메소드 아규먼트(가변 인수를 사용)의 세 가지 아규먼트를 받는다. 다음 코드를 사용해 AddressServiceImpl.toEntity() 프라이빗 메소드를 테스트해 보자.

코드: /Chapter08/src/test/java/com/packt/modern/api/service/AddressServiceTest.java

```
@Test
@DisplayName("returns an AddressEntity when private method toEntity() is called with Address model")
public void convertModelToEntity() {
  // given
  AddressServiceImpl srvc = new AddressServiceImpl(repository);

  // when
  AddressEntity e = ReflectionTestUtils.invokeMethod(srvc, "toEntity", addAddressReq);

  // then
  then(e)
    .as("Check address entity is returned and not null").isNotNull();
  then(e.getNumber())
    .as("Check house/flat no is set").isEqualTo(entity.getNumber());
  then(e.getResidency())
    .as("Check residency is set").isEqualTo(entity.getResidency());
  then(e.getStreet())
    .as("Check street is set").isEqualTo(entity.getStreet());
  then(e.getCity())
    .as("Check city is set").isEqualTo(entity.getCity());
  then(e.getState())
    .as("Check state is set").isEqualTo(entity.getState());
  then(e.getCountry())
    .as("Check country is set").isEqualTo(entity.getCountry());
  then(e.getPincode())
```

```
        .as("Check pincode is set").isEqualTo(entity.getPincode());
}
```

ReflectionTestUtils.invokeMethod()를 호출하며 AddAddressReq 모델 인스턴스를 아규먼트로 전달하면 이 인스턴스로부터 AddressEntity 인스턴스를 만들어 반환해준다.

여기에서는 AssertJ의 BDDAssertions 클래스를 사용해 세 번째 형태의 어서션을 사용하고 있다. BDDAssertions 클래스는 행위 주도 개발 스타일에 맞는 메소드를 제공한다. BDDAssertions.then()은 확인하려는 실제 값을 아규먼트로 받는다. as() 메소드는 어서션을 설명하며 어서션을 수행하기 전에 추가해야 한다. 마지막으로 isEqualTo()와 같은 AssertJ의 어서션 메소드를 사용해 검증을 수행한다.

다음 절에서는 void 메소드를 테스트하는 방법을 알아보자.

void 메소드 테스트하기

값을 반환하는 메소드에 대해서는 쉽게 스텁을 설정할 수 있지만 아무것도 반환하지 않는 메소드에는 어떻게 스텁을 설정해야 할까? Mockito는 이런 경우에 사용하도록 doNothing() 메소드를 제공한다. BDDMockito 클래스는 willDoNothing()이라는 래퍼 메소드를 제공하며 내부적으로는 doNothing() 메소드를 활용한다.

이 메소드는 사용법이 간편하다. 특히 아래에서 보듯이 동작을 감시하는 동안 해당 메소드가 아무것도 하지 않도록 하려는 경우에 매우 유용하다.

```
List linkedList = new LinkedList();
List spyLinkedList = spy(linkedList);
doNothing().when(spyLinkedList).clear();
```

여기에서 linkedList는 모의 객체가 아닌 실제 객체다. 하지만 특정 메소드를 스텁하려면 spy() 메소드를 사용하면 된다. 이 경우에 spyLinkedList 객체의 clear() 메소드가 호출되면 아무 작업도 수행하지 않게 된다.

willDoNothing을 사용해 void 메소드에 스텁을 추가하고, 이 코드가 void 메소드를 테스트하는 데 어떻게 도움이 되는지 보자.

코드: /Chapter08/src/test/java/com/packt/modern/api/service/AddressServiceTest.java

```java
@Test
@DisplayName("delete address by given existing id")
public void deleteAddressesByIdWhenExists() {
  given(repository.findById(UUID.fromString(nonExistId)))
      .willReturn(Optional.of(entity));
  willDoNothing().given(repository).deleteById(UUID.fromString(nonExistId));
  // when
  service.deleteAddressesById(nonExistId);
  // then
  verify(repository, times(1)).findById(UUID.fromString(nonExistId));
  verify(repository, times(1)).deleteById(UUID.fromString(nonExistId));
}
```

위 코드에서 AddresRepository.deleteById() 메소드는 Mockito의 willDoNothing() 메소드를 사용해 스텁된다. 이제 Mockito의 verify() 메소드를 사용할 수 있으며, 이 메소드는 모의 객체와 검증 모드의 두 가지 아규먼트를 받는다. 여기에서는 메소드가 몇 번이나 호출되는지를 검증할 수 있도록 times() 모드를 사용하고 있다.

다음 절에서는 예외적인 시나리오에 대해 단위 테스트를 작성하는 방법을 알아보겠다.

예외에 대한 테스트 작성

Mockito는 예외를 발생시키는 메소드에 대한 스텁을 작성하기 위해 thenThrow() 메소드를 제공한다. BDDMockito 클래스의 willThrow() 메소드는 내부적으로 이 메소드를 사용하는 래퍼 형태를 구현하고 있다. Throwable 타입의 아규먼트를 전달하고 아래와 같이 테스트하면 된다.

코드: /Chapter08/src/test/java/com/packt/modern/api/service/AddressServiceTest.java

```java
@Test
@DisplayName("delete address by given non-existing id, should throw ResourceNotFoundException")
public void deleteAddressesByNonExistId() throws Exception {
  given(repository.findById(UUID.fromString(nonExistId))).willReturn(Optional.empty())
      .willThrow(new ResourceNotFoundException(
          String.format("No Address found with id %s.", nonExistId)));
  // when
```

```
try {
  service.deleteAddressesById(nonExistId);
} catch (Exception ex) {
  // then
  assertThat(ex).isInstanceOf(com.packt.modern.api.exception.ResourceNotFoundException.class);
  assertThat(ex.getMessage()).contains("No Address found with id " + nonExistId);
}
// then
verify(repository, times(1)).findById(UUID.fromString(nonExistId));
verify(repository, times(0)).deleteById(UUID.fromString(nonExistId));
}
```

이 코드는 예외를 잡아서 이 예외에 대해 어서션을 수행하는 기본적인 코드이다.

이로써 컨트롤러와 서비스에 적용할 수 있는 단위 테스트에 대해서 모두 살펴봤다. 이 예제들을 참고하면 나머지 클래스에 대한 단위 테스트도 쉽게 작성할 수 있을 것이다.

단위 테스트 실행하기

단위 테스트를 실행하려면 아래 명령어를 실행하자:

```
$ ./gradlew clean test
```

이 명령어를 실행하면 Chapter08/build/reports/tests/test/index.html에 단위 테스트 보고서가 생성된다.

생성된 테스트 리포트는 아래와 같은 모습이다:

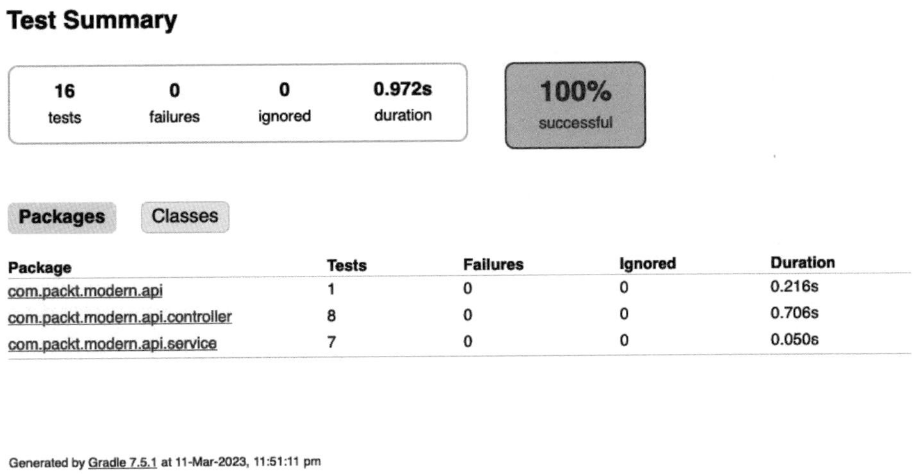

Test Summary

| 16 tests | 0 failures | 0 ignored | 0.972s duration | 100% successful |

Packages / Classes

Package	Tests	Failures	Ignored	Duration
com.packt.modern.api	1	0	0	0.216s
com.packt.modern.api.controller	8	0	0	0.706s
com.packt.modern.api.service	7	0	0	0.050s

Generated by Gradle 7.5.1 at 11-Mar-2023, 11:51:11 pm

그림 8.1 – 단위 테스트 리포트

링크를 클릭하면 더 자세한 내용을 볼 수 있다. 만약 테스트가 실패했다면 오류의 원인도 함께 표시된다.

다음 절에서는 단위 테스트에 대한 코드 커버리지를 설정하는 방법을 살펴보겠다.

코드 커버리지

코드 커버리지는 라인 커버리지와 브랜치 커버리지를 포함하는 중요한 메트릭을 제공한다. **JaCoCo** 툴을 사용해 코드 커버리지를 측정하고 리포트를 생성해보자.

먼저 다음 코드와 같이 `build.gradle` 파일에 `jacoco` Gradle 플러그인을 추가해야 한다.

코드: /Chapter08/build.gradle

```
plugins {
  id 'org.springframework.boot' version '3.0.4'
  id 'io.spring.dependency-management' version '1.1.0'
  id 'java'
  id 'org.hidetake.swagger.generator' version '2.19.2'
  id 'jacoco'
}
```

다음으로 버전 정보 및 보고서가 생성될 디렉터리를 지정해 jacoco 플러그인을 설정한다.

```
jacoco {
  toolVersion = "0.8.8"
  reportsDir = file("$buildDir/jacoco")
}
```

다음으로, 코드 커버리지는 테스트 실행 후에만 평가할 수 있으므로 test 태스크에 종속되는 jacocoTestReport라는 새 작업을 만든다. 자동 생성된 코드에 대한 코드 커버리지를 계산하지 않으려면 exclude 블록을 추가하자. 다음 코드와 같이 afterEvaluate 블록을 구성하고 여기에 exclude 블록을 추가하면 된다.

코드: /Chapter08/build.gradle

```
jacocoTestReport {
  dependsOn test
  afterEvaluate {
    classDirectories.setFrom(files(classDirectories.files.collect {
      fileTree(
        dir: it,
        exclude: [
          'com/packt/modern/api/model/*',
          'com/packt/modern/api/*Api.*',
          'com/packt/modern/api/security/UNUSED/*',
        ])
    }))
  }
}
```

다음으로 위반 규칙을 정의하는 jacocoTestCoverageVerification을 설정해야 한다. 아래 코드에는 비율 규칙을 다루는 지침을 추가했다. 이렇게 하면 예상 비율이 최소 90%로 설정된다. 즉 비율이 0.9 미만이면 빌드가 실패한다는 의미다. https://docs.gradle.org/current/userguide/jacoco_plugin.html#sec:jacoco_report_violation_rules를 참고하면 이러한 규칙을 자세히 확인할 수 있다.

코드: /Chapter08/build.gradle

```
jacocoTestCoverageVerification {
  violationRules {
    rule {
      limit {
```

```
        minimum = 0.9
      }
    }
  }
}
```

다음으로 test 태스크에 finalizedBy(jacocoTestReport)를 추가해서 테스트가 수행된 후 jacocoTestReport 작업이 실행되도록 하자.

```
test {
  useJUnitPlatform()
  finalizedBy(jacocoTestReport)
}
```

자, 이제 아래 명령어를 실행해 코드 커버리지 리포트를 생성하자:

```
$ ./gradlew clean build
```

위 명령어는 테스트를 실행할 뿐만 아니라 테스트 리포트와 함께 코드 커버리지 리포트도 생성해준다. 코드 커버리지 리포트는 Chapter08/build/jacoco/test/htm/index.html 에서 볼 수 있으며 아래와 같다:

Element	Missed Instructions	Cov.	Missed Branches	Cov.	Missed	Cxty	Missed	Lines	Missed	Methods	Missed	Classes
com.packt.modern.api.service		15%		0%	73	89	171	224	52	68	1	11
com.packt.modern.api.entity		23%		0%	149	200	220	299	130	181	1	15
com.packt.modern.api.exception		29%		33%	37	60	201	270	34	57	4	9
com.packt.modern.api.hateoas		26%		3%	29	40	90	135	14	25	0	8
com.packt.modern.api.controller		37%		0%	27	43	60	115	26	42	0	9
com.packt.modern.api.repository		10%		0%	5	6	38	46	3	4	0	1
com.packt.modern.api.security		79%		50%	4	18	23	82	2	16	1	3
com.packt.modern.api		57%		n/a	3	8	11	23	3	8	1	3
Total	3,262 of 4,631	29%	121 of 126	3%	327	464	814	1,194	264	401	8	59

그림 8.2 – 코드 커버리지 리포트

위 리포트를 보면 인스트럭션 커버리지가 29%이며 브랜치 커버리지는 3%에 불과하다는 것을 알 수 있다. 이런 경우에는 더 많은 테스트를 추가하여 퍼센티지를 높여야 한다.

다음 절에서는 통합 테스트에 대해 다룰 것이다.

통합 테스트하기

모든 테스트 시나리오를 포함하고 있는 자동화된 통합 테스트를 준비하면 어떤 변경 사항도 버그를 발생시키지 않도록 보장할 수 있다. 스프링 테스트 라이브러리가 통합 테스트를 작성하고 수행하는 데 필요한 모든 기능을 제공하기 때문에 이 장에서 다룰 통합 테스트를 위해서는 어떤 부가적인 플러그인이나 라이브러리도 추가할 필요가 없다.

이제 통합 테스트를 위한 설정 작업을 해보자.

통합 테스트를 위한 설정하기

먼저 통합 테스트를 위한 별도 위치를 지정해야 한다. 다음 코드와 같이 `build.gradle` 파일에 설정하면 된다:

```
sourceSets {
  integrationTest {
    java {
      compileClasspath += main.output + test.output
      runtimeClasspath += main.output + test.output
      srcDir file('src/integration/java')
    }
    resources.srcDir file('src/integration/resources')
  }
}
```

위에서 통합 테스트와 해당 리소스를 sourceSet에 추가했다. 그러면 그래들이 그래들 명령어(integrationTest, build)등이 실행될 때 해당 내용을 참조한다.

다음으로, 아래 코드와 같이 통합 테스트의 구현과 런타임을 구성하여 이들이 단위 테스트의 구현과 런타임으로부터 확장되도록 설정하자.

```
configurations {
  integration TestImplementation.extendsFrom testImplementation
  integration TestRuntime.extendsFrom testRuntime
}
```

마지막으로 integrationTest라는 태스크를 만들자. 이 태스크는 JUnit 플랫폼을 사용할 뿐만 아니라 sourceSets.integrationTest의 클래스 경로와 테스트용 클래스 경로도 사용한다.

이제 check 태스크를 설정해 이 태스크가 integrationTest 태스크가 실행된 후에 실행되도록 하고 integrationTest 태스크는 test 태스크가 실행된 후에 실행되도록 하자. 만약 integrationTest를 별도로 실행하고 싶다면 아래 코드에서 마지막 줄을 제거하면 된다:

```
tasks.register('integrationTest', Test) {
    useJUnitPlatform()
    description = 'Runs the integration tests.'
    group = 'verification'
    testClassesDirs = sourceSets.integrationTest.output.classesDirs
    classpath = sourceSets.integrationTest.runtimeClasspath
}

check.dependsOn integrationTest
integrationTest.mustRunAfter test
```

이제 통합 테스트를 작성할 준비를 마쳤다. 하지만, 먼저 통합 테스트 지원 용도로 사용할 Java 클래스를 다음 절에서 작성할 것이다. 첫 번째로 생성할 클래스는 TestUtils 클래스다. 이 클래스는 ObjectMapper 인스턴스를 반환하는 메소드와 JWT가 만료되었는지 여부를 확인하는 메소드를 포함한다.

통합 테스트를 위한 지원 클래스 작성

ObjectMapper 인스턴스는 AppConfig 클래스에서 가져오며, 단일 값을 배열로 받을 수 있도록 추가 설정을 하는 데 사용된다. 예를 들어 JSON 문자열 필드 값을 {[{...}, {...}]} 형태로 받을 수 있게 된다. 자세히 살펴보면 단일 값으로 래핑된 배열임을 알 수 있다. 이 값을 객체로 변환하면 ObjectMapper는 이를 배열로 처리한다. 이 클래스의 전체 코드는 다음과 같다.

코드: /Chapter08/src/integration/java/com/packt/modern/api/TestUtils.java

```
public class TestUtils {
  private static ObjectMapper objectMapper;
  public static boolean isTokenExpired(String jwt)
      throws JsonProcessingException {
    var encodedPayload = jwt.split("\\.")[1];
```

```java
    var payload = new String(Base64.getDecoder().decode(encodedPayload));
    JsonNode parent = new ObjectMapper().readTree(payload);
    String expiration = parent.path("exp").asText();
    Instant expTime = Instant.ofEpochMilli(Long.valueOf(expiration) * 1000);
    return Instant.now().compareTo(expTime) < 0;
  }
  public static ObjectMapper objectMapper() {
    if (Objects.isNull(objectMapper)) {
      objectMapper = new AppConfig().objectMapper();
      objectMapper.configure(DeserializationFeature
          .ACCEPT_SINGLE_VALUE_AS_ARRAY, true);
    }
    return objectMapper;
  }
}
```

다음으로 로그인한 후 JWT 값을 가져올 수 있도록 해주는 클라이언트가 필요하다. `RestTemplate`은 HTTP 호출을 지원하는 스프링의 HTTP 클라이언트다. `AuthClient` 클래스는 테스트 관점에서 `RestTemplate`의 복제본인 `TestRestTemplate`을 사용한다.

`AuthClient` 클래스는 아래와 같이 작성한다.

코드: /Chapter08/src/integration/java/com/packt/modern/api/AuthClient.java

```java
public class AuthClient {

private TestRestTemplate restTemplate;
private ObjectMapper objectMapper;

public AuthClient(TestRestTemplate restTemplate, ObjectMapper objectMapper) {
  this.restTemplate = restTemplate;
  this.objectMapper = objectMapper;
}

public SignedInUser login(String username, String password) {
  SignInReq signInReq = new SignInReq().username(username).password(password);
  return restTemplate
    .execute("/api/v1/auth/token", HttpMethod.POST,
```

```
        request -> {
          objectMapper.writeValue(request.getBody(), signInReq);
          request.getHeaders()
                .add(HttpHeaders.CONTENT_TYPE, MediaType.APPLICATION_JSON_VALUE);
          request.getHeaders().add(HttpHeaders.ACCEPT, MediaType.APPLICATION_JSON_VALUE);
        },
        response -> objectMapper.readValue(response.getBody(), SignedInUser.class));
    }
}
```

스프링 테스트 라이브러리는 통합 테스트에 사용할 수 있는 `MockMvc`, `WebTestClient`, `TestRestTemplate`을 제공하며 이 책에서는 이미 `MockMvc`를 단위 테스트에 사용해봤다. 통합 테스트에도 동일한 접근 방식을 사용할 수 있다. 하지만 모의객체를 사용하는 대신 `@SpringBootTest` 애노테이션을 테스트 클래스에 추가해 실제 객체를 사용할 수도 있다. `@SpringBootTest` 애노테이션은 `SpringExtension`과 함께 실제 애플리케이션에서 제공하는 모든 스프링 컨텍스트를 제공한다.

`@TestPropertySource`는 테스트 프로퍼티 파일의 위치를 알려준다.

`WebTestClient`는 애플리케이션을 비동기 형태로 테스트하는 데 사용된다. 하지만, REST 서비스를 테스트하기 위해서는 `RestTemplate`의 레플리카인 `TestRestTemplate`을 사용해야 한다.

우리가 작성하려는 통합 테스트는 모의 객체를 포함하지 않으며 완전하게 구현된 테스트다. 이 테스트는 실제 애플리케이션처럼 `src/integration/resources/db/migration`에 추가한 플라이웨이 스크립트를 사용한다. 이 통합 테스트는 자체 `application.properties` 파일을 `src/integration/resources`에 가지고 있다.

따라서 통합 테스트는 cURL이나 포스트맨과 같은 REST 클라이언트를 이용해 REST 엔드포인트를 호출하면 된다. 이 플라이웨이 스크립트는 H2 메모리 데이터베이스에 필요한 테이블과 데이터를 생성하고, 이 데이터를 RESTful 웹 서비스에서 사용한다. 테스트 컨테이너(https://flywaydb.org/documentation/database/testcontainers)를 사용해 PostgreSQL이나 MySQL과 같은 다른 데이터베이스를 사용할 수도 있다.

`src/integration/java` 하위의 적절한 패키지 내에 `AddressControllerIT`라는 새 통합 테스트를 만들고 다음 코드를 추가하자.

코드: /Chapter08/src/integration/java/com/packt/modern/api/controller/AddressControllerIT.java

```java
@ExtendWith(SpringExtension.class)
@SpringBootTest( webEnvironment = WebEnvironment.RANDOM_PORT,
    properties = "spring.flyway.clean-disabled=false")
@TestPropertySource(locations = "classpath:application-it.properties")
@TestMethodOrder(OrderAnnotation.class)
@TestInstance(TestInstance.Lifecycle.PER_CLASS)
public class AddressControllerIT {
  private static ObjectMapper objectMapper;
  private static AuthClient authClient;
  private static SignedInUser signedInUser;
  private static Address address;
  private static String idOfAddressToBeRemoved;
  @Autowired
  private AddressRepository repository;
  @Autowired
  private TestRestTemplate restTemplate;
  @BeforeAll
  public static void init(@Autowired Flyway flyway) {
    objectMapper = TestUtils.objectMapper();
    address = new Address().id(
        "a731fda1-aaad-42ea-bdbc-a27eeebe2cc0").
          number("9I-999")
        .residency("Fraser Suites Le Claridge")
        .street("Champs-Elysees").city("Paris").state(
          "Île-de-France").country("France").pincode("75008");
    flyway.clean();
    flyway.migrate();
  }
  @BeforeEach
  public void setup(TestInfo info) throws JsonProcessingException {
    if (Objects.isNull(signedInUser) ||
        Strings.isNullOrEmpty(signedInUser.getAccessToken())
        || isTokenExpired(signedInUser.getAccessToken())) {
      authClient = new AuthClient
        (restTemplate, objectMapper);
      if (if (info.getTags().contains("NonAdminUser")) {
        signedInUser = authClient.login("scott", "tiger");
```

```
    } else {
      signedInUser = authClient.login("scott2", "tiger");
    }
  }
}
```

위 코드에서 SpringExtension은 JUnit 플랫폼에서 단위 테스트를 실행하는 데 사용된다. SpringBootTest 애노테이션은 테스트 클래스에 대한 모든 의존성과 컨텍스트를 제공한다. 테스트 서버를 실행하기 위해서는 랜덤 포트를 사용하고 있다. 또한 @TestMethodOrder 애노테이션과 함께 @Order 애노테이션을 사용해 특정 순서로 테스트를 실행한다. DELETE 호출 시 새로 생성된 address의 ID를 넘겨줘야 하기 때문에 address 리소스에 대한 POST HTTP 메소드가 address 리소스에 대한 DELETE HTTP 메소드보다 먼저 호출되도록 실행하는 것을 볼 수 있다. 하지만 보통은 랜덤한 순서로 테스트가 실행된다. 이렇게 랜덤으로 호출되면 POST 호출 전에 DELETE 호출이 수행되어 적절한 시나리오를 테스트하지 못하고 빌드가 실패하게 된다.

통합 테스트를 실행하기 전에 데이터베이스를 정리하고 마이그레이션하기 위해 @TestInstance를 이용해 테스트 인스턴스의 수명 주기를 클래스별(TestInstance.Lifecycle.PER_CLASS)로 설정한다.

정적 init() 메소드에는 @BeforeAll 애노테이션이 표기되어 있으며 모든 테스트 전에 실행된다. 이 메소드에서 objectMapper와 address 모델을 설정한다. 또한 migrate 명령을 사용해 데이터베이스 스키마를 정리하고 다시 생성하기 위해 Flyway 인스턴스를 사용하고 있다.

setup 메소드는 @BeforeEach 애노테이션을 표기했기 때문에 각 테스트가 실행되기 전에 실행된다. 여기에서는 signedInUser가 null이거나 토큰이 만료된 경우에만 로그인 과정을 수행하도록 처리하고 있다. TestInfo 인스턴스를 통해 scott2(관리자), scott(일반 사용자) 등의 서로 다른 사용자를 할당해서 다양한 테스트를 하도록 지원한다.

이제 아래 코드와 같이 GET /api/v1/addresses REST 엔드포인트를 확인하는 통합 테스트를 추가하자.

코드: /Chapter08/src/integration/java/com/packt/modern/api/controller/AddressControllerIT.java

```
@Test
@DisplayName("returns all addresses")
@Order(6)
public void getAllAddress() throws IOException {
  // given
```

```
    MultiValueMap<String, String> headers = new LinkedMultiValueMap<>();
    headers.add(HttpHeaders.CONTENT_TYPE, MediaType.APPLICATION_JSON_VALUE);
    headers.add(HttpHeaders.ACCEPT, MediaType.APPLICATION_JSON_VALUE);
    headers.add("Authorization", "Bearer " + signedInUser.getAccessToken());

    // when
    ResponseEntity<JsonNode> addressResponseEntity = restTemplate
        .exchange("/api/v1/addresses", HttpMethod.GET,
            new HttpEntity<>(headers), JsonNode.class);

    // then
    assertThat(addressResponseEntity.getStatusCode()).isEqualTo(HttpStatus.OK);
    JsonNode node = addressResponseEntity.getBody();
    List<Address> addressFromResponse = objectMapper
        .convertValue(node, new TypeReference<ArrayList<Address>>() {
        });
    assertThat(addressFromResponse).hasSizeGreaterThan(0);
    assertThat(addressFromResponse.get(0)).hasFieldOrProperty("links");
    assertThat(addressFromResponse.get(0)).isInstanceOf(Address.class);
}
```

통합테스트 코드 작성을 위해서는 먼저 헤더 설정이 필요하다. 예제 코드에서는 signedInUser 인스턴스를 사용해 베어러 토큰을 설정했다. 다음으로 TestRestTemplate의 exchange 메소드를 호출하는데 이 메소드는 URI, HTTP 메소드, HttpEntity(필요한 경우 헤더와 페이로드 포함) 및 반환된 값의 유형 등 네 가지 아규먼트를 받는다. 또, exchange 메소드를 확장하려는 목적으로 다섯번째 아규먼트인 urlVariables (Map 타입의 아규먼트)을 추가로 전달할 수도 있다.

그런 다음 어서션을 사용한 검증 프로세스를 수행해야 한다. 이 검증 프로세스에서는 addressResponseEntity 객체를 통해 실제 호출 내용을 확인하고 있다.

테스트를 구동하기 위해 아래 명령어를 실행하자:

```
$ gradlew clean integrationTest
# 또는
$ gradlew clean build
```

위 명령을 실행하면 테스트가 실행되고 `Chapter08/build/reports/tests/integrationTest`에서 테스트 리포트를 찾을 수 있다. 테스트 보고서는 아래와 같은 형태로 생성된다:

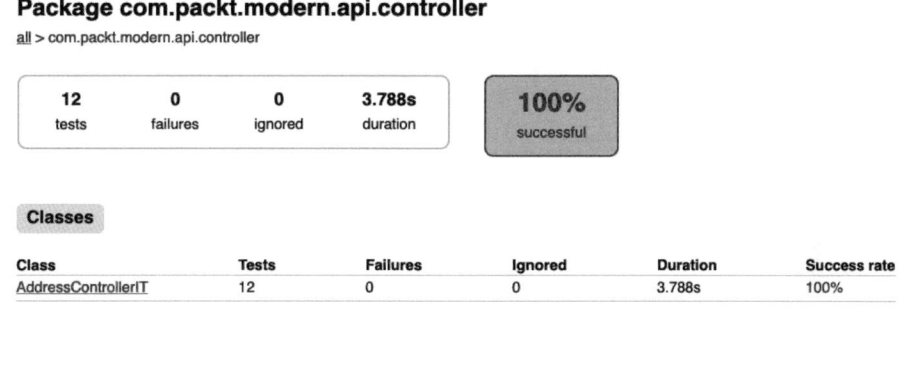

그림 8.3 – 통합 테스트 리포트

address 리소스 관련 모든 테스트에 대해서는 `AddressControllerIT.java`에서 확인할 수 있고, 이 파일에는 오류, 인증과 권한 부여, 생성, 읽기, 그리고 삭제 작업에 대한 테스트가 포함돼 있다.

이제 통합 테스트를 어떻게 작성하는지 배웠다. 다른 REST 리소스에 대한 통합 테스트도 이와 유사한 방법으로 추가하면 된다.

요약

이 장에서는 스프링 부트에서의 수동과 자동 테스트를 모두 살펴보았다. JUnit, 스프링 테스트 라이브러리, AssertJ 그리고 햄크레스트를 사용해 단위 테스트와 통합 테스트를 작성하는 방법을 배웠다. 또한 Gherkin 언어로 사용해 Given > When > Then 형태로 테스트를 작성함으로써 더 읽기 쉽게 만드는 방법을 알아봤다. 그리고 단위 테스트와 통합 테스트를 분리하는 방법도 확인했다.

마지막으로 단위, 통합 테스트를 자동화해 봄으로써 다양한 테스트 자동화 기술을 습득했다. 이런 기법은 여러분이 품질 분석팀이나 고객에게 코드를 제공하기 전에 테스트를 자동화해 버그를 잡고, 품질 수준을 높이는 데 도움이 될 것이다.

다음 장에서는 애플리케이션을 컨테이너화하고 쿠버네티스(Kubernetes)로 배포하는 방법을 다룬다.

질문

1. 단위 테스트와 통합 테스트의 차이점은 무엇인가?
2. 단위 테스트와 통합 테스트를 분리하면 어떤 이점이 있는가?
3. 객체에 대한 모의 객체를 생성하는 것과 객체의 동작을 감시하는 것의 차이점은 무엇인가?

답변

1. 단위 테스트는 메소드와 같은 가장 작은 코드 단위를 테스트하기 위해 수행한다. 반면에, 통합 테스트는 서로 다른 레이어 또는 여러 모듈이 관련된 경우에 수행한다. 이 장에서는 통합 테스트를 데이터베이스를 포함한 애플리케이션의 모든 계층을 포함하는 전체 애플리케이션에 대해 수행했고, 단위 테스트는 각 메소드에 대해 클래스 단위로 수행했다. 이 장의 맥락에서 단위 테스트는 화이트박스 테스트인 반면, API 통합 테스트는 API의 기능상의 요구 사항을 확인하기 때문에 일종의 블랙박스 테스트라고 할 수 있다.

2. 소스 위치까지 포함해 단위 테스트와 통합 테스트를 분리하면 테스트를 쉽게 관리할 수 있다. 또한 단위 테스트가 더 빠르기 때문에 개발 중이나 필요할 때 단위 테스트를 수행하도록 빌드를 설정할 수 있다. `gradlew clean build -x integrationTest` 명령을 통해 단위 테스트만 빌드할 수 있으며 병합 요청으로 인한 빌드가 진행되는 동안에는 통합 테스트를 수행할 수 있다. 디폴트 빌드(`gradlew clean build`)는 단위 테스트와 통합 테스트를 모두 실행한다.

3. `Mockito.mock()` 또는 `@Mock`을 사용하면 주어진 클래스의 완전한 가짜 객체를 생성한 다음 테스트 요구 사항에 따라 해당 메소드를 스텁할 수 있다. 반면에, `Mockito.spy()` 또는 `@Spy`를 사용하면 실제 객체를 생성하고 이 객체에서 필요한 메소드를 스텁할 수 있다. 만약 스텁을 스파이 객체에 대해 수행하지 않으면 테스트 중에 실제 메소드가 호출된다.

추가 읽을거리

- JUnit: https://junit.org/
- AssertJ: https://assertj.github.io/doc/
- Hamcrest: http://hamcrest.org/
- Mockito: https://site.mockito.org/
- Test Automation Engineering Handbook: https://www.packtpub.com/product/test-automation-engineering-handbook/9781804615492

09

웹서비스 배포하기

이 장에서는 컨테이너화(containerization), 도커(docker) 그리고 쿠버네티스(Kubernetes)의 기본 내용을 배울 것이다. 그 후에 이 개념을 이용해 샘플 전자 상거래 앱을 도커 기반으로 컨테이너화하고, 이렇게 만들어진 컨테이너를 쿠버네티스 클러스터로 배포하게 된다. 이 장에서는 쿠버네티스를 쉽게 학습하고 개발할 수 있도록 도와주는 미니큐브(minikube)를 사용해 쿠버네티스를 구동한다.

이 장을 완료하면 쿠버네티스 클러스터에서의 컨테이너화와 컨테이너 배포를 수행할 수 있게 된다.

이 장에서는 아래와 같은 내용을 다룬다:

- 컨테이너화에 대한 기본 내용
- 도커 이미지 빌드
- 쿠버네티스 클러스터에 애플리케이션을 배포하는 방법

기술 요구 사항

이 장의 코드를 개발하고 실행하려면 아래 항목들이 필요하다:

- 도커(컨테이너 엔진)
- 쿠버네티스(미니큐브)

- Chapter09 폴더의 코드를 복제하고 의존성 모듈과 그래들을 다운로드하기 위한 인터넷 연결
- API 테스트를 위한 Insomnia 또는 cURL

자, 그럼 기본 내용부터 알아보자.

컨테이너화란 무엇일까?

크고 복잡한 시스템을 개발하는 동안 개발팀이 자주 맞닥뜨리는 문제 중 하나는 한 시스템에서는 잘 작동하는 코드가 다른 시스템에서는 작동하지 않는다는 것이다. 이러한 종류의 시나리오가 발생하는 주된 이유는 종속성(서로 다른 버전의 Java, 특정 웹 서버 또는 OS), 구성 또는 파일의 불일치 때문이다.

또한, 신제품 배포를 위한 새 환경 설정 작업에 하루 이상이 소요되는 경우도 있다. 이것은 오늘날의 비즈니스 환경에서는 용납할 수 없는 일이며 개발 속도를 늦추는 요인이 된다. 위와 같은 종류의 문제는 애플리케이션을 컨테이너화하면 해결할 수 있다.

컨테이너화를 하게 되면, 애플리케이션은 필요한 모든 의존성 및 파일과 함께 번들링되고, 설정되고 래핑된다. 이렇게 생성된 번들은 컨테이너화 프로세스를 지원하는 모든 시스템에서 실행되며, 모든 환경에서 정확히 동일하게 동작한다. 컨테이너화를 통해 잘못된 설정 또는 의존성과 관련된 버그를 해결할 뿐만 아니라 배포 시간을 몇 분 이내로 단축할 수도 있다.

이 번들들은 물리적인 시스템과 운영 체제 위에서 동작하며 이를 컨테이너라고 부른다. 컨테이너는 읽기 전용 모드 상태에서 호스트 운영체제의 라이브러리와 바이너리 뿐만 아니라 커널도 공유한다. 따라서, 컨테이너는 아주 가볍다. 이 장에서는 컨테이너화와 컨테이너 배포에 도커와 쿠버네티스를 사용할 것이다.

컨테이너와 관련된 개념으로는 가상화(virtualization)가 있다. 가상화란 "기존의 하드웨어 시스템을 서로 다른 부분으로 분할하여 가상 환경을 만드는 프로세스이다. 각 부분은 분리된 개별적인 시스템으로 작동한다."고 정의할 수 있다. 이러한 별개의 개별 시스템을 **가상 머신(virtual machine)** 이라고 한다. 각 가상머신은 고유한 바이너리, 라이브러리 및 앱이 있는 고유한 운영 체제에서 실행된다. 가상머신은 무거우며 크기가 수 기가바이트에 이르기도 한다. 하드웨어 시스템에는 Unix, Linux 및 Windows와 같은 다양한 운영 체제를 사용하는 가상머신을 포함할 수 있다. 다음 다이어그램은 가상머신과 컨테이너의 차이점을 보여준다.

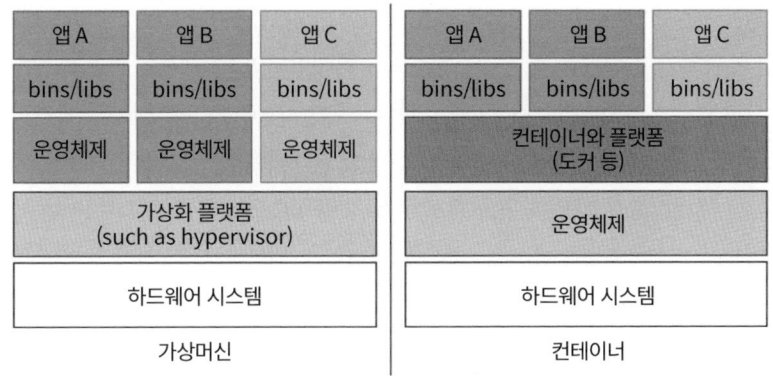

그림 9.1 – 가상머신 vs 컨테이너

때때로 사람들은 가상화와 컨테이너화가 같은 것이라고 생각한다. 하지만 이 둘은 다르다. 가상머신은 하드웨어를 공유하는 호스트 시스템 위에 생성되는 반면, 컨테이너는 하드웨어와 OS 위에서 격리된 프로세스로 실행된다. 컨테이너는 가벼우며 몇 MB에서 1GB 정도의 크기인 반면에 가상머신은 무겁고 크기가 수 GB에 달한다. 컨테이너는 가상머신보다 빠르게 실행되며 이식성도 높다.

다음 절에서는 도커 이미지를 직접 빌드해 보며 컨테이너에 대해 더 자세히 알아볼 것이다.

도커(Docker) 이미지 빌드하기

이쯤이면 컨테이너화의 이점이 무엇이고 왜 대중화됐는지 이해했을 것이다. 애플리케이션, 프로덕트, 서비스를 생성하고 이것들을 컨테이너화를 통해 번들로 묶고 간편하게 QA 팀이나 고객, DevOps 팀에게 전달하면 아무 문제 없이 구동되기 때문이다.

이 절에서는 도커를 컨테이너 플랫폼으로 사용하는 방법을 배운다. 샘플 전자 상거래 앱의 도커 이미지를 생성하기 전에 먼저 도커에 대해 알아보자.

도커란 무엇인가?

2013년에 런칭한 도커는 시장을 리딩하는 컨테이너 플랫폼이자 오픈 소스 프로젝트다. 2013년 8월 대화형 튜토리얼이 출시된 후 10,000명의 개발자가 사용해봤고, 2013년 6월 1.0 릴리스 당시 275만 번 다운로드됐다. AWS, IBM, 구글과 같은 서비스 제공업체 뿐만 아니라 마이크로소프트, 레드햇, HP, 오픈스택(OpenStack)과 같은 많은 대기업이 도커사(Docker, Inc.)와 파트너쉽 계약을 체결했다.

도커는 리눅스 커널 기능을 사용해 리소스 격리를 보장하며 cgroup과 네임스페이스 같은 의존성을 애플리케이션과 함께 패키징할 수 있도록 제공한다. 도커 컨테이너의 모든 것은 기본적으로 호스트에서 실행되고 호스트 커널을 직접 사용한다. 각 컨테이너는 고유한 사용자 네임스페이스를 가진다. 예를 들어, 프로세스 격리를 위한 **프로세스 식별자(PID)**, 네트워크 인터페이스를 관리하기 위한 **네트워크(NET)**, IPC 리소스에 대한 액세스를 관리하기 위한 **프로세스 간 통신(IPC)**, 파일시스템 마운트 포인트 관리를 위한 **마운트 포인트(MNT)**, 커널과 버전 식별자를 격리하기 위한 **유닉스 시간 공유(UTS)** 네임스페이스 등이 있다. 이러한 의존성을 패키징하면 높은 이식성을 지원하게 되므로 애플리케이션이 서로 다른 리눅스 운영 체제나 배포판에서도 예상대로 실행되도록 할 수 있다.

또한 이러한 이식성 덕분에 개발자는 어떤 언어로든 응용 프로그램을 개발한 다음 랩톱과 같은 컴퓨터에서 테스트, 스테이지 또는 프로덕션과 같은 다양한 환경으로 애플리케이션을 쉽게 배포할 수 있게 된다. 도커는 기본적으로 리눅스에서 실행되지만, 윈도우 및 맥 OS에서도 실행할 수 있다.

컨테이너는 기본 OS를 포함하며 애플리케이션과 꼭 필요한 의존성만으로 구성된다. 이 때문에 리소스 활용 면에서 애플리케이션이 더 가볍고 효율적으로 동작한다. 컨테이너는 이식성과 효율적인 리소스 활용 덕분에 개발자와 시스템 관리자에게 인기가 많다.

이제 도커의 아키텍처에 대해 알아보자.

도커 아키텍처에 대한 이해

도커 설명서에 명시된 대로 도커는 클라이언트-서버 아키텍처를 채택하고 있다. **도커 클라이언트(Docker)**는 기본적으로 최종 사용자가 사용하는 **명령줄 인터페이스(CLI)**다. 클라이언트는 도커 서버(도커 데몬)와 양방향으로 통신하며 도커 데몬은 도커 컨테이너를 빌드, 실행 및 배포하는 등의 복잡한 작업을 클라이언트 대신에 수행한다. 도커 클라이언트와 데몬은 동일한 시스템이 아닌 서로 다른 시스템에도 별도로 설치해 실행할 수 있다.

도커 클라이언트와 데몬은 소켓이나 RESTful API를 통해 통신한다. 도커 레지스트리는 도커 이미지를 업로드하거나 다운로드할 수 있는 공개 또는 비공개 이미지 리포지토리이다. 예를 들어 도커 허브(hub.docker.com)는 공개 도커 레지스트리이다.

도커의 기본 구성 요소는 다음과 같다:

- **도커 이미지**: 도커 이미지는 읽기 전용 템플릿이다. 예를 들어 이미지에는 아파치 (Apache) 웹 서버와 웹 애플리케이션이 설치된 우분투(Ubuntu) OS가 포함될 수 있다. 도커 이미지는 도커의 빌드 구성 요소이며 이미지는 도커 컨테이너를 만드는 데 사용된다. 도커는 손쉽게 새 이미지를 빌드하고 기존 이미지를 업데이트할 수 있게 해준다. 또한 다른 사람이 만든 이미지를 사용하거나 해당 이미지를 확장해서 사용할 수도 있다.
- **도커 컨테이너**: 도커 컨테이너는 도커 이미지로부터 생성된다. 도커는 컨테이너가 자체 프로세스만 볼 수 있고, 호스트 파일시스템 위에 위치한 자체 파일시스템과 함께 호스트의 네트워킹 스택에 파이프로 연결된 자체 네트워킹 스택을 가지도록 동작한다. 도커 컨테이너는 실행, 시작, 중지, 이동 또는 삭제할 수 있다. 도커는 또한 CPU와 메모리 사용량과 같은 컨테이너 사용량 통계나 도커 데몬이 수행하는 활동에 대해 각각 docker stats 및 docker events와 같은 명령을 제공한다. 이러한 명령은 배포된 환경에서 도커를 모니터링하는 데 도움이 된다.

도커 컨테이너의 생명주기

도커 컨테이너는 다음과 같은 생명주기를 갖는다:

1. **컨테이너 생성**: docker create 명령을 사용해서 도커 이미지로부터 컨테이너를 생성한다.
2. **컨테이너 실행**: 1단계에서 생성된 컨테이너를 docker run 명령을 통해 실행한다.
3. **컨테이너 일시 중지(선택사항)**: docker pause 명령을 통해 컨테이너 내부에서 실행 중인 프로세스를 일시 중지시킨다.
4. **컨테이너 일시 중지 해제(선택사항)**: docker unpause 명령을 통해 컨테이너 내부에서 일시 중지 중인 프로세스를 다시 실행시킨다.
5. **컨테이너 시작**: docker start 명령을 통해 도커가 컨테이너를 실행한다.
6. **컨테이너 중지**: docker stop 명령을 통해 도커는 컨테이너와 컨테이너 내부에서 실행 중이던 프로세스들을 중지시킨다.
7. **컨테이너 재시작**: docker restart 명령을 통해 도커는 컨테이너와 컨테이너 내부에서 실행 중이던 프로세스들을 재시작시킨다.
8. **컨테이너 강제 종료**: docker kill 명령을 통해 도커는 실행 중인 컨테이너를 강제 종료시킨다.
9. **컨테이너 제거**: 마지막으로, docker rm 명령을 통해 중지된 컨테이너들을 삭제할 수 있다. 따라서, 이 명령은 삭제된 컨테이너들을 대상으로 실행되어야 한다.

이쯤되면 도커 컨테이너의 생명주기를 실제로 확인해보고 싶을 것이다. 먼저 https://docs.docker.com/get-docker/에 접속해 도커를 설치하자.

도커를 설치했으면 https://docs.docker.com/get-started/#start-the-tutorial를 참고해 첫 번째 도커 명령어를 실행하자. 다양한 도커 명령어를 배우려면 https://docs.docker.com/engine/reference/commandline/docker/를 참고하기 바란다.

보다 자세한 내용은 도커에서 제공하는 도커 개요(https://docs.docker.com/get-started/overview/)에서 설명하고 있다.

샘플 전자 상거래 앱을 위한 도커 이미지를 생성하도록 꼭 필요한 코드만 변경해 보자.

액추에이터(Actuator) 의존성 추가를 통해 이미지 빌드하기

이번 장의 코드에 대한 기본 설명은 *8장, API 테스트하기*를 확인하기 바란다. 도커 이미지를 생성하기 위한 추가 라이브러리는 필요하지 않다. 그러나 우리가 만들 샘플 전자 상거래 앱을 위해 프로덕션 수준의 기능을 제공해주는 스프링 부트 액추에이터(spring boot actuator) 의존성은 추가해줘야 한다.

액추에이터의 기능들은 HTTP REST API 및 **JMX(Java Management Extensions)**를 사용해 애플리케이션을 모니터링하고 관리하는 데 도움을 준다. 이 다양한 엔드포인트들에 대한 정보는 문서(https://docs.spring.io/spring-boot/docs/current/reference/html/actuator.html#actuator.endpoints)를 참고하기 바란다. 이 장에서는 애플리케이션의 상태를 알려주는 /actuator/health 엔드포인트만을 사용할 것이다. 이 연습의 목적상, 도커 컨테이너 내부에서 실행 중인 서비스/애플리케이션의 상태를 파악하는 것으로 충분하다.

다음 단계를 수행하여 액추에이터를 추가할 수 있다:

1. build.gradle에 액추에이터 의존성을 추가한다.

   코드: /Chapter09/build.gradle
   ```
   runtimeOnly 'org.springframework.boot:spring-boot-starter-actuator'
   ```

2. 다음으로 /actuator 엔드포인트를 모든 보안 설정에서 제외시켜야 한다. 액추에이터의 URL을 위한 상수를 아래와 같이 Constants.java에 추가하자.

   코드: /Chapter09/src/main/java/com/packt/modern/api/security/Constants.java
   ```
   public static final String ACTUATOR_URL_PREFIX = "/actuator/**";
   ```

3. 이제 다음과 같이 SecurityConfig.java의 보안 설정을 업데이트하자.

```
코드: /Chapter09/src/main/java/com/packt/modern/api/security/SecurityConfig.java
// 앞부분 생략
req.requestMatchers(toH2Console()).permitAll()
    .requestMatchers(new AntPathRequestMatcher(
        ACTUATOR_URL_PREFIX)).permitAll()
    .requestMatchers(new AntPathRequestMatcher
        (TOKEN_URL, HttpMethod.POST.name())).permitAll()
// 뒷부분 생략
```

위 설정으로 액추에이터 엔드포인트에 대해 antMatcher를 추가했다. 이 설정을 통해 인증과 권한 부여를 받았든 받지 않았든 액추에이터 엔드포인트에 접근할 수 있게 됐다.

bootBuildImage라는 스프링 부트 플러그인의 태스크를 구성하면 도커 이미지의 이름을 원하는대로 설정할 수 있다. 다음 절에서는 이 작업을 진행할 것이다.

스프링 부트 플러그인 태스크 설정하기

스프링 부트 그래들 플러그인은 도커 이미지 빌드를 위해 bootBuildImage 명령어를 제공한다. 이 명령어는 plugins 절에 java 플러그인을 적용하면 바로 사용할 수 있다. bootBuildImage 작업은 .jar 파일을 빌드하는 데만 사용할 수 있고 .war 파일을 빌드하는 데는 사용할 수 없다.

build.gradle 파일에 아래 코드를 추가하면 이미지의 이름을 원하는 대로 변경할 수 있다.

```
bootBuildImage {
  imageName = "192.168.1.2:5000/${project.name}:${project.version}"
}
```

위 코드는 로컬 도커 레지스트리의 IP 주소와 포트를 변경한다. 도커 레지스트리의 설정은 다음 절에서 설명할 것이다. 도커 이미지는 프로젝트의 이름과 버전을 기반으로 빌드된다. 프로젝트의 버전은 이미 build.gradle 파일의 상단 절에 정의되어 있다. 반면에 프로젝트 이름은 settings.gradle에서 가져오게 된다. 다음 코드와 같이 표기된 부분을 변경해보자.

```
코드: /Chapter09/settings.gradle
rootProject.name = 'packt-modern-api-development-chapter09'
```

8장, API 테스트하기에서는 rootProject.name 값에 대문자가 포함되어 있어서 도커 이미지 빌드에 실패했다. 이것은 플러그인이 유효성 검사 루틴을 포함하고 있고 대문자 여부를 체크하기 때문이다. 따라서 도커 이미지 이름은 항상 소문자로만 지정해야 한다.

좀 더 자세한 정보가 필요하거나 커스터마이징 옵션이 궁금하다면 플러그인 관련 문서(https://docs.spring.io/spring-boot/docs/current/gradle-plugin/reference/htmlsingle/#build-image)를 참고하기 바란다.

이제 설정을 마쳤다. 도커 레지스트리를 구성하기만 하면 이 코드를 사용해 이미지를 빌드할 수 있다. 이 작업은 다음 절에서 살펴보자.

도커 레지스트리의 설정

도커 데스크탑을 설치했다면 gradlew bootBuildImage 커맨드를 사용해 이미지를 빌드하면 기본적으로 docker.io/library/packt-modern-api-development-chapter09:0.0.1-SNAPSHOT이라는 이름으로 이미지가 빌드된다. 여기서 이름은 docker.io/library/packt-modern-api-development-chapter09이고 버전은 0.0.1-SNAPSHOT가 된다. 아마도 왜 docker.io/library/가 파일 이름에 접두사로 추가되는지 궁금할 것이다. 이는 도커 레지스트리를 지정하지 않으면 기본적으로 docker.io 레지스트리를 사용하기 때문이다. 따라서 이미지를 가져오고 푸시할 수 있는 도커 레지스트리를 지정해야 하고 이것은 스프링 라이브러리와 같은 아티팩트를 푸시(push)하고 풀(pull)하는 아티팩트 저장소와 유사하다고 생각하면 된다.

이미지가 빌드되면 도커 허브(Docker Hub)의 로그인 자격 증명을 사용해 도커 허브에 푸시할 수 있다. 그 후부터는 도커 허브에서 이미지를 가져와서 쿠버네티스 환경에 배포할 수 있다. 하지만 개발 단계에서 이렇게 사용하는 것은 바람직하지 않다. 가장 이상적인 옵션은 로컬 도커 레지스트리를 구성하고 이 환경을 이용해 쿠버네티스 환경에 배포하도록 설정하는 것이다.

> **Windows에서 Git Bash 사용하기**
> Windows 환경이라면 Git Bash를 사용하여 Linux 명령을 에뮬레이트하여 이런 명령을 실행할 수 있다.

도커가 실행 중인지 확인하기 위해 다음 명령을 실행해 보자.

```
$ docker version
Client:
 Cloud integration: v1.0.22
 Version:           20.10.11
 API version:       1.41
 Go version:        go1.16.10
 Git commit:        dea9396
 Built:             Thu Nov 19 00:36:09 2021
 OS/Arch:           Darwin/amd64
 Experimental:      true
Server: Docker Engine - Community
 Engine:
  Version:          20.10.11
  API version:      1.41 (minimum version 1.12)
  Go version:       go1.16.9
// 간결함을 위해 결과 일부 생략
```

도커가 설치됐다. 그래서 doker version 명령어를 실행하면 결과 정보들이 표시되는 것이다. 버전 관련 정보들이 에러 없이 표시되면 도커가 실행 중이라고 보면 된다.

다음 명령을 사용해 이미지를 가져오고 이 이미지를 사용해 로컬 도커 레지스트리를 구동할 수 있다.

```
$ docker run -d -p 5000:5000 -e REGISTRY_STORAGE_DELETE_ENABLED=true
--restart=always --name registry registry:2
Unable to find image 'registry:2' locally
2: Pulling from library/registry
ef5531b6e74e: Pull complete
a52704366974: Pull complete
dda5a8ba6f46: Pull complete
eb9a2e8a8f76: Pull complete
25bb6825962e: Pull complete
Digest: sha256:41f413c22d6156587e2a51f3e80c09808b8c70e82be149b82b5e01
96a88d49b4
Status: Downloaded newer image for registry:2
bca056bf9653abb14ee6c461612a999c7c61ab45ea8837ecfa1c4b1ec5e5f047
```

도커 레지스트리를 처음 구동하면 실행 전에 먼저 도커 레지스트리 이미지를 다운받는다. 이 명령은 이미지를 다운로드하고 이 이미지로부터 생성된 컨테이너를 registry라는 이름으로 포트 5000번에 매핑해 실행한다. 만약 포트 5000번이 다른 서비스에 의해 사용 중이라면 5001번과 같은 다른 포트를 사용할 수 있다. 명령에는 두 개의 포트 항목이 있다. 하나는 내부 컨테이너 포트이고 다른 하나는 외부로 노출된 포트이다. 둘 다 5000번으로 설정된다. --restart=always 플래그는 도커가 재시작될 때마다 도커가 registry 컨테이너를 시작하도록 설정하는 옵션이다. REGISTRY_STORAGE_DELETE_ENABLED 플래그는 이름에서 알 수 있듯이 true로 설정시 레지스트리에서 이미지를 제거하게 된다. 이 플래그의 기본값은 false이다.

이제 도커 컨테이너를 확인하자.

```
$ docker ps
CONTAINER ID    IMAGE         COMMAND
CREATED         STATUS        PORTS                   NAMES
bca056bf9653    registry:2    "/entrypoint.sh /etc..."
11 minutes ago  Up 11 minutes  0.0.0.0:5000->5000/tcp  registry
```

위 메시지는 도커 컨테이너 레지스트리가 실행 중이고 이 컨테이너가 registry:2 이미지를 사용해 생성됐다는 내용이다.

호스트 이름은 컨테이너를 사용할 때 중요하다. 따라서 레지스트리 호스트의 이름으로 로컬 호스트를 나타내는 localhost와 같은 이름 대신에 IP 번호를 사용할 것이다. 우리가 localhost라는 표현을 사용하게 되면 컨테이너는 이 localhost가 여러분의 시스템을 지칭하는 localhost가 아니라 컨테이너 입장에서의 localhost라고 판단할 것이기 때문이다. 쿠버네티스 환경에서는 레지스트리 호스트를 제공해야 하므로 localhost 대신 IP 번호나 적절한 호스트 이름을 사용해야 한다.

다음 명령을 실행해 IP를 확인해보자.

```
# Mac 에서는
$ echo $(osascript -e "Ipv4 address of (system info)")
192.168.1.2
# Window 에서는
$ ipconfig
Windows IP Configuration
```

```
Ethernet adapter Ethernet:
   Media State . . . . . . . . . . . : Media disconnected
   Connection-specific DNS Suffix  . :
Ethernet adapter vEthernet (Default Switch):
   Connection-specific DNS Suffix  . :
   Link-local IPv6 Address . . . . . : ef80::2099:f848:8903:f996%81
   IPv4 Address. . . . . . . . . . . : 192.168.1.2
   Subnet Mask . . . . . . . . . . . : 255.255.240.0
   Default Gateway . . . . . . . . . :
```

볼드체로 강조 표시된 행에서 시스템의 IP 주소를 찾을 수 있다. 만약 맥OS나 리눅스를 사용 중이라면 위와 유사한 명령을 사용해 시스템의 IP 주소를 찾으면 된다.

이 레지스트리는 시스템 호스트에 대한 **TLS(전송 계층 보안)**를 구성하지 않았으므로 안전하지 않다. 도커는 기본적으로 보안 레지스트리만 지원하므로 안전하지 않은 레지스트리를 사용하려면 도커의 설정을 변경해야 한다. 안전하지 않은 레지스트리를 구성하는 방법에 대해서는 도커 설명서(https://docs.docker.com/registry/insecure/#deploy-a-plain-http-registry)를 참고하자.

daemon.json에 안전하지 않은 레지스트리 추가하기

리눅스에서 /etc/docker/daemon.json 에 daemon.json 파일이 존재한다.

1. 맥/윈도우용 도커 데스크탑에서 `Docker app` > `Settings` > `Docker Engine`의 메뉴를 찾는다.
2. JSON 파일에 insecure-registries 항목을 추가한다.

```
{
  "features": {
    "buildkit": true
  },
  "insecure-registries": [
    "192.168.1.2:5000"
  ],
  ...
  ...
}
```

3. 도커를 재실행한다.

이미지를 성공적으로 빌드하고 게시(publish)하려면 앞에서 설명한 것처럼 도커가 로컬 레지스트리를 사용하도록 설정돼야 한다.

> **노트**
> 로컬 또는 개발 환경 이외의 환경에서는 안전하지 않은 레지스트리를 사용해서는 안 된다.

이제 샘플 전자 상거래 앱을 위한 도커 이미지를 생성해 보자.

이미지를 빌드하는 그래들 태스크 실행

이미지 이름이 로컬 도커 레지스트리의 IP 번호를 접두사로 포함하도록 bootBuildImage 태스크를 변경해야 한다. 스프링 부트의 bootBuildImage는 Paketo 빌드팩[1]을 사용해 도커 이미지를 빌드한다. Paketo는 **LTS** 버전의 자바 릴리스 버전을 지원하며 LTS가 아닌 자바 릴리스 버전은 현재 버전만 지원한다. 즉, LTS가 아닌 경우 Java 20이 릴리스되면 Java 19에 대한 지원은 중단된다. 마찬가지로 Java 21이 릴리스되면 Java 20 지원이 중단되는 방식이다. 그러나 Java 17은 LTS 릴리스이므로 지원이 중단되지 않는다. 아래처럼 변경해보자.

```
bootBuildImage {
  imageName = "192.168.1.2:5000/${project.name}:${project. version}"
}
environment = ["BP_JVM_VERSION" : "17"]
```

앞에서는 로컬 도커 레지스트리의 정보에 맞춰서 도커 이미지의 이름을 변경했다. 이번에는 시스템 및 설정에 맞게 IP 주소와 포트를 변경하자. 또한 환경변수를 사용해 Paketo 빌드팩 변수를 설정했다. JVM 버전을 17로 설정했다. Java 17이나 그 후에 출시된 LTS 버전을 사용하는 것이 좋다. 어떤 환경변수를 Paketo 빌드팩에서 사용할 수 있는지 확인하고 싶다면, https://github.com/paketo-buildpacks/bellsoft-liberica#configuration에서 찾을 수 있다. 이 글을 쓰는 시점에서 Paketo 빌드팩은 ARM용 이미지 빌드에 대한 공식 지원을 제공하지 않는다. 하지만, ARM 기반 빌드를 지원하는 https://github.com/dashaun/paketo-arm64 같은 대체 빌더를 사용할 수 있다.

이제 프로젝트의 홈 디렉터리에서 다음 명령을 실행해 이미지를 빌드하자.

---

[1] (옮긴이) Paketo 빌드팩은 애플리케이션 소스코드를 컨테이너 이미지로 변환해주는 오픈소스 프로젝트 툴이다. https://github.com/paketo-buildpacks과 https://paketo.io/를 참고하자.

```
$ ./gradlew clean build
    # 테스트를 수행한 후에 jar 파일 생성
$ ./gradlew bootBuildImage
> Task :bootBuildImage
Building image '192.168.1.2:5000/packt-modern-api-development-
chapter09:0.0.1-SNAPSHOT'
 > Pulling builder image
 'docker.io/paketobuildpacks/builder:base'
 ..................................................
 > Pulled builder image
'paketobuildpacks/builder@sha256:e2bf5f2355b0daddb61c6c7ed3e55e58ab581
900da63f892949ded8b772048ee'
 > Pulling run image 'docker.io/paketobuildpacks/run:base-cnb'
 ..................................................
 > Pulled run image
'paketobuildpacks/run@sha256:4a2fbf87a81964ef1a95445f343938ed19406fff
da142586a35c9e20904a3315'
 > Executing lifecycle version v0.16.0
 > Using build cache volume 'pack-cache-2fdc28fe99dc.build'
    // 이어서 계속...
```

스프링 부트 그래들 플러그인은 Paketo BellSoft Liberica Buildpack[2]을 사용해 애플리케이션 이미지를 빌드하는데, 먼저 도커 허브에서 이미지를 가져온 다음 아래와 같이 컨테이너를 실행한다.

```
> Running creator
    [creator]    ===> ANALYZING
    [creator]    Previous image with name
            "192.168.1.2:5000/packt-modern-api-development-
            chapter09:0.0.1-SNAPSHOT" not found
    [creator]    ===> DETECTING
    // 간결함을 위해 결과 일부 생략
    [creator]    ===> RESTORING
    [creator]    ===> BUILDING
    // 간결함을 위해 결과 일부 생략
    [creator]
    [creator]    Paketo Buildpack for BellSoft Liberica 9.11.0
```

---

2 (옮긴이) https://github.com/paketo-buildpacks/bellsoft-liberica

```
[creator]   https://github.com/paketo-buildpacks/bellsoft-
            liberica
// 간결함을 위해 결과 일부 생략
[creator]   Using Java version 17 from BP_JVM_VERSION
[creator]   BellSoft Liberica JRE 17.0.6: Contributing to layer
[creator]   Downloading from https://github.com/bell-sw/Liberica/
releases/download/17.0.6+10/bellsoft-jre17.0.6+10-linux-amd64.tar.gz
[creator]   Verifying checksum
[creator]   Expanding to /layers/paketo-
            buildpacks_bellsoft-liberica/jre
// 간결함을 위해 결과 일부 생략
```

스프링 부트 플러그인은 이미지 빌드 작업에 사용할 기본 이미지로 리눅스와 함께 Bellsoft의 JRE 17.0.6를 사용하며, 아래에서 볼 수 있듯이 컨테이너 내부에 파일 시스템 레이어를 만들어 사용한다.

```
[creator]   Launch Helper: Contributing to layer
[creator]   Creating /layers/paketo-buildpacks_bellsoft-
            liberica/helper/exec.d/active-processor-count
[creator]   Creating /layers/paketo-buildpacks_bellsoft-
            liberica/helper/exec.d/java-opts
// 간결함을 위해 결과 일부 생략
[creator]   Paketo Buildpack for Syft 1.26.0
[creator]   https://github.com/paketo-buildpacks/syft
[creator]   Downloading from
            https://github.com/anchore/syft/releases/
            download/v0.75.0/syft_0.75.0_linux_amd64.tar.gz
// 간결함을 위해 결과 일부 생략
[creator]   Paketo Buildpack for Executable JAR 6.6.2
[creator]   https://github.com/paketo-buildpacks/executable-jar
[creator]       Class Path: Contributing to layer
// 간결함을 위해 결과 일부 생략
```

플러그인은 계속해서 레이어를 추가한 다음 레이블을 추가하고, 마지막으로 도커 이미지를 생성한다.

```
[creator]   Paketo Buildpack for Spring Boot 5.23.0
[creator]   https://github.com/paketo-buildpacks/spring-boot
// 간결함을 위해 결과 일부 생략
```

```
    [creator]      ===> EXPORTING
    [creator]   Adding layer 'paketo-buildpacks/ca-
            certificates:helper'
    // 간결함을 위해 결과 일부 생략
    [creator]   Adding layer 'paketo-buildpacks/executable-
            jar:classpath'
    [creator]   Adding layer 'paketo-buildpacks/spring-
            boot:helper'
    [creator]   Adding layer 'paketo-buildpacks/spring-
            boot:spring-cloud-bindings'
    [creator]   Adding layer 'paketo-buildpacks/spring-boot:web-
            application-type'
    [creator]   Adding 5/5 app layer(s)
    [creator]   Adding layer 'buildpacksio/lifecycle:launcher'
    // 간결함을 위해 결과 일부 생략
    [creator]   Adding label 'org.springframework.boot.version'
    [creator]   Setting default process type 'web'
    [creator]   *** Images (9cc6ef620b7c):
    [creator]   192.168.1.2:5000/packt-modern-api-development-
            chapter09:0.0.1-SNAPSHOT
Successfully built image '192.168.1.2:5000/packt-modern-api-
development-chapter09:0.0.1-SNAPSHOT'
BUILD SUCCESSFUL in 1m 22s
```

스프링 부트, 도커, 쿠버네티스의 구성에 대해 자세히 알고 싶다면 https://github.com/dsyer/kubernetes-intro를 참고하기 바란다.

이제 도커 이미지가 빌드됐으므로 이 이미지를 사용해 샘플 전자 상거래 앱을 로컬 환경에서 실행할 수 있다. 아래 명령어를 실행하자.

```
$ docker run -p 8080:8080 192.168.1.2:5000/packt-modern-api-development-chapter09:0.0.1-SNAPSHOT
```

이 명령은 컨테이너 내부에 포트 8080을 할당하여 애플리케이션을 실행한다. 그러므로 앱이 구동되어 실행 중이라면 포트 8080을 외부에 노출하고 있기 때문에 컨테이너 외부에서도 샘플 전자 상거래 앱에 접근할 수 있다. 애플리케이션 컨테이너가 실행 중이라면 별도의 터미널 탭/창에서 다음 명령을 실행해 애플리케이션을 테스트할 수 있다.

```
$ curl localhost:8080/actuator/health
{"status":"UP"}
$ curl localhost:8080/actuator
{
  "_links": {
    "self": {
      "href": "http://localhost:8080/actuator",
      "templated": false },
    "health-path": {
      "href": "http://localhost:8080/actuator/ health/{*path}",
      "templated": true },
    "health": {
      "href": "http://localhost:8080/actuator/health",
      "templated": false }
  }
}
```

curl localhost:8080/actuator 명령은 health와 health-path와 같이 사용 가능한 액추에이터 엔드포인트를 반환한다.

다음 명령을 사용하면 컨테이너와 각 컨테이너들의 상태를 목록으로 확인할 수도 있다.

```
$ docker ps
CONTAINER ID   IMAGE
               COMMAND                  CREATED          STATUS
         PORTS                    NAMES
62255c54ab52   192.168.1.2:5000/packt-modern-api-development-chapter
09:0.0.1-SNAPSHOT   "/cnb/process/web"       7 minutes ago    Up 7
minutes    0.0.0.0:8080->8080/tcp   elated_ramanujan
bca056bf9653   registry:2
               "/entrypoint.sh /etc..."  58 minutes ago   Up 58
minutes    0.0.0.0:5000->5000/tcp   registry
```

사용 가능한 도커 이미지로는 어떤 것들이 제공되는지 확인하려면 아래 명령을 사용하자.

```
$ docker images
REPOSITORY
```

```
TAG               IMAGE ID        CREATED.       SIZE
paketobuildpacks/run
base-cnb          68c538f4e078    5 hours ago    87MB
registry
                  0d153fadf70b    5 weeks ago    24.2MB
paketobuildpacks/builder
base              38446f68a5f8    43 years ago   1.26GB

192.168.1.2:5000/packt-modern-api-development-chapter09
0.0.1-SNAPSHOT    9cc6ef620b7c    43 years ago   311MB
```

이제 다음 명령을 사용해 애플리케이션 이미지에 태그를 설정하고 푸시해보자.

```
$ docker tag 192.168.1.2:5000/packt-modern-api-development-
chapter09:0.0.1-SNAPSHOT 192.168.1.2:5000/packt-modern-api-
development-chapter09:0.0.1-SNAPSHOT
$ docker push 192.168.1.2:5000/packt-modern-api-development-
chapter09:0.0.1-SNAPSHOT
...
b7e0fa7bfe7f: Pushed
0.0.1-SNAPSHOT: digest: sha256:bde567c41e57b15886bd7108beb26b5de7b44c6
6cdd3500c70bd59b8d5c58ded size: 5327
```

마찬가지로 로컬 도커 레지스트리 컨테이너에 쿼리할 수도 있다. 먼저 다음 명령을 실행해 레지스트리에 게시된 모든 이미지를 찾아보자. 기본값으로는 100 개만 보여준다.

```
$ curl -X GET http://192.168.80.1:5000/v2/_catalog
{"repositories":["packt-modern-api-development-chapter09"]}
```

마찬가지로 다음 명령을 사용해 특정 이미지에 사용 가능한 태그가 어떤 것들이 있는지 확인할 수 있다.

```
$ curl -X GET http://192.168.80.1:5000/v2/packt-modern-api-development-chapter09/tags/list
  {"name":"packt-modern-api-development-chapter09","tags":["0.0.1-SNAPSHOT"]}
```

만약 로컬 레지스트리 컨테이너를 실행 중인 경우라면, 위 명령에서 IP 대신 localhost를 사용해도 된다.

다음 절에서는 쿠버네티스에 이 이미지를 배포해볼 것이다.

쿠버네티스에 애플리케이션 배포하기

도커 컨테이너들은 서로 격리돼 실행된다. 따라서 여러 도커 컨테이너를 실행, 관리, 확장할 수 게 해주는 플랫폼이 필요하다. 도커 컴포즈(Docker Compose)도 이런 기능을 제공하지만, 이런 용도에는 쿠버네티스를 사용하는 것이 좋다. 쿠버네티스를 사용하면 컨테이너 관리 뿐만 아니라 배포된 컨테이너를 동적으로 확장할 수도 있다.

이제 미니큐브(Minikube)를 사용해 로컬에서 쿠버네티스를 실행하자. 미니큐브는 리눅스, 맥OS 및 윈도우에서 사용할 수 있으며, 학습이나 개발 목적으로 단일 노드의 쿠버네티스 클러스터를 실행한다. 미니큐브의 설치 방법에 대해서는 가이드(https://minikube.sigs.k8s.io/docs/start/)를 참조하기 바란다.

미니큐브는 기본적으로 원격에 있는 도커 허브를 사용하기 때문에 로컬에 설치된 레지스트리를 사용하려면 설정을 변경해야 한다. 도커 허브에 이미지를 추가해두고 로컬에서 개발할 때마다 매번 이미지를 가져오면 개발 과정이 번거로워진다. `~/.minikube/machines/minikube/config.json` 파일의 HostOptions > EngineOptions > InsecureRegistry 항목에 호스트 IP와 로컬 도커 레지스트리의 포트를 추가하면 보안 설정이 되지 않은 로컬 레지스트리를 추가할 수 있다. 이 파일은 미니큐브가 한 번 시작된 후에 생성되므로 `config.json`을 수정하기 전에 미니큐브를 시작해야 한다.

```
$ vi ~/.minikube/machines/minikube/config.json
...

"DriverName": "qemu2",
"HostOptions": {
  "Driver": "",
  "Memory": 0,
  "Disk": 0,
  "EngineOptions": {
    "ArbitraryFlags": null,
    "Dns": null,
    "GraphDir": "",
    "Env": null,
```

```
    "Ipv6": false,
    "InsecureRegistry": [
      "10.96.0.0/12",
      "192.168.1.2:5000"
    ],
...
```

위 설정을 적용하려면 다음 명령으로 미니큐브를 다시 시작하자.

```
$ minikube start --insecure-registry="192.168.80.1:5000"
😄  minikube v1.29.0 on Darwin 13.1
✨  Using the qemu2 driver based on existing profile
👍  Starting control plane node minikube in cluster minikube  🔄 Restarting existing qemu2 VM for "minikube" ...
🐳  Preparing Kubernetes v1.26.1 on Docker 20.10.23 ...
🔗  Configuring bridge CNI (Container Networking Interface) ...
▪ Using image gcr.io/k8s-minikube/storage-provisioner:v5  ┌ Verifying Kubernetes components...
🌟  Enabled addons: default-storageclass, storage-provisioner
🏄  Done! kubectl is now configured to use "minikube" cluster and "default" namespace by default
```

기억해둘 부분은 미니큐브를 시작하는 동안 --insecure-registry 플래그를 사용했다는 점이다. 이 플래그는 보안 설정이 되지 않은 레지스트리를 동작시키기 위해 꼭 필요하다. 쿠버네티스 클러스터는 기본적으로 "default" 네임스페이스를 사용한다.

네임스페이스(namespace)는 쿠버네티스 클러스터의 리소스를 사용자나 프로젝트 간에 나눌 수 있게 해주는 쿠베네티스의 특수 객체이다. 하지만 중첩된 네임스페이스는 가질 수 없기 때문에 쿠버네티스 리소스는 단일 네임스페이스에만 속할 수 있다.

미니큐브를 실행하고 나서 다음 명령을 실행하면 쿠버네티스가 정상 동작하는지 확인할 수 있다.

```
$ kubectl get po -A
NAMESPACE     NAME                         READY   STATUS
RESTARTS AGE
kube-system   coredns-787d4945fb-5hzc2     1/1     Running 3 (17m
ago)     30m
kube-system   etcd-minikube                1/1     Running 5 (17m
```

```
ago)         32m
kube-system  kube-apiserver-minikube        1/1       Running 5 (17m
ago)         32m
```

kubectl 명령은 도커에서 사용하는 docker 명령과 비슷하게 쿠버네티스 클러스터를 제어하기 위한 명령줄 도구이며 쿠버네티스 클라이언트다. 내부적으로 쿠버네티스 REST API를 사용해 애플리케이션 배포, 로그 보기, 클러스터 리소스 검사나 관리와 같은 다양한 쿠버네티스 작업을 수행한다.

get po와 get pod 매개변수를 사용하면 쿠버네티스 클러스터에서 파드(pod)를 검색할 수 있다. -A 플래그는 kubectl이 여러 네임스페이스에서 객체를 검색하도록 설정한다. 위 검색 결과를 보면 모든 파드가 kube-system 네임스페이스에 속하고 있음을 알 수 있다.

앞에서 본 파드는 쿠버네티스가 생성하는 파드이며 내부 시스템의 일부이다.

미니큐브는 사용자가 클러스터 상태에 대한 추가 정보를 얻을 수 있도록 쿠버네티스 대시보드를 사용자에게 제공한다. 대시보드는 아래 명령을 사용해 시작하면 된다:

```
$ minikube dashboard
🔌 Enabling dashboard ...
  ▪ Using image docker.io/kubernetesui/dashboard:v2.7.0
  ▪ Using image docker.io/kubernetesui/metrics-
    scraper:v1.0.8
💡 Some dashboard features require the metrics-server addon. To enable all features please run:

minikube addons enable metrics-server
🤔 Verifying dashboard health ...
🚀 Launching proxy ...
🤔 Verifying proxy health ...
🎉 Opening http://127.0.0.1:56858/api/v1/namespaces/kubernetes- dashboard/services/http:kubernetes-dashboard:/proxy/ in your default browser...
```

대시보드 실행 화면은 다음과 같으며 이런 UI를 통해 쿠버네티스 클러스터를 쉽게 관리할 수 있다.

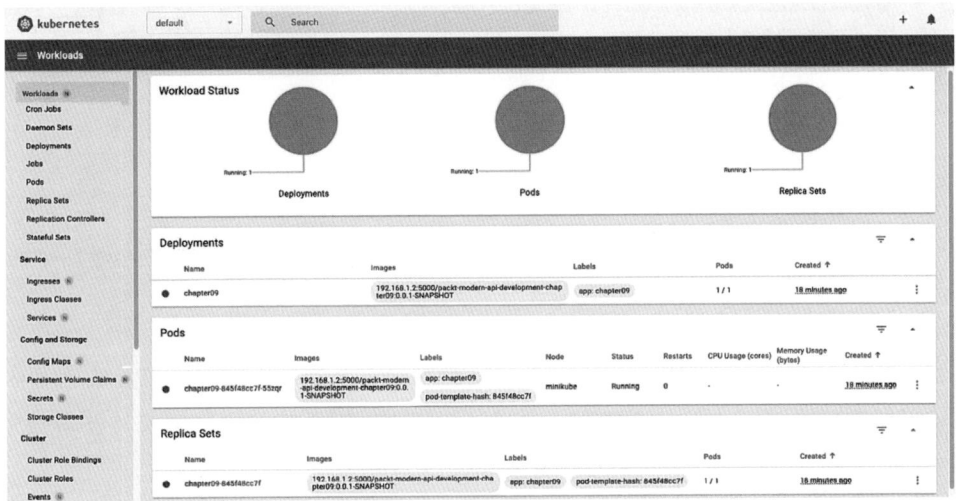

그림 9.2 – 쿠버네티스 대시보드

쿠버네티스는 YAML 설정을 통해 객체를 생성한다. 예를 들어 샘플 전자 상거래 앱을 배포하고 사용하려면 deployment 및 service 객체가 필요하다. deployment 객체는 애플리케이션 컨테이너를 실행할 파드를 쿠버네티스 클러스터에 생성하고 service 객체는 이 서비스를 사용할 수 있게 해준다. 이 YAML 파일은 수동으로 생성하거나 kubectl을 사용해 생성할 수 있다. 일반적으로는 kubectl을 사용해 파일을 생성한다. 필요한 경우에는 파일의 내용도 수정할 수 있다.

쿠버네티스의 배포 설정 정보를 저장할 수 있도록 프로젝트의 홈 디렉터리에 k8s라는 이름으로 새 디렉터리를 생성한다. 이후 k8s 디렉터리로 이동하여 다음 명령을 사용해 쿠버네티스의 배포 관련 설정 파일을 생성하자.

```
$ kubectl create deployment chapter09
--image=192.168.1.2:5000/packt-modern-api-development-chapter09:0.0.1-SNAPSHOT
--dry-run=client -o=yaml > deployment.yaml
$ echo --- >> deployment.yaml
$ kubectl create service clusterip chapter09 --tcp=8080:8080
--dry-run=client -o=yaml >> deployment.yaml
```

첫 번째 명령은 `create deployment` 명령을 사용해 `deployment.yaml` 파일에 배포 설정에 관한 내용을 추가한다. 쿠버네티스의 **Deployment** 절은 애플리케이션을 실행하는 규모를 정의한다. 예제에서는 replica 값이 1로 정의된 것을 볼 수 있다. 따라서 쿠버네티스는 배포 시에 하나의 복제본을 실행한다.

명령에는 배포할 때 어떤 이름(chapter09)으로 표시될지 정하는 파라미터, 배포할 애플리케이션의 이미지 이름, 클러스터로 전송할 객체를 미리 보기 위한 --dry-run=client 플래그, 그리고 -o=yaml 플래그를 전달해 YAML 파일로 출력을 생성한다.

두 번째 명령은 deployment.yaml 파일 끝에 ---를 추가한다.

마지막으로 세 번째 명령은 deployment.yaml에 서비스 설정을 추가하며 내부/외부 포트에 대해 8080 포트를 사용해 접근 가능하도록 한다.

여기에서는 deployment 객체와 service 객체를 모두 동일한 파일에 설정했지만 각 객체에 대해 deployment.yaml 및 service.yaml의 형태로 개별 파일에 설정할 수도 있다. 이렇게 개별 파일에 정의한 경우에는 각 객체를 별도로 쿠버네티스 클러스터에 적용해야 한다.

앞에서 생성한 deployment.yaml 파일의 내용을 살펴보자.

코드: /Chapter09/k8s/deployment.yaml

```yaml
apiVersion: apps/v1
kind: Deployment
metadata:
  creationTimestamp: null
  labels:
    app: chapter09
  name: chapter09
spec:
  replicas: 1
  selector:
    matchLabels:
      app: chapter09
  strategy: {}
  template:
    metadata:
      creationTimestamp: null
      labels:
        app: chapter09
    spec:
      containers:
      - image: 192.168.1.2:5000/packt-modern-api-development-chapter09:0.0.1-SNAPSHOT
```

```yaml
        name: packt-modern-api-development-chapter09
        resources: {}
status: {}
---
apiVersion: v1
kind: Service
metadata:
  creationTimestamp: null
  labels:
    app: chapter09
  name: chapter09
spec:
  ports:
  - name: 8080-8080
    port: 8080
    protocol: TCP
    targetPort: 8080
  selector:
    app: chapter09
  type: ClusterIP
status:
  loadBalancer: {}
```

이제, 프로젝트 루트 폴더에서 아래 명령어를 실행하면 앞에서 생성한 deployment.yaml 파일을 사용해 샘플 전자 상거래 앱을 배포할 수 있다:

```
$ kubectl apply -f k8s/deployment.yaml
deployment.apps/chapter09 created
service/chapter09 created
```

생성에 성공하면 샘플 전자 상거래 앱을 쿠버네티스에 배포한다.

또는 다음 단계를 거쳐 도커 이미지를 미니큐브에 배포할 수도 있다. 새 터미널을 시작하고 아래 명령을 실행하자. eval 명령은 활성화된 터미널에서만 유효하므로 이 명령이 실행된 터미널과 동일한 터미널 창을 사용해서 명령들을 실행해야 한다.

1. `eval $(minikube docker-env)`를 실행해 미니큐브 환경을 도커 구성과 동일하게 설정한다.
2. `gradle bootBuildImage` 명령을 실행해 미니큐브 환경을 기반으로 이미지를 생성한다.
3. 아래 명령을 실행한다.

   ```
   $ docker tag 192.168.1.2:5000/packt-modern-api-development-
   chapter09:0.0.1-SNAPSHOT 192.168.80.1:5000/ packt-modern-api-
   development-chapter09:0.0.1-SNAPSHOT
   $ docker push 192.168.1.2:5000/library/packt-modern-api-
   development-chapter09:0.0.1-SNAPSHOT
   ```

4. `minikube stop`과 `minikube start`를 차례로 실행해 새 구성이 적용됐는지 확인한다.
5. 다음 두 개의 명령을 사용해 미니큐브 로그를 활성화시키자:

   ```
   $ minikube -p minikube docker-env
   $ eval $(minikube -p minikube docker-env)
   ```

6. 이제 `kubectl apply -f deploymentTest.yaml` 명령을 실행해 배포하자.

이제 chapter09라는 애플리케이션의 배포가 시작된다. 그런 다음 쿠버네티스 대시보드나 `kubectl get all` 명령을 통해 파드와 서비스의 상태를 확인할 수 있다. **파드**는 쿠버네티스의 가장 작은 객체 단위로 배포가 가능한 객체이다. 여기에는 하나 이상의 컨테이너가 포함되며 쿠버네티스 클러스터에서 실행 중인 단일 인스턴스를 의미한다. 쿠버네티스가 파드의 상태를 관리하고 있다가 파드가 다운되면 다른 파드로 대체하기 때문에 IP 등의 구성 관련 정보는 언제든 변경될 수 있다. 따라서 쿠버네티스의 **Serivce 객체**는 내부에 포함된 파드의 IP 주소를 외부에 노출하거나 파드에 대한 맵핑 정보를 관리하는 등의 추상화 계층을 제공한다.

다음 명령을 실행해 파드와 서비스의 상태를 확인해보자.

```
$ kubectl get all
NAME   READY STATUS   RESTARTS   AGE
pod/chapter09-845f48cc7f-55zqr 1/1 Running 0    9m17s
NAME   TYPE CLUSTER-IP   EXTERNAL-IP   PORT(S)   AGE
service/kubernetes    ClusterIP    10.96.0.1    <none>   8080/
TCP    9m18s
service/chapter09   ClusterIP   10.100.135.86   <none>   443/
TCP    65m
```

```
NAME                         READY   UP-TO-DATE   AVAILABLE   AGE
deployment.apps/chapter09    1/1     1            1           9m18s
NAME                                    DESIRED   CURRENT   READY   AGE
replicaset.apps/chapter09-845f48cc7f    1         1         1       9m17s
```

위 명령은 디폴트(default) 네임스페이스에 속한 모든 쿠버네티스 리소스를 보여준다. 자세히 보면 실행 중인 파드와 서비스, 배포된 리소스 및 chapter09에 대한 레플리카 세트를 표시하고 있다. 이 명령은 성공 메시지나 "image is not pullable"과 같은 오류 응답이 반환될 때까지 여러 번 실행해야 한다.

아래 명령어의 응답에서 볼 수 있듯이 쿠버네티스 내에서 실행 중인 애플리케이션에 직접 접근할 방법은 없다:

```
$ curl localhost:8080/actuator/health
curl: (7) Failed to connect to localhost port 8080 after 0 ms:
Connection refused
```

이런 경우 일종의 프록시나 SSH 터널링을 사용해야 한다. 다음 명령을 사용하여 SSH 터널을 생성해 보자:

```
$ kubectl port-forward service/chapter09 8080:8080
Forwarding from 127.0.0.1:8080 -> 8080
Forwarding from [::1]:8080 -> 8080
```

쿠버네티스 내부에서 포트 8080으로 실행 중인 애플리케이션이 로컬 머신의 8080 포트에 매핑됐다. 이 포트맵핑 덕분에 이제 쿠버네티스 클러스터 외부에서 포트 8080으로 애플리케이션에 접근할 수 있다.

새 터미널 창을 연 후 다음 명령을 사용해 애플리케이션에 접근해보자.

```
$ curl localhost:8080/actuator/health
{"status":"UP","groups":["liveness","readiness"]}
```

쿠버네티스 클러스터에 애플리케이션이 성공적으로 배포된 것을 확인했다. 이제 포스트맨을 사용해 모든 REST 엔드포인트에 쿼리를 해 볼 수 있다.

요약

이번 장에서는 컨테이너화에 대해 살펴보고 가상화와는 어떤 점이 다른지 알아보았다. 또한 도커 컨테이너화 플랫폼과 스프링 부트 플러그인을 사용해 샘플 전자 상거래 앱용 도커 이미지를 생성하는 방법에 대해서도 배웠다.

그 후엔 도커 레지스트리를 만들고, 이미지를 푸시하고 풀하는 데 사용할 수 있도록 보안이 적용되지 않은 로컬 레지스트리를 어떻게 구성하는지 살펴봤다. 동일한 명령어를 사용해서 리모트의 도커 레지스트리에 이미지를 푸시하고 풀할 수 있다.

미니큐브를 사용한 쿠버네티스와 클러스터 운영 방법에 대해서도 배웠다. 미니큐브의 설정을 수정해서 보안이 적용되지 않은 로컬 도커 레지스트리에서 도커 이미지를 가져올 수 있도록 구성했다.

이번 장을 통해 스프링 부트 애플리케이션의 도커 이미지를 빌드하고 쿠버네티스 클러스터에 배포하는 데 필요한 필수적인 기술을 모두 다뤄봤다.

다음 장에서는 gRPC API의 기본 사항에 대해 배우도록 하자.

질문

1. 가상화와 컨테이너화의 차이점은 무엇인가?
2. 쿠버네티스는 어떤 용도로 사용하는가?
3. kubectl이란 무엇인가?

답변

1. 가상화는 하드웨어를 공유하는 호스트 시스템 위에 가상머신을 생성하는 데 사용된다. 반면에, 컨테이너화는 하드웨어와 해당 OS 위에서 격리된 프로세스로 실행되는 컨테이너를 생성한다. 컨테이너는 가볍고 몇 MB(경우에 따라 GB) 정도만 필요하다. 하지만, VM은 무겁고 많은 GB의 용량이 필요하다. 이런 이유로 컨테이너는 VM보다 더 빠르게 실행 가능하고 휴대성도 뛰어나다.
2. 쿠버네티스는 컨테이너 오케스트레이션 시스템으로, 애플리케이션 컨테이너를 관리하는 데 사용된다. 쿠버네티스는 실행 중인 컨테이너를 추적하고, 사용하지 않는 컨테이너는 종료하고 고아(orphaned)가 된 컨테이너를 다시 시작한

다. 쿠버네티스 클러스터는 클러스터를 스케일아웃하는데도 사용되므로, 필요시에 CPU, 메모리, 스토리지와 같은 리소스를 자동으로 프로비저닝할 수 있다.

3. kubectl은 쿠버네티스 클러스터에 명령을 실행하는 데 사용되는 쿠버네티스 **커맨드라인 인터페이스(CLI)** 이다. 보통 kubectl을 사용해 쿠버네티스 리소스를 관리한다. 이 장에서는 kubectl의 apply 및 create 명령을 사용했다.

추가 읽을거리

- **Mastering Kubernetes – Fourth Edition:** https://www.packtpub.com/product/ kubernetes-basics-and-beyond-fourth-edition/9781804611395
- Docker documentation: https://docs.docker.com/get-started/overview/
- Minikube documentation: https://minikube.sigs.k8s.io/docs/start/

3부

gRPC, 로깅, 모니터링

3부에서는 gRPC 기반 API 개발에 대해 알아보자. 3부 학습을 마치면 gRPC 기반 API를 사용한 리액티브 API와 REST를 구분할 수 있게 될 것이다. Protobuf 스키마를 사용해서 서버와 클라이언트를 구축하는 법도 다룬다. 마지막으로 분산 로깅과 트레이싱을 활용하고 Kibana 앱에서 디버깅과 분석을 위해 사용할 Elasticsearch 인덱스로 로그를 수집할 수 있다.

3부는 다음 장으로 구성된다.

- *10장, gRPC 시작하기*
- *11장, gRPC 기반 API 개발 및 테스트*
- *12장, 서비스에 로깅 및 트레이싱 추가*

10

gRPC 시작하기

gRPC는 네트워크를 통한 범용 **RPC(원격 프로시저 호출)**용 오픈 소스 프레임워크이다. RPC를 사용하면 원격 상호 작용에 대한 상세 사항을 코딩할 필요 없이 마치 연결된 시스템에서 로컬 프로시저를 호출하는 것처럼 다른 시스템에 호스팅 된 원격 프로시저를 호출할 수 있다. gRPC라는 약어에서 RPC는 일정한 의미를 가진다. gRPC의 g는 구글에서 처음 개발되었기 때문에 구글을 의미하는 것처럼 보이지만, g의 의미는 릴리스마다 변경되었다. 첫 번째 릴리스인 버전 1.0에서 gRPC의 g는 gRPC 자체를 나타낸다. 즉, 버전 1에서는 **gRPC 원격 프로시저 호출**을 의미한다. gRPC 버전 1.54를 사용한다면 g는 공손함(**gracious**)을 의미한다. 따라서 gRPC를 공손한 원격 프로시저 호출(버전 1.54용)로 의미할 수 있다. https://github.com/grpc/grpc/blob/master/doc/g_stands_for.md에서 다른 버전에서 사용되었던 g의 의미들도 찾아 볼 수 있다.

이 장에서는 gRPC 아키텍처, gRPC 서비스 정의, 수명 주기, gRPC 서버 및 클라이언트와 같은 gRPC의 기본 사항을 살펴볼 것이다. 이 장은 gRPC 기반 API를 구현할 때 필요한 기초를 제공한다. 이러한 기본 사항은 샘플 전자 상거래 앱에서 내부 서비스 간 통신을 구현하는 데 도움이 될 것이다.

다음 장에서는 전자 상거래 앱에서 결제를 처리하기 위한 기본 결제 게이트웨이를 개발하기 위해 gRPC 기반 API를 사용할 것이다.

> **노트**
> gRPC는 *지–알–피–씨*로 발음된다.

이 장에서는 다음 항목을 살펴볼 것이다.

- gRPC 소개 및 gRPC 아키텍처
- 서비스 정의 이해
- RPC 수명 주기
- gRPC 서버 및 gRPC 스텁 이해
- 에러 처리

이 장에서는 gRPC의 기본 사항을 배운다. 다음 장에서 gRPC 기반 웹 서비스를 구현하는 데 도움이 될 것이다.

기술 요구 사항

이 장에는 gRPC의 이론만 다룬다. 그러나 gRPC 기반의 웹 서비스를 개발하고 테스트하려면 일반적으로 Insomnia와 같은 gRPC API 클라이언트가 필요하다. 이 장에서는 gRPC의 기본 사항을 배우므로 자체 코드 저장소가 없다. 그러나 실제 코드는 https://github.com/PacktPublishing/Modern-API-Development-with-Spring-6-and-Spring-Boot-3/tree/dev/Chapter11에서 11장 코드를 참조할 수 있다.

gRPC 동작방식

gRPC는 네트워크를 통한 범용 RPC용 오픈 소스 프레임워크다. gRPC는 완전한 이중 스트리밍(full-duplex streaming)을 지원하며 대부분의 HTTP/2 체계와도 잘 맞는다. gRPC는 Protocol Buffers(기본값), JSON, XML, Thrift와 같은 다양한 미디어 형식을 지원한다. 특히 프로토콜 버퍼(Protobuf)는 성능이 좋아 다른 미디어 형식들보다 선호된다.

gRPC는 REST(Representational State Transfer)와 RPC의 장점을 제공하고, API를 통한 분산 네트워크 통신에 매우 적합하다. gRPC가 제공하는 다양한 기능을 살펴보면 아래와 같다.

- 확장성이 뛰어난 분산 시스템용으로 설계됐고 대기 시간이 짧다.
- 로드 밸런싱 및 장애 조치를 제공한다.

- 계층화된 디자인으로 인해 응용 프로그램 계층에 쉽게 통합될 수 있어 흐름 제어와의 상호 작용이 쉽다.
- 캐스케이드(cascade) 호출 취소를 지원한다.
- 모바일 앱에서 서버로의 통신이나 웹 앱에서 서버로의 통신 등 모든 gRPC 클라이언트 앱에서 다른 컴퓨터의 gRPC 서버 앱으로의 광범위한 통신을 제공한다.

REST와 그 구현에 대해서는 이 책의 앞 부분에서 많이 다뤄왔다. 다음 하위 절에서는 다른 관점을 제공하고 요구 사항과 유스케이스에 따라 REST와 gRPC 중에서 선택할 수 있도록 REST와 gRPC의 차이점에 대해 살펴보겠다.

REST 대 gRPC

gRPC는 클라이언트-서버 아키텍처를 기반으로 하지만 REST는 그렇지 않다.

gRPC와 REST는 모두 HTTP 프로토콜을 사용한다. gRPC는 REST와 달리 HTTP/2 사양과 완전 이중 스트리밍(full-duplex streaming) 통신을 지원하여 음성이나 화상 통화와 같은 다양한 시나리오에 적합하다.

REST에서는 쿼리 매개변수, 경로 매개변수, 요청 본문을 사용하여 페이로드를 전달할 수 있다.[1] 이와 같이 요청 페이로드/데이터가 여러 방식으로 전달될 수 있으므로 여러 방식의 페이로드/데이터 파싱으로 인해 지연 시간과 복잡성이 추가된다. 반면에 gRPC는 정적 경로를 사용하며 한 가지 방식으로만 요청 페이로드를 전송하기 때문에 REST보다 성능이 우수하다.

REST의 응답 에러가 HTTP 상태 코드에 따라 달라지는 것과 달리 gRPC는 에러 집합을 정형화하여 API와 잘 호환되도록 했다.

REST API는 순전히 HTTP에 의존하기 때문에 구현이 더 유연하다. 유연성을 제공하는 대신 엄격한 검증과 확인을 위한 표준과 규칙이 필요하다. 다양한 방식으로 API를 구현할 수 있기 때문이다. 예를 들어, `HTTP DELETE` 메소드를 사용하는 대신에 구현 방식에 따라 다른 HTTP 메소드를 사용해도 리소스를 삭제할 수 있는데, 이는 정말로 끔찍한 일이다.

gRPC는 위에서 언급된 것 외에도 호출 취소, 부하 분산 및 장애 조치(fail-over)를 지원하고 처리하기 위해 구축됐다.

---

1 (옮긴이) REST는 HTTP URL의 쿼리 스트링, url path, http body 등에 데이터를 실어서 보낼 수 있다는 의미이다.

REST가 어느정도 자리를 잡고 널리 사용되고 있지만 gRPC 역시 나름의 이점을 제공한다. 따라서 장단점에 따라 선택할 수 있다. (참고로, 자체 기능을 제공하는 GraphQL에 대해서는 아직 논의하지 않았다. GraphQL에 대해서는 13장 GraphQL 시작하기와 14장 GraphQL API 개발 및 테스트에서 다룰 것이다.)

다음 절에서는 REST와 같은 웹 통신에 gRPC를 사용할 수 있는지 살펴보자.

웹 브라우저와 모바일 앱에서 gRPC 서버를 호출할 수 있을까?

물론 가능하다. gRPC 프레임워크는 분산 시스템의 통신을 위해 설계됐고 대부분 HTTP/2 의미 체계(semantics)와 일치한다. 로컬 객체(object)를 호출하는 것처럼 모바일 앱에서 gRPC API를 호출할 수 있다. 이것이 gRPC의 장점이다. 인트라넷과 인터넷을 통한 서비스 간 통신과 모바일 앱, 웹 브라우저에서 gRPC 서버로의 호출을 지원한다. 따라서 각종 통신에서 활용할 수 있다.

웹용 gRPC (즉, gRPC-web)은 2018년에는 상당히 새로운 것이었으나 지금은 점점 더 많은 인지도를 얻고 있고 특히 IoT(사물 인터넷) 응용 프로그램에서 많이 사용하고 있다.

gRPC로의 전환을 고려 중이라면 이상적으로는 서비스 내부 통신에 먼저 채택한 다음 웹/모바일 서버 통신에 채택하는 것이 좋다.

다음 장에서는 gRPC의 아키텍처에 대해 자세히 살펴보자.

gRPC 아키텍처란

gRPC는 범용 RPC 기반 프레임워크다. 다음과 같은 단계를 포함하는 RPC 스타일에서 잘 작동한다.

1. 우선 매개변수, 리턴 타입과 함께 메소드 시그니처를 포함하는 서비스 인터페이스를 정의한다.
2. 정의된 서비스 인터페이스를 gRPC 서버의 일부로 구현한다. 이 단계를 마치면 원격 호출을 처리할 준비가 완료된다.
3. 다음으로 서비스 인터페이스를 사용해서 생성할 수 있는 클라이언트용 스텁이 필요하다. 클라이언트 애플리케이션은 로컬 호출인 스텁을 호출한다. 스텁은 차례로 gRPC 서버와 통신하고 반환된 값은 gRPC 클라이언트에 전달된다. 다음 다이어그램을 참고하기 바란다.

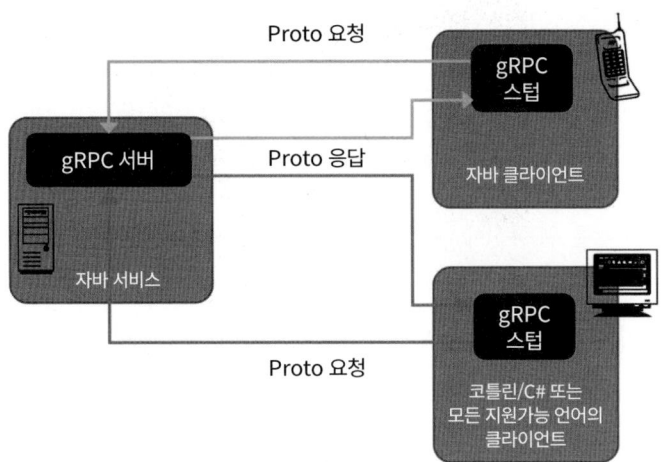

그림 10.1 - gRPC 클라이언트-서버 아키텍처

클라이언트 애플리케이션의 경우 응답을 얻기 위해서는 스텁을 로컬 호출만 하면 된다. 서버는 동일 시스템이 아닌 다른 시스템에 둘 수도 있다. 이렇게 하면 분산 서비스를 더 쉽게 구현할 수 있다. 이는 마이크로서비스 구현에 이상적인 기능이다. gRPC는 언어 독립적이어서 서버와 클라이언트 역시 서로 다른 언어로 작성이 가능하다. 이 덕분에 개발에 많은 유연성을 제공한다.

gRPC는 원격 호출을 가능하게 하기 위해 다음과 같은 계층으로 구성된 계층화된 아키텍처이다:

- 스텁: 클라이언트는 스텁을 통해 서버를 호출한다. 스텁은 최상위 레이어이다. 스텁은 서비스 인터페이스, 메소드, 메시지를 포함하는 인터페이스 정의 언어(IDL: Interface Definition Language) 파일에 생성된다. 인터페이스 정의 언어 파일은 인터페이스가 Protobuf를 사용해서 정의된 경우에는 .proto 확장자를 가진다.

- 채널: 스텁은 서버와 통신하기 위해 응용 프로그램 바이너리 인터페이스(ABI: Application Binary Interfaces)를 사용한다. 채널은 이러한 응용 프로그램 바이너리 인터페이스를 제공하는 중간 계층이다. 일반적으로 채널은 특정 호스트, 포트의 서버에 대한 연결을 제공한다. 이로 인해 채널은 연결 상태이거나 유휴 상태임이 결정된다.

- 전송: 가장 낮은 계층으로 프로토콜로 HTTP/2를 사용한다. 따라서 gRPC는 같은 네트워크 커넥션으로 완전 이중(full-duplex) 통신과 다중 병렬 호출(multiplex parallel call)을 제공한다.

다음 단계에 따라 gRPC 기반 서비스를 개발할 수 있다.

1. .proto 파일(Protobuf)을 사용해서 서비스 인터페이스를 정의한다.
2. 1단계에서 정의한 서비스 인터페이스의 구현을 작성한다.

3. gRPC 서버를 생성하고 서비스를 등록한다.
4. 서비스 스텁을 생성하고 gRPC 클라이언트와 함께 사용한다.

다음 장인 *11장, gRPC 기반 API 개발, 테스트*에서 실제 gRPC 서비스를 구현해 볼 것이다.

> **gRPC 스텁**
>
> 스텁은 서비스 인터페이스를 노출시키는 객체다. gRPC 클라이언트는 스텁 메소드를 호출하고, 호출을 서버에 연결하고 응답을 다시 가져온다.

gRPC가 Protocol Buffer를 사용하는 방법

Protobuf는 2001년에 만들어져서 2008년에 공개되었다. 구글의 마이크로 서비스 기반 시스템인 Stubby에서도 사용됐다.

gRPC는 JSON과 기타 미디어 타입에서 잘 작동한다. 그러나 Protobuf가 성능이 좋은 것으로 알려져 있기 때문에 이 책은 Protobuf를 사용해서 서비스 인터페이스를 정의해 볼 것이다. Protobuf를 사용하면 공식 계약(contract)[2], 더 나은 대역폭 최적화, 코드 생성이 가능하다. Protobuf는 또한 gRPC의 기본 형식이다. gRPC는 데이터 직렬화뿐만 아니라 코드 생성에도 Protobuf를 사용한다. Protobuf가 직렬화한 데이터는 JSON이나 YAML과 달리 사람이 읽을 수 없다. Protobuf의 구성 방법을 살펴보자.

Protobuf 메시지에는 일련의 키-값 쌍이 포함된다. 키에는 메시지 필드와 해당 타입을 지정한다. 아래의 `Employee` 메시지는 Protobuf 형식의 사례이다.

```
message Employee {
  int64 id = 1;
  string firstName = 2;
}
```

다음 다이어그램과 같이 Protobuf(`id` 값이 299이고 `firstName` 값이 Scott인 경우)를 사용해서 이 메시지를 표현해 보자.

---

[2] (옮긴이) Contract는 gRPC 서버, 클라이언트 스텁 코드를 생성하는 데 필요한 정보를 담고 있다. 이를 Protobuf를 이용해서 정의할 수 있다.

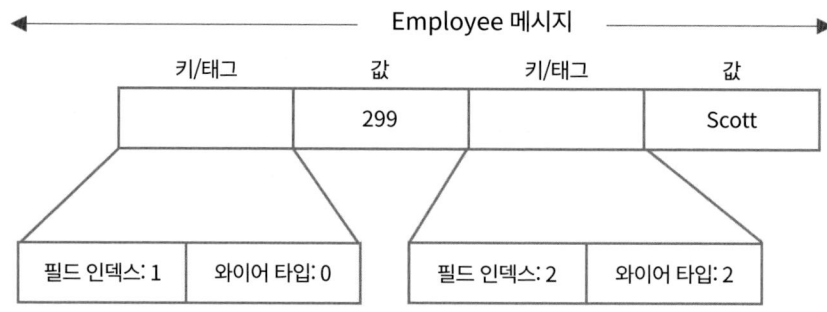

그림 10.2 – Protobuf를 사용한 Employee 메시지 표현

`id`, `firstName` 필드는 각각 1, 2와 같은 일련번호로 태그가 지정되는데 이는 직렬화에 사용된다. 와이어 타입은 값의 길이를 찾는 데 필요한 정보를 제공한다.

다음 표에는 와이어 타입과 해당 의미가 나와있다.

와이어 타입	의미	사용 용도
0	Var int (가변 길이 정수)	int32, int64, uint32, uint64, sint32, sint64, bool, enum
1	64-bit	fixed64, sfixed64, double
2	Length-delimited	string, bytes, embedded messages, packed repeated fields
3	Start group	groups (더 이상 사용되지 않음.)
4	End group	groups (더 이상 사용되지 않음.)
5	32-bit	fixed32, sfixed32, float

Protobuf 파일은 `.proto` 확장자로 생성된다. 서비스 인터페이스는 메소드 시그니처와 메소드 시그니처에서 참조되는 메시지(객체) 형식으로 정의된다. 이러한 메시지는 메소드 매개변수 또는 리턴타입이 된다. 우리는 protoc 컴파일러를 사용해서 정의된 서비스 인터페이스를 컴파일할 수 있다. protoc 컴파일러는 인터페이스와 지정된 메시지에 대한 클래스를 생성한다. 마찬가지로 gRPC 클라이언트에 대한 스텁도 생성할 수 있다.

다음 예제 `.proto` 파일을 살펴보자.

코드: 직원(Employee) 샘플 서비스 인터페이스

```
syntax = "proto3";
package com.packtpub;
option java_package = "com.packt.modern.api.proto";
option java_multiple_files = true;
message Employee {
  int64 id = 1;
  string firstName = 2;
  string lastName = 3;
  int64 deptId = 4;
  double salary = 5;
  message Address {
    string houseNo = 1;
    string street1 = 2;
    string street2 = 3;
    string city = 4;
    string state = 5;
    string country = 6;
    string pincode = 7;
  }
}
message EmployeeCreateResponse {
  int64 id = 1;
}
service EmployeeService {
  rpc Create(Employee) returns (EmployeeCreateResponse);
}
```

이 코드를 한 줄씩 살펴보자.

1. 첫 번째 행의 syntax 키워드는 Protobuf 버전을 나타낸다. syntax(proto3) 값은 컴파일러에게 Probuf 버전 3이 사용되었음을 알려준다. 기본 버전은 proto2이다. Protobuf 버전 3은 더 많은 기능과 단순화된 구문을 제공하고 더 많은 언어를 지원한다. gRPC는 Protobuf 버전 3을 사용할 것을 권장한다.

2. 다음으로 package 키워드와 패키지 이름을 사용해서 proto 패키지 이름을 정의한다. 이는 메시지 타입 간의 이름 충돌을 방지한다.

3. 다음으로 option 키워드와 그 뒤에 java_package 매개변수를 사용해서 자바 패키지 이름을 정의한다.

4. 다음으로 option 키워드와 그 뒤에 java_multiple_files 매개변수를 사용해서 최상위 수준 메시지 타입에 대해 각각 별도의 파일로 생성하도록 한다.

5. 다음으로 message 키워드를 사용해서 오브젝트인 메시지를 정의한다. 메시지와 해당 필드는 정확한 사양으로 객체를 정의하는 엄격한 타입을 사용해서 정의된다. 자바의 중첩 클래스처럼 중첩 메시지를 정의할 수도 있다. 다음 페이지에 message 필드 타입을 정의하는 데 사용할 수 있는 Protobuf 타입이 표로 정리되어 있다.

6. 다른 메시지에서 address 필드를 정의할 경우 Employee.Address라고 사용할 수 있다.

7. 필드에 부여된 일련번호는 이진 메시지 직렬화와 파싱에 사용된다. 한 번 직렬화한 메시지 구조는 변경할 수 없다.

8. 서비스 정의는 service 키워드를 사용해서 정의한다. 서비스 정의에는 메소드가 포함되어 있다. rpc 키워드를 사용하여 메소드를 정의할 수 있다. 위의 EmployeeService 정의 부분을 참고해보자. 서비스 정의에 대한 자세한 내용은 다음 절에서 살펴볼 것이다.

9. Protobuf에는 미리 정의된 타입(스칼라 타입)이 있다. message 필드는 Protobuf 스칼라 타입 중 하나를 가진다. .proto 파일을 컴파일하면 message 필드가 해당 언어 타입으로 변환된다. 아래의 표는 Protobuf 타입과 자바 타입 간의 매핑을 정의한다.

Protobuf 타입	자바 타입	설명
double	double	자바의 double과 유사하다.
float	float	자바의 float와 유사하다.
int32	int	가변 길이 인코딩은 음수를 인코딩하기에는 비효율적이므로 음수 값이 포함된 경우 sint32를 사용하도록 한다.
int64	long	가변 길이 인코딩은 음수를 인코딩하기에는 비효율적이므로 음수 값이 포함된 경우 sint64를 사용하도록 한다.
uint32	int	가변 길이 인코딩을 사용한다. 값이 2^{28}보다 클 경우 fixed32를 사용하도록 한다.
uint64	long	가변 길이 인코딩을 사용한다. 값이 2^{56}보다 클 경우 fixed64를 사용하도록 한다.
sint32	int	부호 있는 int 값을 포함하기 때문에 음수 인코딩에 더 효율적이다. 가변 길이 인코딩을 사용한다.
sint64	long	부호 있는 int 값을 포함하기 때문에 음수 인코딩에 더 효율적이다. 가변 길이 인코딩을 사용한다.
fixed32	int	항상 4 bytes이다.
fixed64	long	항상 8 bytes이다.
sfixed32	int	항상 4 bytes이다. 2^{28}보다 더 큰 값을 인코딩하는데 더 효율적이다.
sfixed64	long	항상 8 bytes이다. 2^{56}보다 더 큰 값을 인코딩하는데 더 효율적이다.
bool	boolean	참 또는 거짓
string	String	2^{32}보다 길지 않은 UTF-8 인코딩된 문자열이나 7-bit 아스키 문자를 포함한다.
bytes	ByteString	2^{32}보다 길지 않은 임의의 바이트 시퀀스를 포함한다.

또한 Protobuf의 enum 키워드를 사용해서 열거형 타입을 정의하고 map<keytype, valuetype> 키워드를 사용해서 map을 정의할 수 있다. 열거형 타입과 맵 타입의 예는 아래 코드를 참고한다.

```
...생략
message Employee {
  ...생략
  enum Grade {
    I_GRADE = 1;
    II_GRADE = 2;
    III_GRADE = 3;
    IV_GRADE = 4;
  }
  map<string, int32> nominees = 1;
  ...생략
}
```

앞의 샘플 코드는 I_GRADE와 같은 값을 가지는 Grade 열거형 필드가 있는 Employee 메시지를 만든다. nominees 필드는 string 타입 키와 int32 타입 값을 가지는 map이다.

다음 절에서 서비스 정의에 대해서 자세히 살펴보자.

서비스 정의의 이해

우리는 각 매개변수와 리턴 타입으로 해당 메소드를 지정해서 서비스를 정의한다. 이런 메소드들은 원격으로 호출할 수 있는 서버에 의해 노출된다. 이전 절에서는 아래 코드 블록과 같이 EmployeeService를 정의했다:

```
service EmployeeService {
  rpc Create(Employee) returns (EmployeeCreateResponse);
}
```

여기서 Create는 EmployeeService 서비스 정의에 의해 노출되는 메소드다. Create 서비스에 사용되는 메시지도 서비스 정의의 일부로 정의해야 한다. 클라이언트가 단일 요청 객체를 보내고 그 응답으로 서버로부터 단일 응답 객체를 받기 때문에 Create 서비스 메소드는 단항 서비스 메소드다.

gRPC에서 제공하는 서비스 메소드의 타입에 대해 자세히 알아보자.

- 단항: 이전 예시에서 단항 서비스 방법에 대해 이미 살펴보았다. 이는 단일 요청에 대해 단일 응답을 가진다.
- 서버 스트리밍: 이 타입의 서비스 메소드에서는 클라이언트가 단일 객체를 서버에 보내고 스트림 응답을 반환받는다. 이 스트림에는 일련의 메시지가 포함된다. 스트림은 클라이언트가 모든 메시지를 수신할 때까지 열린 상태로 유지된다. 메시지 시퀀스는 gRPC에 의해 보장된다. 다음 예에서 클라이언트는 경기가 끝날 때까지 라이브 스코어 메시지를 계속 수신한다.

    ```
    rpc LiveMatchScore(MatchId) returns (stream MatchScore);
    ```

- 클라이언트 스트리밍: 이 타입의 서비스 메소드에서는 클라이언트가 일련의 메시지를 서버에 보내고 단일 응답 객체를 반환받는다. 스트림은 클라이언트가 모든 메시지를 보낼 때까지 열린 상태로 유지된다. 메시지 시퀀스는 gRPC에 의해 보장된다. 클라이언트는 모든 메시지를 보낸 후 서버 응답을 기다린다. 다음 예에서 클라이언트는 모든 데이터 레코드가 전송될 때까지 서버에 데이터 메시지를 보낸 다음 Report 객체를 기다린다.

    ```
    rpc AnalyzeData(stream DataInput) returns (Report);
    ```

- 양방향 스트리밍: 이는 클라이언트와 서버 스트리밍의 동시 실행 타입이다. 서버와 클라이언트 모두 읽기-쓰기 스트림을 사용해서 일련의 메시지를 보낸다. 여기서 시퀀스의 순서는 유지된다. 그러나 두 스트림은 독립적으로 작동한다. 따라서 각자가 원하는 순서대로 읽고 쓸 수 있다. 서버는 하나씩 또는 한 번에 메시지를 읽고 회신하거나 이를 조합한 방식을 사용할 수도 있다. 다음 예에서 처리된 레코드는 즉시 하나씩 보내거나 나중에 배치로 보낼 수 있다.

    ```
    rpc BatchProcessing(stream InputRecords) returns (stream Response);
    ```

지금까지 gRPC 서비스 정의에 대해 알아보았다. 다음 절에서 RPC 수명 주기를 살펴보겠다.

RPC 수명 주기 살펴보기

이전 절에서는 네 가지 타입의 서비스 정의에 대해 배웠다. 각 타입의 서비스 정의에는 고유한 수명 주기가 있다. 이 절에서는 각 서비스 정의의 수명 주기에 대해 자세히 알아볼 것이다.

- 단항 RPC의 수명 주기: 단항 RPC는 가장 간단한 형태의 서비스이다. 클라이언트와 서버 모두 단일 객체를 보낸다. 어떻게 작동하는지 살펴보자. 단항 RPC는 클라이언트에 의해 시작된다. 클라이언트가 스텁 메소드를 호출한다. 스텁은 RPC 호출이 호출됐음을 서버에 알린다. 또한 스텁은 클라이언트의 메타데이터, 메소드 이름, 지정된 기한(해당되는 경우)을 알림과 함께 서버로 전달한다.

메타데이터는 타임아웃, 인증 세부 정보와 같은 카-값 쌍 형태의 RPC 호출에 대한 데이터다. 다음으로 서버는 응답으로 초기 메타데이터를 다시 돌려보낸다. 서버가 초기 메타데이터를 즉시 보낼지 아니면 클라이언트의 요청 메시지를 받은 후에 보낼지 여부는 애플리케이션에 따라 다르다. 그러나 서버는 응답 전에 반드시 이를 돌려보내야 한다.

서버는 클라이언트의 요청 메시지를 받은 후 요청에 대해 작업하고 응답을 준비한다. 서버는 성공적인 호출에 대해 상태정보(코드와 옵션 메시지), 옵션 후행 메타데이터와 함께 응답을 보낸다.

클라이언트는 응답을 수신하고 호출을 완료한다(상태 OK의 경우 HTTP 상태 200과 유사).

- 서버 스트리밍 RPC의 수명 주기: 서버 스트리밍 RPC의 수명 주기는 단항 RPC와 거의 동일한 단계를 따른다. 응답이 스트림 응답으로 전송된다는 방식만 다르다. 서버는 모든 메시지가 전송될 때까지 메시지를 스트림으로 전송한다. 최종적으로 서버는 상태정보(코드 및 옵션 메시지), 옵션 후행 메타데이터가 포함된 응답을 보낸 후 서버 측 처리를 완료한다. 클라이언트는 서버의 모든 메시지를 받으면 수명 주기를 완료한다.

- 클라이언트 스트리밍 RPC의 수명 주기: 클라이언트 스트리밍 RPC의 수명 주기도 단항 RPC와 거의 동일한 단계를 따른다. 요청이 스트림 요청으로 전송된다는 방식만 다르다. 클라이언트는 모든 메시지가 서버로 전송될 때까지 메시지를 스트림으로 전송한다. 서버는 성공적인 호출에 대한 상태정보(코드 및 옵션 메시지), 옵션 후행 메타데이터와 함께 단일 메시지 응답을 보낸다. 서버는 클라이언트의 메시지를 모두 받은 후 응답을 보낸다. 클라이언트는 서버로부터 메시지를 받으면 수명 주기를 완료한다.

- 양방향 스트리밍 RPC의 수명 주기: 양방향 스트리밍 RPC의 수명 주기의 처음 두 단계는 단항 RPC와 동일하다. 양쪽의 스트리밍 처리는 애플리케이션에 따라 다르다. 두 스트림이 서로 독립적이기 때문에 서버와 클라이언트 모두 순서에 관계없이 메시지를 읽고 쓸 수 있다.

서버는 클라이언트가 보낸 요청 메시지 스트림을 임의의 순서로 처리할 수 있다. 예를 들어 서버와 클라이언트는 탁구 경기를 하듯이 클라이언트가 요청 메시지를 보내고 서버가 이를 처리할 수 있다. 즉 클라이언트는 요청 메시지를 보내고 서버는 이를 처리하는 프로세스를 계속한다. 또는 서버는 응답 메시지를 작성하기 전에 모든 클라이언트의 메시지를 수신할 때까지 기다릴 수 있다.

클라이언트는 모든 서버 메시지를 받으면 수명 주기를 완료한다.

수명 주기에 영향을 주는 이벤트

아래의 이벤트들은 RPC의 수명 주기에 영향을 준다.

- 데드라인/타임아웃: gRPC는 데드라인/타임아웃을 지원한다. 따라서 클라이언트는 서버로부터 응답을 받기 위해 정의된 데드라인/타임아웃까지 응답을 기다린다. 정의된 데드라인/타임아웃을 초과하면 DEADLINE_EXCEEDED 에러가 발생한다. 마찬가지로 서버는 특정 RPC가 타임아웃 됐는지 또는 RPC를 완료하기까지 얼마나 시간이 남았는지를 쿼리해서 확인할 수 있다.

타임아웃 설정은 언어별로 다르다. 일부 언어의 API는 타임아웃(지속시간)을 지원하고 일부는 데드라인(고정된 시각)을 지원한다. API에는 데드라인/타임아웃의 기본값이 있을 수도 있고 그렇지 않을 수도 있다.

- RPC 종료: 클라이언트와 서버 모두 호출 성공 여부에 대한 결정을 독립적으로 각자 내리기 때문에 RPC가 종료되는 시나리오는 거의 없고 결론이 서로 일치하지 않을 수 있다. 예를 들어, 서버는 모든 메시지를 전송하고 해당 부분을 완료할 수 있지만 클라이언트 측에서는 응답이 타임아웃 이후에 도착했기 때문에 실패할 수도 있다. 또 다른 시나리오는 클라이언트가 모든 메시지를 보내기 전에 서버가 RPC를 완료하기로 결정하는 경우이다.

- RPC 취소: gRPC에는 서버나 클라이언트가 언제든지 RPC를 취소할 수 있다는 규정이 있다. 그러면 RPC가 즉시 종료된다. 그러나 취소하기 전에 변경된 사항은 롤백되지 않는다.

다음 절에서는 gRPC 서버와 스텁에 대해 조금 더 살펴보겠다.

gRPC 서버 및 gRPC 스텁 이해

그림 10.1을 자세히 살펴보면 gRPC가 클라이언트-서버 아키텍처를 기반으로 하기 때문에 gRPC 서버와 gRPC 스텁이 구현의 핵심 부분임을 알 수 있다. 서비스를 정의하면 gRPC 자바 플러그인과 함께 Protobuf 컴파일러인 protoc를 사용해서 서비스 인터페이스와 스텁을 모두 생성할 수 있다. *11장*에서 실질적인 예를 확인하겠다.

컴파일러에서는 다음 타입의 파일들이 생성된다:

- 모델: 서비스 정의 파일에 기술된 모든 메시지(즉, 모델)가 생성된다. 서비스 정의 파일은 요청, 응답 메시지 타입의 직렬화, 역직렬화, 가져오기를 수행하기 위한 Protobuf 코드를 포함하고 있다.

- gRPC 자바 파일: 서비스 기반 인터페이스와 스텁이 포함되어 있다. 기본 인터페이스가 구현된 다음 gRPC 서버의 일부로 사용된다. 스텁은 클라이언트가 서버와 통신하는 데 사용된다.

위 내용을 전자 상거래 앱에 적용하기 위해서는 먼저 EmployeeService에 대해 아래 코드와 같이 인터페이스를 구현해야 한다.

```java
public class EmployeeService extends EmployeeServiceImplBase {
  // 코드
  @Override
  public void create(Employee request,
  io.grpc.stub.StreamObserver<Response> responseObserver) {
    // 구현부
```

       }
}
```

인터페이스를 구현한 후에는 gRPC 서버를 실행하여 gRPC 클라이언트의 요청을 처리할 수 있다.

```
public class GrpcServer {
  public static void main(String[] arg) {
    try {
      Server server = ServerBuilder.forPort(8080)
        .addService(new EmployeeService()).build();
      System.out.println("Starting gRPC Server Service...");
      server.start();
      System.out.println("Server has started at port:8080");
      System.out.println("Following services are available:");
      server.getServices().stream()
        .forEach(
          s -> System.out.println("Service Name: " + s.getServiceDescriptor().getName())
        );
      server.awaitTermination();
    } catch (Exception e) {
      // 에러 처리
    }
  }
}
```

클라이언트의 경우 먼저 ChannelBuilder를 사용해서 채널을 생성해야 한다. 다음으로는 아래 코드와 같이 생성된 채널을 사용해서 스텁을 생성할 수 있다.

```
public EmployeeServiceClient(ManagedChannelBuilder<?> channelBuilder) {
  channel = channelBuilder.build();
  blockingStub = EmployeeServiceGrpc.newBlockingStub(channel);
  asyncStub = EmployeeServiceGrpc.newStub(channel);
}
```

여기서 동기, 비동기 스텁 모두 ManagedChannelBuilder 클래스를 사용해서 빌드된 channel 객체를 사용해서 생성됐다.
```

다음 절에서는 에러 처리를 살펴보자.

에러 처리와 에러 상태 코드

HTTP 상태 코드를 사용하는 REST와 달리 gRPC는 에러 코드와 옵션 에러 메시지(문자열)가 포함된 상태 모델을 사용한다.

HTTP 에러 코드에는 제한된 정보가 포함되어 있기 때문에 에러의 세부 정보를 포함하기 위한 Error라는 특수한 Class를 사용한다. 마찬가지로 gRPC의 에러 상태 모델은 코드와 옵션 메시지(문자열)로 제한된다. 그래서 클라이언트가 에러를 처리하거나 재시도하는 데 사용할 수 있는 에러 세부 정보가 충분하지 않다. 이런 경우에는 https://cloud.google.com/apis/design/errors#error_model에 설명된 대로 더 풍부한 에러 모델을 사용해서 자세한 에러 정보를 클라이언트에 전달할 수 있다. 아래 코드 블록에서 에러 모델을 살펴보자.

```
package google.rpc;
message Status {
  // 실제 에러 코드는 `google.rpc.Code`로 정의된다.
  int32 code = 1;
  // 읽을 수 있는 개발자용 에러 메시지
  string message = 2;
  // 재시도 정보 또는 도움말 링크와 같이 클라이언트 코드가 에러를 처리하는데
  // 사용할 수 있는 추가 에러 정보
  repeated google.protobuf.Any details = 3;
}
```

details 필드에는 추가 정보가 포함되어 있으며 이를 사용해서 RetryInfo, DebugInfo, QuotaFailure, ErrorInfo, PreconditionFailure, BadRequest, RequestInfo, ResourceInfo, Help, LocalizedMethod와 같은 관련 정보를 전달할 수 있다. 이러한 모든 메시지 타입은 https://github.com/googleapis/googleapis/blob/master/google/rpc/error_details.proto에서 확인할 수 있다.

이러한 더 풍부한 에러 모델은 Protobuf를 사용해서 설명된다. 더 풍부한 에러 모델을 사용하려면 Protobuf에 대해 설명된 대로 지원 라이브러리가 API의 실제 사용과 잘 부합하는지 확인해야 한다.

REST와 마찬가지로 네트워크 장애, 데이터 유효성 검사 등 다양한 이유로 RPC에서 에러가 발생할 수 있다. 아래에서 REST 에러 코드와 해당 gRPC 코드를 살펴보자.

HTTP 상태 코드	gRPC 상태 코드	설명
400	INVALID_ARGUMENT	유효하지 않은 아규먼트
400	FAILED_PRECONDITION	잘못된 사전 조건으로 액션 실행 불가
400	OUT_OF_RANGE	클라이언트가 지정한 범위가 유효하지 않음
401	UNAUTHENTICATED	누락되거나 만료된 토큰 또는 인증받지 않은 클라이언트 요청
403	PERMISSION_DENIED	클라이언트가 충분한 권한이 없음
404	NOT_FOUND	리소스를 찾을 수 없음
409	ABORTED	읽기-쓰기 작업 또는 동시성 충돌
409	ALREADY_EXISTS	이미 존재하는 리소스에 대한 생성 요청
429	RESOURCE_EXHAUSTED	API 리미트에 도달해서 요청 처리 불가
499	CANCELLED	요청이 클라이언트에 의해서 취소됨
500	DATA_LOSS	복구 불가능한 데이터 손실 발생
500	UNKNOWN	알려지지 않은 서버 측 에러
500	INTERNAL	내부 서버 에러
501	NOT_IMPLEMENTED	API가 서버 측에 구현되어 있지 않음
502	N/A	도달할 수 없는 네트워크 또는 잘못된 네트워크 설정으로 인한 에러
503	UNAVAILABLE	서버 다운 또는 다른 이유로 유효하지 않음. 클라이언트는 에러에 대해서 재시도 할 수 있음
504	DEADLINE_EXCEEDED	요청이 데드라인 이내에 처리되지 못함

gRPC 에러 코드는 우리가 숫자 코드를 이해하기 위해 매핑할 필요가 없으므로 더 읽기 쉽다.

요약

이 장에서는 인터페이스 정의 언어인 Protobuf와 직렬화 유틸리티를 살펴보았다. 서비스 정의, 메시지, 서버 인터페이스, 메소드와 같은 gRPC 기본 사항을 살펴보고 gRPC를 REST와 비교했다. 이 과정을 통해 gRPC를 이해하는 데 충분한 지식이 생겼을 것이다.

또 gRPC 수명 주기, 서버, 스텁이 있는 클라이언트에 대해 살펴봤다. 이 장에서는 Protobuf, gRPC 아키텍처, gRPC 기본 사항을 다루었다. 이를 통해 gRPC 기반 API와 서비스를 개발할 수 있다.

다음 장에서는 gRPC 서버와 클라이언트를 구현하기 위해 이 장에서 배운 기본 사항을 활용할 것이다.

질문

1. RPC란 무엇인가?
2. gRPC는 REST와 어떻게 다르고 어떤 것을 사용해야 하는가?
3. 최근 트윗을 보거나 비슷한 타입의 작업을 하고 싶을 때 어떤 서비스 방식이 유용한가?

답변

1. RPC는 원격 프로시저 호출을 의미한다. 클라이언트는 원격 서버에 노출된 프로시저를 호출할 수 있다. 이는 로컬 프로시저를 호출하는 것과 같지만 원격 서버에서 실행된다. RPC는 연결된 시스템들의 서비스 간 통신에 가장 적합하다.
2. gRPC는 클라이언트-서버 아키텍처를 기반으로 하지만 REST에서는 그렇지 않다. gRPC는 REST와 달리 완전 이중 스트리밍 통신도 지원한다. gRPC는 정적 경로와 요청 페이로드의 단일 소스를 사용하므로 REST보다 성능이 뛰어나다.

    REST 응답 오류는 HTTP 상태 코드에 따라 달라지는 반면, gRPC는 API에 잘 맞도록 오류 집합을 공식화했다. gRPC는 호출 취소, 로드 밸런싱, 장애 조치(failover)를 지원하고 처리하도록 구축되었다. 자세한 내용은 REST 대 gRPC 하위 섹션에서 확인할 수 있다.
3. 트윗 등 서버로부터 최신 메시지를 받으려면 서버 스트리밍 RPC 방식을 사용해야한다.

추가 읽을거리

아래의 링크에서 더 많은 정보를 참고할 수 있다.

- gRPC 문서: https://grpc.io/
- 실용적인 gRPC: https://www.packtpub.com/in/web-development/practical-grpc

11

gRPC API 개발 및 테스트

이 장에서는 gRPC 기반 API를 구현하는 방법을 다룬다. gRPC 기반 API 작성과 함께 gRPC 서버 및 클라이언트를 작성하는 방법을 배울 것이다. 이 장의 후반부에서는 마이크로 서비스를 소개하고 마이크로 서비스가 현대적인 확장 가능한 아키텍처를 설계하는데 어떻게 도움이 되는지 살펴볼 것이다.

우리는 gRPC 서버와 gRPC 클라이언트 두 가지 서비스의 구현을 다룰 것이다. gRPC 기반 API는 마이크로 서비스 기반 시스템에서 서비스 간 통신에서 REST API 보다 더 많이 사용되고 선호된다. 따라서 gRPC 개발 기술은 API 영역에서 중요한 주제이다.

이 장의 학습을 완료하면 gRPC 서버와 클라이언트 개발, gRPC 기반 API 테스트 자동화, 마이크로 서비스 개념과 같은 기술을 습득하게 된다.

이 장에서는 다음 항목에 대해 살펴볼 예정이다:

- API 인터페이스 작성
- gRPC 서버 개발
- 에러 처리
- gRPC 클라이언트 개발
- 마이크로 서비스 개념 학습

기술 요구 사항

이 장은 gRPC에 대한 많은 이론을 다룬다. 그러나 gRPC 기반 웹 서비스의 개발, 테스트를 다룰 것이므로 다음이 필요하다.

- NetBeans, IntelliJ, Eclipse와 같은 자바 IDE
- 자바 개발 키트(JDK) 17
- 코드를 복제하고 의존성 및 그래들을 다운로드하기 위한 인터넷 연결
- Postman/cURL(API 테스트 용)

코드는 이 책의 깃허브 저장소 Chapter11 폴더를 참고하기 바란다.

그럼 시작해보자.

API 작성

이 절에서 우리는 결제 서비스에 대해 프로토콜 버퍼(Protobuf)를 이용해서 API를 작성할 것이다. 아직 샘플 전자 상거래 앱에서 구현하지 않은 부분이다.

API를 작성하기 전에 그래들로 프로젝트를 설정한다.

프로젝트 설정

이 책이 제공하는 예시코드의 Chapter11 디렉터리 아래에는 지금부터 살펴볼 API, Server, Client 세 개의 프로젝트가 포함돼 있다.

- API: 이것은 .proto 파일과 JAR 파일 내에 생성된 자바 클래스 패키지를 포함하는 라이브러리 프로젝트다. 이 프로젝트에서 payment-gatewayapi-0.0.1.jar 라이브러리 아티펙트를 생성해서 로컬 리포지토리에 게시할 것이다. 이 라이브러리는 서버와 클라이언트 프로젝트 모두에서 사용된다.
- Server: 이 프로젝트에는 gRPC 서비스를 구현하고 gRPC 요청을 처리하는 gRPC 서버가 포함돼 있다.
- Client: 이 프로젝트에는 gRPC 서버를 호출할 gRPC 클라이언트가 포함되어 있다. gRPC 서버와 클라이언트 애플리케이션 간의 서비스 간 통신을 위해서, 여러분은 REST 호출을 구현할 것이다. 이는 HTTP 요청을 처리하기 위해 내부적으로 gRPC 서버를 호출하게 된다.

먼저 서버와 클라이언트 프로젝트를 만들어보자.

gRPC 서버, 클라이언트 프로젝트 생성

이번 장의 학습을 위해서는 다운받은 예시코드 파일의 11 장의 코드를 사용하거나 아래의 옵션으로 서버, 클라이언트용 Spring Initializr(https://start.spring.io/)를 이용해서 처음부터 새 스프링 프로젝트를 생성할 수 있다(gRPC api 라이브러리 프로젝트를 별도로 생성하려면 후자의 방법을 선택하면 된다.):

- Project: `Gradle - Groovy`
- Language: `Java`
- Spring Boot: `3.0.8`

    3.0 이상의 버전을 선택한다. 나중에 `build.gradle` 파일에서 수동으로 변경할 수 있다.

- Project Metadata:
    - Group: `com.packt.modern.api`
    - Artifact: `chapter11`
    - Name: `chapter11`
    - Description: `책의 11장 코드`
- Package name: `com.packt.modern.api`
- Packaging: `Jar`
- Java: `17`

    아래 코드 블록에 표시된 것처럼 build.gradle 파일에서 20과 같은 새 버전으로 변경할 수 있다:

    ```
    sourceCompatibility = JavaVersion.VERSION_20
    ```

- ADD DEPENDENCIES: `Spring Web`

다음으로 GENERATE 버튼을 클릭해서 프로젝트를 다운로드 할 수 있다. 다운로드한 프로젝트는 서버와 클라이언트를 만드는 데 모두 사용할 수 있다. Chapter11 디렉터리 아래에 서버, 클라이언트 디렉터리를 생성한 후, 다운로드한 프로젝트의 압축을 풀어서 서버, 클라이언트 디렉터리로 각각 복사하도록 한다.

나중에 서버와 클라이언트 프로젝트를 구성할 수도 있다. 이 라이브러리는 서버와 클라이언트 프로젝트 모두에서 사용될 것이므로 먼저 gRPC API 라이브러리 프로젝트를 만들어 보자.

gRPC API 라이브러리 프로젝트 생성

Chapter11 디렉터리에 **api**라는 이름으로 새 디렉터리를 만든다. 이어서 아래 명령을 사용해서 그래들을 이용해서 새 그래들 프로젝트를 만든다. 생성 시 몇 가지 옵션에 관한 선택을 해야 한다. 아래는 JAVA_HOME 환경 변수를 Java 17로 설정하고 경로에 Java 17을 추가한 후 실행된다. 일부 시스템에서는 질문 순서가 약간 다를 수 있다. 아래의 터미널 인터페이스 출력에서 강조 표시된 옵션을 선택하자.

```
$ mkdir api
$ cd api
(다른 장의 코드에서도 gradlew를 사용할 수 있다.)
$ ../server/gradlew init
Select type of project to generate:
    1: basic
    2: application
    3: library
    4: Gradle plugin
Enter selection (default: basic) [1..4] 3
Select implementation language:
    1: C++
    2: Groovy
    3: Java
    4: Kotlin
    5: Scala
    6: Swift
Enter selection (default: Java) [1..6] 3
Select build script DSL:
    1: Groovy
    2: Kotlin
Enter selection (default: Groovy) [1..2] 1
Generate build using new APIs and behavior (some features may change
in the next minor release)? (default: no) [yes, no] no
Select test framework:
    1: JUnit 4
    2: TestNG
    3: Spock
```

```
    4: JUnit Jupiter
Enter selection (default: JUnit Jupiter) [1..4] 4
Project name (default: api): api
Source package (default: api): com.packt.modern.api
> Task :init
BUILD SUCCESSFUL in 1m 41s
2 actionable tasks: 2 executed
```

이 프로젝트 생성은 그래들로 처리했다. 다음으로 api 프로젝트를 구성해보자.

gRPC API 라이브러리 프로젝트 구성

이번 절에서는 Protobuf와 Maven Publish 플러그인을 사용해서 api/libs/build.gradle 내의 plugins 섹션을 설정할 것이다. 이러한 플러그인과 해당 구성을 설정하는 것이 핵심 단계이다. 아래와 같이 해보자.

1. 프로젝트의 루트 디렉터리에 있는 api/settings.gradle 파일을 수정한다.

    ```
    rootProject.name = 'payment-gateway-api'
    ```

2. 다음으로 api/lib/build.gradle 파일을 수정한다. Protobuf와 Maven Publish Gradle 플러그인을 추가하자. 그리고 아래과 같이 java-library 플러그인을 java로 바꾼다.

    코드: /Chapter11/api/lib/build.gradle
    ```
    plugins {
      id 'java'
      id 'maven-publish'
      id "com.google.protobuf" version "0.9.2"
    }
    ```

    Maven Publish 플러그인은 생성된 Jar 아티팩트를 로컬 메이븐 저장소로 게시하는 데 사용된다.

3. api/lib/build.gradle 파일에 아래 코드 블록과 같이 그룹 이름, 버전 및 소스 호환성을 추가한다.[1] 그룹과 버전은 게시된 아티팩트에 이름을 부여하기 위해 Maven Publish 플러그인에 의해 사용된다:

    ```
    group = 'com.packt.modern.api'
    version = '0.0.1'
    sourceCompatibility = JavaVersion.VERSION_17
    ```

---

[1] (옮긴이) 해당 정보 추가 시, plugins 영역 보다 위에 설정하지 않도록 한다. plugins 영역 앞에는 buildscript, pluginManagement 또는 다른 plugins 영역만 허용된다.

4. 다음으로 Protobuf와 gRPC에 필요한 의존성을 추가한다(강조 표시된 부분을 확인하자). `gradlew init` 명령으로 프로젝트 생성 시 추가된 의존성을 제거하고 아래의 의존성을 적용한다.

```
def grpcVersion = '1.54.0'
dependencies {
  implementation "io.grpc:grpc-protobuf:${grpcVersion}"
  implementation "io.grpc:grpc-stub:${grpcVersion}"
  implementation "io.grpc:grpc-netty:${grpcVersion}"
  implementation 'javax.annotation:javax.annotation-api:1.3.2'
  testImplementation 'org.junit.jupiter:junit-jupiter-api:5.9.2'
  testRuntimeOnly 'org.junit.jupiter:junit-jupiter-engine'
}
```

5. 다음으로 커맨드라인 컴파일러 protoc를 사용하는 Protobuf 그래들 플러그인을 구성한다. Protobuf는 기본적으로 시스템 경로에서 protoc를 검색한다. 그러나 Protobuf 컴파일러 아티팩트를 플러그인에 추가하면 gRPC 컴파일 작업에 대한 빌드 파일을 컴파일러가 직접 만들게 할 수 있다. api/lib/build.gradle 파일에 protobuf 영역을 추가해서 아래 코드 블록과 같이 구성하자.

코드: /Chapter11/api/lib/build.gradle

```
protobuf {
  protoc {
    artifact = "com.google.protobuf:protoc:3.22.2"
  }
  plugins {
    grpc {
      artifact = "io.grpc:protoc-gen-grpc-java:1.54.0"
    }
  }
  generateProtoTasks {
    all()*.plugins {
      grpc {}
    }
  }
}
```

앞의 코드에서는 Protobuf 컴파일러(protoc)와 해당 자바 플러그인(protoc-gen-grpc-java)에서 사용하는 아티팩트를 설정했다. 이는 .proto 파일을 기반으로 자바 코드를 생성할 것이다.

여러분이 `gradlew build` 명령을 처음 실행하면 그래들은 OS에 맞는 protoc와 protoc-gen-grpc-java 실행 파일을 다운로드한다.

6. Protobuf Gradle 플러그인은 지금까지 설정된 구성을 따른다. 커맨드라인에서 build 명령을 실행하면 작동한다. 그러나 생성된 소스 파일들을 sourceSets에 추가하기 위해서 api/lib/build.gradle 파일에 아래의 블록을 추가하지 않으면 IDE에서는 컴파일 에러가 발생할 수 있다.

```
sourceSets {
  main {
    proto {
      // 기본 설정 "src/main/proto" 외에 추가할 디렉터리명
      srcDir "src/main/grpc"
    }
  }
}
task sourcesJar(type: Jar, dependsOn: classes) {
  archiveClassifier = "sources"
  from sourceSets.main.allSource
}
```

7. 마지막으로 Maven Publish 플러그인을 구성하기 위해 다음 블록을 추가한다.

```
publishing {
  publications {
    mavenJava(MavenPublication) {
      artifactId = 'payment-gateway-api'
      from components.java
    }
  }
}
```

드디어 api 프로젝트 구성이 완료됐다. https://github.com/google/protobuf-gradle-plugin에서 Protobuf 그래들 플러그인에 대한 자세한 내용을 확인할 수 있다.

이제 api 프로젝트 설정이 완료됐다. 다음 절에서 Protobuf를 사용해서 서비스 정의를 작성하면 된다. 우리의 샘플 전자 상거래 앱은 아직 결제 기능이 없는 상태다. 결제 기능을 위해서는 Stripe나 Paypal과 같은 결제 게이트웨이 서비스와 통합될 필요가 있다. 따라서 여러분들은 다음 절에서 gRPC를 사용해서 샘플 결제 게이트웨이 서비스를 작성할 것이다.

결제 게이트웨이 기능 작성

결제 게이트웨이 서비스 정의를 작성하기 전에 먼저 결제 게이트웨이 시스템의 기본 기능을 쉬운 용어로 이해해보자.

결제 게이트웨이는 고객의 결제를 수신해서 온라인 판매자에게 전송한 후 이에 대한 수락/거절을 고객에게 응답하는 방법을 제공한다. 결제 게이트웨이는 이 과정 동안 검증, 보안, 암호화, 모든 참가자와의 커뮤니케이션과 같은 다양한 기타 작업도 수행한다.

이 거래에 참가하는 행위자는 다음과 같다.

- 결제 게이트웨이: 온라인 결제를 처리하고 다른 모든 행위자와 협력할 수 있는 웹 인터페이스. 물리적 POS(Point-of-Sale) 단말기와 매우 유사한 역할
- 판매자: 판매자는 Amazon, Uber, Airbnb와 같은 온라인 판매자 또는 서비스 제공업체
- 고객: 제품 구매나 서비스 이용에 대해 신용/직불 카드, 디지털 지갑, 온라인 뱅킹 등을 이용해서 구매/결제 거래를 수행하는 고객
- 발행 은행: 비자, 마스터카드, Amex, Paypal, Stripe이나 기존 은행과 같은 온라인 송금을 수행하는 기능을 제공하는 당사자
- 매입자 또는 매입 은행: 가맹점 계좌를 보유하고 있는 기관. 금융 거래를 발행 은행 측으로 전달하고 결제를 받음

    여러분들은 결제 게이트웨이 서비스의 일부로 ChargeService와 SourceService라는 두 개의 gRPC 서비스를 만들 것이다. 실행가능하고 배포가능한 아티팩트인 웹 서비스와 앞으로 만들 gRPC 서비스를 혼동하지 않도록 하자. ChargeService와 SourceService는 Protobuf의 인터페이스 정의 언어(IDL) 파일의 서비스 구성 요소에 속하며, 이전 장 (10장, gRPC 시작하기의 gRPC가 Protobuf를 사용하는 방법 절)의 EmployeeService 예제에서 배운 것과 같다. 두 서비스는 모두 Stripe의 퍼블릭 REST API에서 영감을 받았다.

gRPC 기반 결제 게이트웨이 서비스의 서비스 구성 요소를 만들기 전에 먼저 온라인 결제 트랜잭션의 흐름을 살펴보자.

온라인 결제 워크플로우 단계

온라인 트랜잭션이 발생할 때는 다음 단계가 수행된다.

1. 먼저 고객은 결제를 시작하기 전에 결제 출처(결제 수단)를 생성한다. 그렇지 않은 경우 고객은 카드 세부 정보와 같은 소스를 생성한다.

2. 결제 출처에 대한 청구를 생성하면 결제가 시작된다.

3. 결제 게이트웨이는 필요한 모든 유효성 검사와 확인 단계를 수행한 다음 결제가 청구되도록 한다. 이 단계는 발행 은행에서 판매자 계정으로 자금 이체를 트리거한다.

여러분들은 이 워크플로우(결제 수단과 청구)에 관련된 두 개의 객체(리소스)가 있음을 관찰할 수 있다. 따라서 이 두 객체를 중심으로 작동하는 두 서비스를 작성할 것이다. 분쟁, 환불, 결제와 같이 결제 게이트웨이에서 수행하는 다양한 기타 기능도 있으나 이 장에서는 결제 수단과 청구라는 두 가지 서비스만 구현해 볼 것이다.

결제 게이트웨이 서비스 정의 작성

Protobuf 기반의 IDL을 작성하는 것은 REST API에 대한 OpenAPI 사양을 정의하는 방식과 매우 유사하다. REST에서는 모델과 API 엔드포인트를 정의하는 반면, gRPC에서는 서비스에 래핑된 메시지와 RPC 프로시저를 정의해야 한다. 아래의 단계에 따라 결제 게이트웨이 서비스 IDL를 작성해보자.

1. 우선 api 프로젝트의 최상위 디렉터리 아래 api/lib/src/main/proto 디렉터리에 PaymentGatewayService.proto라는 이름의 파일을 생성한다.

2. 새 파일을 생성한 후, 아래의 코드 블록에 보이는 메타데이터를 추가한다.

   코드: /Chapter11/api/lib/src/main/proto/PaymentGatewayService.proto

   ```
   syntax = "proto3";                                    // 1
   package com.packtpub.v1;                              // 2
   option java_package = "com.packt.modern.api.grpc.v1"; // 3
   option java_multiple_files = true;                    // 4
   ```

   위의 코드를 자세히 살펴보자.

   - 첫 행은 syntax 지정자 항목을 통해 컴파일러에게 프로토콜 버퍼 버전 3을 사용하도록 알려준다. 이것을 지정하지 않으면 컴파일러는 Protobuf 버전 2를 사용한다.

   - 둘째 행은 선택사항이다. package 지정자를 사용해서 네임스페이스를 메시지 형식에 연결한다. 이렇게 하면 메시지 타입 간의 이름 충돌을 방지할 수 있다. 이전 버전과의 호환성이 있는 새 버전의 API를 생성할 수 있는 패키지 버전으로 접미사를 붙여야 한다.

   - 셋째 행은 선택사항으로 java_package를 사용한다. 이 값은 생성된 자바 파일에서 자바 패키지로 사용된다. 만약에 이 option 지정자를 사용하지 않고 package 지정자를 선언할 경우 package 에 설정한 값이 생성되는 자바 파일의 자바 패키지로 사용된다.

- 넷째 행은 선택사항으로 Boolean 옵션인 java_multiple_files 지정자를 선언한다. 기본값은 false다. true로 설정하면 최상위 메시지 타입, 열거형(enum), 서비스에 대해 각각 별도의 자바 파일을 생성한다.

3. 다음으로 rpc로 표시된(아래의 코드 블록 참고) 청구 기능에 필요한 작업들을 포함하는 ChargeService 서비스를 추가해 보자. 카드, 은행 계좌 또는 디지털 지갑에 청구하기 위해 Charge 객체를 생성한다. Protobuf(.proto) 파일에 청구 서비스를 추가해 보자.

코드: /Chapter11/api/lib/src/main/proto/PaymentGatewayService.proto

```
service ChargeService {
  rpc Create(CreateChargeReq) returns (CreateChargeReq.Response);
  rpc Retrieve(ChargeId) returns (ChargeId.Response);
  rpc Update(UpdateChargeReq) returns (UpdateChargeReq.Response);
  rpc Capture(CaptureChargeReq) returns (CaptureChargeReq.Response);
  rpc RetrieveAll(CustomerId) returns (CustomerId.Response);
}
```

ChargeService의 각 프로시저는 아래 작업을 수행한다.

- **Create**: 이 프로시저는 새 Charge 객체를 생성한다.
- **Retrieve**: 이 프로시저는 이전에 지정된 Charge ID를 기반으로 Charge 객체를 조회한다.
- **Update**: 이 프로시저는 전달된 매개변수의 값을 설정해서 Charge ID로 식별되는 Charge 객체를 업데이트한다. 제공되지 않은 매개변수는 변경되지 않은 상태로 유지된다.
- **Capture**: 이 프로시저는 청구되지 않은 기존 과금의 결제를 청구한다. 이것은 먼저 capture 옵션이 false로 설정된 청구를 생성하는 결제 워크플로우 단계이다. 청구되지 않은 결제는 생성된 후 정확히 7일 후에 만료된다. 해당 시점까지 청구되지 않으면 환불로 표시하고 더 이상 청구가 허용되지 않는다.
- **Retrieve All**: 이 프로시저는 지정된 고객 ID에 속하는 청구 목록을 조회한다.

빈 요청 또는 응답 타입

빈 요청과 응답 타입으로 google.protobuf.Empty를 사용할 수 있다. 이것은 .proto 파일에서 사용될 수 있다. 메시지/서비스가 정의되기 전에 아래의 import 문을 배치하기만 하면 된다.

```
import "google/protobuf/timestamp.proto";
```

그런 다음 아래와 같이 사용할 수 있다.

```
rpc delete(SourceId) returns (google.protobuf.Empty);
```

4. 금액은 카드, 은행 계좌 또는 디지털 지갑과 같은 출처에서 청구된다. 고객은 Source 객체를 사용해서 다양한 결제 방법을 사용할 수 있다. 따라서 source 리소스에 대한 작업을 수행하는 서비스가 필요하다. Source 서비스와 해당 작업을 Protobuf(.proto) 파일에 추가해 보자.

코드: /Chapter11/api/lib/src/main/proto/PaymentGatewayService.proto

```
service SourceService {
  rpc Create(CreateSourceReq) returns (CreateSourceReq.Response);
  rpc Retrieve(SourceId) returns (SourceId.Response);
  rpc Update(UpdateSourceReq) returns (UpdateSourceReq.Response);
  rpc Attach(AttachOrDetachReq) returns (AttachOrDetachReq.Response);
  rpc Detach(AttachOrDetachReq) returns (AttachOrDetachReq.Response);
}
```

SourceService의 각 프로시저는 아래의 작업을 수행한다.

- **Create**: 이 프로시저는 새 Source 객체를 생성한다.
- **Retrieve**: 이 프로시저를 통해 주어진 Source ID를 기반으로 Source 객체를 검색할 수 있다.
- **Update**: 이 프로시저를 통해 UpdateSourceReq 객체를 사용해서 전달된 Source 객체의 특정 필드를 업데이트 할 수 있다. UpdateSourceReq에 포함되지 않은 필드는 변경되지 않은 상태로 유지된다.
- **Attach**: 이 프로시저에서는 Source 객체를 고객에게 연결한다. AttachOrDetailReq 매개변수에는 Source와 고객 ID가 모두 포함된다. 그러나 연결된 작업을 수행하려면 Source 객체가 CHARGEABLE 나 PENDING 상태여야 한다.
- **Detach**: 이 프로시저는 고객으로부터 Source 객체를 분리한다. 이때 Source 객체의 상태는 consumed로 변경되고 더 이상 청구를 생성하는 데 사용할 수 없게 된다. AttachOrDetachReq 매개변수에는 Source와 고객 ID가 모두 포함된다.

> **요청 및 응답 타입을 정의하기 위한 권장 접근 방식**
>
> 항상 래퍼 요청 및 응답 타입을 사용하는 것이 좋다. 이를 통해 요청 또는 응답 타입에 다른 필드를 추가할 수 있다.

5. 드디어 서비스 정의를 완료했다. 이제 주어진 매개변수와 이러한 프로시저의 리턴 타입을 정의할 수 있다. 먼저 ChargeService의 매개변수와 리턴 타입을 정의해보자. 먼저 아래 코드 블록과 같이 Charge 메시지 타입을 정의한다.

```
message Charge {
  string id = 1;
  uint32 amount = 2;
  uint32 amountCaptured = 3;
  uint32 amountRefunded = 4;
```

```
    string balanceTransactionId = 5;
    BillingDetails billingDetails = 6;
    string calculatedStatementDescriptor = 7;
    bool captured = 8;
    uint64 created = 9;
    string currency = 10;
    string customerId = 11;
    string description = 12;
    bool disputed = 13;
    uint32 failureCode = 14;
    string failureMessage = 15;
    string invoiceId = 16;
    string orderId = 17;
    bool paid = 18;
    string paymentMethodId = 19;
    PaymentMethodDetails paymentMethodDetails = 20;
    string receiptEmail = 21;
    string receiptNumber = 22;
    bool refunded = 23;
    repeated Refund refunds = 24;
    string statementDescriptor = 25;
    enum Status {
      SUCCEEDED = 0;
      PENDING = 1;
      FAILED = 2;
    }
    Status status = 26;
    string sourceId = 27;
}
```

Charge 메시지에는 아래 필드가 포함된다:

- **id**: Charge 객체의 고유 식별자
- **amount**: 결제 금액을 의미하는 0 이상의 금액
- **amountCaptured**: 청구된 금액(양수 또는 0). 부분 청구가 수행된 경우 amount 필드 값보다 작을 수 있다.
- **amountRefunded**: 환불된 금액(양수 또는 0). 부분 환불이 수행된 경우 amount 필드 값보다 작을 수 있다.
- **balanceTransactionId**: 이 청구가 계좌 잔액에 미치는 영향을 설명하는 잔액 거래의 ID (환불 또는 분쟁 제외).
- **billingDetails**: 거래 시점의 결제 방법과 관련된 결제 정보를 포함하는 BillingDetails 메시지 타입의 객체

- **computedStatementDescriptor**: 카드 네트워크에 전달되고 고객의 신용 카드와 은행 거래 명세서에 표시되는 명세서 설명
- **captured**: 과금 처리 완료 여부를 나타내는 Boolean 필드(과금 처리가 완료되지 않고 청구만 된 상태일 수 있으므로 이 필드가 존재한다.).
- **created**: 객체가 생성된 타임스탬프(Unix epoch 이후 초 단위로 측정)
- **currency**: 3자리 ISO 통화 코드
- **customerId**: 청구되는 고객 ID
- **description**: 사용자에게 표시되는 과금에 대한 설명
- **disputed**: 청구가 이의 제기됐는지 여부를 나타내는 Boolean 필드
- **failureCode**: 실패 에러 코드
- **failureMessage**: 실패에 대한 설명. 이 옵션을 설정한 경우 결제 실패시 이유가 기술된다.
- **invokeId**: 요금이 청구되는 인보이스의 ID
- **orderId**: 청구 대상 주문 ID
- **paid**: 청구가 성공했는지 또는 후속 청구가 성공적으로 승인됐는지 여부를 나타내는 Boolean 값
- **paymentMethodId**: 결제 수단 ID
- **paymentMethodDetails**: 결제 방법의 세부 정보를 포함하는 객체
- **receiptEmail**: 청구 영수증이 발송될 이메일
- **receiptNumber**: 이메일로 전송된 청구 영수증의 거래 번호. 청구 영수증이 전송될 때까지 null로 유지돼야 한다.
- **refunded**: 과금이 환불되었는지 여부를 나타내는 Boolean 필드
- **refunds**: 발행된 환불 리스트. Refund 리스트를 만들기 위해 repeated 키워드가 사용된다.
- **statementDescriptor**: 카드 요금에 대한 설명
- **status**: 청구 상태를 나타내는 Status 열거 타입(SUCCEEDED, PENDING, FAILED) 객체
- **sourceId**: source 객체 ID

  uint32와 string 스칼라 타입은 이전 장(10장, gRPC 시작하기)의 gRPC의 Protobuf 사용 방법 절에서 다뤘다. 자세한 내용은 10장을 참고하기 바란다.

> **미리 정의된 잘 알려진 타입**
>
> 스칼라 타입 외에도 Protobuf는 Empty(앞의 단계 3에서 설명), Timestamp, Duration과 같은 미리 정의된 타입도 제공한다. 전체 목록은 https://developers.google.com/protocol-buffers/docs/reference/google.protobuf에서 찾을 수 있다.

6. 이제 다른 매개변수(CreateChargeReq, ChargeId, UpdateChargeReq, CaptureChargeReq, CustomerId)의 나머지 메시지 타입을 정의하고, 아래 코드 블록과 같이 ChargeService의 ChargeList 타입을 리턴할 수 있다.

```
message CreateChargeReq {
  uint32 amount = 1;
  string currency = 2;
  string customerId = 3;
  string description = 4;
  string receiptEmail = 5;
  Source sourceId[2] = 6;
  string statementDescriptor = 7;
  message Response { Charge charge = 1; }
}
message UpdateChargeReq {
  string sourceId = 1;
  string customerId = 2;
  string description = 3;
  string receiptEmail = 4;
  message Response { Charge charge = 1; }
}
message CaptureChargeReq {
  string sourceId = 1;
  uint32 amount = 2;
  string receiptEmail = 3;
  string statementDescriptor = 4;
  message Response { Charge charge = 1; }
}
message ChargeId {
  string id = 1;
  message Response { Charge charge = 1; }
}
message CustomerId {
  string id = 1;
  message Response { repeated Charge charge = 1; }
}
```

---

[2] (옮긴이) 원서에는 source Id 로 되어 있으나, sourceId 가 맞다.

CreateChargeReq 타입은 필수 속성으로 amount와 currency를 포함한다. 또한 customerId, receiveEmail, source, statementDescriptor와 같은 여러 선택적 속성도 포함한다.

UpdateChargeReq 타입 역시 customerId, description, recipientEmail과 같은 선택적 속성을 포함하고 있다.

CaptureChargeReq 타입 또한 선택적 속성(amount, receiptEmail, statementDescriptor)을 포함하고 있다.

> **덜 알려진 Google의 일반 타입**
>
> Money와 Date(Timestamp가 아님)는 많이 알려지지 않은 일반 타입이다. 그러나 이 타입들을 사용하기 위해서는 import하는 대신에 정의를 복사해야 한다(Empty와 Timestamp에 대해 수행한 것과 다르다). 해당 타입에 대한 정의는 Money[3]와 Date[4] 같은 Google의 API 일반 타입에서 복사할 수 있다. 다른 일반 타입도 저장소에서 해당 타입의 정의를 개발자의 저장소에 복사한 뒤 사용하면 된다.

7. 이제 매개변수를 정의하고 SourceService 타입을 리턴할 수 있다. 먼저 아래 코드와 같이 Source 메시지 타입을 정의해 보자.

    Source는 REDIRECT, RECEIVER, CODE VERIFICATION, NONE 중 하나일 수 있는 흐름 값을 사용한다. 이 때 Usage 값은 REUSABLE나 SINGLEUSE일 수 있다. 따라서 먼저 enum을 사용해서 Flow와 Usage 열거형을 생성하자.

    ```
    enum Flow {
      REDIRECT = 0;
      RECEIVER = 1;
      CODEVERIFICATION = 2;
      NONE = 3;
    }
    enum Usage {
      REUSABLE = 0;
      SINGLEUSE = 1;
    }
    ```

    이제 Source 메시지에서 이 Flow 열거형을 사용할 수 있다.

    ```
    message Source {
      string id = 1;
      uint32 amount = 2;
      string clientSecret = 3;
    ```

---

[3] https://github.com/googleapis/googleapis/blob/master/google/type/money.proto
[4] https://github.com/googleapis/googleapis/blob/master/google/type/date.proto

```
    uint64 created = 4;
    string currency = 5;
    Flow flow = 6;
    Owner owner = 7;
    Receiver receiver = 8;
    string statementDescriptor = 9;
    enum Status {
      CANCELLED = 0;
      CHARGEABLE = 1;
      CONSUMNED = 2;
      FAILED = 3;
      PENDING = 4;
    }
    Status status = 10;
    string type = 11;
    Usage usage = 12;
}
```

8. 이제 아래 코드 블록과 같이 SourceService의 다른 매개변수인 CreateSourceReq, UpdateSourceReq, AttachOrDetachReq, SourceId에 대한 메시지 타입을 정의할 수 있다.

```
message CreateSourceReq {
    string type = 1;
    uint32 amount = 2;
    string currency = 3;
    Owner owner = 4;
    string statementDescriptor = 5;
    Flow flow = 6;
    Receiver receiver = 7;
    Usage usage = 8;
    message Response { Source source = 1; }
}
message UpdateSourceReq {
    string sourceId = 1;
    uint32 amount = 2;
    Owner owner = 3;
    message Response { Source source = 1; }
}
message SourceId {
```

```
    string id = 1;
    message Response { Source source = 1; }
  }
  message AttachOrDetachReq {
    string sourceId = 1;
    string customerId = 2;
    message Response { Source source = 1; }
  }
```

이러한 메시지에서 사용되는 다른 메시지 타입은 api/lib/src/main/proto/PaymentGatewayService.proto에 있는 결제 게이트웨이 정의 파일에서 참조할 수 있다.

> **여러 .proto 파일**
>
> 모듈화를 위해 ChargeService.proto와 SourceService.proto와 같이 각 서비스에 대해 별도의 정의 파일을 생성할 수도 있다. 그런 다음 import "SourceService.proto";와 같은 방법으로 이 파일들을 다른 Protobuf 파일로 가져올 수 있다.
>
> import에 대한 자세한 정보는 https://protobuf.dev/programming-guides/proto3/#importing-definitions 에서 확인 가능하다.

Protobuf 파일에서 결제 게이트웨이 서비스 정의가 완료됐다. 이제 이 파일을 사용해서 gRPC 서버 인터페이스와 gRPC 클라이언트용 스텁을 생성할 수 있다.

다음으로 Jar 파일에 패키지된 Protobuf 파일에서 생성된 자바 클래스를 게시해 보자.

결제 게이트웨이 서비스 gRPC 서버, 스텁, 모델 게시

여러분은 api 프로젝트의 루트 디렉터리에서 다음 명령을 실행할 수 있다.[5]

```
# 자바 파일에서는 UTF 문자를 사용하므로 파일 인코딩으로 UTF-8을 설정한다.
$ export JAVA_TOOL_OPTIONS="-Dfile.encoding=UTF8"

$ gradlew clean publishToMavenLocal
```

---

5 (옮긴이) 아래 명령을 실행하기 전에 /api/lib/src/main/proto/PaymentGatewayService.proto 파일에 github 의 PaymentGatewayService.proto 파일을 참고해서 필요한 message object 가 누락되지 않았는지 확인한다.

위 명령에서 자바 파일에서 UTF 문자를 사용하기 위해 먼저 파일 인코딩을 UTF-8로 설정한다. 그런 다음 정리, 빌드 및 게시 작업을 수행한다. 두 번째 명령은 먼저 기존 파일들을 제거한다. 그런 다음 Protobuf 파일에서 자바 파일(generateProto 그래들 태스크)들을 생성하고 이를 빌드(build 그래들 태스크)한 후, 로컬 메이븐 저장소에 아티팩트를 게시한다(publishToMavenLocal 그래들 태스크).

generateProto 그래들 태스크는 아래와 같이 두 디렉터리에 두 가지 타입의 자바 클래스를 생성한다.

- **Models**: Protobuf 그래들 플러그인은 /api/lib/build/generated/source/proto/main/java 디렉터리에 Card.java, Address.java와 같은 메시지(일명 모델)와 클래스를 생성한다. 이 디렉터리에는 CreateChargeReq, CreateSourceReq, Charge.java, Source.java와 같이 작업 계약에 사용되는 요청과 응답 객체의 자바 파일도 포함된다.

- **gRPC classes**: Protobuf 그래들 플러그인은 /api/lib/build/generated/source/proto/main /grpc 디렉터리에 두 서비스(ChargeServiceGrpc.java와 SourceServiceGrpc.java)에 대한 서비스 정의를 생성한다. 각 gRPC 자바 파일에는 Charge 및 Source 서비스에 대한 서비스 설명자에 정의된 각 작업에 대한 기본 클래스, 스텁 클래스, 메소드가 포함되어 있다.

    ChargeServiceGrpc에는 아래와 같은 주요 static 클래스가 정의돼 있다.

    - ChargeServiceImplBase (추상 기본 클래스)
    - 스텁: ChargeServiceStub, ChargeServiceBlockingStub, ChargeServiceFutureStub

    마찬가지로 SourceServiceGrpc에는 아래와 같은 주요 static 클래스가 정의돼 있다.

    - SourceServiceImplBase (추상 기본 클래스)
    - 스텁: SourceServiceStub, SourceServiceBlockingStub, SourceServiceFutureStub

앞에서 설명한 추상 기본 클래스는 Protobuf 파일의 서비스 블록에 정의된 작업을 포함한다. 이러한 기본 클래스를 사용하면 Swagger 생성 API 인터페이스에서 REST 엔드포인트를 구현했던 것처럼 각 서비스가 제공하는 작업에 대한 비즈니스 로직을 간편하게 구현할 수 있다.

이제 추상 클래스가 gRPC 서버가 제공하는 서비스에 비즈니스 로직 구현을 제공하도록 구현할 차례다. gRPC 서버를 개발해보자.

gRPC 서버 개발

추상 클래스를 구현하기 위해서는 서버 프로젝트가 필요하다. 먼저 서버 프로젝트를 구성해보자.

`server` 프로젝트 디렉터리 구조는 아래와 같다. 프로젝트 루트 디렉터리에는 `build.gradle`과 `settings.gradle` 파일이 포함돼 있다.

```
├── server
        ├── build.gradle
        ├── gradle
        │    └── wrapper
        ├── gradlew
        ├── gradlew.bat
        ├── settings.gradle
        └── src
              ├── main
              │    ├── java
              │    │     └── com
              │    │           └── packt
              │    │                 └── modern
              │    │                       └── api
              │    └── resources
              └── test
                    └── java
```

`resources` 디렉터리에는 `application.properties` 파일이 포함된다.

> **스프링 부트 gRPC 스타터 사용**
>
> 프로젝트에 의존성을 주입하기 위해 사용할 수 있는 스프링 부트 스타터 프로젝트가 두 개 있다. 그러나 이 책에서는 단순화된 솔루션과 gRPC 개념의 이해를 돕기 위해 gRPC에서 제공하는 라이브러리를 고수할 것이다.
>
> 해당 라이브러리는 아래의 링크에서 확인할 수 있다.
>
> https://github.com/LogNet/grpc-spring-boot-starter
> https://github.com/yidongnan/grpc-spring-boot-starter

아래 단계를 수행해 프로젝트를 구성해 보자.

1. 먼저 서버임을 구분하도록 server/settings.gradle 파일에서 프로젝트 이름을 수정한다.

   ```
   rootProject.name = 'chapter11-server'
   ```

2. 다음으로 server 프로젝트에 필요한 의존성을 server/build.gradle 파일에 추가한다.

   코드: /Chapter11/server/build.gradle
   ```
   def grpcVersion = '1.54.1'
   dependencies {
     implementation 'com.packt.modern.api:payment-gateway-api:0.0.1'
     implementation "io.grpc:grpc-protobuf:${grpcVersion}"
     implementation "io.grpc:grpc-stub:${grpcVersion}"
     implementation "io.grpc:grpc-netty:${grpcVersion}"
     implementation 'com.google.api.grpc:googleapis-common-protos:0.0.3'
     implementation 'org.springframework.boot:spring-boot-starter-web'
     testImplementation 'org.springframework.boot:spring-boot-starter-test'
     testImplementation "io.grpc:grpctesting:${grpcVersion}"
   }
   ```

3. payment-gateway-api API 의존성은 로컬 메이븐 저장소에 게시된다. 따라서 server/build.gradle 파일에서 아래 코드 블록과 같이 로컬 메이븐 저장소를 repositories 영역에 추가해야 한다.

   ```
   repositories {
       mavenCentral()
       mavenLocal()
   }
   ```

그래들 구성이 완료되었다! 이제 gRPC 서버를 작성할 수 있다. 그러나 서버를 작성하기 전에 Protobuf에서 생성된 기본 추상 클래스를 구현해야 한다. 소스와 청구 서비스(기본 클래스 사용)가 구현되면 gRPC 서버 코드를 작성할 수 있다.

gRPC 서버 구현

우리는 REST 구현에서 사용한 것과 동일한 계층형 아키텍처(지속성 저장소 > 리포지토리 계층 > 서비스 계층 > API 엔드포인트)를 사용할 것이다.

먼저, 첫 번째 레이어로 데이터를 저장할 수 있는 지속성 저장소가 필요하다.

이 책에서는 데이터를 저장하고 검색하기 위해 인-메모리 데이터베이스(ConcurrentHashMap)를 사용할 것이다. 원하는 경우 REST 웹 서비스에서 사용되는 방식으로 외부 데이터베이스를 사용할 수 있지만 gRPC 서버 구현에 집중하기 위해 이렇게 하자.

먼저 청구와 소스 데이터 저장소용 인-메모리 지속성 저장소를 만든다. server/src/main/java/com/packt/modern/api/server/repository/DbStore.java 파일을 만들고 아래 코드 블록을 추가한다.

코드: /Chapter11/server/src/main/java/com/packt/modern/api/server/repository/DbStore.java

```java
@Component
public class DbStore {
  private static final Map<String, Source> sourceEntities = new ConcurrentHashMap<>();
  private static final Map<String, Charge> chargeEntities = new ConcurrentHashMap<>();
  public DbStore() {
    // 테스트용 시드 Source
    Source source = Source.newBuilder()
      .setId(RandomHolder.randomKey()).setType("card").setAmount(100)
      .setOwner(createOwner()).setReceiver(createReceiver())
      .setCurrency("USD").setStatementDescriptor("Statement")
      .setFlow(Flow.RECEIVER).setUsage(Usage.REUSABLE)
      .setCreated(Instant.now().getEpochSecond()).build();
    sourceEntities.put(source.getId(), source);
    // 테스트용 시드 Charge
    Charge charge = Charge.newBuilder()
      .setId(RandomHolder.randomKey()).setAmount(1000)
      .setCurrency("USD").setCustomerId("ab1ab2ab3ab4ab5")
      .setDescription("Charge Description")
      .setReceiptEmail("receipt@email.com")
      .setStatementDescriptor("Statement Descriptor")
      .setSourceId(source.getId())
      .setCreated(Instant.now().getEpochSecond()).build();
    chargeEntities.put(charge.getId(), charge);
  }
// 계속 ...
```

여기에 `Charge`와 `Store` 객체를 각각 보관하기 위해 두 개의 `ConcurrentHashMap` 객체를 생성한다. 빌더를 사용해서 생성자에서 각 시드 객체를 생성하고 해시 맵에 저장한다.

서비스 계약에 정의된 작업에 따른 작업을 수행하기 위해 데이터베이스 저장소에 메소드를 만든다. 흐름과 로직을 간결하게 유지하기 위해 기본 비즈니스 로직으로 구현한다.

이제 아래 코드 블록과 같이 `Protobuf` 파일에 정의된 `SourceService`의 `create()` 계약을 구현하기 위해 `createSource()` 메소드를 추가해 보자.

```java
public CreateSourceReq.Response createSource(CreateSourceReq req) {

    Source source = Source.newBuilder()
        .setId(RandomHolder.randomKey()).setType(req.getType())
        .setAmount(req.getAmount()).setOwner(createOwner())
        .setReceiver(createReceiver()).setCurrency(req.getCurrency())
        .setStatementDescriptor(req.getStatementDescriptor())
        .setFlow(req.getFlow()).setUsage(req.getUsage())
        .setCreated(Instant.now().getEpochSecond()).build();
    sourceEntities.put(source.getId(), source);
    return CreateSourceReq.Response.newBuilder().setSource(source).build();
}
```

이 메소드는 요청 객체(`CreateSourceReq`)로부터 받은 값으로부터 source 객체를 생성한다. 새로 생성된 source 객체는 해시 맵 sourceEntities에 저장된 후 호출자에게 반환된다. 요청 객체(req)의 유효성을 검사하는 로직을 추가해서 이 메소드를 더 개선할 수 있다. Owner와 Receiver 객체(코드에서 강조 표시됨)는 요청 객체에서 검색되어야 한다. 여기에서는 프로그램을 단순화 하기 위해 이 값을 하드 코딩 했다.

마찬가지로 source와 charge 관련 데이터 저장 로직에 대해서도 다른 메소드를 구현할 수 있다. `server/src/main/java/com/packt/modern/api/server/repository/DbStore.java`에서 이 클래스의 전체 소스를 참고하기 바란다.

이제 인-메모리 지속성 저장소인 `DbStore`가 생겼다. 다음으로 리포지토리 클래스를 작성하자.

리포지토리 클래스 작성

두 번째로 리포지토리 레이어를 구현하자. 인-메모리 지속성 저장소(DbStore)는 아래와 같이 ChargeRepositoryImpl 리포지토리 클래스에서 사용할 수 있다.

코드: /Chapter11/server/src/main/java/com/packt/modern/api/server/repository/ChargeRepositoryImpl.java

```java
@Repository
public class ChargeRepositoryImpl implements ChargeRepository {
  private DbStore dbStore;
  public ChargeRepositoryImpl(DbStore dbStore) {
    this.dbStore = dbStore;
  }
  @Override
  public CreateChargeReq.Response create(CreateChargeReq req) {
    return dbStore.createCharge(req);
  }
  // 간략한 표현을 위해 다른 메소드는 제거
```

다음으로 ChargeRepositoryImpl은 ChargeRepository 인터페이스를 구현하고 DbStore를 사용해서 작업을 수행한다. 이 리포지토리 인터페이스는 server/src/main/java/com/packt/modern/api/server/repository/ChargeRepository.java에서 참고할 수 있다.

마찬가지로 아래와 같이 SourceRespository의 구현체인 SourceRepositoryImpl 클래스를 만든다.

코드: /Chapter11/server/src/main/java/com/packt/modern/api/server/repository/SourceRepositoryImpl.java

```java
@Repository
public class SourceRepositoryImpl implements SourceRepository {
  private DbStore dbStore;
  public SourceRepositoryImpl(DbStore dbStore) {
    this.dbStore = dbStore;
  }
  @Override
  public UpdateSourceReq.Response update(UpdateSourceReq req) {
    return dbStore.updateSource(req);
  }
  // 간략한 표현을 위해 다른 메소드는 제거
```

ChargeRepositoryImpl처럼 SourceRepositoryImple 역시 데이터를 보관하기 위해 지속성 저장소를 사용한다. SourceRepository 인터페이스 코드는 server/src/main/java/com/packt/modern/api/server/repository/SourceRepository.java를 참고하자.

Source 및 Charge 저장소 클래스의 메소드는 서비스 클래스에서 사용된다. 서비스 기본 클래스는 gRPC(api 프로젝트 부분)에 의해 생성된다. 서비스 클래스는 이러한 추상 생성 기본 클래스(서비스 기본 클래스)를 구현한다.

다음으로 서비스 레이어를 작성해보자.

서비스 클래스 구현

이제 리포지토리와 데이터베이스 저장소 클래스의 형태로 기본 구현이 준비됐다. 이것들은 gRPC 서비스의 기본 클래스를 구현하는 데 사용할 클래스들이다.

아래와 같이 Source 서비스를 먼저 구현해 보자.

1. server/src/main/com/packt/modern/api/server/service 디렉터리에 SourceService.java 파일을 만든다.
2. 아래와 같이 SourceService 추상 기본 클래스에 정의된 오퍼레이션을 구현한다.

    코드: /Chapter11/server/src/main/java/com/packt/modern/api/server/service/SourceService.java
    ```java
    @Service
    public class SourceService extends SourceServiceImplBase {
      private SourceRepository repository;
      public SourceService(SourceRepository repository) {
        this.repository = repository;
      }
      @Override
      public void create(CreateSourceReq req,
        StreamObserver<CreateSourceReq.Response> resObserver) {
        CreateSourceReq.Response resp = repository.create(req);
        resObserver.onNext(resp);
        resObserver.onCompleted();
      }
      // 간략한 표현을 위해 다른 메소드는 제거
    ```

여기서 SourceServiceImplBase 추상 클래스는 Source 서비스의 계약 메소드를 포함하는 Protobuf 플러그인에 의해 자동 생성된다.

생성된 메소드 시그니처의 두 번째 아규먼트인 StreamObserver를 주의깊게 살펴보자. StreamObserver는 옵저버블 스트림에서 알림을 받는다. 서비스 구현을 위해 여기서 사용된다. 마찬가지로 클라이언트 스텁에서도 사용된다. gRPC 라이브러리는 발신 메시지에 대한 StreamObserver 아규먼트를 제공한다. 우리는 수신 메시지에 대해서도 StreamObserver 아규먼트를 활용해 구현할 예정이다.

StreamObserver 아규먼트는 스레드-세이프하지 않으므로 멀티스레딩을 처리해야 하고 synchronized 호출을 사용해야 한다.

3. StreamObserver에는 3개의 기본 메소드가 있다.
    - onNext(): 이 메소드는 스트림에서 값을 받는다. 이 메소드는 여러 번 호출될 수 있다. 그러나 onCompleted()나 onError() 이후에 호출되면 안된다. 여러 데이터가 클라이언트에 전송될 때는 스트림에 대해 onNext()를 여러 번 호출하는 것이 필요하다.
    - onCompleted(): 이 메소드는 스트림의 완료를 표시한다. 완료 이후에는 메소드 호출이 더 이상 허용되지 않는다. 이 메소드는 한 번만 호출될 수 있다.
    - onError(): 이 메소드는 스트림에서 종료 에러를 수신한다. onCompleted()와 마찬가지로 한 번만 호출할 수 있고 더 이상의 메소드 호출은 허용되지 않는다.

4. 마찬가지로 추상 클래스의 다른 메소드를 구현할 수 있다.

다음으로 Source 서비스를 구현한 것과 같은 방법으로 Charge 서비스를 구현할 수 있다.

아래처럼 Charge 서비스를 구현해 보자.

1. server/src/main/com/packt/modern/api/server/service 디렉토리 아래에 ChargeService.java 파일을 생성한다.
2. ChargeService 추상 기본 클래스에 아래와 같이 정의된 오퍼레이션을 구현한다.

코드: /Chapter11/server/src/main/java/com/packt/modern/api/server/service/ChargeService.java

```java
@Service
public class ChargeService extends ChargeServiceImplBase {
  private ChargeRepository repository;
  public ChargeService(ChargeRepository repository) {
    this.repository = repository;
  }
  @Override
  public void create(CreateChargeReq req,
```

```
            StreamObserver<CreateChargeReq.Response> resObserver) {
        CreateSourceReq.Response resp = repository.create(req);
        resObserver.onNext(resp);
        resObserver.onCompleted();
    }
    // 간략한 표현을 위해 다른 메소드는 제거
```

이는 SourceService의 create 메소드가 구현된 방식과 동일하다.

3. 마찬가지로 추상 클래스의 다른 메소드를 구현할 수 있다. 완전한 코드 구현을 위해 이전 코드 블록에 표시된 소스 링크를 참조한다.

이제 서비스 레이어 구현이 완료되었다. 다음으로 서버를 구현해 보자.

gRPC 서버 클래스 구현

스프링 부트 애플리케이션은 자체 서버에서 실행된다. 그러나 여기서 우리는 내부적으로 Netty 웹 서버를 사용하는 gRPC 서버를 실행해 볼 것이다. 따라서 자체 웹 서버 실행이 되지 않도록 먼저 스프링 부트 구성을 수정해야 한다. 아래 코드 블록과 같이 application.properties 파일을 수정하자.

코드: /Chapter11/server/src/main/resources/application.properties
```
spring.main.web-application-type=none
grpc.port=8080
```

다음으로 gRPC 서버를 생성해보자. 서버 시작, 서버 중지, 종료 요청이 수신될 때까지 요청을 처리하기 위해서는 각각 start(), stop(), block()의 세 가지 메소드를 사용한다.

server/src/main/com/packt/modern/api/server 디렉터리 아래에 GrpcServer.java 파일을 생성하고 아래와 같은 코드를 작성하자.

코드: /Chapter11/server/src/main/java/com/packt/modern/api/server/GrpcServer.java
```
@Component
public class GrpcServer {
    private final Logger LOG = LoggerFactory.getLogger(getClass());
    @Value("${grpc.port:8080}")
    private int port;
    private Server server;
```

```
    private ChargeService chargeService;
    private SourceService sourceService;
    private ExceptionInterceptor exceptionInterceptor;
    public GrpcServer(…) { // 간략한 표현을 위해 코드 제거 }
    public void start() throws IOException, InterruptedException {
      server = ServerBuilder.forPort(port)
        .addService(sourceService).addService(chargeService)
        .intercept(exceptionInterceptor).build().start();
      server.getServices().stream().forEach(s -> LOG.info(
        "Service Name: {}", s.getServiceDescriptor().getName()));
      Runtime.getRuntime().addShutdownHook(new Thread(() -> {
        GrpcServer.this.stop();
      }));
    }
    private void stop() {
      if (server != null) { server.shutdown(); }
    }
    public void block() throws InterruptedException {
      if (server != null) {
        // 애플리케이션 종료시까지 요청 수신
        server.awaitTermination();
      }
    }
}
```

gRPC의 서버 라이브러리는 서버 구축을 위한 서버 빌더를 제공한다. 위 코드에 두 서비스가 서버에 추가된 것을 볼 수 있다. 빌더를 사용하면 요청과 응답을 가로챌 수 있는 인터셉터를 추가할 수도 있다. 향후 에러 처리 절에서는 인터셉터를 사용해 보겠다.

GrpcServer start() 메소드는 stop() 메소드를 호출하는 종료 훅을 가지고 있다. stop 메소드는 내부적으로 server.shutdown() 메소드를 호출한다.

지금까지 서버 코드 준비를 마쳤다. 이제 서버를 시작하기 위한 인터페이스가 필요하다. CommandLineRunner 함수 인터페이스를 사용해서 서버를 실행할 것이다.

GrpcServer.java 파일을 만든 곳과 동일한 디렉터리에 GrpcServerRunner.java 파일을 만들고 아래 코드를 추가하자.

코드: /Chapter11/server/src/main/java/com/packt/modern/api/server/GrpcServerRunner.java
```java
@Profile("!test")
@Component
public class GrpcServerRunner implements CommandLineRunner {
  private GrpcServer grpcServer;
  public GrpcServerRunner(GrpcServer grpcServer) {
    this.grpcServer = grpcServer;
  }
  @Override
  public void run(String... args) throws Exception {
    grpcServer.start();
    grpcServer.block();
  }
}
```

CommandLineRunner의 run() 메소드를 재정의해서 start()와 block() 메소드를 호출한다. 따라서 여러분들이 jar 파일을 실행하면 GrpcServerRunner는 run() 메소드를 사용해서 실행되고 gRPC 서버를 시작한다.

한 가지 더 기억할 사항은 GrpcServerRunner 클래스에 @Profile 애노테이션을 "!test" 값으로 표시했다는 점이다. 즉, test 프로파일일 경우 이 클래스가 로드되지 않으므로 실행되지 않는다.

이제 서비스와 서버 구현을 모두 완료했다. 다음 절에서는 gRPC 서버를 테스트 해보자.

gRPC 서버 테스트

우선 테스트 클래스에서 액티브 프로파일을 test로 설정해서 GrpcServerRunner 를 비활성화 하자. 이 작업을 아래 코드 블록에 표시된 대로 수행하고 테스트를 해보자.

코드: /Chapter11/server/src/test/java/com/packt/modern/api/ServerAppTests.java
```java
@ActiveProfiles("test")
@SpringBootTest
@TestMethodOrder(OrderAnnotation.class)
class ServerAppTests {
```

```
  @Autowired
  private ApplicationContext context;
  @Test
  @Order(1)
  void beanGrpcServerRunnerTest() {
    assertNotNull(context.getBean(GrpcServer.class));
    assertThrows(NoSuchBeanDefinitionException.class,
       () -> context.getBean(GrpcServerRunner.class),
       "테스트 시에 GrpcServerRunner는 로드되지 않아야 합니다.");
  }
  // 계속...
```

beanGrpcServerRunnerTest() 메소드는 GrpcServer와 GrpcServerRunner 클래스의 로딩을 테스트한다. 프로파일이 올바르게 설정됐다면 테스트를 통과해야 한다.

이제 gRPC 서비스 테스트로 넘어가보자.

gRPC 테스트 라이브러리는 등록된 서버와 채널의 종료를 정상적으로 관리하는 특수 클래스 GrpcCleanupRule을 제공한다. 이 클래스를 효과적으로 사용하려면 JUnit @Rule 애노테이션을 적용해야 한다. gRPC 테스트 라이브러리는 또한 서버를 빌드할 수 있는 InProcessServerBuilder 빌더 클래스와 채널을 빌드할 수 있는 InProcessChannelBuilder 빌더 클래스를 제공한다. 이 세 가지 클래스만 있으면 서버와 채널을 구축하고 관리할 수 있다.

먼저 필요한 인스턴스를 선언한 다음 gRPC Source 서비스에 대한 요청을 실행하기 전에 실행 환경을 사용할 수 있도록 메소드를 설정한다.

아래 코드는 필요한 클래스 인스턴스와 테스트 setup() 메소드를 추가하는 내용이다.

```
  @Rule
  public final GrpcCleanupRule grpcCleanup = new GrpcCleanupRule();
  private static SourceServiceGrpc.SourceServiceBlockingStub blockingStub;
  @Autowired
  private static String newlyCreatedSourceId = null;
  @BeforeAll
  public static void setup(@Autowired SourceService srcSrvc, @Autowired ChargeService chrgSrvc,
    @Autowired ExceptionInterceptor exceptionInterceptor) throws IOException {
    String sName = InProcessServerBuilder.generateName();                // 1
```

```
    grpcCleanup.register(InProcessServerBuilder
        .forName(sName).directExecutor().addService(srcSrvc)
        .intercept(exceptionInterceptor)
        .build().start());                                        // 2
    blockingStub = SourceServiceGrpc.newBlockingStub(
        grpcCleanup.register(InProcessChannelBuilder
        .forName(sName).directExecutor().build()));               // 3
}
```

여기서 setup 메소드는 Source 서비스로 서버와 채널을 생성한다. setup() 메소드에서 언급된 각 라인을 살펴보자.

- *라인 1*은 서버의 고유 명칭을 생성한다.
- *라인 2*는 새로 생성된 서버를 등록하고 여기에 Source 서비스와 서버 인터셉터를 추가한다. Exception Interceptor에 대해서는 에러 처리 절에서 살펴볼 것이다. 그런 다음 요청을 처리하기 위해 서버를 시작한다.
- *라인 3*은 서버를 호출하기 위해 클라이언트로 사용될 블로킹 스텁을 생성한다. 여기서도 GrpcCleanUpRule은 클라이언트 채널을 생성하는 데 사용된다.

setup 메소드가 실행되면 테스트를 수행할 수 있는 환경이 제공된다. 아래 코드 블록에 표시된 대로 첫 번째 요청을 테스트해보자.

```
@Test
@Order(2)
@DisplayName("RPC create를 호출해서 source 객체 생성")
public void SourceService_Create() {
CreateSourceReq.Response response =
  blockingStub.create(CreateSourceReq.newBuilder()
      .setAmount(100).setCurrency("USD").build());
  assertNotNull(response);
  assertNotNull(response.getSource());
  newlyCreatedSourceId = response.getSource().getId();
  assertEquals(100, response.getSource().getAmount());
  assertEquals("USD", response.getSource().getCurrency());
}
```

setup() 메소드의 모든 복잡한 측면이 완료됐다. 테스트는 자체는 매우 간단하다. 블로킹 스텁을 사용해 호출만 하면 된다. 요청 객체를 만들고 스텁을 사용해서 서버를 호출하자. 그리고 서버의 응답을 확인해 보자.

마찬가지로 아래 코드 블록과 같이 유효성 에러를 테스트할 수 있다.

```java
@Test
@Order(3)
@DisplayName("유효하지 않은 source id로 RPC 호출 시 예외 발생")
public void SourceService_RetrieveForInvalidId() {
  Throwable throwable = assertThrows(
    StatusRuntimeException.class, () -> blockingStub
      .retrieve(SourceId.newBuilder().setId("").build()));
  assertEquals("INVALID_ARGUMENT: Invalid Source ID is passed.",
    throwable.getMessage());
}
```

아래 코드 블록과 같이 소스 검색에 대한 유효한 응답을 테스트할 수도 있다.

```java
@Test
@Order(4)
@DisplayName("RPC 호출로 source 객체 조회")
public void SourceService_Retrieve() {
  SourceId.Response response =
    blockingStub.retrieve(SourceId.newBuilder().setId(newlyCreatedSourceId).build());
  assertNotNull(response);
  assertNotNull(response.getSource());
  assertEquals(100, response.getSource().getAmount());
  assertEquals("USD", response.getSource().getCurrency());
}
```

여기까지가 gRPC 서버에 대한 테스트를 작성하고 노출된 RPC 호출을 테스트할 수 있는 방법이다. 나머지 테스트 사례를 작성하는 데도 동일한 접근 방식을 사용할 수 있다.

이 절에서는 테스트를 작성하는 과정을 통해 클라이언트가 서버로 어떻게 요청을 보내는지도 파악할 수 있었다.

이제 서버와 테스트 코드에서 사용한 예외 인터셉터에 대해 알아볼 차례다. 다음 절에서 이에 대해 살펴보자.

에러 처리 구현

이론 기반의 에러 처리와 에러 상태 코드에 대해서는 google.rpc.Status와 gRPC 상태 코드에 대해 설명한 10장, gRPC 시작하기에서 이미 살펴본 바가 있다. 이 절에서 실제 코드 작성을 진행하기 전에 10장의 에러 처리 부분을 다시 읽어보기를 추천한다.

io.grpc.ServerInterceptor는 인증 및 권한 부여, 로깅 및 모니터링과 같은 횡단(cross-cutting) 호출에 사용할 수 있는 인터셉트용 스레드 세이프 인터페이스이다. 이를 사용해서 아래 코드 블록과 같이 ExceptionInterceptor를 작성해 보자.

코드: /Chapter11/server/src/main/java/com/packt/modern/api/server/interceptor/ExceptionInterceptor.java

```
@Component
public class ExceptionInterceptor implements ServerInterceptor {
  @Override
  public <RQT, RST> ServerCall.Listener<RQT> interceptCall(
          ServerCall<RQT, RST> serverCall, Metadata metadata,
          ServerCallHandler<RQT, RST> serverCallHandler) {
    ServerCall.Listener<RQT> listener = serverCallHandler.startCall(serverCall, metadata);
    return new ExceptionHandlingServerCallListener<>(listener, serverCall, metadata);
  }
  // 계속...
```

여기서 RQT는 요청 타입을 나타내고 RST는 응답 타입을 나타낸다.

우리는 예외를 가로채기 위해 ExceptionInterceptor를 사용할 것이다. 인터셉터는 호출을 서버 리스너(ExceptionHandlingServerCallListener)로 전달한다.

ExceptionHandlingServerCallListener는 ForwardingServerCallListener.SimpleForwardingServerCallListener 추상 클래스를 상속하는 ExceptionInterceptor 내부의 프라이빗 클래스다.

프라이빗 리스너 클래스에는 재정의된 이벤트인 onHalfClose()와 onReady()가 있다. 이 이벤트는 예외를 포착하고 handleException() 메소드에 대한 호출을 전달한다. handleException() 메소드는 실제 예외를 트레이싱하고 에러의 세부 정보와 함께 응답하기 위해 ExceptionUtils 메소드를 사용한다. ExceptionUtils은 에러 상태와 함께 서버 호출을 종료하기 위해 StatusRuntimeException을 리턴한다.

아래 코드 블록을 통해 이 흐름을 어떻게 구현하는지 살펴보자.

코드: /Chapter11/server/src/main/java/com/packt/modern/api/server/interceptor/ExceptionInterceptor.java

```java
  private class ExceptionHandlingServerCallListener<RQT, RST> extends
      ForwardingServerCallListener.SimpleForwardingServerCallListener<RQT> {
    private final ServerCall<RQT, RST> serverCall;
    private final Metadata metadata;
    ExceptionHandlingServerCallListener(ServerCall.Listener<RQT> listener,
        ServerCall<RQT, RST> serverCall, Metadata metadata) {
      super(listener);
      this.serverCall = serverCall;
      this.metadata = metadata;
    }
    @Override
    public void onHalfClose() {
      try {super.onHalfClose();}
      catch (RuntimeException e) {
        handleException(e, serverCall, metadata);
        throw e;
      }
    }
    @Override
    public void onReady() {
      try {super.onReady();}
      catch (RuntimeException e) {
        handleException(e, serverCall, metadata);
        throw e;
      }
    }
    private void handleException(RuntimeException e,
        ServerCall<RQT, RST> serverCall, Metadata metadata) {
      StatusRuntimeException status = ExceptionUtils.traceException(e);
      serverCall.close(status.getStatus(), metadata);
    }
  }
}
```

예외 처리의 핵심 컴포넌트를 완료하기 위해 ExceptionUtils 클래스를 작성해 보자. 이 컴포넌트들을 사용하면 서비스 구현에서 예외를 발생시킬 수 있다.

ExceptionUtils 클래스에는 두 가지 타입의 오버로드된 메소드가 있다.

- observerError(): 이 메소드는 StreamObserver를 사용해서 onError() 이벤트를 발생시킨다.
- traceException(): 이 메소드는 Throwable로부터 에러를 트레이싱하고 StatusRuntimeException을 리턴한다.

아래 코드를 사용해서 ExceptionUtils 클래스를 작성할 수 있다.

코드: /Chapter11/server/src/main/java/com/packt/modern/api/server/exception/ExceptionUtils.java

```java
@Component
public class ExceptionUtils {
  public static StatusRuntimeException traceException(Throwable e) {
    return traceException(e, null);
  }
  public static <T extends GeneratedMessageV3> void observeError(
      StreamObserver<T> responseObserver, Throwable e) {
    responseObserver.onError(traceException(e));
  }
  public static <T extends GeneratedMessageV3> void observeError(
      StreamObserver<T> responseObserver, Exception e, T defaultInstance) {
    responseObserver.onError(traceException(e, defaultInstance));
  }
  // 계속...
```

observerError() 메소드가 onError 이벤트 처리를 위해 내부적으로 traceException()도 호출하고 있음을 알 수 있다. 마지막으로 오버로드된 메소드인 traceException()을 아래와 같이 작성해 보자.

```java
public static <T extends com.google.protobuf.GeneratedMessageV3>
    StatusRuntimeException traceException(Throwable e, T defaultInstance) {
  com.google.rpc.Status status;
  StatusRuntimeException statusRuntimeException;
  if (e instanceof StatusRuntimeException) {
    statusRuntimeException = (StatusRuntimeException) e;
  } else {
```

```java
    Throwable cause = e;
    if (cause != null && cause.getCause() != null && cause.getCause() != cause) {
      cause = cause.getCause();
    }
    if (cause instanceof SocketException) {
      String errorMessage = "Sample exception message";
      status = com.google.rpc.Status.newBuilder()
          .setCode(com.google.rpc.Code.UNAVAILABLE_VALUE)
          .setMessage(errorMessage + cause.getMessage())
          .addDetails(Any.pack(defaultInstance)).build();
    } else {
      status = com.google.rpc.Status.newBuilder()
          .setCode(com.google.rpc.Code.INTERNAL_VALUE)
          .setMessage("Internal server error")
          .addDetails(Any.pack(defaultInstance)).build();
    }
    statusRuntimeException = StatusProto.toStatusRuntimeException(status);
  }
  return statusRuntimeException;
}
```

위 코드의 SocketException은 한 가지 예시로써 작성됐다. 이곳에는 다른 종류의 예외에 대한 검사도 추가할 수 있다. 위 코드 블록에서는 com.google.rpc.Status를 사용해서 status를 생성한다. 그 다음 status를 StatusProto의 toStatusRuntimeException()으로 전달해서 StatusRuntimeException으로 변환한다.

이제 예외 처리 컴포넌트를 사용하기 위해 아래 코드 블록과 같이 DbStore 클래스에 유효성 에러를 추가하겠다.

코드: /Chapter11/server/src/main/java/com/packt/modern/api/server/repository/DbStore.java

```java
public SourceId.Response retrieveSource(String sourceId) {
  if (Strings.isBlank(sourceId)) {
    com.google.rpc.Status status = com.google.rpc.Status.newBuilder()
        .setCode(Code.INVALID_ARGUMENT.getNumber())
        .setMessage("Invalid Source ID is passed.")
        .addDetails(Any.pack(SourceId.Response.getDefaultInstance())).build();
    throw StatusProto.toStatusRuntimeException(status);
```

```
  }
  Source source = sourceEntities.get(sourceId);
  if (Objects.isNull(source)) {
    com.google.rpc.Status status = com.google.rpc.Status.newBuilder()
        .setCode(Code.INVALID_ARGUMENT.getNumber())
        .setMessage("Requested source is not available").build();
    throw StatusProto.toStatusRuntimeException(status);
  }
  return SourceId.Response.newBuilder().setSource(source).build();
}
```

StatusRuntimeException은 서비스 구현의 모든 부분에서 발생시킬 수 있다. traceException (Throwable e, T defaultInstance) 메소드의 코드처럼 com.google.rpc.Status의 addDetails() 메소드를 사용하면 에러 상태에 세부정보를 추가하는 것도 가능하다.

마지막으로 아래와 같이 Service 구현 클래스에서 발생한 에러를 SourceService의 retrieve() 메소드를 사용해 캡처할 수도 있다.

코드: /Chapter11/server/src/main/java/com/packt/modern/api/server/service/SourceService.java

```
@Override
public void retrieve(SourceId sourceId, StreamObserver<SourceId.Response> resObserver) {
  try {
    SourceId.Response resp = repository.retrieve(sourceId.getId());
    resObserver.onNext(resp);
    resObserver.onCompleted();
  } catch (Exception e) {
    ExceptionUtils.observeError(resObserver, e, SourceId.Response.getDefaultInstance());
  }
}
```

이 장에서는 예외 처리의 핵심 방법을 간단 명료하게 다루었다. 애플리케이션 요구 사항에 따라 예외 처리는 얼마든지 더 추가할 수 있다.

다음 절에서는 gRPC 클라이언트를 작성해 보자.

gRPC 클라이언트 개발

클라이언트 프로젝트의 디렉터리 구조는 아래와 같다. 프로젝트 루트 디렉터리에는 build.gradle과 settings.gradle 파일이 포함돼 있다.

```
├── client
    ├── build.gradle
    ├── gradle
    │   └── wrapper
    ├── gradlew
    ├── gradlew.bat
    ├── settings.gradle
    └── src
        ├── main
        │   ├── java
        │   │   └── com
        │   │       └── packt
        │   │           └── modern
        │   │               └── api
        │   └── resources
        └── test
            └── java
```

resources 디렉터리에는 application.properties 파일이 포함된다.

아래 단계를 수행해서 프로젝트를 구성해 보자.

1. 먼저 아래와 같이 client/settings.gradle 파일에서 프로젝트 이름을 수정한다.

    ```
    rootProject.name = 'chapter11-client'
    ```

2. 다음으로 client/build.gradle 파일에서 클라이언트 프로젝트에 필요한 의존성을 추가한다. grpc-stub 라이브러리는 스텁 관련 API를 제공하고 protobuf-java-util은 Protobuf와 JSON 변환을 위한 유틸리티 메소드를 제공한다.

    코드: /Chapter11/client/build.gradle
    ```
    def grpcVersion = '1.54.1'
    dependencies {
      implementation 'com.packt.modern.api:payment-gateway-api:0.0.1'
    ```

```
    // gRPC 의존성
    implementation "io.grpc:grpc-stub:${grpcVersion}"
    implementation "com.google.protobuf:protobuf-java-util:3.22.2"
    implementation 'org.springframework.boot:spring-boot-starter-web'
    testImplementation 'org.springframework.boot:spring-boot-starter-test'
}
```

3. payment-gateway-api 의존성은 로컬 Maven 저장소에 게시된다. 따라서 아래 코드 블록과 같이 repositories 부분에 로컬 Maven 저장소를 추가해야 한다.

```
repositories {
    mavenCentral()
    mavenLocal()
}
```

gRPC 클라이언트 개발을 위한 그래들 구성을 완료했다. 이제 gRPC 클라이언트를 작성할 수 있다.

gRPC 클라이언트 구현

스프링 부트 애플리케이션은 자체 서버에서 실행된다. 따라서 클라이언트의 애플리케이션 포트는 gRPC 서버 포트와 달라야 한다. 또한 우리는 gRPC 서버 호스트와 포트를 제공해야 한다. 관련 설정은 application.properties에서 하면 된다.

코드: /Chapter11/client/src/main/resources/application.properties
```
server.port=8081
grpc.server.host=localhost
grpc.server.port=8080
```

다음으로 gRPC 클라이언트를 생성해 보자. 이 클라이언트는 채널과 함께 gRPC 서비스 스텁을 구성할 때 사용한다. 채널은 gRPC 호출을 수행하기 위해 개념적인 엔드포인트에 가상 연결을 제공하는 역할을 한다.

client/src/main/com/packt/modern/api/client 디렉터리에 GrpcClient.java 파일을 만들고 아래와 같이 코드를 작성한다.

코드: /Chapter11/client/src/main/java/com/packt/modern/api/client/GrpcClient.java

```java
@Component
public class GrpcClient {
  @Value("${grpc.server.host:localhost}")
  private String host;
  @Value("${grpc.server.port:8080}")
  private int port;
  private ManagedChannel channel;
  private SourceServiceBlockingStub sourceServiceStub;
  private ChargeServiceBlockingStub chargeServiceStub;
  public void start() {
    channel = ManagedChannelBuilder.forAddress(host, port).usePlaintext().build();
    sourceServiceStub = SourceServiceGrpc.newBlockingStub(channel);
    chargeServiceStub = ChargeServiceGrpc.newBlockingStub(channel);
  }
  public void shutdown() throws InterruptedException {
    channel.shutdown().awaitTermination(1, TimeUnit.SECONDS);
  }
  public SourceServiceBlockingStub getSourceServiceStub() {
    return this.sourceServiceStub;
  }
  public ChargeServiceBlockingStub getChargeServiceStub() {
    return this.chargeServiceStub;
  }
}
```

위 코드에서 start()는 Source와 Charge 서비스 스텁을 초기화하는 키이다. ManagedChannelBuilder는 ManagedChannel을 빌드하는 데 사용된다.

ManagedChannel은 수명 주기 관리 기능도 제공한다. 이 관리 채널은 스텁으로 전달된다.

책의 예제에서는 플레인 텍스트 통신을 사용했다. 한편 gRPC는 암호화된 통신도 제공한다.

이제 클라이언트 코드 작성을 완료했다. start() 메소드를 호출할 차례다.

GrpcServerRunner 클래스에서 구현했던 방식과 마찬가지로 아래와 같이 CommandLineRunner를 구현할 것이다.

코드: /Chapter11/client/src/main/java/com/packt/modern/api/client/GrpcClientRunner.java

```java
@Profile("!test")
@Component
public class GrpcClientRunner implements CommandLineRunner {
  @Autowired
  GrpcClient client;
  @Override
  public void run(String... args) {
    client.start();
    Runtime.getRuntime().addShutdownHook(new Thread(() -> {
      try {
        client.shutdown();
      } catch (InterruptedException e) {
        System.out.println("에러: {}", e.getMessage());
      }
    }));
  }
}
```

위 코드를 실행하면 애플리케이션 시작 후 스텁 인스턴스 생성이 시작된다. 그런 다음 스텁 메소드를 호출할 수 있다.

이제 스텁 메소드를 호출하기 위한 간단한 REST 엔드포인트를 추가해 보자. 이것은 과금 서비스 스텁을 사용해서 retrieve 메소드를 호출하는 방법을 보여준다.

src/main/java/com/packts/modern/api/controller 디렉터리에 REST 컨트롤러를 위해 ChargeController.java 파일을 생성하고 아래와 같이 코드를 추가하겠다.

코드: /Chapter11/client/src/main/java/com/packt/modern/api/controller/ChargeController.java

```java
@RestController
public class ChargeController {
  private GrpcClient client;
  public ChargeController(GrpcClient client) {
    this.client = client;
  }
  @GetMapping("/charges")
  public String getSources(@RequestParam(
```

```
        defaultValue = "ab1ab2ab3ab4ab5") String customerId)
            throws InvalidProtocolBufferException {
    var req = CustomerId.newBuilder().setId(customerId).build();
    CustomerId.Response resp = client.getChargeServiceStub().retrieveAll(req);
    var printer = JsonFormat.printer().includingDefaultValueFields();
    return printer.print(resp);
  }
}
```

위 코드로 REST 엔드포인트 /charges를 생성했다. 이 엔드포인트는 ChargeServiceStub을 사용해서 Charge gRPC 서비스의 retrieveAll() RPC 메소드를 호출하기 위해 GrpcClient 인스턴스를 사용한다.

호출에 대한 응답은 protobuf-java-util 라이브러리의 JsonFormat 클래스를 사용하여 JSON 형식의 문자열로 변환되어서 리턴된다. 생성된 JSON 형식 문자열에는 기본값을 가진 필드도 포함된다.

이제 개발이 완료되었다. 전체 흐름을 테스트해 볼 차례다.

gRPC 서비스 테스트

클라이언트를 테스트하기 전에 gRPC 서버가 실행 중인지 확인하자. 그리고 gRPC api 프로젝트가 빌드됐고 최신 아티팩트가 로컬 메이븐 저장소에 게시되어 있는지도 확인해야 한다.

1. 먼저 api 프로젝트 라이브러리가 server와 client 프로젝트 모두에 필요하므로 로컬 메이븐 저장소에 게시되었는지 확인한다. 이미 라이브러리를 게시한 경우라면 2단계로 넘어간다. Java는 버전 17로 설정되어야 한다. api 루트 프로젝트 디렉터리에서 아래 명령을 실행한다.

   ```
   # 자바 파일에서는 UTF 문자를 사용하므로 파일 인코딩으로 UTF-8을 설정한다.
   $ export JAVA_TOOL_OPTIONS="-Dfile.encoding=UTF8"
   $ ./gradlew clean publishToMavenLocal
   Picked up JAVA_TOOL_OPTIONS: -Dfile.encoding=UTF8
   BUILD SUCCESSFUL in 6s
   10 actionable tasks: 10 executed
   ```

2. 확인을 마쳤다면 먼저 아래 명령을 사용해서 서버를 시작한다. server 프로젝트의 루트 디렉터리에서 실행한다.

   ```
   // 서버 프로젝트 루트 디렉터리
   $ ./gradlew clean build
   $ java -jar build/libs/chapter11-server-0.0.1-SNAPSHOT.jar
   ```

```
... ... ...
com.packt.modern.api.server.GrpcServer : gRPC server started and listening on port: 8080.
```

3. 이후 새 터미널 창에서 아래 명령을 사용해서 클라이언트를 시작한다. client 프로젝트의 루트 디렉터리에서 실행해야 한다.

```
// 클라이언트 프로젝트 루트 디렉터리
$ ./gradlew clean build
$ java -jar build/libs/chapter11-client-0.0.1-SNAPSHOT.jar
... ... ...
INFO 68732 Tomcat initialized with port(s): 8081 (http)
INFO com.packt.modern.api.client.GrpcClient : gRPC client connected to localhost:8080
```

4. server와 client 서비스가 구동된 후, 다시 새 터미널 창을 열고 아래 명령을 실행한다(출력 일부는 생략했다).

```
// 클라이언트 서비스의 charges API endpoint 호출
$ curl http://localhost:8081/charges
{
  "charge": [{
    "id": "cle9e9oam6gajkkeivjof5pploq89ncp",
    "amount": 1000,
    "amountCaptured": 0,
    …
    "created": "1679924425",
    "currency": "USD",
    "customerId": "ab1ab2ab3ab4ab5",
    "description": "Charge Description",
    …
    "receiptEmail": "receipt@email.com",
    ...
    "statementDescriptor": "Statement Descriptor",
    "status": "SUCCEEDED",
    "sourceId": "0ovjn4l6crgp9apr79bhpefme4dok3qf"
  }]
}
```

REST 엔드포인트는 데모용으로만 사용된다. 그러나 이 엔드포인트와 같은 방법으로 gRPC 클라이언트를 사용하면 다른 서비스와 해당 메소드를 호출할 수 있다. gRPC는 주로 마이크로 서비스 기반 애플리케이션에 필수적인 서비스 간 통신에 사용된다. 물론 웹 기반 통신에서도 사용할 수 있다.

다음 절에서는 마이크로서비스에 대해 살펴볼 예정이다.

마이크로서비스란?

마이크로서비스는 네트워크를 통해 통신하는 독립형 경량 프로세스다. 마이크로서비스는 특히 API를 통해 서비스를 사용하는 소비자에게 특화된 API를 제공한다. 이러한 API는 REST, gRPC 또는 이벤트를 사용해서 구현할 수 있다.

마이크로서비스는 새로운 개념이 아니다. 이미 수년 동안 사용되어 왔다. 예를 들어 RPC를 기반으로 한 범용 인프라인 Stubby는 2000년대 초반부터 구글 데이터 센터에서 여러 서비스와 데이터 센터를 연결하는 데 사용됐다.

최근에 마이크로서비스가 특히 주목받는 이유는 그 사용빈도가 늘고 있고 가시성이 좋기 때문이다. 마이크로서비스가 대중화되기 전에 대세였던 모놀리식 아키텍처는 온프레미스와 클라우드 기반 애플리케이션 개발에 주로 사용됐다.

모놀리식 아키텍처를 사용하면 프레젠테이션, 애플리케이션 로직, 비즈니스 로직, **데이터 액세스 오브젝트(DAO)**와 같은 다양한 구성 요소를 개발할 수 있고, 이를 **EAR(Enterprise Archive), WAR(Web Archive)**로 압축하거나 단일 디렉터리 계층 구조(Rails 또는 Node.js)에 저장할 수 있다.

그러나 현재는 넷플릭스와 같은 많은 유명 애플리케이션이 마이크로서비스 아키텍처를 사용해서 개발되고 있다. 또한 eBay, Amazon, Groupon은 모놀리식 아키텍처에서 마이크로서비스 아키텍처로 진화했다. 오늘날 마이크로서비스를 기반으로 한 애플리케이션 개발은 매우 일반적이다.

이 장에서 우리가 개발한 gRPC 서버는 마이크로서비스라고 할 수 있다(물론 서버의 범위를 Source 서비스나 Charge 서버로 유지한다면 말이다).

다음 절에서는 간단한 모놀리식과 마이크로서비스 애플리케이션 디자인을 견주어 살펴보자.

이 절에서는 모놀리식 디자인, SOA 모놀리식 디자인, 마이크로서비스 디자인을 사용해서 디자인된 다양한 시스템 디자인을 살펴볼 것이다. 이들 각각에 대해 차례로 논의해 보자.

전통적인 모놀리식 디자인

아래 다이어그램은 기존의 모놀리식 애플리케이션 디자인을 보여준다. 이 디자인은 SOA[6]가 대중화되기 전에 널리 사용됐다.

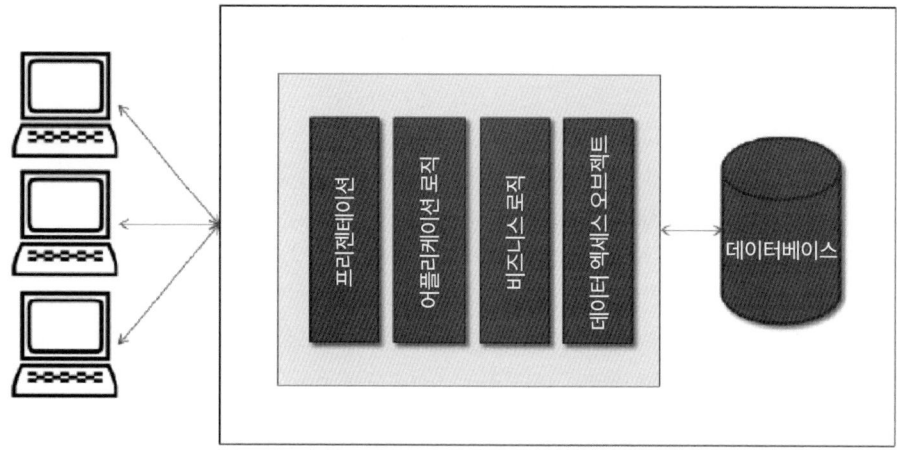

그림 11.1 – 전통적인 모놀리식 애플리케이션 디자인

기존의 모놀리식 디자인에서는 데이터베이스 파일 또는 기타 소스와 상호 작용하는 방식에 관계없이 모든 것이 동일한 아카이브에 포함된다(모든 프레젠테이션 코드는 프레젠테이션 아카이브 번들로 제공되고, 애플리케이션 로직은 애플리케이션 로직 아카이브로 들어가는 등).

서비스 기반 모놀리식 디자인

SOA 이후에는 애플리케이션이 서비스 기반으로 개발되기 시작했다. 각 컴포넌트가 다른 컴포넌트나 외부 엔터티에 서비스를 제공하는 방식이다. 아래 다이어그램은 다양한 서비스가 있는 모놀리식 애플리케이션을 보여준다. 여기서 서비스는 프레젠테이션 컴포넌트와 함께 사용된다. 모든 서비스, 프레젠테이션 컴포넌트, 기타 컴포넌트들이 함께 번들링된다.

---

[6] (옮긴이) SOA(Service Oriented Architecture)는 전체 애플리케이션을 독립적인 비즈니스 기능을 가지는 여러 개의 서비스로 구분해서 애플리케이션을 생성하는 소프트웨어 개발방법론이다. 개념적으로 마이크로서비스 아키텍처와 유사하지만 서비스의 단위가 마이크로서비스 아키텍처보다는 크고 실제 구현의 방법이 Webservices나 ESB(Enterprise Service Bus)같은 방식을 이용했다.

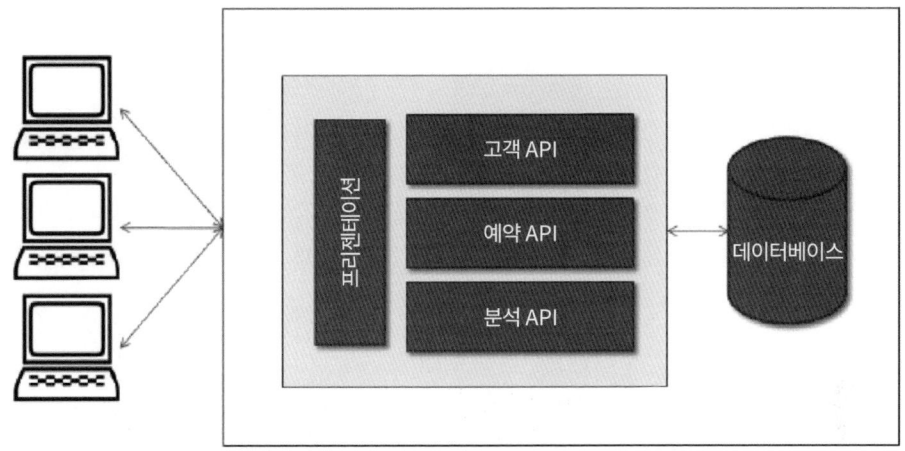

그림 11.2 - 서비스 기반 모놀리식 디자인

따라서 EAR 형태로 모든 것이 모듈 방식으로 함께 번들로 제공된다. 일부의 SOA 서비스가 별도로 배포되기도 하지만 전반적으로 모놀리식이다. 그러나 데이터베이스는 서로 공유된다.

마이크로서비스 디자인

아래 다이어그램은 마이크로서비스 디자인을 보여준다. 여기서 각 컴포넌트는 자율적이다. 각 컴포넌트는 독립적으로 개발, 구축, 테스트, 배포될 수 있다. 이 경우 애플리케이션의 UI 컴포넌트도 클라이언트가 되어 마이크로서비스를 사용할 수 있다. 아래 예시에서 설계된 계층은 마이크로서비스 내에서 사용된다.

API 게이트웨이는 서로 다른 클라이언트가 개별 서비스에 액세스할 수 있는 인터페이스를 제공하고 동일한 서비스에 대해 서로 다른 클라이언트에게 각기 다른 응답을 보내려는 경우 수행할 작업 등 다양하고 복잡한 문제를 해결할 수 있다. 예를 들어, 예약 서비스는 모바일 클라이언트(최소한의 간략한 정보)와 데스크톱 클라이언트(상세한 정보)에게 서로 다른 응답을 보내고 제3자 클라이언트에게는 다른 것을 제공하기 전에 또다른 정보를 보낼 수도 있다.

어떤 응답은 이와 반대로 둘 이상의 서비스에서 정보를 가져와야 하는 경우도 있다.

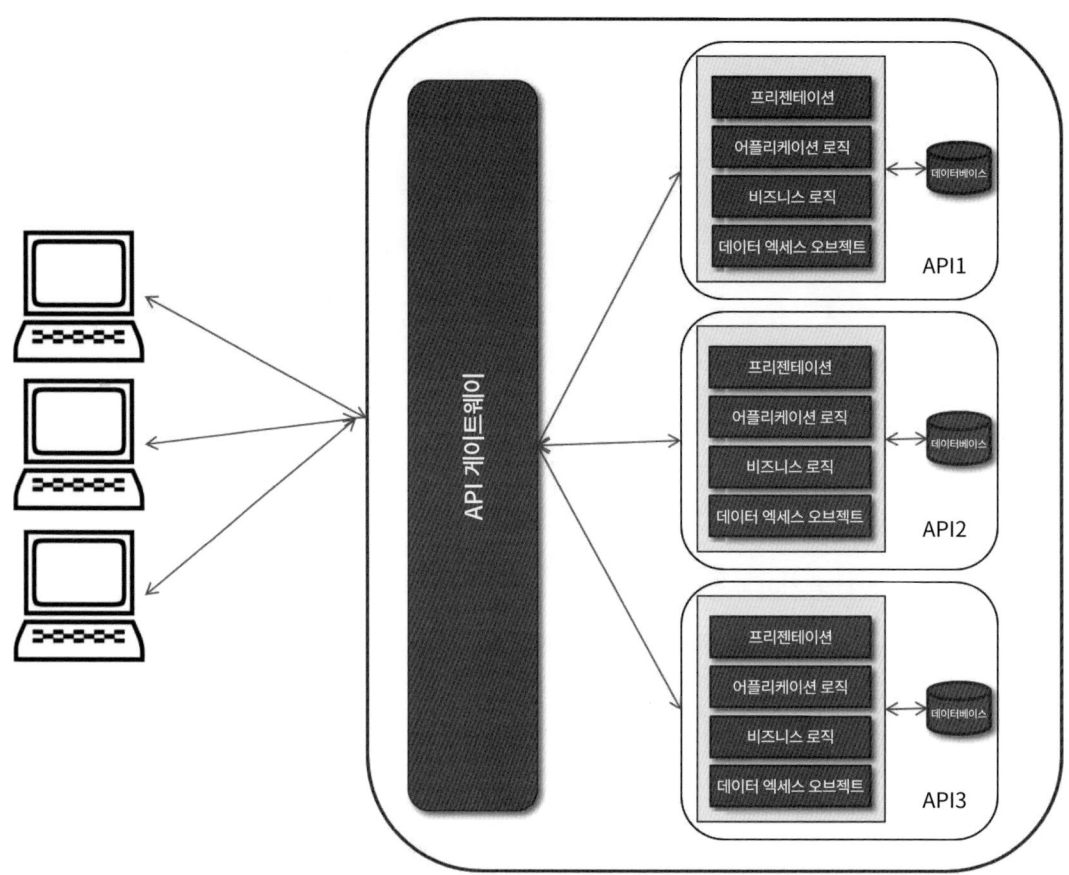

그림 11.3 - 마이크로서비스 디자인

각 API 서비스는 별도의 프로세스로 개발, 배포되고 이들 간의 통신은 노출된 API를 기반으로 이뤄진다.

샘플 전자 상거래 앱의 경우 도메인과 바운디드 컨텍스트를 기반으로 애플리케이션을 분할한 다음 각 도메인에 대한 별도의 마이크로서비스를 개발할 수 있다. 마이크로 서비스로 제공할 수 있는 목록은 다음과 같다.

- 고객
- 주문
- 청구
- 배송

- 인보이스 발행
- 인벤토리
- 결제대금 청구

이 서비스 각각을 개별적으로 개발하고 프로세스 간(서비스 간) 통신을 사용해서 솔루션을 결합할 수 있다.

요약

이 장에서는 Protobuf와 gRPC 기반 서비스 구현을 살펴보았다. gRPC 서버를 개발한 다음 gRPC 클라이언트를 개발하고 해당 서비스를 사용했다. gRPC 서버의 단위 테스트, gRPC 기반 서비스에 대한 예외 처리에 대해 배웠고 마이크로 서비스의 기본 개념에 대해서도 알아봤다.

11장에서는 Protobuf를 사용하여 서비스를 정의하고 gRPC 기반 서비스(서버)와 클라이언트를 개발할 수 있는 전반적인 기술을 익혔다. 다음 장에서는 웹 서비스의 분산 로깅과 트레이싱에 대해 배울 것이다.

질문

1. HTTP/2를 사용해서 대형 바이너리 객체를 전송할 경우 gRPC를 사용해야 하는 이유는 무엇인가?
2. 우리는 com.google.rpc.Status를 사용해서 예외 처리를 구현했다. 이것을 사용하지 않고도 할 수 있나?
3. com.google.rpc.Status와 io.grpc.Status의 차이점은 무엇인가?

답변

1. HTTP 라이브러리와 달리 gRPC 라이브러리는 다음 기능도 제공하기 때문이다.
   - 애플리케이션 계층에서 흐름 제어와의 상호 작용
   - 계단식 호출 취소
   - 로드 밸런싱 및 장애 조치

2. 가능하다. 아래 코드 블록에 표시된 메타데이터를 사용할 수 있다. 그러나 com.google.rpc.Status를 사용하면 더 많은 정보를 캡처할 수 있는 details(Any 타입) 객체를 사용할 수 있다.

   ```
   Metadata.Key key = ProtoUtils
       .keyForProto(SourceId.Response. getDefaultInstance);
   Metadata metadata = new Metadata();
   metadata.put(key, sourceIdResponse); respObserver.onError(Status.INVALID_ARGUMENT
       .withDescription("유효하지 않은 Source ID")
       .asRuntimeException(metadata));
   ```

3. com.google.rpc.Status에는 더 많은 오류 세부정보를 제공하는 데 사용할 수 있는 Any 타입의 세부정보가 포함될 수 있다. io.grpc.Status에는 오류 세부 정보가 포함된 필드가 없다. 오류 관련 세부 정보를 제공하려면 다른 클래스의 메타데이터에 의존해야 하고, 여기에는 오류 관련 정보만 포함될 수도 있고 포함되지 않을 수도 있다.

추가 읽을거리

- 프로토콜 버퍼(Protobuf) 버전 3 문서: https://developers.google.com/protocol-buffers/docs/proto3
- Protobuf의 잘 알려진 타입: https://developers.google.com/protocol-buffers/docs/reference/google.protobuf
- 실용적인 gRPC: https://www.packtpub.com/in/web-development/practical-grpc

12

서비스에 로깅 및 트레이싱 추가

이 장에서는 로깅과 트레이싱 툴에 대해서 다룬다. Spring Micrometer, Brave, Elasticsearch, Logstash, Kibana (ELK) 스택과 Zipkin을 활용할 것이다. ELK와 Zipkin은 API 호출의 요청/응답에 대한 분산 로깅과 트레이싱을 구현하는 데 사용된다. 또다른 도구인 **Spring Actuator**와 **Micrometer**는 API 호출 시 트레이싱 정보를 삽입할 때 사용된다. 이 장을 마무리할 즈음에는 다양한 요청, 응답과 관련된 로그의 로깅과 트레이싱을 게시하고 분석할 수 있게 될 것이다.

이렇게 집계된 로그는 웹 서비스 문제를 해결하는 데 도움이 된다. 먼저 하나의 서비스(예: gRPC 클라이언트)를 호출한 다음 다른 서비스(예: gRPC 서버)를 호출하고 이들을 하나의 트레이싱 식별자로 연결한다. 이 트레이싱 식별자를 사용하면 중앙 집중식 로그를 검색하고 요청 흐름을 디버깅할 수 있다. 이 장에서 우리는 이 흐름을 사용할 것이다. 서비스 호출에 더 많은 내부 호출이 필요한 경우에도 이 흐름은 동일하다. 이 흐름을 구현한 다음에는 Zipkin을 사용해서 각 API 호출의 성능을 확인할 것이다.

다음으로 Spring Micrometer를 사용해서 ELK 스택과 Zipkin을 포함한 로깅 및 모니터링 도구를 살펴보자. 그리고 이러한 도구(ELK와 Zipkin)를 사용해서 API 요청과 응답의 분산 로깅과 트레이싱을 구현할 것이다. Spring Micrometer는 API 호출 시 트레이싱 정보를 삽입하는 데 사용된다. 다양한 요청의 로깅 및 트레이싱과 응답 관련 로그를 게시하고 분석하는 방법을 배울 것이다.

이 장에서는 아래 항목들을 다룬다.

- ELK 스택을 활용한 로깅과 트레이싱
- gRPC 코드로 로깅과 트레이싱 구현
- Zipkin과 Micrometer로 분산 트레이싱

기술 요구 사항

이 장에 코드를 개발하고 실행하기 위해 아래의 것들이 필요하다.

- NetBeans, IntelliJ 또는 Eclipse와 같은 모든 자바 IDE
- 자바 개발 키트(JDK) 17
- 코드를 복제하고 의존성과 그래들을 다운로드하기 위한 인터넷 연결
- Postman/cURL(API 테스트용)
- 도커와 도커 컴포즈

예제 코드는 이 책의 깃허브 저장소의 Chapter12 디렉터리를 참조하기 바란다.

그럼 시작해보자!

ELK 스택을 활용한 로깅 및 트레이싱

최근의 시스템과 서비스는 기존의 모놀리식 시스템과 달리 여러 개의 작은 부분으로 나뉜 별도의 프로세스로 실행되거나 별도의 서비스로 배포된다. API 호출은 여러 다른 내부 API 호출을 수행할 수 있다. 따라서 여러 웹 서비스에 걸친 요청을 트레이싱하려면 분산 및 중앙집중식 로깅이 필요하다. 이 트레이싱은 상관 식별자(correlationId)라고도 하는 트레이싱 식별자(traceId)를 사용해서 수행된다. 이 식별자는 여러 서비스 간의 호출을 필요로 하는 하나의 API 호출에 할당되는 고유한 문자열이다. 트레이싱을 위해 동일한 트레이싱 식별자가 후속 API 호출에 전파된다.

운영 시스템에서 에러와 이슈는 갑자기 발생한다. 이 때 근본 원인을 빠르게 확인하려면 디버깅이 필요하다. 디버깅과 관련된 주요 도구 중 하나는 로그이다. 시스템이 경고를 처리하도록 설계된 경우 로그는 시스템과 관련된 경고를 제공할 수 있다. 또한 로그는 처리량, 용량, 시스템 상태에 대한 모니터링 기능

을 제공한다. 따라서 효과적인 디버깅을 가능하게 하는 우수한 로깅 플랫폼과 전략은 서비스의 운영에 있어 필수적이다.

시장에는 Splunk, Graylog, ELK 스택을 포함해서 로깅을 위해 사용할 수 있는 다양한 오픈 소스 또는 엔터프라이즈 도구들이 있다. ELK 스택은 이들 중 가장 인기가 많으며 ELK 기반 서비스가 SaaS로 제공되지 않는 한 무료 사용이 가능한 오픈 소스다. 이 장에서는 로깅을 위해 ELK 스택을 사용할 것이다.

먼저 ELK 스택에 대해 살펴보자.

ELK 스택의 이해

ELK 스택은 Elasticsearch, Logstash, Kibana 세 가지로 구성된다. 세 제품 모두 Elasticsearch B.V.(https://www.elastic.co/)의 일부이다. ELK 스택은 제품, 시스템 로그를 포함한 모든 타입의 로그를 집계, 분석, 시각화, 모니터링할 수 있는 완전한 플랫폼을 제공한다.

우리는 로그 게시를 위해 아래의 다이어그램과 같은 워크플로우를 사용할 예정이다.

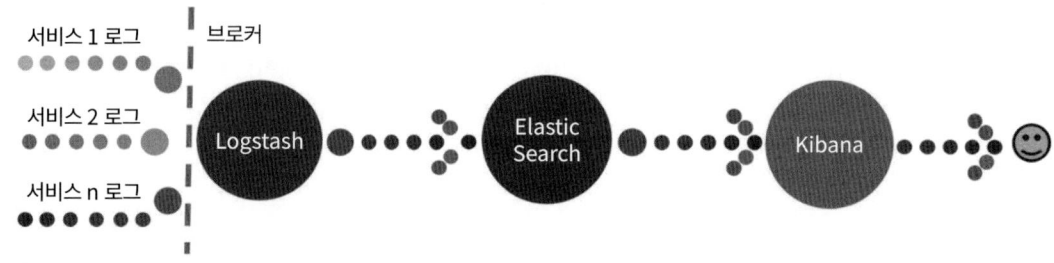

그림 12.1 – ELK 스택에서 로그의 흐름

다이어그램을 살펴보자.

- 서비스/시스템 로그는 TCP 포트의 Logstash로 푸시된다.
- Logstash는 인덱싱을 위해 로그를 Elasticsearch로 푸시한다.
- 그런 다음 Kibana는 Elasticsearch 인덱스를 사용해서 로그를 쿼리하고 시각화한다.

이상적인 프로덕션 시스템에서는 레이어를 하나 더 사용하는 경우가 많다. Redis, Kafka, RabbitMQ 와 같은 브로커 계층이 서비스 로그와 Logstash 사이에 배치되어야 한다. 이렇게 하면 데이터 손실을 방지하고 갑작스럽게 입력 부하가 오는 데이터 급증 상황에도 대비할 수 있다.

> **ELK 스택 구성을 위한 팁**
>
> ELK 스택은 기본 구성과 함께 제공되며 완전한 커스터마이징이 가능하다. 그러나 엘라스틱서치 클러스터를 사용하는 경우(둘 이상의 엘라스틱서치 인스턴스가 배포됨), 스플릿 브레인 문제를 피하려면 홀수 개의 엘라스틱서치 노드(인스턴스)를 사용하는 것이 좋다.
>
> 또한 로그 데이터의 모든 필드(로그 JSON 입력)에 적절한 데이터 타입을 사용하는 것이 좋다. 이 경우 로그 데이터를 쿼리하는 동안 논리적 검사와 비교기를 수행할 수 있다. 예를 들어, http_status < 400 검사는 http_status 필드 타입이 숫자일 경우에만 동작하고, 문자열 타입이면 실패하게 된다.

ELK 스택에 이미 익숙한 개발자라면 이번 절은 건너뛰고 다음 절로 넘어가도 된다. 이제부터는 ELK 스택의 각 도구에 대해 간략하게 소개할 예정이다.

엘라스틱서치

엘라스틱서치는 아파치 루씬(Lucene)을 기반으로 자바를 사용하여 개발된 가장 인기 있는 엔터프라이즈 텍스트 검색 엔진 중 하나이다. 엘라스틱서치는 또한 완전한 기능을 갖춘 고성능의 텍스트 검색 엔진 라이브러리이다. 엘라스틱서치는 제한된 오픈 소스 소프트웨어로 엘라스틱서치 또는 ELK 스택을 SaaS로 제공할 수 없도록 최근에 라이선스 조건이 변경되었다. 엘라스틱서치는 분산 배포가 가능하고 다중 테넌시를 지원한다. 단일 엘라스틱서치 서버는 여러 인덱스(각 인덱스는 데이터베이스를 나타냄)를 저장하고 단일 쿼리는 여러 인덱스의 데이터를 검색할 수 있다. 엘라스틱서치는 클러스터링을 지원하는 분산 검색 엔진이다.

엘라스틱서치는 확장이 쉽고 약 1초 정도의 지연 시간을 가지고 있어 거의 실시간 검색을 제공할 수 있다. 엘라스틱서치의 API는 광범위하고 매우 정교하다. 엘라스틱서치는 JSON 기반의 스키마 없는 스토리지를 제공하고 JSON으로 데이터 모델을 나타낸다. 엘라스틱서치의 API는 HTTP 요청, 응답에 JSON 다큐먼트를 사용한다.

로그스태시

로그스태시는 실시간 파이프라인 기능을 갖춘 오픈 소스 데이터 수집 엔진이다. 엘라스틱서치와 동일한 방식으로 데이터를 수집하고, 정보를 필터링하고, 처리된 정보를 데이터 저장소로 전송하는 세 가지 주요 작업을 수행한다. 데이터 파이프라인 기능으로 인해 다양한 시스템의 로그와 같은 모든 이벤트 데이터를 처리할 수 있다.

로그스태시는 데이터를 수집하고, 구문을 분석하고, 필터링하고, 엘라스틱서치와 같은 지정된 데이터 저장소 또는 콘솔의 단순 표준 출력으로 전송하는 에이전트로 실행된다.

로그스태시에는 그 외에도 풍부한 플러그인 세트가 있다.

키바나

키바나는 정보 분석과 시각화에 사용되는 오픈 소스 웹 애플리케이션이다. 엘라스틱서치와 상호 작용이 편리하며 손쉬운 통합을 제공한다. 엘라스틱서치 인덱스에 저장된 정보를 검색, 표시하고 상호작용할 수 있다.

키바나는 고급 데이터 분석을 수행하고 다양한 차트, 테이블, 지도에서 데이터를 시각화할 수 있는 브라우저 기반 웹 응용 프로그램이다. 또한 별도의 설정이 필요 없다. 따라서 설치 시 코딩이나 추가 인프라가 필요하지 않다.

이제 ELK 스택을 설치하는 방법을 알아보자.

ELK 스택 설치

ELK 스택은 운영 체제에 따라 개별 구성 요소를 설치하거나 도커 이미지를 다운로드해서 개별적으로 실행하거나 도커 컴포즈, 도커 스웜, 쿠버네티스를 사용해서 도커 이미지를 실행하는 등 다양한 방법으로 설치할 수 있다. 이 장에서는 도커 컴포즈를 사용하겠다.

ELK 스택의 도커 컴포즈 파일을 생성하기 전에 도커 컴포즈 파일의 문법을 이해해보자. 도커 컴포즈 파일은 YAML을 사용해서 정의된다. 도커 컴포즈 파일은 네 가지 중요한 최상위 키를 포함한다.

- version: 도커 컴포즈 파일 형식의 버전을 나타낸다. 도커 엔진의 설치에 따라 적절한 버전을 사용할 수 있다. https://docs.docker.com/compose/compose-file/를 확인하면 도커 컴포즈 파일 버전과 도커 엔진 버전 간의 매핑을 확인할 수 있다.
- services: 여기에는 하나 이상의 서비스 정의가 포함된다. 서비스 정의는 컨테이너 이름(container_name), 도커 이미지(image), 환경 변수(environment), 외부 및 내부 포트(port), 컨테이너 실행 시 실행할 명령어(command), 다른 서비스와 통신하는 데 사용할 네트워크(networks), 실행 중인 컨테이너와 호스트 파일 시스템의 매핑(volume), 종속 서비스로 실행할 컨테이너(depends_on)를 나타낸다.

- **networks**: 정의된 서비스 간에 통신 채널을 설정하기 위해 생성해야 하는 (최상위로) 명명된 네트워크를 나타낸다. 이 네트워크는 서비스에서 정의한 networks 키 기반 통신에 사용된다. 최상위 네트워크 키는 도커 스웜에서 사용될 때 단일 호스트와 overlay에 대한 bridge가 되는 드라이버 필드를 포함한다. 이 책에서는 bridge를 이용할 예정이다.

- **volumes**: 최상위 volumes 키는 호스트 경로를 마운트하는 명명된 볼륨을 생성할 때 사용한다. 볼륨은 여러 서비스가 필요로 할 경우에만 사용해야 한다. 또는 서비스별로 설정하는 서비스 정의 내에서 volumes 키를 사용할 수 있다.

이제 ELK 스택을 정의하기 위해 Chapter12 디렉터리에 도커 컴포즈 파일 docker-compose.yaml을 생성해 보자. 해당 파일에는 아래의 코드를 추가한다.

코드: /Chapter12/docker-compose.yaml

```yaml
version: "3.2"
services:
  elasticsearch:
    container_name: es-container
    image: docker.elastic.co/elasticsearch/elasticsearch:8.7.0
    environment:
      - xpack.security.enabled=false
      - "discovery.type=single-node"
    networks:
      - elk-net
    ports:
      - 19200:9200
```

위 코드를 통해 도커 컴포즈 파일을 정의했다. 그런 다음 elasticsearch 서비스가 포함된 services 키 절을 생성한다. 서비스에는 컨테이너 이름, 도커 이미지, 환경 변수, 네트워크가 포함된다(ELK 구성 요소가 서로 통신해야 하므로). 마지막으로 포트는 **외부:내부** 형식으로 정의된다. 여러분은 브라우저에서 포트 19200을 사용하여 액세스 할 것이다. 그러나 다른 서비스는 엘라스틱서치와 통신하기 위해 포트 9200을 사용할 것이다.

logstash 서비스 역시 마찬가지로 아래 코드 블록과 같이 정의할 수 있다.

```yaml
  logstash:
    container_name: ls-container
    image: docker.elastic.co/logstash/logstash:8.7.0
```

```
environment:
  - xpack.security.enabled=false
command: logstash -e 'input { tcp { port => 5001 codec =>
        "json" }} output { elasticsearch { hosts =>
        "elasticsearch:9200" index => "modern-api" }}'
networks:
  - elk-net
depends_on:
  - elasticsearch
ports:
  - 5002:5001
```

로그스태시의 구성에는 두 개의 추가 서비스 키가 포함되어 있다.

- 첫째, 주어진 구성(-e 사용)으로 `logstash` 명령을 포함하는 `command` 키이다. 로그스태시 구성에는 일반적으로 세 가지 중요한 부분이 포함된다.
  - input: `tcp` 또는 `File`과 같은 로그스태시 입력 채널. 여기서는 TCP 입력 채널을 사용할 것이다. 즉, gRPC 서버와 클라이언트 서비스가 JSON 형식(JSON-coded 플러그인 사용)의 로그를 포트 5001로 로그스태시에 푸시함을 의미한다.
  - filter: `filter` 키는 grok과 같은 다른 수단을 사용해서 다양한 필터 표현식을 지정한다. 로그에서 아무것도 필터링하지 않으려면 이 키를 사용하지 않으면 된다.
  - output: 정보를 필터링한 후 입력 데이터를 보낼 위치이다. 여기서는 엘라스틱서치를 사용한다. 로그스태시는 수신된 로그 정보를 포트 9200의 엘라스틱서치로 푸시하고 `modern-api`라는 엘라스틱서치 인덱스를 사용한다. 그런 다음 이 인덱스는 로그 쿼리, 분석, 시각화를 위해 키바나에서 사용된다.
- 두 번째 키인 `depends_on`은 `logstash` 서비스를 실행하기 전에 엘라스틱서치를 시작하도록 도커 컴포즈에 지시한다.

마지막으로 아래 코드 블록과 같이 `kibana` 서비스를 추가해보자.

```
kibana:
  container_name: kb-container
  image: docker.elastic.co/kibana/kibana:8.7.0
  environment:
    - ELASTICSEARCH_HOSTS=http://es-container:9200
  networks:
    - elk-net
```

```
    depends_on:
      - elasticsearch
    ports:
      - 5600:5601
networks:
  elk-net:
    driver: bridge
```

kibana 서비스 정의는 다른 서비스 정의와 비슷하다. 환경 변수 ELASTICSEARCH_HOSTS를 사용해서 엘라스틱서치에 연결한다.

도커 컴포즈 파일의 마지막 부분에는 bridge 드라이버를 사용하는 elk-net 네트워크를 정의한다.

ELK 스택 도커 컴포즈 파일 구성이 완료되었다. 이제 아래 명령을 사용해서 도커 컴포즈를 시작하자. 처음 실행하면 Elasticsearch, Logstash, Kibana의 로컬 이미지를 가져온다. 다음 명령에서 docker-compose.yaml 또는 docker-compose.yml 외에 다른 파일 이름을 사용한 경우 -f 플래그를 사용하면 된다.

```
$ docker-compose up -d¹
Creating network "chapter12_elk-net" with driver "bridge"
Creating es-container ... done
Creating ls-container ... done
Creating kb-container ... done
```

여기서 -d 옵션은 도커 컴포즈를 백그라운드로 시작하게 한다. 의존성(depends_on 키) 설정에 의해 es-container인 엘라스틱서치 컨테이너가 먼저 시작된다.

> **노트**
>
> 엘라스틱서치는 기본적으로 2 GB의 힙을 사용한다. Mac과 같은 일부 시스템에서는 도커 또한 기본적으로 2 GB 메모리를 사용한다.
>
> 이로 인해 error-137과 같은 에러가 발생할 수 있다. 이런 문제를 방지하려면 도커의 기본 메모리를 최소 8 GB 이상(많을 수록 좋다.)으로, 스왑 메모리를 최소 2 GB 로 늘려야 한다.
>
> 도커의 메모리 설정은 https://docs.docker.com/config/containers/resource_constraints/#memory 를 참고하기 바란다.

---

1 (옮긴이) 위 명령을 수행 시 "Is the docker daemon running?"와 같은 오류가 발생할 경우 docker 가 설치 및 구동되어 있는지 확인한다. Windows 나 Mac 환경에서 테스트하는 독자의 경우 Docker desktop을 설치하고 테스트할 수 있다.

도커 컴포즈는 네트워크를 만든 다음 서비스 컨테이너를 만들고 시작한다. 모든 컨테이너가 기동되면 브라우저에서 URL http://localhost:19200/ (URL은 elasticsearch 서비스에 대해 정의된 외부 포트를 포함한다.)에 접속해서 엘라스틱서치 인스턴스가 작동 중인지 확인할 수 있다.

해당 URL 을 호출했을 때, 엘라스틱서치 서비스가 작동 중이면 아래 코드 블록과 비슷한 응답을 받을 것이다.

```
{
  "name" : "1bfa291e20b2",
  "cluster_name" : "docker-cluster",
  "cluster_uuid" : "Lua_MmozTS-grM0ZeJ5EBA",
  "version" : {
    "number" : "8.7.0",
    "build_flavor" : "default",
    "build_type" : "docker",
    "build_hash" : "09520b59b6bc1057340b55750186466ea715e30e",
    "build_date" : "2023-03-27T16:31:09.816451435Z",
    "build_snapshot" : false,
    "lucene_version" : "9.5.0",
    "minimum_wire_compatibility_version" : "7.17.0",
    "minimum_index_compatibility_version" : "7.0.0"
  },
  "tagline" : "You Know, for Search"
}
```

다음으로 브라우저에서 URL http://localhost:5600 (URL은 kibana 서비스에 대해 정의된 외부 포트를 포함한다.)에 접속해서 키바나 대시보드를 확인하자. 그러면 아래 스크린샷과 같이 키바나의 홈페이지가 로드된다.

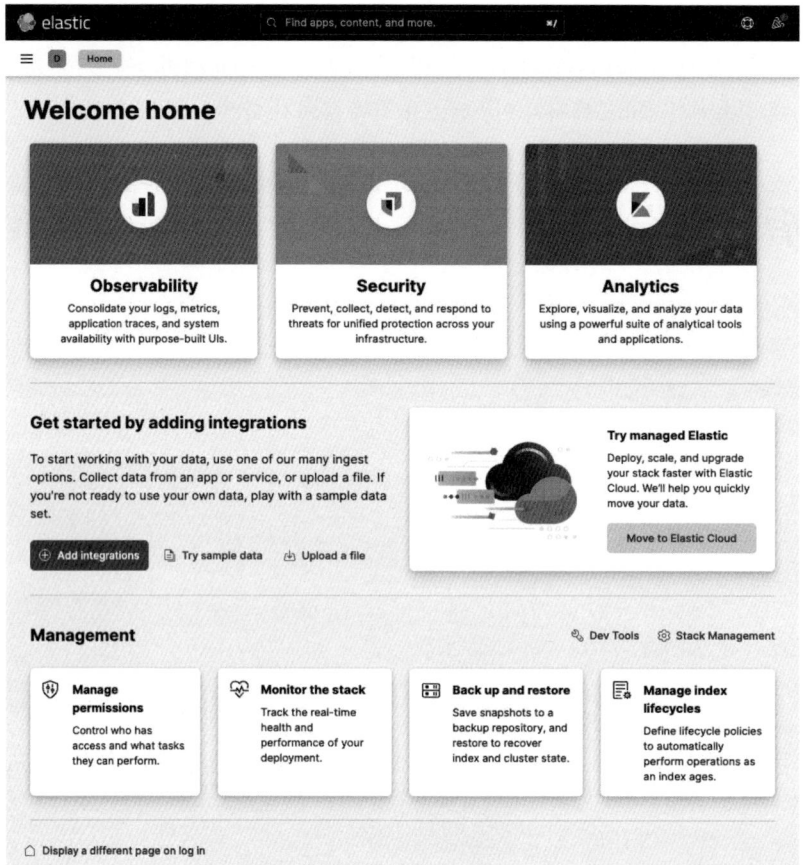

그림 12.2 – Kibana 홈페이지

-d 옵션을 사용했기 때문에 로그를 볼 수 있는 방법이 궁금할 것이다. `docker-compose logs [서비스 이름]` 명령을 사용하면 된다. 서비스 이름을 지정하지 않으면 모든 서비스의 로그가 표시된다. `--tail` 플래그를 사용해서 줄 수를 필터링할 수 있다. `--tail="all"` 플래그는 모든 행을 표시한다.

```
// -t 플래그는 타임스탬프를 켜는 스위치이므로 사용하지 않는다.
docker-compose logs --tail="10" elasticsearch
docker-compose logs --tail="10" kibana
```

아래 명령을 사용해서 도커 컴포즈를 중지할 수 있다.

```
$ docker-compose down
Stopping kb-container ... done
Stopping ls-container ... done
Stopping es-container ... done
Removing kb-container ... done
Removing ls-container ... done
Removing es-container ... done
Removing network chapter12_elk-net
```

출력은 약간 다를 수 있으나 실행 중인 모든 컨테이너가 중지하고 제거되어야 한다. 이 명령은 dependency_on 속성을 기반으로 docker-compose.yaml 파일에 제공된 종속성에 따라 컨테이너를 중지한 다음 제거한다. 마지막으로 네트워크를 제거한다.

다음으로 애플리케이션을 ELK 스택과 통합하기 위해 코드를 변경해 보자.

gRPC 코드에서 로깅 및 트레이싱 구현

로깅은 트레이싱과 함께 진행한다. 로깅은 애플리케이션 코드에 기본적으로 이미 처리돼 있다. 로깅을 위해 Logback을 사용한다. 로그는 콘솔에 표시하거나 파일 시스템에 전송하도록 설정한다. 그러나 인덱싱과 분석을 위해서는 로그를 ELK 스택에 전송해야 한다. 이를 위해 Logback 설정 파일 logback-spring.xml을 변경해서 로그를 로그스태시로 전송한다. 또한 이러한 로그에는 트레이싱 정보도 포함해야 한다.

상관 관계/트레이싱 식별자는 트레이싱 목적으로 분산 트랜잭션에 할당되고 전파되어야 한다. 분산 트랜잭션은 요청을 처리하기 위해 내부적으로 다른 서비스를 호출하는 기본 API 호출을 나타낸다. 스프링 부트 3 이전에는 스프링은 **Spring Cloud Sleuth** 라이브러리로 분산 트레이싱을 지원했다. 이제는 Spring Micrometer가 트레이싱을 지원한다. 해당 라이브러리는 스팬 ID와 함께 트레이싱 ID를 생성한다. 트레이싱 ID는 분산 트랜잭션에 참여하는 모든 서비스에 전파된다. 스팬 ID도 분산 트랜잭션에 참여한다. 그러나 스팬 ID의 범위는 하나의 서비스(스팬 ID가 할당되는 하나의 서비스)에만 해당된다.

앞에서 언급한 대로 우리는 Zipkin을 사용한다. 따라서 Zipkin의 분산 추적 라이브러리인 Brave를 사용할 것이다.

로깅과 트레이싱을 구현하려면 Chapter11 디렉터리에 있는 11장의 예제 코드를 복사해서 개선할 수 있다. 또는 변경된 부분을 확인하기 위해 Chapter12 디렉터리의 코드를 참조하기 바란다.

먼저 gRPC 서버 코드를 변경해보자.

gRPC 서버 코드 변경

트레이싱과 ELK 스택으로 로그 게시를 활성화하려면 다음 단계에 설명된 대로 코드를 변경해야 한다.

1. build.gradle 파일에 아래의 의존성을 추가한다.

   코드: /Chapter12/server/build.gradle

   ```
   implementation 'net.logstash.logback:logstash-logback-encoder:7.3'
   implementation 'io.micrometer: micrometer-tracing-bridge-brave'
   implementation 'org.springframework.boot: spring-boot-starter-actuator'
   ```

   아래의 세 가지 의존성을 추가한다.

   - **logstash-Logback Encoder**: 이 라이브러리는 로그스태시에 로그를 게시하는 Logback 인코더를 제공한다. 이것은 spring-logback.xml 파일에 설정될 것이다.
   - **micrometer-tracing-bridge-brave**: 이 종속성은 트레이스와 스팬 ID 관리를 담당한다. Micrometer Tracing Bridge Brave는 Brave를 사용해서 수집된 추적 정보를 Zipkin에 게시하는 Zipkin Brave용 추상화 라이브러리이다.
   - **spring-boot-starter-actuator**: 9장 웹 서비스 배포에서 상태 엔드포인트를 제공하기 위해 이 라이브러리를 사용했다. 이 라이브러리는 메트릭 엔드포인트도 제공한다. 또한 메트릭과 트레이싱 자동 설정을 수행한다.

2. 다음의 내용으로 spring-logback.xml 파일을 추가/수정한다.

   코드: /Chapter12/server/src/main/resources/logback-spring.xml

   ```xml
   <?xml version="1.0" encoding="UTF-8"?>
   <configuration>
     <springProperty scope="context" name="applicationName"
           source="spring.application.name"/>
     <springProperty scope="context" name="logstashDestination"
           source="logstash.destination" />
     <property name="LOG_PATTERN" value="%d{yyyy-MM-dd HH:mm:ss.SSS}
           %5p [${applicationName},%X{traceId:-},%X{spanId:-}] ${PID:-}
             --- [%15.15t] %-40.40logger{39} : %msg%n"/>
     <property name="LOG_FILE" value="${chapter12-grpcserver.
   ```

```xml
        service.logging.file:-chapter12-grpcserver-logs}"/>
<property name="LOG_DIR" value="${chapter12-grpcserver.
        service.logging.path:-chapter12-grpcserver-logs}"/>
<property name="SERVICE_ENV" value="${service.env:-dev}"/>
<property name="LOG_BASE_PATH" value="${LOG_DIR}/${SERVICE_ENV}"/>
<property name="MAX_FILE_SIZE" value="${chapter12.service.logging.rolling.
        maxFileSize:-100MB}"/>
<!-- 간결함을 위해 다른 설정은 생략 -->
```

여기에서 속성을 정의한다. 이 중 두 값은 스프링 구성 파일(application.properties 또는 application.yaml)에서 가져온다. 이제 아래 코드 블록과 같이 로그스태시 인코더를 추가해 보자.

```xml
<appender name="STASH" class="net.logstash.logback.appender.
        LogstashTcpSocketAppender">
  <destination>${logstashDestination}</destination>
  <encoder class="net.logstash.logback.encoder.LogstashEncoder" />
</appender>
<!-- 간결함을 위해 다른 설정은 생략 -->
```

위 코드는 STASH 어펜더가 정의되고 TCP 소켓을 사용해서 로그스태시로 로그를 전송하고 있다. 여기에는 로그스태시의 <HOST>:<TCP Port> 값을 할당하는 데 사용되는 destination 엘리먼트가 포함된다. 다른 엘리먼트 encoder에는 정규화된 클래스 이름인 LogstashEncoder가 포함돼 있다.

마지막으로 아래와 같이 루트 엘리먼트에 STASH 어펜더를 추가한다.

```xml
<!-- 간결함을 위해 다른 설정은 생략 -->
  <root level="INFO">
    <appender-ref ref="STDOUT"/>
    <appender-ref ref="STASH"/>
    <appender-ref ref="FILE"/>
  </root>
<!-- 간결함을 위해 다른 설정은 생략 -->
```

간략히 정보성 로그만 출력하도록 루트 레벨은 INFO로 설정한다.

> **로그스태시 테스트 구성**
>
> 로그스태시 인스턴스에 로그를 보내는 LOGSTASH(STASH) 어펜더를 비활성화 하려면 다음을 수행한다.
>
> 1. logback-spring.xml을 test/resources 디렉터리에 복사한다.
> 2. 이름을 test/resources/logback-test.xml 로 바꾼다.
> 3. <ROOT> 에서 LOGSTASH(STASH) 어펜더와 해당 항목을 제거한다.

3. 다음으로 이 logback-spring.xml 파일에 사용된 스프링 속성을 아래 코드 블록과 같이 application.properties 에 추가하자.

코드: /Chapter12/server/src/main/resources/application.properties

```
spring.application.name=grpc-server
spring.main.web-application-type=none
grpc.port=8080
logstash.destination=localhost:5002
management.tracing.sampling.probability=1.0
```

여기서 로그스태시의 대상 호스트는 localhost로 설정된다. 원격 시스템에서 실행 중인 경우에는 그에 따라 호스트를 변경해야 한다. 로그스태시의 TCP 포트는 도커 컴포즈 파일에 설정된 로그스태시 외부 포트와 동일하게 설정된다.

트레이싱을 위한 샘플링 비율의 기본 값은 실제 요청의 10%에 불과하다. 따라서 management.tracing.sampling.probability 속성을 1.0으로 설정한다. 이제 요청 100%에 대한 트레이싱 정보를 수집하므로 모든 요청이 트레이싱된다.

4. 이제 필요한 의존성과 구성이 설정됐다. 여러분은 트레이싱 서버 인터셉터를 gRPC 서버에 추가할 수 있다(노트: RESTful 웹 서비스를 사용하는 경우라면 스프링의 자동설정 메커니즘이 처리하므로 트레이싱 인터셉터가 필요하지 않다.).

우선 아래와 같이 설정 파일에 새 bean을 정의해 보자.

코드: /Chapter12/server/src/main/java/com/packt/modern/api/server/Config.java

```java
@Configuration
public class Config {
  @Bean
  public ObservationGrpcServerInterceptor interceptor(ObservationRegistry registry) {
    return new ObservationGrpcServerInterceptor(registry);
  }
}
```

여기서는 트레이싱 서버 인터셉터를 생성하는 데 필요한 ObservationGrpcServerInterceptor bean을 생성한다.

스프링 부트 3 이전에는 Spring Sleuth에서 RpcTracing bean을 제공했다. 이제 스프링 부트 3이 Sleuth 상에서 Spring Micrometer를 지원하므로 RpcTracing bean의 자동 구성은 사용할 수 없다. 이 Bean을 gRPC 서버에 인터셉터로 추가한다.

5. 아래 코드 블록과 같이 gRPC 서버 자바 파일 (GrpcServer.java)을 수정해서 트레이싱 서버 인터셉터를 gRPC 서버에 추가한다.

코드: /Chapter12/server/src/main/java/com/packt/modern/api/server/GrpcServer.java

```java
@Component
public class GrpcServer {
  // 간결함을 위해 코드 생략
  private final ObservationGrpcServerInterceptor oInterceptor;
  public GrpcServer(SourceService sourceService, ChargeService chargeService,
        ExceptionInterceptor exceptionInterceptor,
        ObservationGrpcServerInterceptor oInterceptor) {
    this.sourceService = sourceService;
    this.chargeService = chargeService;
    this.exceptionInterceptor = exceptionInterceptor;
    this.oInterceptor = oInterceptor;
  }
  public void start() throws IOException, InterruptedException {
    server = ServerBuilder.forPort(port)
        .addService(sourceService)
        .addService(chargeService)
        .intercept(exceptionInterceptor)
        .intercept(oInterceptor)
        .build().start();
    // 간결함을 위해 코드 생략
  }
  // 간결함을 위해 코드 생략
```

이 부분에서는 이전 단계에서 설정 파일에서 생성한 Bean이 생성자를 통해 주입되는 것을 볼 수 있다. 그리고 oInterceptor bean이 gRPC 서버 인터셉터를 생성하는 데 사용되었다.

마침내 트레이싱과 ELK 스택으로 로그 게시를 활성화하는 데 필요한 변경 사항을 gRPC 서버에 적용하는 작업이 완료됐다. 이제 gRPC 서버를 다시 빌드할 수 있고 해당 JAR를 실행해서 변경 사항도 확인할 수 있다. 로그와 트레이싱 기능이 올바르게 동작하는지 아래의 출력 결과를 참고해서 확인해 보자.

```
// Chapter12/server 디렉터리에서 명령 실행
$ ./gradlew clean build
// 로그스태시 연결 에러를 방지하려면 서버 실행 전에 도커 컴포저를 기동
$ java -jar build/libs/chapter12-server-0.0.1-SNAPSHOT.jar
// 간결함을 위해 로그 생략
2023-04-23 21:30:42.120 INFO [grpc-server,,] 49296 --- [ main] com.packt.modern.api.server.GrpcSer
ver : gRPC server is starting on port: 8080.
```

서버가 실행됨과 함께 logback-spring.xml에 설정된 패턴을 따르는 로그를 볼 수 있을 것이다. INFO 뒤에 인쇄된 로그 블록에는 트레이싱 ID와 스팬 ID뿐 아니라 애플리케이션/서비스 이름도 포함된다. 강조 표시된 행은 분산 트랜잭션과 관련된 외부 호출이 수행되지 않았기 때문에 빈 트레이싱 ID와 빈 스팬 ID를 표시한다. 트레이싱 ID와 스팬 ID는 분산 트랜잭션(서비스 간 통신)이 호출되는 경우에만 로그에 추가된다.

유사하게 gRPC 클라이언트에도 로깅과 트레이싱을 추가할 수 있다.

gRPC 클라이언트 코드 변경

트레이싱과 ELK 스택을 사용한 로그 게시를 활성화하려면 gRPC 클라이언트에서도 코드를 변경해야 한다. 이는 gRPC 서버 코드에서 구현한 변경 사항과 매우 유사하다. 자세한 내용은 아래 단계를 참고하자.

1. build.gradle 파일에 아래와 같이 의존성을 추가한다.

    코드: /Chapter12/client/build.gradle

    ```
    implementation 'net.logstash.logback: logstash-logback-encoder:7.3'
    implementation 'io.micrometer:micrometer-tracing-bridge-brave'
    implementation 'org.springframework.boot:spring-boot-starteractuator'
    ```

    위 내용은 gRPC 서버 코드에 추가한 것과 동일한 의존성이다.

2. 다음으로 gRPC 서버 코드에 추가한 것과 동일한 방식으로 logback-spring.xml 파일을 추가해서 로깅을 구성한다. XML 파일 내용에서 chapter12-grpc-server 대신 chapter12-grpc-client가 사용되어야 한다는 것에 주의한다.

3. 다음으로 application.properties에 아래 코드 블록과 같이 스프링 속성을 추가한다. 이 속성들 중 몇 개는 logback-spring.xml 파일에서도 참조된다.

코드: /Chapter12/client/src/main/resources/application.properties
```
spring.application.name=grpc-client
server.port=8081
grpc.server.host=localhost
grpc.server.port=8080
logstash.destination=localhost:5002
management.tracing.sampling.probability=1.0
```

4. 이것으로 필요한 의존성과 구성이 설정되었다. 이제 gRPC 클라이언트에 트레이싱을 추가할 수 있다. Micrometer 라이브러리에서 제공하는 ObservationGrpcClientInterceptor는 gRPC 클라이언트에 대한 인터셉터를 제공한다.

> **노트**
> RESTful 웹 서비스를 사용하는 경우 추가적인 트레이싱 변경이 필요 없다. 스프링 자동 구성이 이를 처리해준다.

우선, 다음과 같이 구성 파일에 ObservationGrpcClientInterceptor라는 새 bean을 정의한다.

코드: /Chapter12/client/src/main/java/com/packt/modern/api/Config.java
```java
@Configuration
public class Config {
  @Bean
  public ObservationGrpcClientInterceptor interceptor
          (ObservationRegistry registry) {
    return new ObservationGrpcClientInterceptor (registry);
  }
}
```

5. 이제 gRPC 클라이언트 자바 파일을 수정해서 ObservationGrpcClientInterceptor 인터셉터를 gRPC 클라이언트에 추가할 수 있다.

코드: /Chapter12/client/src/main/java/com/packt/modern/api/client/GrpcClient.java
```java
@Component
public class GrpcClient {
  @Autowired
  private ObservationGrpcClientInterceptor
        observationGrpcClientInterceptor;
  // 간결함을 위해 코드 생략
  public void start() {
    channel = ManagedChannelBuilder.forAddress (host, port)
        .intercept(observationGrpcClientInterceptor).usePlaintext().build();
```

```
        sourceServiceStub = SourceServiceGrpc.newBlockingStub(channel);
        chargeServiceStub = ChargeServiceGrpc.newBlockingStub(channel);
    }
    // 간결함을 위해 코드 생략
```

여기에서 이전 단계의 설정 파일에서 생성된 bean이 주입(Autowired)되는 것을 확인할 수 있다.

나중에 `observationGrpcClientInterceptor` 인터셉터가 클라이언트에 추가된다.

gRPC 클라이언트에서는 ELK 스택으로 로그 게시와 트레이싱을 용이하게 하는 데 필요한 변경 사항도 수행된다. gRPC 클라이언트를 다시 빌드하고 해당 jar를 실행하면 변경 사항의 효과를 확인할 수 있다. 아래의 출력을 참고해서 올바르게 동작하는지 확인해 보자.

ELK 스택에 대한 로그 게시 및 트레이싱을 용이하게 하는 데 필요한 변경 사항은 gRPC 클라이언트에서도 수행된다. 이제 gRPC 클라이언트를 다시 빌드하고 해당 JAR 파일을 실행해서 변경 사항이 적용되는지 아래의 출력 결과를 참고해서 확인해 보자.

```
// Chapter12/client 디렉터리에서 명령 실행
$ ./gradlew clean build
// 로그스태시 연결 에러를 방지하려면 서버 실행 전에 도커 컴포저를 기동
$ java -jar build/libs/chapter12-client-0.0.1-SNAPSHOT.jar
// 간결함을 위해 로그 생략
2023-04-23 23:02:35.297 INFO [grpc-client,,] 51746 --- [ main] com.packt.modern.api.ClientApp :
Started ClientApp in 3.955 seconds (process running for 4.611)
2023-04-23 23:02:35.674 INFO [grpc-client,,] 51746 --- [ main] com.packt.modern.api.client.GrpcCli
ent : gRPC client connected to localhost:8080
```

출력 결과를 보면 로그가 `logback-spring.xml`에 구성한 패턴을 따른다. `INFO` 뒤에 인쇄된 로그 블록에는 애플리케이션/서비스 이름, 트레이싱 ID, 스팬 ID가 포함된다. 트레이싱 ID와 스팬 ID는 분산 트랜잭션(서비스 간 통신)이 호출되는 경우에만 로그에 추가되기 때문에 현재는 비어있다.

이제 gRPC 서버와 클라이언트 서비스 모두에서 로그 집계와 분산 트레이싱을 활성화하는 데 필요한 변경 사항을 완료했다.

다음으로 변경사항을 테스트하고 키바나에서 로그를 확인해 볼 것이다.

로깅 및 트레이싱 변경사항 테스트

테스트를 시작하기 전에 ELK 스택이 실행 중인지 확인하자. 먼저 gRPC 서버를 시작한 다음 gRPC 클라이언트 서비스를 시작해야 한다.

자세한 로그를 남기려면 서비스에 적절한 로그 문을 추가하면 된다.

이제 새 터미널 창에서 아래 명령어를 실행해보자. 이는 gRPC 클라이언트 서비스의 REST 엔드포인트 /charges를 호출한다.

```
$ curl http://localhost:8081/charges
```

호출이 잘 이루어졌다면 아래와 같은 JSON 응답이 출력될 것이다.

```
{
  "charge": [{
    "id": "aibn4f45m49bojd3u0p16erbi5lnelui",
    "amount": 1000,
    "amountCaptured": 0,
    "amountRefunded": 0,
    "balanceTransactionId": "",
    "calculatedStatementDescriptor": "",
    "receiptEmail": "receipt@email.com",
    ... ... ...
    "refunded": false,
    "refunds": [],
    "statementDescriptor": "Statement Descriptor",
    "status": "SUCCEEDED",
    "sourceId": "inccsjg6gogsvi4rlprdbvvfq2ft2e6c"
  }]
}
```

그리고 gRPC 클라이언트에는 아래와 유사한 로그가 생성된다.

```
2023-04-23 23:10:37.882 INFO [grpc-client,64456d940c51e3e2baec07f 7448beee6,baec07f7448beee6] 51746 --- [nio-8081-exec-1] brave.Trac er : {"traceId":"64456d940c51e3e2baec07f 7448beee6","parent Id":"baec07f7448beee6","id":"0645e686d86968b6", "kind":"CLIENT","name":"com.packtpub.v1.ChargeServi
```

```
ce/RetrieveAll" ,"timestamp":1682271636300866,"duration":1578184,"localEndpoint": {"serviceName":"u
nknown","ipv4":"192.168.1.2"},"tags":{"rpc.service" :"com.packtpub.v1.ChargeService","rpc.method":"
RetrieveAll"}}
2023-04-23 23:10:37.886 INFO [grpc-client,64456d940c51e3e2baec07f 7448beee6,baec07f7448beee6] 51746
--- [nio-8081-exec-1] c.p.m.api. controller.ChargeController : Server response received in Json
Format: charge {
    id: "iivpc3i9el2dso9s2s2rqf9j3s2pomlm"
    amount: 1000
    created: 1682265641
    currency: "USD"
    customerId: "ab1ab2ab3ab4ab5"
    description: "Charge Description"
    receiptEmail: receipt@email.com
    statementDescriptor: "Statement Descriptor"
    sourceId: "6ufgh93stkjod1ih2vhkmamj9l1m0hvv"
}
```

여기에서 강조 표시된 부분은 애플리케이션 이름(grpc-client), 트레이스 ID(64456d940c51e3e2baec07f7448beee6), 스팬 ID(baec07f7448beee6)를 나타낸다.

또한 gRPC 서버에는 아래와 유사한 로그가 생성된다.

```
2023-04-23 23:10:37.821 INFO [grpc-server,64456d940c51 e3e2baec07f7448beee6,182159d509ce0714]
49296 --- [ault-executor-0] brave.Tracer : {"traceId":"64456d940c51e3e2baec07f7448beee6","parentId"
:"0645e686d869 68b6","id":"182159d509ce0714","kind":"SERVER","name":"com.packtpub.v1 .ChargeService/
RetrieveAll","timestamp":1682271637683829,"duration":127229,"localEndpoint":{"serviceName":"unknown"
,"ipv4": "192.168.1.2"},"tags":{"rpc.service":"com.packtpub. v1.ChargeService","rpc.method":"Retriev
eAll"}}
```

위 예시에서 강조 표시된 블록은 애플리케이션 이름(grpc-server), 트레이스 ID(64456d940c51e3e2baec07f7448beee6), 스팬 ID(182159d509ce0714)를 나타낸다. 트레이스 ID는 gRPC 클라이언트 로그에 표시된 것과 동일하다. 스팬 ID는 각각의 개별 서비스에 속하기 때문에 gRPC 서버의 스팬 ID는 gRPC 클라이언트 서비스의 스팬 ID와 다르다. 트레이스/상관 ID가 관련된 모든 서비스로 전파되기 때문에 이것은 다양한 서비스를 호출하는 요청을 트레이싱하는 데 도움이 되는 방법이다.

로그가 간결하고 두 개의 서비스에만 흩어져 있기 때문에 이 요청을 트레이싱하는 과정은 간단했다. 만약 다양한 서비스에 몇 기가 바이트의 로그가 흩어져 있다면 어떻게 해야 할까? 이 경우 ELK 스택의 다른 쿼리 기준을 사용해서 로그 인덱스를 검색할 수 있다. 이를 위해 트레이스 ID를 사용해 보자.

먼저 브라우저에서 키바나 홈페이지를 연다(`http://localhost:5600/`). 그런 다음 아래 스크린샷과 같이 왼쪽 상단 모서리에 있는 햄버거 메뉴를 클릭한다. 그런 다음 나타나는 메뉴에서 **Discover** 옵션을 클릭한다.

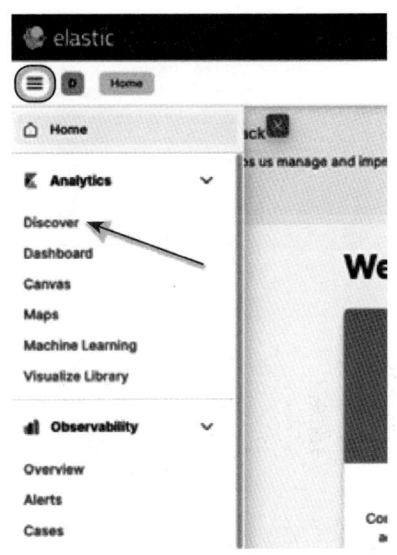

그림 12.3 - 키바나의 햄버거 메뉴

해당 부분을 클릭하면 아래 그림과 같이 Discover 페이지가 열린다. 인덱스 패턴을 처음 생성해야 하는 경우라면 엘라스틱서치에서 사용 가능한 인덱스가 필터링된다.

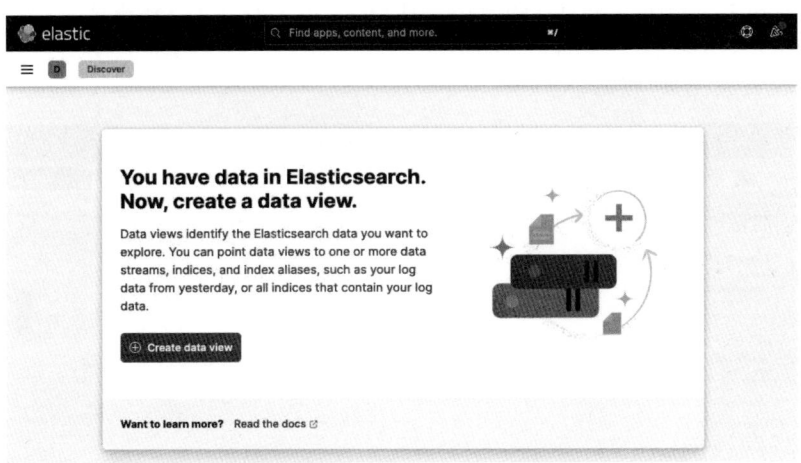

그림 12.4 - 키바나의 Discover 페이지

다음으로 **Create data view** 버튼을 클릭하면 아래 그림과 같이 인덱스 패턴을 정의하는 첫 번째 단계 페이지가 열린다. 이 곳에 ELK 스택의 도커 컴포즈 파일에서 로그스태시 설정 시 부여한 인덱스의 이름(`modern-api`)을 입력한다.

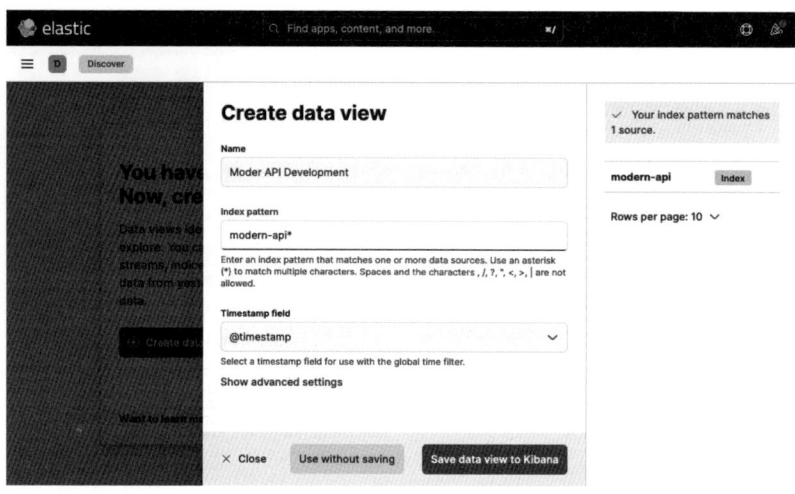

그림 12.5 - 키바나의 Create data view 페이지

이곳에 데이터 뷰 이름과 인덱스 패턴명을 입력한다. **Timestamp field** 값으로는 기본 값은 @timestamp로 둔다.

그런 다음, **Save data view to Kibana** 버튼을 클릭한다. 이 작업은 데이터 뷰를 생성한 후, 아래의 화면을 보여줄 것이다. (최근에 클라이언트의 REST API를 호출한 경우라면 보일 것이고, 그렇지 않으면 데이터 뷰가 표시되지 않을 것이다).

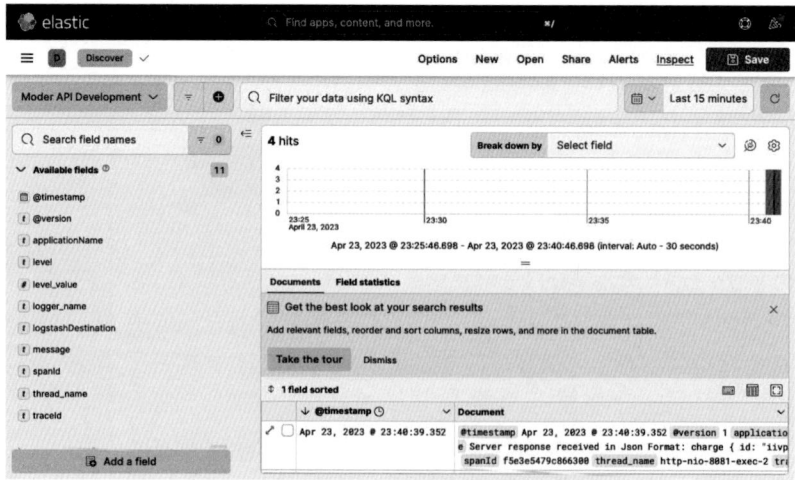

그림 12.6 - 키바나의 Saved data view 페이지

Discover 페이지 우측 상단의 Search 텍스트 상자와 Date/Duration 메뉴에 필터 쿼리를 추가할 수 있다.

쿼리 기준은 Kibana Query Language(KQL)를 사용해서 입력할 수 있고, 이를 통해 다양한 비교기와 논리 연산자를 추가할 수 있다.

자세한 내용은 https://www.elastic.co/guide/en/kibana/master/kuery-query.html를 참고하기 바란다.

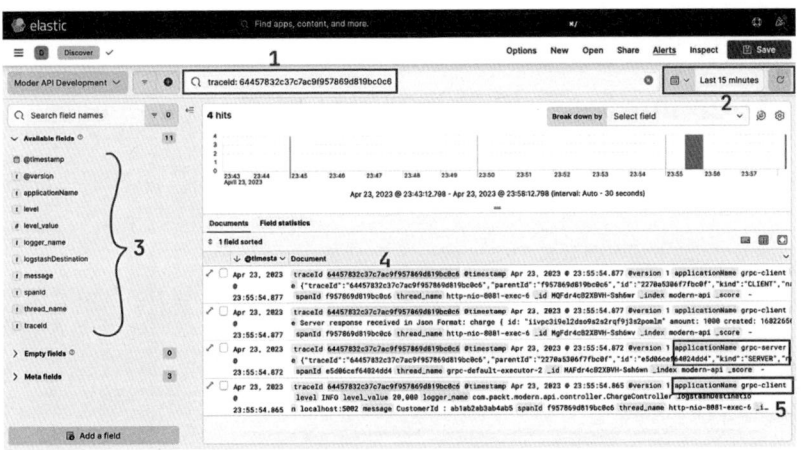

그림 12.7 – 키바나의 Discover 페이지 – 필터링

이 책에서는 검색기준(traceId: 64457832c37c7ac9f957869d819bc0c6)을 입력하고 (1) Duration 필드를 기본값(이전 15분)으로 유지했다 (2). 왼쪽에는 엘라스틱서치 인덱스와 그 인덱스에서 사용 가능한 모든 필드를 선택하는 방법도 나와 있다 (3).

기준을 입력한 후 Enter 키를 누르거나 새로 고침 버튼을 클릭하면 모든 서비스에서 수집된 로그가 표시된다. 검색된 값은 노란색으로 강조 표시된다 (4).

검색을 완료하면 검색된 트레이스 ID가 서버와 클라이언트 서비스로부터 수집된 로그를 표시하는 것을 볼 수 있다 (5).

검색된 Discovery 페이지에는 특정 기간 동안 발생한 호출 건수를 보여주는 그래프도 표시된다. 직접 더 많은 로그와 일부 에러를 생성하고 다른 기준을 사용해서 결과를 필터링하고 더 많이 탐색해 볼 수 있다.

키바나를 이용하면 검색 결과를 저장하거나 사용자 정의 대시보드를 생성하는 등 다양한 추가 작업을 수행할 수도 있다. 자세한 내용은 https://www.elastic.co/guide/en/kibana/master/index.html을 참고하자.

ELK 스택은 트레이스 ID와 기타 필드를 사용해서 로그 집계, 필터링, 디버깅에 적합하다. 그러나 API 호출의 성능(호출에 소요된 시간)은 확인할 수 없다. 이는 마이크로서비스 기반 애플리케이션이 있는 경우 특히 중요하다.

이 부분에서 Micrometer와 Zipkin(OpenZipkin이라고도 함)이 사용된다.

Zipkin과 Micrometer로 분산 트레이싱 하기

Spring Micrometer는 스프링 부트 애플리케이션에서 생성된 메트릭을 수집하는 유틸리티 라이브러리이다.

수집된 메트릭을 ELK와 같은 다른 시스템으로 내보낼 수 있는 벤더-중립적인 API를 제공한다. 다양한 유형의 메트릭을 수집하며 그 중 몇 가지는 다음과 같다.

- JVM, CPU, 캐시 관련 메트릭
- Spring MVC, WebFlux, REST 클라이언트의 레이턴시
- 데이터소스와 HikariCP 관련 메트릭
- 기동시간과 톰캣 사용 정보
- Logback에 기록된 이벤트 정보

Zipkin은 Micrometer와 함께 여러 서비스 호출에서 트랜잭션을 트레이싱하는 데 도움이 될 뿐만 아니라 분산 트랜잭션과 관련된 각 서비스가 소요한 응답 시간을 수집하는 데 도움이 된다. 또한 집킨은 멋진 그래프를 사용해서 이 정보를 보여준다. 성능 병목이 어디서 발생하는지를 찾고 지연 이슈를 유발하는 특정 API 호출을 더 자세히 파악하는 데 도움이 된다. 내부 API 호출 시간뿐만 아니라 주요 API 호출에 걸린 총 시간을 확인할 수도 있다.

스프링 부트로 개발된 서비스는 집킨과의 통합에 용이하다. `zipkin-reporter-brave` 의존성과 집킨 엔드포인트 속성, 두 가지만 추가하면 된다.

아래와 같이 gRPC 서버와 클라이언트에 두 가지 설정을 추가해보자.

1. 먼저 아래에 강조 표시된 의존성을 build.gradle (gRPC 서버와 클라이언트 프로젝트 모두)에 추가한다.

   ```
   implementation 'net.logstash.logback:logstash-logbackencoder:7.3'
   implementation 'io.micrometer:micrometer-tracing-bridge-brave'
   implementation 'io.zipkin.reporter2:zipkin-reporter-brave'
   implementation 'org.springframework.boot:spring-boot-starter-actuator'
   ```

2. 다음으로, application.properties 파일에 아래 속성을 추가한다(gRPC 서버와 클라이언트 모두에 대해).

   ```
   management.zipkin.tracing.endpoint=http://localhost:9411/api/v2/spans
   management.tracing.sampling.probability=1.0
   ```

집킨 tracing.endpoint 속성은 집킨 API 엔드포인트를 가리킨다.

트레이싱 정보를 집킨에 게시하기 위해 필요한 설정 변경 작업이 완료되었다. 설정을 변경했다면 서버와 클라이언트 서비스를 모두 다시 빌드한다.

이제 집킨을 설치하고 구동해보자.

집킨을 설치하고 실행하는 방법은 다양하다. 이러한 옵션에 대해 알아보려면 https://zipkin.io/pages/quickstart를 참고하자. 도커 컴포저에 집킨을 추가하는 방법도 있다. 우리는 개발 목적이므로 https://search.maven.org/remote_content?g=io.zipkin&a=zipkin-server&v=LATEST&c=exec에서 최신 릴리스의 독립 실행 가능한 JAR 파일을 가져와서 아래 명령(다운로드한 파일의 버전 기반으로 아래 명령에서 JAR 파일의 버전을 변경해야 한다.)으로 집킨을 실행한다.

```
$ java -jar zipkin-server-2.24.0-exec.jar
```

위 명령을 실행하면 인-메모리 데이터베이스와 함께 집킨이 시작된다. 프로덕션의 경우 엘라스틱서치와 같은 지속성 저장소를 사용하는 것이 좋다.

위 명령을 실행하면 로컬 호스트에서 실행되는 경우 http://127.0.0.1:9411/로 기본 포트 9411로 시작한다.

집킨 서버와 ELK 스택이 가동되어 실행되면 gRPC 서버와 클라이언트 서비스를 모두 시작하고 아래 명령을 실행할 수 있다.

```
$ curl http://localhost:8081/charges
```

이 명령은 gRPC 클라이언트 서비스에서 아래와 유사한 로그를 출력할 것이다.

```
2023-04-24 11:35:10.313 INFO [grpc-client,64461c16391707ee95478f9
57f3ccb1d,95478f957f3ccb1d] 62484 --- [nio-8081-exec-2] c.p.m.api.
controller.ChargeController : CustomerId : ab1ab2ab3ab4ab5
```

집킨 UI에서 사용하도록 트레이스 ID(위 출력에서 64461c16391707ee95478f957f3ccb1d)를 편한 방법으로 기록해두자. `http://localhost:9411`에 접속해서 집킨 홈페이지를 연다. 그러면 아래 화면이 보일 것이다.

그림 12.8 - 집킨 홈페이지

이제 집킨을 사용해서 쿼리를 실행할 수 있다. 먼저 트레이스 ID를 사용할 것이다. 오른쪽 상단 모서리에 있는 **Search by trace ID** 텍스트 상자에 복사한 트레이스 ID를 붙여 넣고 엔터 키를 누른다.

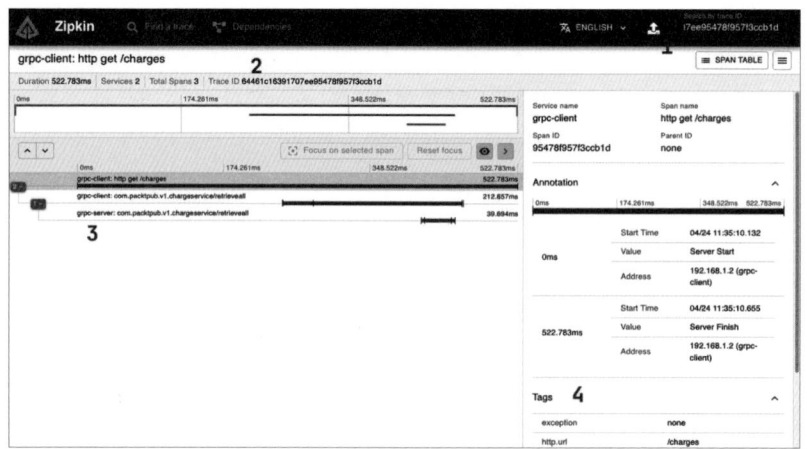

그림 12.9 - 집킨의 검색 결과 페이지

트레이스 ID가 유효하다면 상단에 전체 API 호출 정보가 표시된다 (1, 2). 왼쪽 편에는 해당하는 모든 API 호출을 계층 구조로 표시하고 개별 호출 시간을 그래픽 방식으로 보여준다 (3). 개별 API 호출 결과는 각각 선택이 가능하다. 화면의 오른쪽에는 사용자가 선택한 호출의 세부 정보가 표시된다 (4).

오른쪽에 있는 **Annotations** 영역은 아래 그림과 같이 `grpc-server` 호출에 대해 개별 호출 시작과 종료 시간을 표시한다.

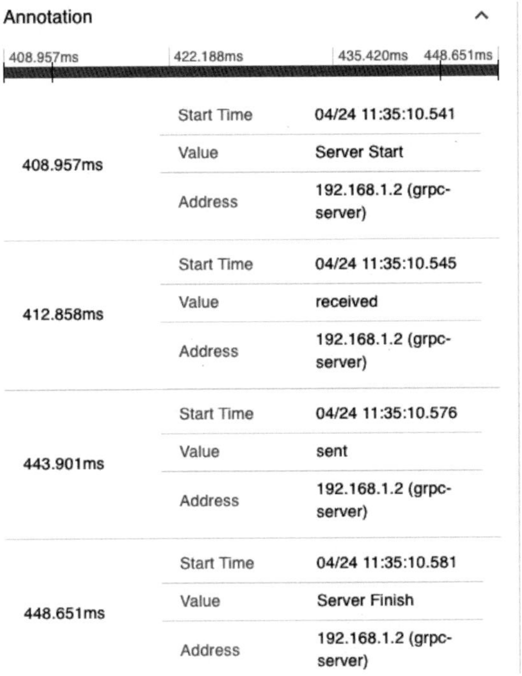
Annotation
408.957ms
422.188ms
435.420ms
448.651ms
408.957ms
Start Time
04/24 11:35:10.541
Value
Server Start
Address
192.168.1.2 (grpc-server)
412.858ms
Start Time
04/24 11:35:10.545
Value
received
Address
192.168.1.2 (grpc-server)
443.901ms
Start Time
04/24 11:35:10.576
Value
sent
Address
192.168.1.2 (grpc-server)
448.651ms
Start Time
04/24 11:35:10.581
Value
Server Finish
Address
192.168.1.2 (grpc-server)

그림 12.10 – Annotation 상세정보

성능을 튜닝할 경우 각 분산 API 호출에 대한 세분화된 시간 트레이싱을 통해 지연 이슈와 상대적으로 시간이 오래 걸리는 호출을 식별할 수 있다.

요약

이 장에서는 트레이스/상관 관계 ID가 얼마나 중요한지와 Brave와 Micrometer로 어떻게 설정하는지 배웠다. 이렇게 생성된 ID를 사용하면 관련 로그와 API 호출 시간을 찾을 수 있다. 이 로그 데이터들을 관리하고 분석하기 위해 서비스를 ELK 스택, 집킨과 통합했다.

또한 gRPC 기반 서비스에 대한 분산 트레이싱을 활성화하는 데 필요한 추가 코드와 설정을 구현했다.

12장에서는 Micrometer, Brave, ELK 스택, 집킨을 사용해서 로그 집계와 분산 트레이싱을 하는 방법을 알아봤다.

다음 장에서는 GraphQL API의 기본에 대해 배울 것이다.

질문

1. 트레이스 ID와 스팬 ID의 차이점은 무엇인가?
2. 로그를 생성하는 서비스와 ELK 스택 간에 브로커를 사용해야 하는가? 그렇다면 왜 사용해야 하는가?
3. 집킨은 어떻게 동작하는가?

답변

1. 분산 트랜잭션이 시작되면 트레이스 ID와 스팬 ID가 생성된다. Spring Cloud Sleuth를 사용해서 서비스 수신 시 메인 API 호출에 대한 트레이스 ID가 생성된다. 트레이스 ID는 각 분산 호출에 대해 한 번만 생성된다. 스팬 ID는 분산 트랜잭션에 참여하는 모든 서비스에 의해 생성된다. 트레이스 ID는 분산 트랜잭션이 필요한 호출에 대해 서비스 전체에서 공통되는 상관 관계 ID이다. 각 서비스는 각 API 호출에 대한 자체 스팬 ID를 가지게 된다.

2. 그렇다. Kafka, RabbitMQ, Redis와 같은 브로커는 로그의 강력한 지속성을 보장하고 불가피한 상황에서 로그 데이터가 손실될 위험을 없앤다. 또한 성능이 향상되고 갑작스러운 데이터 급증을 처리할 수 있다.

3. Brave가 포함된 Micrometer나 Spring Cloud Sleuth(계측(instrumentation) 수행)와 같은 트레이싱 프로그램은 수행 중인 호출의 시간과 메타데이터를 기록하고 분산 트랜잭션에 참여하는 다른 서비스에 트레이스 ID를 전파하는 두 가지 작업을 수행한다. 그런 다음 스캔이 완료되면 리포터(reporter)를 사용해서 트레이싱 정보를 Zipkin으로 푸시한다. 리포터는 HTTP나 Kafka와 같은 전송자(transport)를 사용해서 Zipkin에 데이터를 게시한다. Zipkin 내의 수집기(collector)는 실행 중인 서비스에서 전송자(transport)가 보낸 데이터를 수집해서 저장 계층으로 전달한다. 스토리지는 데이터를 보관한다. 저장된 데이터는 Zipkin API에 의해 노출된다. Zipkin UI는 API를 호출해서 정보를 그래픽으로 보여준다.

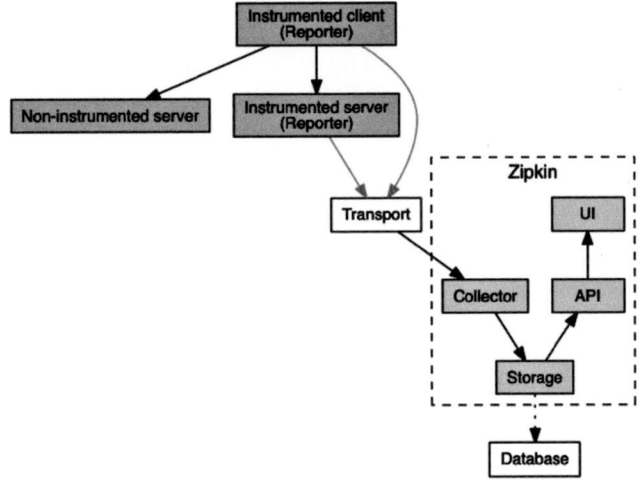

추가 읽을거리

- 엘라스틱서치 문서: https://www.elastic.co/guide/en/elasticsearch/reference/current/index.html

- 키바나 문서: https://www.elastic.co/guide/en/kibana/master/index.html

- 키바나 쿼리 언어: https://www.elastic.co/guide/en/kibana/master/kuery-query.html

- 로그스태시 문서: https://www.elastic.co/guide/en/logstash/master/index.html

- Elasticsearch 8.x Cookbook – Fifth Edition: https://www.packtpub.com/product/elasticsearch-8x-cookbook-fifth-edition/9781801079815

- 집킨 문서: https://zipkin.io/pages/quickstart

4부

GraphQL

4부에서는 GraphQL 기반 API 개발에 대해 알아보자. 4부를 마치면 GraphQL의 기본, REST와 리액티브 API의 차이뿐 아니라 GraphQL을 사용한 gRPC API와의 차이를 구분할 수 있게 되고 어떤 API 스타일을 언제 사용해야 하는지 이해할 수 있게된다. 그리고 자바 코드를 생성하는 데 사용하는 GraphQL 스키마를 작성할 수 있게 된다. 또한 GraphQL API 요청을 처리하는 쿼리 필드를 확인하기 위해 data fetcher와 loader를 작성하는 방법을 익히게 된다.

4부는 다음 장으로 구성된다.

- 13장, GraphQL 시작하기
- 14장, GraphQL API 개발 및 테스트

13
GraphQL 시작하기

이 장에서는 **SDL(스키마 정의 언어)**, 쿼리, 뮤테이션, 서브스크립션을 포함한 **GraphQL**의 기본 사항에 대해 배운다. GraphQL API는 데이터를 가져오는 데 빠르고 효율적이며 경우에 따라 REST보다 우수하기 때문에 모바일 앱과 같은 휴대용 장치 기반 앱에서 널리 사용된다. 따라서 GraphQL에 대해 배우는 것이 중요하다. 이 장의 GraphQL과 REST 비교 절에서 REST와의 비교에 대해 자세히 알아볼 것이다. 이 장을 마치면 의미론, 스키마 디자인, 스프링과 스프링 부트를 사용해서 GraphQL 기반 API를 개발하는 데 필요한 모든 것을 포함한 GraphQL의 기본 사항을 알게 될 것이다.

이 장에서는 다음 주제를 다룬다.

- GraphQL 알아보기
- GraphQL 기초 학습
- GraphQL 스키마 설계
- GraphQL 쿼리 및 뮤테이션 테스트
- N+1 문제 해결

기술 요구 사항

이 장에서는 GraphQL의 기본 이론과 개념을 다룬다. 다음 장에서 다루는 GraphQL 기반 서비스 코드를 개발하고 테스트하려면 먼저 이 장을 진행하는 것이 좋다.

GraphQL 알아보기

이 책을 읽는 개발자라면 아마 GraphQL에 대해 알거나 들어본 적이 있을 것이다. GraphQL은 휴대용 장치와 웹용 API 구현에 선호되는 방법으로 지난 몇 년간 API 영역에서 점점 인기가 많아지고 있다.

GraphQL은 선언적 쿼리이고 API용 조작 언어이면서 서버-사이드 런타임이다. GraphQL은 클라이언트가 원하는 데이터를 더도 말고 덜도 말고 정확하게 쿼리할 수 있도록 해준다.

다음 절에서는 GraphQL의 간략한 역사에 대해 살펴보겠다.

GraphQL의 간략한 역사

메타(구 페이스북)는 2011년에 모바일 브라우저에서 웹사이트의 성능을 개선하는 과정에서 큰 어려움을 겪었다. 그래서 모바일 네이티브 기술로 자체 모바일 앱을 구축하기 시작했다. 그러나 완성된 API는 계층적이고 재귀적인 데이터로 인해 기대에 미치지 못했다. 메타는 네트워크 호출을 최적화하기를 원했다. 그 당시 모바일 네트워크 속도는 세계의 많은 지역에서 Kb/s 이내로 꽤 느렸다. 사용자가 모바일 기기로 전환하기 시작한 흐름 속에서 빠르고 고품질의 모바일 앱은 회사의 성공의 중요한 키가 되었다.

메타에서 일하는 몇 명의 엔지니어(Lee Byron, Dan Schafer, Nick Schrock)는 이 목표를 위해 협력했고 2012년 GraphQL을 만들었다. GraphQL은 최초에는 페이스북의 뉴스피드 기능을 설계하고 개발하는 데 사용됐지만 나중에는 인프라 전반에 걸쳐 사용되었다. 오픈 소스로 공개되기 전부터 페이스북에서 내부적으로 사용되었고, 2015년에는 GraphQL의 명세와 자바스크립트로 구현된 버전이 대중에게 공개됐다. 곧이어 GraphQL 명세의 구현이 자바를 포함한 다른 언어로 확장되기 시작했다.

이 과정이 궁금하다면 https://www.youtube.com/watch?v=783ccP__No8 링크에 있는 GraphQL에 관한 다큐멘터리를 추천한다. 이 다큐멘터리는 페이스북 내부용 툴에서 시작한 GraphQL이 성공을 거두기까지의 여정을 보여준다.

> **알고 계신가요?**
>
> 넷플릭스와 코세라(Coursera)도 효율적이고 성능이 뛰어난 API를 구축하기 위해 유사한 아이디어를 연구하고 있었다. 코세라는 더 추진하지 못했지만 넷플릭스는 Falcor를 오픈 소스로 공개했다.

GraphQL과 REST 비교

이 책의 1부에서는 REST를 사용하여 API를 개발했다. 샘플 전자 상거래 UI 앱에서도 REST API를 사용해서 전자 상거래 기능을 구현했다. 이 장에서도 GraphQL의 각 개념이 REST의 어느 부분에 대응되는지 이해할 수 있도록 REST를 계속 참조할 것이다. 이 상관 관계는 GraphQL을 쉽게 이해하는 데 도움이 된다.

GraphQL은 REST보다 강력하고 유연하고 효율적이다. 그 이유를 살펴보자.

사용자가 전자 상거래 UI 앱에 로그인하고 자동으로 제품 목록 페이지로 이동할 경우, UI 앱은 아래와 같이 세 가지 다른 엔드포인트를 사용한다.

- 사용자 정보를 가져오기 위한 사용자 엔드포인트
- 제품 목록을 가져오기 위한 제품 엔드포인트
- 사용자 장바구니에서 장바구니 항목을 가져오기 위한 장바구니 엔드포인트

따라서 기본적으로 백엔드에서 고정된 구조(응답으로 전송되는 필드를 변경할 수 없는 구조)로 필요한 정보를 가져오려면 세 번의 호출을 해야 한다.

반면에 GraphQL은 사용자 정보, 사용자 장바구니 데이터, 제품 목록을 한번의 호출로 가져올 수 있다. 그 결과 네트워크 호출을 3개에서 1개로 많이 줄인다. GraphQL은 유즈케이스 별로 엔드포인트를 정의해야 하는 REST와 달리 하나의 엔드포인트만 노출한다. 아마도 누군가는 한 번으로 동작하는 새로운 REST 엔드포인트를 작성하면 된다고 말할 것이다. 물론 그렇게 특정 유스케이스를 해결할 수도 있지만 그 방법은 유연하지 않다. 빠른 이터레이션[1] 구조가 아니기 때문이다.

또한 GraphQL을 사용하면 백엔드로부터 가져오고 싶은 필드들을 요청에 기술할 수 있다. 서버는 더도 말고 덜도 말고 요청에 기술된 필드로만 응답을 제공한다.

---

1 (옮긴이) 소프트웨어 개발에서 빠른 이터레이션의 의미는 짧은 개발 주기를 반복하면서 소프트웨어를 점진적으로 개선해 간다는 의미이다.

예를 들어 제품에 사용자 리뷰를 추가하는 상황을 고려해 보자. 이를 위해 GraphQL 쿼리에는 리뷰 필드만 추가하면 된다. 마찬가지로 추가 필드도 사용할 필요가 없다. GraphQL 쿼리에 필요한 필드를 추가하면 된다. 한편 REST의 응답에는 응답 객체에 특정 필드가 필요한지 여부에 관계없이 미리 정의된 필드가 포함된다. 그런 다음 클라이언트 측에서 필요한 필드를 필터링해야 한다. 결과적으로 GraphQL은 오버/언더페치 문제를 방지해서 네트워크 대역폭을 효과적으로 사용한다고 말할 수 있다.

GraphQL API는 요구 사항 변경을 위해 API를 변경하거나 새 API를 추가해야 하는 REST처럼 지속적인 변경이 필요하지 않다. 이렇게 하면 개발 속도와 이터레이션이 향상된다. GraphQL API에는 새 필드를 쉽게 추가할 수 있고, 더 이상 사용되지 않는 기존 필드(클라이언트에서 더 이상 사용하지 않는 필드)도 필요하다면 표시할 수 있다. 따라서 백엔드에 영향을 주지 않고 클라이언트에서 필드를 변경할 수 있다. 간단히 말해서 버전이나 주요 변경 사항 없이 진화하는 API를 작성할 수 있다.

REST는 내장 HTTP 명세를 사용해 캐싱을 제공한다. 그러나 GraphQL은 HTTP 명세를 따르지 않는다. 대신에 Apollo/Relay와 같은 라이브러리를 사용해 캐시한다. 한편 REST는 HTTP를 기반으로 하지만 구현 시 어떤 명세를 따르는 것이 아니므로 REST와 gRPC를 비교하면서 논의한 것처럼 구현이 일관되지 않은 경우가 생긴다. HTTP GET 메소드를 사용하여 리소스를 삭제할 수도 있다.

GraphQL은 특히 모바일 클라이언트에서 사용될 때 REST API보다 우수하다. GraphQL API의 기능도 강력한 타입을 사용해서 정의된다. 이러한 타입은 API 정의가 포함된 스키마의 일부이다. 각 타입은 **SDL**을 사용해서 스키마에 작성된다.

GraphQL은 서버와 클라이언트 간의 계약 역할을 한다. 여러분은 GraphQL의 스키마를 gRPC **인터페이스 정의 언어(IDL)** 파일과 OpenAPI 명세 파일과 연관시킬 수 있다.

다음 절에서는 GraphQL의 기본 사항에 대해 논의해 보자.

GraphQL 기본 학습

GraphQL API에는 **쿼리**, **뮤테이션**, **서브스크립션**이라는 세 가지 중요한 루트 타입이 있다. 이들은 모두 GraphQL 스키마에 특별한 SDL 구문을 사용하여 정의된다.

GraphQL은 쿼리, 뮤테이션, 서브스크립션 요청에 따라 JSON 응답을 반환하는 단일 엔드포인트를 제공한다.

먼저 쿼리에 대해서 살펴보자.

쿼리 타입 살펴보기

Query 타입은 서버에서 정보를 가져오는 읽기 작업에 사용된다. 단일 Query 타입에는 많은 쿼리가 포함될 수 있다. 아래의 GraphQL 스키마와 같이 로그인한 사용자를 검색하기 위해 SDL을 사용한 쿼리를 작성해 보자.

```
type Query {
  me: LogginInUser
  # 여기에 다른 쿼리들을 추가할 수 있다.
}
type LoggedInUser {
  id: ID
  accessToken: String
  refreshToken: String
  username: String
}
```

위 쿼리문은 두 가지 작업을 수행했다.

1. 실행할 수 있는 쿼리가 포함된 GraphQL 인터페이스의 쿼리 루트를 정의했다. 여기에는 LoggedInUser 타입의 인스턴스를 반환하는 단일 쿼리 타입인 me만 포함된다.

2. 네 개의 필드가 포함된 사용자 정의 LoggedInUser 객체 타입을 정의했다. 이러한 필드 뒤에는 해당 타입을 지정한다. 위 쿼리문에서는 ID와 String이라고 하는 GraphQL의 내장 스칼라 타입을 사용해서 필드 타입을 정의했다. 타입에 대해서는 이 장의 뒷부분에서 내장 스칼라 타입에 대해 논의할 때 자세히 살펴볼 것이다.

서버에서 이 스키마를 구현하고 아래의 GraphQL 쿼리를 실행하면 응답에서 요청한 필드만 값과 함께 JSON 형식으로 가져온다.

아래 코드 블록에서 me 쿼리와 해당 JSON 응답을 찾을 수 있다.

```
# 요청 입력
{
  me {
    id
```

```
      username
    }
  }
}
#JSON 응답
{
  "data": {
    "me": {
      "id": "asdf90asdkqwe09kl",
      "username": "scott"
    }
  }
}
```

흥미롭게도 위 코드의 경우 GraphQL의 요청 입력이 query로 시작하지 않는데, 이 경우 디폴트로 쿼리로 동작한다. 이를 **익명 쿼리**라고 한다. GraphQL 핸들러는 `Mutation`과 같이 특정 항목을 지정하지 않는 한 항상 페이로드를 쿼리로 가정한다. 필요한 경우에는 아래와 같이 요청 입력에 query 접두사를 붙일 수도 있다.

```
query {
  me {
    id
    username
  }
}
```

위의 예제에서 보다시피 필요한 필드만 쿼리할 수도 있다. 여기서는 `LoggedInUser` 타입에서 `id`와 `username` 필드만 요청했고 서버는 이 두 필드만 사용해 응답했다. 요청 페이로드는 중괄호 {}로 묶여 있다. 스키마에서 주석을 달기 위해서는 #을 사용한다.

지금까지 GraphQL 스키마에서 `Query`와 `object` 타입을 정의하는 방법을 살펴봤다. 또한 쿼리 타입과 예상 JSON 응답에 따라 GraphQL 요청 페이로드를 구성하는 방법을 배웠다.

다음 절에서는 GraphQL 뮤테이션에 대해 알아보자.

뮤테이션 타입 살펴보기

Mutation 타입은 서버에서 수행되는 모든 추가, 업데이트, 삭제 작업에 대한 GraphQL 요청에 사용된다. 단일 Mutation 타입이 여러 개의 뮤테이션을 포함할 수도 있다. 먼저 장바구니에 새 항목을 추가하는 addItemInCart 뮤테이션을 정의해 보자.

```
type Mutation {
  addItemInCart(productId: ID, qty: Int): [Item]
  # 여기에 다른 뮤테이션들을 추가할 수 있다.
}
type Item {
  id: ID!
  productId: ID
  qty: Int
}
```

위에서는 Mutation 타입과 Item이라는 새 객체 타입을 정의했다. addItemInCart라는 뮤테이션을 추가했다. Query, Mutation, Subscription 타입은 아규먼트를 전달할 수 있다. 필요한 매개변수를 정의하기 위해 명명된 아규먼트를 ( ) 괄호로 묶을 수 있다. 아규먼트는 쉼표로 구분된다. addItemInCart의 시그니처는 두 개의 아규먼트를 포함하고 장바구니 아이템 리스트를 반환한다. 리스트는 [ ] 괄호를 사용해서 표시한다.

> **선택 및 필수 아규먼트**
>
> 아래 뮤테이션과 같이 기본값을 사용해서 아규먼트를 선언한다고 가정해 보자.
>
> pay(amount: Float, currency: String = "USD"): Payment
>
> 여기서 currency는 선택적 아규먼트이다. 선택적 아규먼트에는 디폴트 값이 포함된다. 반면에 amount는 디폴트 값이 정해져 있지 않은 필수 필드이다.

Int는 부호가 있는 32비트 정수에 대한 내장 스칼라 타입이다. GraphQL에서 디폴트 값은 null이다. 만약에 어떤 필드에 대해 nullable이 아닌 값을 강제 적용하려면 해당 타입에 느낌표(!)를 표시해야 한다. 느낌표(!) 표시가 스키마의 어떤 필드에 적용되면 클라이언트가 요청 페이로드에 해당 필드를 사용할 경우 GraphQL 서버는 해당 필드에 대해 null 대신 항상 값을 제공한다. 느낌표 표시가 있는 리스트를 선언할 수도 있다. 예를 들어 items: [Item]!와 items: [Item!]! 두 선언은 모두 리스트에 0개 이상의 항목을 제공한다. 그러나 후자는 유효한 Item 객체(nullable 이 아닌 값)만 제공한다.

서버에 이 스키마를 구현했다면 아래의 GraphQL 쿼리를 사용할 수 있다. 요청한 필드만 값과 함께 JSON 객체로 가져온다.

```
# 요청 입력
mutation {
  addItemInCart(productId: "qwer90asdkqwe09kl", qty: 2) {
    id
    productId
  }
}
```

이번에는 GraphQL 요청 입력이 mutation 키워드로 시작하는 것을 볼 수 있다. mutation 키워드로 뮤테이션을 시작하지 않으면 **Field 'addItemInCart' doesn't exist on type 'Query'**라는 메시지와 함께 에러가 발생할 수 있다. 이는 서버가 요청 페이로드를 쿼리로 처리하기 때문이다.

이 부분에는 addItemInCart 뮤테이션에 필요한 아규먼트를 추가한 다음 응답으로 검색하려는 필드(id와 productId)를 추가해야 한다. 요청이 성공적으로 처리되면 아래와 유사한 JSON 출력이 표시된다.

```
#JSON 응답
{
  "data": {
    addItemInCart: [
      {
        "id": "zxcv90asdkqwe09kl",
        "productId": "qwer90asdkqwe09kl"
      }
    ]
  }
}
```

응답 결과에서 출력된 id 필드의 값은 서버에서 생성된다. 마찬가지로 스키마에서 삭제나 업데이트와 같은 다른 뮤테이션을 작성할 수 있다. 그런 다음 GraphQL 요청의 페이로드를 사용해서 그에 따라 뮤테이션이 처리되도록 할 수 있다.

다음 절에서는 GraphQL의 Subscription 타입을 살펴보자.

서브스크립션 타입 살펴보기

REST에만 익숙한 독자라면 아마 서브스크립션이라는 개념이 생소할 것이다.

GraphQL이 없었을 때에는 아마 폴링이나 웹소켓을 사용해서 유사한 기능을 구현했을 것이다. 서비스에서는 서브스크립션 기능이 필요한 사례가 많이 있다. 예를 들면 아래와 같은 경우들이다.

- 실시간 점수 업데이트 또는 실시간 선거 결과
- 일괄 처리 업데이트

이처럼 서비스 운영 중에는 이벤트를 즉시 업데이트해야 하는 경우가 자주 있다. GraphQL은 이런 유스케이스에 대한 서브스크립션 기능을 제공한다. 이 기능을 사용하는 경우 클라이언트는 안정적인 연결을 시작하고 유지해서 이벤트를 서브스크립션 한다. 등록된 이벤트가 발생하면 서버는 결과 이벤트 데이터를 클라이언트에 푸시한다. 예를 들어, 전자상거래 앱에서 품목의 재고가 변경될 때마다 알고 싶다고 가정해 보자. 항목 수량에 변화가 생기면 이벤트가 트리거되고 서브스크립션은 업데이트된 수량에 대한 응답을 받게 된다.

이 결과 데이터는 요청/응답 구조의 통신(쿼리/뮤테이션의 경우 발생)이 아니라 시작된 연결을 통해 스트림으로 전송된다.

> **서브스크립션을 권장하는 경우**
>
> 서브스크립션은 큰 객체(예: 일괄 처리)에 대해 작은 업데이트가 발생하거나 라이브 점수 업데이트와 같이 대기 시간이 짧은 라이브 업데이트가 있는 경우에만 사용하는 것이 좋다. 그렇지 않을 경우에는 폴링(지정된 간격으로 주기적으로 쿼리 실행)을 사용해야 한다.

아래와 같이 스키마에서 서브스크립션을 생성해 보자.

```
type Subscription {
  orderShipped(customerID: ID!): Order
  # 여기에 다른 서브스크립션들을 추가할 수 있다.
}
# Order 타입에는 주문 정보와 다른 객체인 Shipping이 포함된다.
# Shipping에는 id, estDeliveryDate, carrier 필드가 포함된다.
type Order {
```

```
  # 간결함을 위해 다른 필드는 생략
  shipping: Shipping
}
type Shipping {
  Id: ID!
  estDeliveryDate: String
  carrier: String
}
```

위 코드에서는 customerID를 아규먼트로 받아들이고 Order를 리턴하는 orderShipped 서브스크립션을 정의했다. 클라이언트가 이 이벤트를 구독하면 주어진 customerId에 대한 주문이 배송될 때마다 서버는 요청된 주문의 상세 정보를 클라이언트에 스트림을 사용해서 푸시한다.

아래의 GraphQL 요청을 사용하면 GraphQL의 서브스크립션을 구독할 수 있다.

```
# 요청 입력
subscription {
  orderShipped(customerID: "customer90asdkqwe09kl") {
    shipping {
      estDeliveryDate
      trackingId
    }
  }
}
# JSON으로 출력된 결과
{
  "data": {
    "orderShipped": {
      "estDeliveryDate": "13-Aug-2022",
      "trackingId": "tracking90asdkqwe09kl"
    }
  }
}
```

클라이언트는 특정 고객과 관련된 주문이 배송될 때마다 JSON 응답을 보내달라고 요청한다. 서버는 이 GraphQL 서브스크립션을 구독한 모든 클라이언트에게 해당 업데이트를 푸시한다.

이 절에서는 GraphQL 스키마에서 Query, Mutation, Subscription 타입을 선언하는 방법을 배웠다.

먼저 스키마에서 스칼라 타입과 커스텀 객체 타입을 정의했다. 또한 쿼리/뮤테이션, 서브스크립션에 대한 GraphQL 요청을 작성하는 방법도 살펴보았다.

이제 루트 타입에서 작업 매개변수를 정의하고 GraphQL 요청을 보낼 때 아규먼트를 전달하는 방법을 알게 되었다. 스키마 정의 시 nullable이 아닌 필드는 느낌표(!)로 표시하면 된다는 것도 알아두기 바란다. 또한 객체의 배열이나 리스트의 경우에는 대괄호([ ])를 사용해야 한다.

다음 절에서는 GraphQL의 스키마에 대해 자세히 알아보자.

GraphQL 스키마 설계

스키마는 DSL 구문을 사용해서 작성하는 GraphQL 파일이다. 기본적으로 루트 타입(쿼리, 뮤테이션, 서브스크립션)과 객체 타입, 스칼라 타입, 인터페이스, 유니온 타입, 인풋 타입, 프래그먼트와 같이 루트 타입 내에서 사용되는 대표적인 타입으로 구성된다.

먼저 이러한 타입들에 대해 살펴보자. 이전 절에서 루트 타입(쿼리, 뮤테이션, 서브스크립션)과 객체 타입에 대해 배웠다. 이제 스칼라 타입에 대해 자세히 알아보자.

스칼라 타입의 이해

스칼라 타입은 구체적인 데이터를 확인한다. 스칼라 타입에는 내장 스칼라 타입, 커스텀 스칼라 타입, 열거형 타입의 세 가지 타입이 있다. 먼저 내장 스칼라 타입을 살펴보자. GraphQL은 아래 5가지 종류의 내장 스칼라 타입을 제공한다.

- Int: 정수를 저장하고 부호 있는 32비트 정수로 표시된다.
- Float: 부호 있는 배정밀도 부동 소수점 값을 저장한다.
- String: UTF-8 문자열을 저장한다.
- Boolean: Boolean 값(true 또는 false)을 저장한다.
- ID: 객체 식별자 문자열을 정의하는 데 사용된다. 이것은 문자열로만 직렬화할 수 있고 사람이 읽을 수 없다.

커스텀 스칼라 타입이라고 하는 고유한 스칼라 타입을 정의할 수도 있다. 한 예로 Date 타입은 아래와 같이 정의할 수 있다.

```
scalar Date
```

커스텀 스칼라 타입의 경우 직렬화, 역직렬화, 유효성 검사를 구현할 필요가 있다. 예를 들어 커스텀 스칼라 Date 타입의 경우 날짜는 Unix 타임스탬프나 특정 데이터 형식을 가진 문자열로 처리된다.

또 다른 특수한 스칼라 타입으로는 허용되는 값의 특정 세트를 정의하는 데 사용되는 열거형 타입(enum)이 있다. 아래와 같이 주문 상태 열거형을 정의해 보자.

```
enum OrderStatus {
  CREATED
  CONFIRMED
  SHIPPED
  DELIVERED
  CANCELLED
}
```

여기서 OrderStatus 열거형은 주어진 시점의 주문 상태를 나타낸다. 다음 절에서는 다른 타입을 살펴보기 전에 GraphQL 프래그먼트를 살펴볼 것이다.

프래그먼트 이해

서비스 운영 중에는 클라이언트 측에서 쿼리하는 동안 충돌 시나리오가 발생할 수 있다. 동일한 결과(동일한 객체 또는 필드 집합)를 반환하는 두 개 이상의 쿼리도 생길 수 있다. 이 충돌을 피하기 위해 쿼리 결과에 이름을 지정할 수 있다. 이 이름을 별칭(alias)이라고 한다.

아래 쿼리에서 별칭을 사용해 보자.

```
query HomeAndBillingAddress {
  home: getAddress(type: "home") {
    number
    residency
    street
    city
```

```
    pincode
  }
  billing: getAddress(type: "home") {
    number
    residency
    street
    city
    pincode
  }
}
```

여기서 HomeAndBillingAddress는 getAddress 쿼리 작업을 포함하는 명명된 쿼리이다. 이 쿼리에서는 동일한 필드 집합을 리턴하는 getAddress가 두 번 사용된다. 따라서 home과 billing 별칭이 결과 객체를 구별하는 데 사용된다.

getAddress 쿼리는 Address 객체를 리턴할 것이다. Address 객체는 type, state, country, contactNo와 같은 추가 필드가 있을 수 있다. 따라서 동일한 필드 집합을 사용할 수 있는 쿼리가 있는 경우 **프래그먼트**를 만들어서 쿼리에서 사용할 수 있다. 프래그먼트는 아래의 코드에 표시된 것처럼 GraphQL 스키마의 기존 객체에서 필드의 하위 그룹을 논리적으로 생성한다. 이는 여러 위치에서 재사용할 수 있다.

프래그먼트를 만들고 이전 코드 블록에서 공통 필드를 교체해 보자.

```
query HomeAndBillingAddress {
home: getAddress(type: "home") {
    ...addressFragment
  }
billing: getAddress(type: "home") {
    ...addressFragment
  }
}
fragment addressFragment on Address {
  number
  residency
  street
  city
  pincode
}
```

위 코드에서는 addressFragment 프래그먼트가 생성돼서 쿼리에 사용됐다.

쿼리에서 **인라인 프래그먼트(inline fragment)**를 만들 수도 있다. 인라인 프래그먼트는 명시적으로 선언하지 않고 GraphQL 페이로드에서 즉시 생성할 수 있는 프래그먼트이다. 이러한 프래그먼트는 응답 객체에 중첩 객체가 포함되어 있고 모든 객체 필드가 아닌 중첩 객체의 몇 가지 필드만 원하는 경우에 유용하다. 쿼리 필드가 인터페이스 또는 공용체 유형을 반환하는 경우 인라인 프래그먼트를 사용할 수 있다. 나중에 GraphQL 스키마 설계 절의 하위 절인 인터페이스 이해에서 인라인 프래그먼트를 더 자세히 살펴볼 것이다. 인라인 프래그먼트는 쿼리 필드가 Interface나 Unon 타입을 리턴할 경우 사용할 수 있다. 인라인 프래그먼트에 대해서는 나중에 더 자세히 살펴볼 것이다.

다음 절에서는 GraphQL의 인터페이스를 살펴보자.

인터페이스 이해

GraphQL의 인터페이스는 추상적이다. 여러 객체에 공통적인 몇 가지 필드가 있을 수 있다. 이러한 공통 필드 세트 용으로 `interface` 타입을 작성할 수 있다. 예를 들어, 제품에는 ID, 이름, 설명과 같은 몇 가지 공통 속성이 있을 수 있다. 제품은 타입에 따라 다른 속성을 가질 수도 있다. 예를 들어 책에는 페이지 수, 저자, 출판사가 있을 수 있지만 책장은 재질, 너비, 높이, 깊이 속성이 있을 수 있다.

인터페이스를 사용해서 이 세 가지 객체(Product, Book, Bookcase)를 정의해 보자.

```
interface Product {
  id: ID!
  name: String!
  description: string
}
type Book implements Product {
  id: ID!
  name: String!
  description: string
  author: String!
  publisher: String
  noOfPages: Int
}
type Bookcase implements Product {
```

```
  id: ID!
  name: String!
  description: string
  material: [String!]!
  width: Int
  height: Int
  depth: Int
}
```

위 코드에서는 interface 키워드를 사용해 Product라는 추상 타입을 생성했다. 이 인터페이스는 Book과 Bookcase라는 새로운 객체 타입을 생성할 때 사용할 수 있다.

이제 모든 제품(책과 책장)을 리턴하는 쿼리도 간단하게 작성이 가능하다.

```
type query {
  allProducts: [Product]
}
```

또한 클라이언트에서 아래 쿼리를 사용하면 모든 제품을 검색할 수 있다.

```
query getProducts {
  allProducts {
    id
    name
    description
  }
}
```

잘 살펴보면 위의 코드에는 Product 인터페이스의 속성만 포함되어 있다. Book과 Bookcase에서 속성을 검색하려면 아래와 같이 **인라인 프래그먼트**를 사용해야 한다.

```
query getProducts {
  allProducts {
    id
    name
    description
```

```
    ... on Book {
      author
      publisher
    }
    ... on BookCase {
      material
      height
    }
  }
}
```

여기서 연산자 (…)는 인라인 프래그먼트 생성에 사용된다. 이런 식으로 인터페이스를 구현하는 타입에서 필드를 가져올 수 있다.

다음 절에서는 Union 타입에 대해 살펴볼 것이다.

유니온 타입 이해

Book과 Author라는 두 가지 객체 타입이 있다고 가정해 보자. 여기서 책과 저자 정보를 모두 리턴할 수 있는 GraphQL 쿼리를 작성하려고 한다. Book과 Author에 인터페이스가 없다고 해보자. 그렇다면 쿼리 결과에서 두 객체를 어떻게 결합할 수 있을까? 이러한 경우 둘 이상의 객체를 조합한 유니온 타입을 사용할 수 있다.

Union 타입을 생성하기 전에 고려해야 할 사항이 있다.

- 공통 필드는 필요 없다.
- 유니온 멤버는 구체적인 타입이어야 한다. 따라서 `union, interface, input, scalar` 타입을 사용할 수 없다.

위 사항을 고려하면서 책과 책장에 해당하는 모든 객체를 반환할 수 있는 Union 타입은 아래 코드 블록을 통해 만들 수 있다.

```
union SearchResult = Book | Author

type Book {
  id: ID!
```

```
  name: String!
  publisher: String
}
type Author {
  id: ID!
  name: String!
}

type Query {
  search(text: String): [SearchResult]
}
```

여기서 Union 키워드는 Book과 Author 객체에 대한 union 타입을 만들 때 사용된다. 파이프 기호(|)는 포함된 객체를 구분하는 데 사용된다. 마지막으로 쿼리가 정의되고 주어진 텍스트를 포함하는 책이나 저자 컬렉션을 리턴한다.

이제 클라이언트용 쿼리를 아래와 같이 작성해 보자.

```
# 요청 입력

  search(text: "Malcolm Gladwell") {
    __typename
    ... on Book {
      name
      publisher
    }
    ... on Author {
      name
    }
  }
}
# 응답 JSON
{
  "data": {
    "search": [
      {
        "__typename": "Book",
```

```
      "name": "Blink",
      "publisher": "Back Bay Books"
    },
    {
      "__typename": "Author",
      "name": " Malcolm Gladwell ",
    }
  ]
 }
}
```

위의 쿼리에는 인라인 프래그먼트가 사용되고 있다. 또 다른 중요한 점은 __typename이라는 추가 필드로 이 필드는 해당 필드가 속한 객체를 참조해서 클라이언트에서 여러 객체를 구별할 수 있도록 도와준다.

다음 절에서는 인풋 타입에 대해 살펴보겠다.

인풋 타입 이해

지금까지 스칼라 타입을 아규먼트로 사용했다. 뮤테이션에서는 객체 타입을 아규먼트로 전달할 수도 있다. 유일한 차이점은 type 키워드를 사용하는 대신 input으로 선언해야 한다는 것이다.

인풋 타입을 아규먼트로 받는 뮤테이션을 만들어 보자.

```
type Mutation {
  addProduct(prodInput: ProductInput): Product
}
input ProductInput {
  name: String!
  description: String
  price: Float!
  # 다른 필드들…
}
type Product {
  # Product Input 필드 일부는 간결함을 위해서 생략
}
```

여기서 addProduct 뮤테이션은 ProductInput을 아규먼트로 받고 Product를 리턴한다.

이제 GraphQL 요청을 사용해서 제품을 추가해 보겠다.

```
# 요청 입력
mutation AddProduct ($input: ProductInput) {
  addProduct(prodInput: $input) {
    name
  }
}

#---- 변수 영역 ----
{
  "input": {
    name: "Blink",
    description: "a book",
    "price": 10.00
  }
}
# JSON 아웃풋
{
  "data": {
    addProduct {
      "name": "Blink"
    }
  }
}
```

위 코드는 `input` 변수를 사용하는 뮤테이션을 실행하고 있다. 먼저 `ProductInput`을 전달하기 위해 `Variable`이 사용되는 것을 볼 수 있다. 명명된 뮤테이션이 변수에 사용되고 있다. 만약 변수들이 해당 타입과 함께 뮤테이션 내에 정의되는 경우 해당 변수는 뮤테이션 내에서 사용해야 한다.

변수 값은 변수 영역(Variable Section)에서 (또는 클라이언트에서 미리) 할당해야 한다. 변수의 인풋 값은 `ProductInput`에 매핑되어야 하는 JSON 객체를 사용해서 할당된다.

다음 절에서는 GraphQL 스키마를 설계할 때 사용할 수 있는 도구를 살펴보자.

GraphQL 도구를 사용한 스키마 설계

아래의 도구를 사용해서 GraphQL을 설계하고 작업할 수 있다. 각각은 고유한 기능이 있다.

- **GraphiQL**: 그래피칼이라고 발음한다. 웹 기반 GraphQL **통합 개발 환경(IDE)**을 제공하는 공식 GraphQL 설립 프로젝트이다. 소스 코드 편집기와 IDE 간에는 JSON-RPC 기반 프로토콜을 사용하는 **LSP(Language Server Protocol)**를 사용한다. 사용법은 https://github.com/graphql/graphiql에서 볼 수 있다.

- **GraphQL Playground**: 이것은 한 때 GraphiQL보다 더 좋은 기능을 제공했던 인기있는 GraphQL IDE이다. 그러나 GraphiQL은 이제 Playground와 동일한 기능을 제공한다. 이 글을 쓰는 시점에서 GraphQL Playground는 유지 관리 상태에 있다. 자세한 사항은 https://github.com/graphql/graphql-playground/issues/1366를 확인하기 바란다. 사용법은 https://github.com/graphql/graphql-playground에서 확인할 수 있다.

- **GraphQL Faker**: GraphQL API에 대한 모의 데이터를 제공한다. 사용법은 https://github.com/APIs-guru/graphql-faker를 참조하기 바란다.

- **GraphQL Editor**: 이 도구를 사용하면 스키마를 시각적으로 디자인한 다음에 코드로 변환할 수 있다. 사용법은 https://github.com/graphql-editor/graphql-editor에서 확인 가능하다.

- **GraphQL Voyager**: 이 도구는 스키마를 엔터티 다이어그램, 엔터티 간의 연관 관계와 같은 상호작용 그래프로 변환한다. 사용법은 https://github.com/APIs-guru/graphql-voyager 에서 확인할 수 있다.

다음 절에서는 이 장에서 습득한 지식을 테스트해볼 예정이다.

GraphQL 쿼리와 뮤테이션 테스트

지금까지 배운 GraphQL에 관한 지식과 기술을 테스트하기 위해 실제 GraphQL 스키마에서 쿼리와 뮤테이션을 작성해 보자. 이 절에서는 깃허브의 GraphQL API 탐색기를 사용할 것이다. 아래의 단계를 수행해 보자.

1. 먼저 https://docs.github.com/en/graphql/overview/explorer로 이동한다.
2. GraphQL API 탐색기가 본인의 깃허브 계정에 엑세스 할 수 있도록 권한을 부여한다. 그래야만 GraphQL 쿼리를 실행할 수 있다.
3. GitHub Explorer는 GraphiQL을 기반으로 한다. 화면이 3개의 수직 영역(그림 13.1의 회색 영역에서 왼쪽에서 오른쪽으로)로 나뉜다.
    - 왼쪽 영역에는 두 가지 하위 영역이 있다 – 쿼리 작성을 위한 상단 영역과 변수 정의를 위한 하단 영역이다.

- 중간 수직 영역은 응답을 보여준다.
- 일반적으로 맨 오른쪽 영역은 숨겨져 있다. [Docs] 링크를 클릭하면 나타난다. 이 부분에는 탐색할 수 있는 루트 타입과 함께 해당 문서와 스키마가 표시된다.

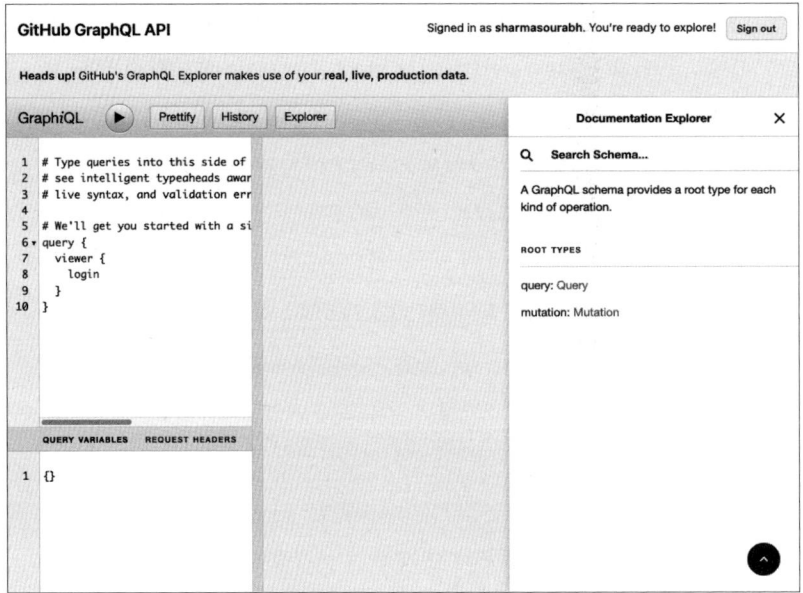

그림 13.1 – GraphQL API 탐색기

4. 별표로 표시하고 싶은 저장소의 ID를 찾기 위해 다음의 쿼리를 실행해 보자.

```
{
  repository (name:"Modern-API-Development-with-Spring-6-and-Spring-Boot-3",
      owner: "PacktPublishing") {
    id
    owner {
      id
      login
    }
    name
    description
    viewerHasStarred
    stargazerCount
  }
}
```

위 코드는 저장소의 name과 owner라는 두 가지 아규먼트를 제공해서 이 책의 저장소의 이전 에디션을 쿼리한다. 여기서 몇 개의 필드를 가져오고 있다. addStar 뮤테이션을 수행할 것이기 때문에 stargazerCount가 가장 중요한 것 중 하나다. 이 개수는 뮤테이션이 성공했는지 여부를 알려줄 것이다.

5. 상단 표시줄에서 [Execute Query] 버튼을 클릭하거나 [Ctrl] + [Enter]를 눌러 쿼리를 실행한다. 이 쿼리가 성공적으로 실행되면 아래와 같은 출력을 얻을 것이다.

```
{
  "data": {
    "repository": {
      "id": "R_kgDOHzYNwg",
      "owner": {
        "id": "MDEyOk9yZ2FuaXphdGlvbjEwOTc0OTA2",
        "login": "PacktPublishing"
      },
      "name": " Modern-API-Development-with-Spring-6-and-Spring-Boot-3",
      "description": " "Modern API Development with Spring 6 and Spring Boot 3, Published by Packt",
      "viewerHasStarred": false,
      "stargazerCount": 1
    }
  }
}
```

이어서 addStar 작업을 수행하려면 id 값이 필요하다. 출력된 응답에서 id(강조 표시됨) 값을 복사해 두자.

6. 아래 쿼리를 실행해서 addStar 뮤테이션을 실행한다.

```
mutation {
  addStar(input: { starrableId: "R_kgDOHzYNwg" }) {
    clientMutationId
  }
}
```

이 쿼리는 주어진 저장소 ID에 대해 addStar 뮤테이션을 실행한다.

7. 위 쿼리가 성공적으로 실행됐다면 단계 4의 쿼리를 다시 실행해서 변경 사항을 확인해보자. 만약 액세스 이슈가 발생했다면 여러분이 소유한 깃허브 리포지토리를 하나 선택해서 앞의 단계를 수행해 볼 수 있다.

여러분은 다른 쿼리나 뮤테이션으로 GraphQL에 대해 자세히 알아볼 수도 있다.

마지막으로 다음 장에서 구현으로 넘어가기 전에 GraphQL 쿼리의 N+1 문제에 대해 살펴보자.

N+1 문제 해결

N+1 문제는 자바 개발자에게 꽤 익숙한 문제이다. 하이버네이트를 사용할 때, 쿼리를 최적화하지 않았거나 엔터티를 올바르게 작성하지 않으면 발생할 수 있는 문제다.

N+1 문제가 무엇인지 살펴보자.

N+1 문제 이해란 무엇인가?

N+1 문제는 일반적으로 연관관계와 관련해 발생한다. 고객과 주문 사이에는 일대다 관계가 있다. 한 고객이 여러 주문을 할 수 있다. 만약 모든 고객과 주문을 찾아야 하는 경우 다음과 같이 할 것이다.

1. 모든 사용자를 찾는다. 이 작업은 사용자 리스트를 리턴한다.
2. 그런 다음 1단계에서 찾은 각 사용자에게 속한 모든 주문을 찾는다. userId 필드는 Order와 User 객체 간의 관계를 맺는 역할을 한다.

위 상황을 수행하기 위해서는 보통 두 개의 쿼리를 실행하게 된다. 구현을 더 최적화하면 이 두 엔터티 (Order 와 User) 사이에 조인을 적용해서 단일 쿼리로 모든 레코드를 수신할 수 있다.

그런데 상황이 이렇게 간단하다면 왜 GraphQL에서 N+1 문제가 발생할까? 이 질문에 답하려면 **리졸버(resolver)** 기능을 이해해야 한다.

잠시 4장, 비즈니스 로직 API 작성에서 생성한 데이터베이스를 살펴보자. getUsersOrders 쿼리는 아래 SQL 문을 실행하게 한다.

```
SELECT * FROM ecomm.user;
SELECT * FROM ecomm.orders WHERE customer_id in (1);
SELECT * FROM ecomm.orders WHERE customer_id in (2);
...
...
SELECT * FROM ecomm.orders WHERE customer_id in (n);
```

getUsersOrders()를 실행하기 위해, 위 코드에서는 모든 사용자를 가져오기 위해 사용자에 대한 쿼리를 한번 실행한다. 그런 다음 주문에 대해 N개의 쿼리를 실행한다. 그래서 이것이 N+1 문제라고 불린다. 이상적으로는 단일 쿼리로 수행하거나 최대 두 개의 쿼리로 수행할 수 있으므로 위의 방식은 효율적이지 않다.

GraphQL에는 리졸버 기능이 있어 쿼리에서 요청된 필드 값만 사용한 응답이 가능하다. 각 필드는 해당 필드 데이터를 가져오는 GraphQL 서버 구현을 거치며 자체 리졸버 기능을 가진다. 아래와 같은 스키마가 있다고 가정해 보자.

```
type Mutation {
  getUsersOrders: [User]
}
type User {
  name: String
  orders: [Order]
}
type Order {
  id: Int
  status: Status
}
```

위 코드에는 사용자 집합을 리턴하는 뮤테이션이 있다. 각 User는 주문 모음을 가질 수 있다. 클라이언트에서는 아래와 같은 쿼리를 사용할 수 있다.

```
{
  getUsersOrders {
    name
    orders {
      id
      status
    }
  }
}
```

이 쿼리는 서버에서 어떻게 처리될까?

서버의 각 필드에는 해당 데이터를 가져오는 자체 리졸버 기능이 있다. 첫 번째 리졸버는 사용자를 위한 것으로 데이터 저장소에서 모든 사용자를 가져온다. 다음으로 리졸버는 각 사용자에 대한 주문 정보를 가져온다. 주어진 사용자 ID를 기반으로 데이터 저장소에서 주문을 가져온다. 따라서 orders 리졸버는 n번 실행된다. 여기서 n은 데이터 저장소에서 가져온 사용자의 수이다.

우리는 다음 절에서 N+1 문제를 해결하는 방법을 살펴볼 것이다.

N+1 문제의 솔루션

모든 고객과 주문을 찾기 위해서는 모든 주문이 로드될 때까지 기다릴 수 있게 만드는 해결책이 필요하다. 모든 사용자 ID가 검색되면 단일 데이터 저장소 호출로 모든 주문을 가져오는 데이터베이스 호출이 이루어져야 한다. 데이터베이스의 크기가 큰 경우 배치를 사용할 수 있다. 그러면 개별 주문 리졸버 사용 문제를 해결할 수 있다. 물론 말로는 쉽지만 구현은 쉽지 않은 문제다. GraphQL은 이 작업을 수행하는 **DataLoader**[2]라는 라이브러리를 제공한다.

자바 역시 이 문제를 해결하는 데 도움이 되는 java-dataloader[3]라는 유사한 라이브러리를 제공한다. 자세한 내용은 https://www.graphql-java.com/documentation/batching/에서 확인할 수 있다.

요약

이 장에서는 GraphQL과 그 장점, 그리고 REST와의 차이점에 대해 배웠다.

그 과정에서 GraphQL의 장점인 오버페칭과 언더페칭 문제의 해결 방법을 배웠다. 그리고 GraphQL의 루트 타입(쿼리, 뮤테이션, 서브스크립션)을 살펴보고 다양한 블록이 GraphQL 스키마를 설계하는 데 어떻게 도움이 되는지 다루었다. 마지막으로 리졸버가 어떻게 작동하는지, 어떻게 N+1 문제로 이어질 수 있는지와 그 문제에 대한 솔루션을 이해했다.

이제 GraphQL의 기본 사항을 알았으므로 GraphQL 스키마 설계를 시작할 수 있게 됐다. 또한 GraphQL의 클라이언트 측 쿼리와 별칭, 프래그먼트, 변수를 사용해서 일반적인 문제를 해결하는 방법도 살펴보았다.

다음 장에서는 이 장에서 습득한 GraphQL 기술을 사용해서 GraphQL API를 구현해보겠다.

---

2 https://github.com/graphql/dataloader
3 https://github.com/graphql-java/java-dataloader

질문

1. GraphQL이 REST보다 더 좋은가? 그렇다면 어떤 측면에서 좋은가?
2. 프래그먼트는 언제 사용해야 하는가?
3. GraphQL 쿼리에서 변수를 어떻게 사용할 수 있는가?

답변

1. 사용 사례에 따라 다르다. 그러나 GraphQL은 모바일 앱, 웹 기반 UI 애플리케이션에서 훨씬 더 나은 성능을 발휘하고 **서비스 간(s2s)** 통신에 가장 적합하다.
2. 응답에 interface나 union이 포함되어야 할 경우, GraphQL 클라이언트에서 요청을 보낼 때 프래그먼트를 사용해야 한다.
3. 다음 코드와 같이 GraphQL 쿼리/뮤테이션에 변수를 사용할 수 있다. 이 코드는 GraphQL 쿼리 및 뮤테이션 테스트 절의 6단계에서 사용한 GraphQL 요청을 수정했다.

```
mutation {
  addStar(input: {starrableId: $repoId }) {
    clientMutationId
  }
}
```

여기서 $repoId 변수가 사용된 것을 볼 수 있다. 다음 코드 블럭에 표시된 대로 명명된 뮤테이션에서 해당 변수를 선언해야 하고 그런 다음 해당 변수를 뮤테이션의 아규먼트에서 사용할 수 있다.

```
{
  "repoId": "R_kgDOHzYNwg"
}
```

추가 읽을거리

- GraphQL 명세: https://spec.graphql.org/
- GraphQL 문서: https://graphql.org/learn/
- Full-Stack Web Development with GraphQL and React – Second Edition: https://www.packtpub.com/product/full-stack-web-development-with-graphql-and-reactsecond-edition/9781801077880

14

GraphQL API 개발 및 테스트

이전 장에서는 GraphQL의 기본 개념에 대해 배웠다. 이 장에서는 해당 지식을 사용해서 GraphQL 기반 API를 개발하고 테스트 한다. 샘플 전자 상거래 애플리케이션을 위한 GraphQL 기반 API를 구현해 볼 것이다. GraphQL 서버 구현은 3장, API 명세 및 구현에서 OpenAPI 명세를 정의하고 11장, gRPC 기반 API 개발 및 테스트에서 스키마를 설계한 방식인 **설계 우선** 접근 방식을 기반으로 개발된다.

이 장을 마치면 이전 장에서 배운 GraphQL의 개념을 실제로 구현하는 방법과 자바와 스프링을 사용해서 GraphQL 서버를 구현하고 테스트하는 방법을 익히게 된다.

이 장에서 다룰 주제는 다음과 같다.

- GraphQL용 워크플로와 도구
- GraphQL 서버 구현
- API 문서화
- 테스트 자동화

기술 요구 사항

이 장에서 다루는 코드는 아래 링크를 참고하기 바란다.

https://github.com/PacktPublishing/Modern-API-Development-with-Spring-6-and-Spring-Boot-3/tree/dev/Chapter14

GraphQL 용 워크플로우와 도구

GraphQL은 데이터 그래프(데이터 구조)라는 사고방식을 바탕으로 데이터가 객체의 그래프로 구성되는 API를 이용해서 노출된다. 데이터를 포함한 객체들은 서로 관계를 맺으며 연결된다. 그리고 GraphQL은 단일 API 엔드포인트만 노출한다. 클라이언트는 단일 데이터 그래프를 사용하는 엔드포인트에 쿼리한다. 한편 GraphQL의 **OneGraph 원칙**에 따라 데이터 그래프는 단일 소스 또는 여러 소스로부터 데이터를 가져올 수도 있다. 이러한 소스는 데이터베이스, 레거시 시스템 또는 REST/gRPC/SOAP를 사용해서 데이터를 노출하는 서비스일 수 있다.

GraphQL의 서버는 아래 두 가지 방법으로 구현된다.

- **독립형(Standalone) GraphQL 서비스**: 독립형 GraphQL 서비스에는 단일 데이터 그래프가 포함된다. 이는 단일 또는 여러 소스(GraphQL API가 없는)에서 데이터를 가져오는 모놀리식 앱이거나 마이크로서비스 아키텍처 기반일 수 있다.

- **연합(Federated) GraphQL 서비스**: 포괄적인 데이터 가져오기를 위해 단일 데이터 그래프에 쿼리하는 것은 매우 쉽다. 그러나 엔터프라이즈 애플리케이션은 여러 서비스를 사용해서 만들어지므로 모놀리식 시스템을 구축하지 않는 한 단일 데이터 그래프로 구성할 수 없다. 모놀리식 시스템을 구축한 서비스가 아니라면 서비스별로 데이터 그래프가 여러 개 만들어질 것이다.

  두번째 설명이 바로 연합 GraphQL 서비스가 많이 사용되는 이유다. 연합 GraphQL 서비스에는 게이트웨이를 사용해서 노출되는 **단일 분포 그래프**(single distributed graph)가 포함된다. 클라이언트는 시스템의 진입점인 게이트웨이를 호출한다. 데이터 그래프는 여러 서비스에 분산되고 각 서비스는 자체 개발과 릴리스 주기를 독립적으로 유지할 수 있다. 그렇지만 연합 GraphQL 서비스는 여전히 OneGraph 원칙을 따른다. 따라서 클라이언트는 어떤 그래프에서 정보를 가져오기 위해서라도 같은 단일 엔드포인트에 쿼리하게 된다.

GraphQL 연합 서비스를 사용해서 샘플 전자 상거래 앱을 개발했다고 가정해 보자. 해당 앱에는 GraphQL API를 이용해서 도메인별 데이터 그래프를 노출하는 제품, 주문, 배송, 재고, 고객, 기타 서비스가 있을 것이다.

GraphQL 통합 전자 상거래 서비스의 상위 수준 다이어그램을 그림으로 표현하면 아래와 같다.

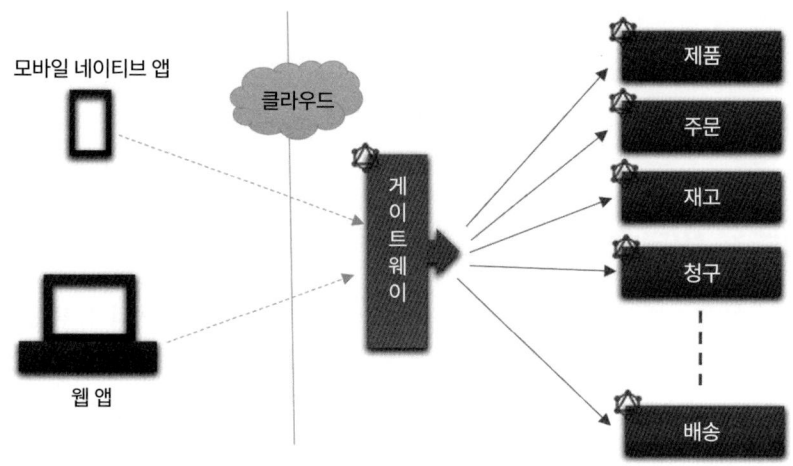

그림 14.1 - 연합 GraphQL 서비스

GraphQL 클라이언트가 Gateway 엔드포인트를 호출해서 가장 적은 재고로 가장 많이 주문된 제품 목록을 쿼리한다고 가정해 보자. 이 쿼리에는 Orders, Products, Inventory 필드가 있을 것이다. 각 서비스는 데이터 그래프의 해당 부분만 처리할 책임이 있다. Orders는 주문 관련 데이터를 확인하고, Products는 제품 관련 데이터를 확인하고, Inventory는 재고 관련 데이터를 확인하는 식이다. Gateway 는 마지막으로 개별 그래프의 데이터를 통합한 후 다시 클라이언트로 보낸다.

graphql-java 라이브러리[1]는 GraphQL 명세에 대한 자바 구현체를 제공한다. 소스 코드는 https://github.com/graphql-java/graphql-java에서 확인할 수 있다.

스프링은 graphql-java 기반의 GraphQL용 스프링 부트 스타터 프로젝트[2]를 제공한다. 이 책에서는 넷플릭스의 **Domain Graph Service(DGS)** 프레임워크(https://netflix.github.io/dgs/)를 사용할 예정이다. 넷플릭스의 DGS는 GraphQL 스프링 부트 스타터 뿐만 아니라 프로덕션용 GraphQL 서비스를 개발할 때 필요한 전체 도구와 라이브러리 세트를 제공한다. 이 도구와 라이브러리들은 스프링 부트 위에 구축됐고 graphql-java 라이브러리를 사용한다.

---

1 https://www.graphql-java.com/
2 https://github.com/spring-projects/spring-graphql

넷플릭스는 2021년 2월 프로덕션에서 사용 중인 DGS 프레임워크를 오픈 소스로 제공했다. 해당 프레임워크는 커뮤니티에서 지속적으로 발전되고 지원된다. 넷플릭스의 자사 서비스에도 동일한 오픈 소스 코드를 사용하므로 코드의 품질과 향후 유지 관리가 보장된다. OTT 디즈니+ 플랫폼도 넷플릭스 DGS 프레임워크를 사용해서 구축되었다[3].

DGS 프레임워크는 아래와 같은 기능을 제공한다.

- 스프링 부트 스타터 및 스프링 시큐리티와의 통합 제공
- 완전한 웹플럭스(WebFlux)[4] 지원
- GraphQL 스키마로부터 코드를 생성하기 위한 그래들 플러그인
- 인터페이스와 유니온 타입을 지원하고 사용자 지정 스칼라 타입을 제공
- 웹소켓 및 서버 전송 이벤트를 이용한 GraphQL 서브스크립션 지원
- 에러 처리
- 플러그인형 인스트루먼테이션과 Micrometer 통합
- GraphQL 연합과 쉽게 통한 가능한 GraphQL 연합 서비스
- 핫 리로딩 스키마가 있는 동적 스키마
- 오퍼레이션 캐싱
- 파일 업로드
- GraphQL 자바 클라이언트
- GraphQL 테스트 프레임워크

다음 절에서는 넷플릭스의 DGS 프레임워크를 사용해서 GraphQL 서버를 작성하겠다.

---

[3] https://webcache.googleusercontent.com/search?q=cache:ec4kC7jBjMQJ:https://help.apps.disneyplus.com/3rd-party-libs.html&cd=14&hl=en&ct=clnk&gl=in&client=firefox-b-d

[4] (옮긴이) 웹플럭스는 Spring 5.0 이후에 추가된 non-blocking web framework이다.

GraphQL 서버 구현

이 장에서는 독립형 GraphQL 서버를 개발할 것이다. 독립형 GraphQL 서버를 개발하는 동안 습득한 지식은 연합 GraphQL 서비스를 구현하는 데 사용할 수 있다.

다음 절에서 먼저 그래들 프로젝트를 생성해 보자.

gRPC 서버 프로젝트 생성

책의 깃허브 저장소를 복제해서 14장 코드를 사용하거나 새 스프링 프로젝트를 생성해서 시작할 수 있다. 스프링 프로젝트를 생성할 경우 스프링 이니셜라이저(https://start.spring.io/)을 사용해서 아래의 옵션들로 서버와 클라이언트용 프로젝트를 생성할 수 있다.

- Project: Gradle - Groovy
- Language: Java
- Spring Boot: 3.0.8

    선호하는 버전은 3.0 이상이다. 해당 버전이 가용하지 않을 경우 나중에 build.gradle 파일에서 수동으로 수정할 수 있다.

- Project Metadata:
    - Group: com.packt.modern.api
    - Artifact: chapter14
    - Name: chapter14
    - Description: 책 "Spring 및 Spring Boot를 사용한 최신 API 개발"의 14장 코드
    - Package name: com.packt.modern.api
- Packaging: JAR
- Java: 17

    아래의 코드 블록과 같이 나중에 build.gradle 파일에서 17/20/21과 같은 다른 버전으로 변경할 수 있다.

    ```
    // 아래의 build.gradle file을 업데이트한다.
    sourceCompatibility = JavaVersion.VERSION_17
    // 또는 자바 20인 경우
    // sourceCompatibility = JavaVersion.VERSION_20
    ```

```
// 또는 자바 21인 경우
// sourceCompatibility = JavaVersion.VERSION_21
```

- **Dependencies**: org.springframework.boot:spring-boot-starter-web

그런 다음 **GENERATE** 버튼을 클릭해서 프로젝트를 다운로드할 수 있다. 다운로드한 프로젝트는 GraphQL 서버를 생성하는 데 사용된다.

다음으로 새로 생성된 프로젝트에 GraphQL DGS 의존성을 추가해 보자.

GraphQL DGS 의존성 추가

그래들 프로젝트를 사용할 수 있게 되면 아래 코드와 같이 DGS 의존성과 플러그인을 포함하도록 `build.gradle` 파일을 수정할 수 있다.

코드: /Chapter14/build.gradle

```groovy
plugins {
    id 'org.springframework.boot' version '3.0.6'
    id 'io.spring.dependency-management' version '1.1.0'
    id 'java'
    id 'com.netflix.dgs.codegen' version '5.7.1'
}
// 간결함을 위해 다른 부분은 생략
def dgsVersion = '6.0.5'
dependencies {
    implementation platform("com.netflix.graphql.dgs:
            graphql-dgs-platform-dependencies:${dgsVersion}")
    implementation 'com.netflix.graphql.dgs:graphql-dgsspring-boot-starter'
    implementation 'com.netflix.graphql.dgs:graphql-dgs-extended-scalars'
    implementation 'com.netflix.graphql.dgs:graphql-dgs-spring-boot-micrometer'
    runtimeOnly 'com.netflix.graphql.dgs:graphql-dgs-subscriptions-websockets-autoconfigure'
    implementation 'org.springframework.boot:spring-boot-starter-web'
    implementation 'org.springframework.boot:spring-boot-starter-actuator'
    testImplementation 'org.springframework.boot:spring-boot-starter-test'
    implementation 'net.datafaker:datafaker:1.9.0'
}
```

위 코드에서는 DGS Codegen 플러그인이 추가돼서 GraphQL 스키마 파일로부터 코드를 생성한다. 아래의 다섯 가지 의존성을 추가했다.

- `graphql-dgs-platform-dependencies`: DGS 명세서(BOM)용 DGS 플랫폼 의존성
- `graphql-dgs-spring-boot-starter`: DGS 스프링 지원을 위한 DGS 스프링 부트 스타터 라이브러리
- `graphql-dgs-extended-scalars`: 커스텀 스칼라 타입을 위한 DGS 확장 스칼라 라이브러리
- `graphql-dgs-spring-boot-micrometer`: 스프링 Actuator와 함께 메트릭과 인스트루먼테이션 지원을 제공하기 위해 Micrometer와의 통합을 제공하는 DGS 라이브러리
- `graphql-dgs-subscriptions-websockets-autoconfigure`: GraphQL 웹소켓 지원을 위한 자동구성

`datafaker` 라이브러리는 도메인 시드 데이터[5]를 생성하기 위해서 사용된다.

다음으로 아래 코드 블록과 같이 `build.gradle` 파일에서 DGS Codegen 플러그인을 구성해 보자.

코드: /Chapter14/build.gradle

```
generateJava {
  generateClient = true
  packageName = "com.packt.modern.api.generated"
}
```

그래들 플러그인 `com.netflix.graphql.dgs.codegen.GenerateJavaTask` 클래스를 사용하는 `generateJava` 태스크를 사용해서 DGS Codegen에 아래의 두 속성을 구성했다.

- `generateClient`: 클라이언트를 생성할지 여부
- `packageName`: 생성된 자바 클래스의 자바 패키지 이름

DGS Codegen 플러그인은 기본적으로 `src/main/resources/schema` 디렉터리에서 GraphQL 스키마 파일을 선택한다. 그러나 `schemaPaths` 속성에 배열 값을 설정해서 수정할 수 있다. 아래와 같이 기본 스키마 위치를 변경하고 싶은 경우 `packageName`, `generateClient`와 함께 이전의 `generateTask` 코드에 아래 속성을 추가할 수 있다.

---

[5] (옮긴이) 샘플 코드 구현 시 fake 데이터를 생성하기 위한 용도로 사용한다.

```
schemaPaths = ["${projectDir}/src/main/resources/schema"]
```

3장, API 명세와 구현 중 4번째 단계인 OpenAPI 명세를 스프링 코드로 변환하는 절에서 OpenAPI 명세로부터 자바 코드를 생성할 때 `org.hidetake.swagger.generator` 그래들 플러그인에 대해 수행한 것처럼 타입 매핑을 설정할 수도 있다. 사용자 지정 타입 매핑을 추가하려면 아래와 같이 플러그인 태스크에 `typeMapping` 속성을 추가하면 된다.

```
typeMapping = ["GraphQLType": "mypackage.javaType"]
```

위 속성은 배열 형식으로 된 값을 허용한다. 여기에 하나 이상의 타입 매핑을 추가할 수 있다. 자세한 내용은 https://netflix.github.io/dgs/generating-code-from-schema/에서 플러그인 설명서를 참고하기 바란다.

다음으로 GraphQL 스키마를 추가해 보자.

GraphQL 스키마 추가

넷플릭스의 DGS는 코드 우선 방식과 설계 우선 방식을 모두 지원한다. 이 책 전체에 적용한 것처럼 이 장에서도 설계 우선 방식을 사용할 것이다. 따라서 먼저 GraphQL 스키마 언어를 이용해서 스키마를 설계한 다음 생성된 코드를 사용해서 GraphQL API를 구현해 보자.

이 책에서는 GraphQL 서버 구현에 계속 집중하기 위해 비즈니스 로직의 복잡성을 줄이고 도메인 객체를 최소화하겠다. 따라서 두 개의 도메인 객체(Product와 Tag)만 생성할 것이다. GraphQL 스키마는 아래의 스키마 정의에 표시된 대로 엔드포인트를 사용해서 아래의 작업을 허용한다.

코드: /Chapter14/src/main/resources/schema/schema.graphqls
```
type Query {
  products(filter: ProductCriteria): [Product]!
  product(id: ID!): Product
}
type Mutation {
  addTag(productId: ID!, tags: [TagInput!]!): Product
  addQuantity(productId: ID!, quantity: Int!): Product
}
```

```
type Subscription {
  quantityChanged: Product
}
```

위와 같이 src/main/resources/schema에 GraphQL 스키마 파일 schema.graphqls를 추가해야 한다. 여러 개의 스키마 파일을 사용해서 모듈별로 스키마를 생성하는 방법도 가능하다.

위 코드에서는 아래와 같은 루트 타입이 노출되었다.

- Query: ID로 단일 제품을 조회하거나 지정된 기준과 일치하는 제품 컬렉션을 조회하는 쿼리
- Mutation: addTag 뮤테이션은 주어진 ID와 일치하는 제품에 태그를 추가한다. 또 다른 뮤테이션인 addQuantity는 제품의 수량을 증가시킨다. addQuantity 뮤테이션은 서브스크립션 발행을 트리거하는 이벤트로도 사용된다.
- Subscription: quantityChanged 서브스크립션은 수량이 업데이트된 제품을 게시한다. 수량 변경 이벤트는 addQuantity 뮤테이션을 통해 캡처된다.

아래 코드 블록을 사용하여 이러한 루트 타입에서 사용되는 객체 타입과 인풋 타입을 추가해 보자.

코드: /Chapter14/src/main/resources/schema/schema.graphqls

```
type Product {
  id: String
  name: String
  description: String
  imageUrl: String
  price: BigDecimal
  count: Int
  tags: [Tag]
}
input ProductCriteria {
  tags: [TagInput] = []
  name: String = ""
  page: Int = 1
  size: Int = 10
}
input TagInput {
  name: String
}
```

```
type Tag {
  id: String
  name: String
}
```

이들은 간단한 객체와 인풋 타입이다. `ProductCriteria` 인풋 타입의 모든 필드는 선택 사항으로 설정됐다.

`BigDecimal` 커스텀 스칼라 타입도 사용했다. 따라서 우리는 먼저 스키마에서 해당 타입을 선언해야 한다. 아래와 같이 스키마 파일 끝에 `BigDecimal`을 추가하면 된다.

```
scalar BigDecimal
```

다음으로 코드 생성기 플러그인에서 이것을 `java.math.BigDecimal`과 매핑해야 한다. `build.gradle` 파일에 아래와 같이 추가해 보자(강조 표시된 줄 확인).

코드: /Chapter14/build.gradle
```
generateJava {
  generateClient = true
  packageName = "com.packt.modern.api.generated"
  typeMapping = ["BigDecimal": "java.math.BigDecimal"]
}
```

위 설정까지 완료했다면 프로젝트는 GraphQL 객체와 클라이언트를 생성할 준비가 된 것이다. 프로젝트 루트 디렉터리에서 아래 명령을 실행해서 프로젝트를 빌드하자.

```
$ ./gradlew clean build
```

이 명령은 `build/generated` 디렉터리에 자바 클래스들을 생성할 것이다.

GraphQL 루트 타입의 구현을 시작하기 전에 다음 절에서 사용자 지정 스칼라 타입을 살펴보자.

커스텀 스칼라 타입 추가

여러분은 금액 값을 처리하기 위해 BigDecimal을 사용할 것이다. 이것은 커스텀 스칼라 타입이므로 DGS 프레임워크가 직렬화, 역직렬화를 위해 사용할 수 있도록 이 커스텀 스칼라를 코드에 추가해야 한다. (그래들 코드 생성기 플러그인에서 매핑을 추가하는 것과 별도로 수행되는 작업이다.)

커스텀 스칼라 타입을 추가하는 방법은 Coercing 인터페이스를 구현하는 방법과 graphql-dgs-extended-scalars 라이브러리를 사용하는 방법으로 2가지가 있다. 이 책에서는 라인 수가 적고 실제 구현이 Netflix DGS 프레임워크에서 제공되는 후자의 방식을 사용하겠다.

첫 번째 방법은 graphql.schema.Coercing 인터페이스를 구현하고 여기에 @DgsScalar 애노테이션을 추가하는 것이다. 이 때, 코드를 직접 작성해야 한다.

대신, 이 책에서는 프로덕션 시스템에서 잘 테스트된 DGS 프레임워크에서 제공하는 스칼라 유형을 사용하는 두 번째 방법을 선택한다. graphql.schema.Coercing 인터페이스는 graphql-java 라이브러리에서 제공된다. DateTimeScalar 스칼라 형식은 다음 코드에 표시된 대로 Coercing을 사용해서 구현된다[6].

```
@DgsScalar(name="DateTime")
public class DateTimeScalar implements Coercing<LocalDateTime, String> {
  @Override
  public String serialize(Object dataFetcherResult) throws CoercingSerializeException {
    if (dataFetcherResult instanceof LocalDateTime) {
      return ((LocalDateTime) dataFetcherResult).format(DateTimeFormatter.ISO_DATE_TIME);
    } else {
      throw new CoercingSerializeException("유효하지 않은 날짜, 시간");
    }
  }
  @Override
  public LocalDateTime parseValue(Object input) throws CoercingParseValueException {
    return LocalDateTime.parse(input.toString(), DateTimeFormatter.ISO_DATE_TIME);
  }
  @Override
  public LocalDateTime parseLiteral(Object input) throws CoercingParseLiteralException {
    if (input instanceof StringValue) {
      return LocalDateTime.parse(((StringValue) input).getValue(),
```

---

[6] (옮긴이) 이 방식은 책에서 설명하는 두 가지 방식 중 첫 번째 방식에 대한 것이다.

```
            DateTimeFormatter.ISO_DATE_TIME);
    }
    throw new CoercingParseLiteralException("유효하지 않은 날짜, 시간");
  }
}
```

여기서 DateTimeScalar 커스텀 스칼라 타입에 대한 직렬화와 파싱을 구현하기 위해 Coercing 인터페이스의 세 가지 메소드(serialize(), parseValue(), parseLiteral())를 재정의했다.

그러나 새로운 스칼라 타입을 등록하기 위해 두 번째 방법인 graphql-dgs-extended-scalars 라이브러리를 사용할 것이다. 이 라이브러리는 이미 build.gradle 파일에 추가되었다. BigDecimalScaler 타입을 등록하기 위해 graphql-dgs-extended-scalars 라이브러리를 사용해 보겠다.

BigDecimalScaler.java라는 새 자바 파일을 만들고 여기에 아래의 코드를 추가한다.

코드: /Chapter14/src/main/java/com/packt/modern/api/scalar/BigDecimalScalar.java

```
@DgsComponent
public class BigDecimalScalar {

  @DgsRuntimeWiring
  public RuntimeWiring.Builder addScalar(RuntimeWiring.Builder builder) {
    return builder.scalar(GraphQLBigDecimal);
  }
}
```

여기서는 DgsRuntimeWiring을 사용해서 graphql-dgs-extended-scalars 라이브러리에서 제공하는 커스텀 GraphQLBigDecimal 스칼라를 추가한다. RuntimeWiring 클래스는 기능적인 GraphQLSchema 클래스를 함께 연결하는 데 필요한 데이터 페처, 타입 리졸버, 커스텀 스칼라로 구성된다. DgsRuntimeWiring 애노테이션은 메소드를 런타임 연결(wiring)로 표시한다. 따라서 RuntimeWiring 클래스가 실행되기 전에 사용자 정의를 실행할 수 있다. 기본적으로 런타임에 연결(wiring)을 실행하기 위해 RuntimeWiring.Builder에 GraphQLBigDecimal 스칼라 타입을 추가한다.

BigDecimalScalar 클래스에는 @DgsComponent 애노테이션이 표시된다. DGS 프레임워크는 애노테이션 기반 스프링 부트 프로그래밍 모델이다. DGS 프레임워크는 스프링 부트에게 이러한 유형의 애노테이션

(예: `@DgsComponent`)을 제공한다. `@DgsComponent`로 표시된 클래스는 DGS 컴포넌트이자 일반 스프링 컴포넌트이다.

마찬가지로 `DateTimeScalar` 타입을 추가했다. `DateTimeScalar` 스칼라 타입에 대한 코드는 https://github.com/PacktPublishing/Modern-API-Developmentwith-Spring-6-and-Spring-Boot-3/tree/dev/Chapter14/src/main/java/com/packt/modern/api/scalar/DateTimeScalar.java에서 확인할 수 있다.

모든 스키마 세부 정보와 해당 문서는 GraphiQL 또는 유사한 도구에서 사용할 수 있는 GraphQL 문서를 사용해서 탐색할 수 있다. 다음으로 자동 생성된 문서를 찾는 방법을 알아보자.

API 문서화

그래픽 인터페이스를 제공하는 GraphiQL 또는 플레이그라운드 도구를 사용해서 GraphQL 스키마와 문서를 탐색할 수 있다.

GraphiQL(`http://localhost:8080/graphiql`, 이 장 코드로 빌드된 `jar`를 실행하여 시작 가능)에서는 왼쪽 상단에 있는 책 아이콘을 클릭하여 문서 탐색기를 열 수 있다. 클릭하면 문서가 표시된다.

만약 정적 페이지를 찾고 있다면 graphdoc(https://github.com/2fd/graphdoc)과 같은 도구를 사용해서 GraphQL API에 대한 정적 문서를 생성할 수 있다.

다음으로 GraphQL 루트 타입을 구현해 볼 것이다. 먼저 GraphQL 쿼리를 구현해보자.

GraphQL 쿼리 구현

이전 절의 스키마에서 소개한 두 쿼리는 모두 간단하다. 제품 ID를 전달해서 해당 ID로 식별되는 제품을 찾는다. 이것이 바로 제품 쿼리이다. 다음으로, 제품 기준을 전달해서 주어진 기준에 따라 제품 목록을 찾는다. 제품 기준을 전달하지 않을 경우 제품 기준 필드의 기본값을 가지는 제품이 반환된다.

REST의 경우 3장, API 명세 및 구현의 OAS 코드 인터페이스 구현 절에서 컨트롤러 클래스를 구현했다. 컨트롤러를 생성하고 호출을 서비스에 전달했고 서비스는 리포지토리를 호출해서 데이터베이스에서 데이터를 가져왔다. 여기서도 동일한 디자인을 사용한다. 그러나 코드를 단순화하기 위해 데이터베이스 대신 `ConcurrentHashMap`을 사용할 것이다. 이것은 자동화된 테스트에서도 사용할 수 있다.

아래 코드 블록에 표시된 대로 제품 쿼리 구현을 위한 리포지토리 클래스를 생성해 보자.

코드: /Chapter14/src/main/java/com/packt/modern/api/repository/Repository.java

```java
public interface Repository {
  Product getProduct(String id);
  List<Product> getProducts();
}
```

이것은 제품과 제품 컬렉션을 가져오기 위한 간단한 시그니처다.

이제 아래 코드 블록과 같이 `ConcurrentHashMap`을 사용해서 이 인터페이스를 구현해 보자.

```java
@org.springframework.stereotype.Repository
public class InMemRepository implements Repository {
  private static final Map<String, Product> productEntities = new ConcurrentHashMap<>();
  private static final Map<String, Tag> tagEntities = new ConcurrentHashMap<>();
  // 나머지 코드는 생략
```

위 코드에서는 제품과 태그를 저장할 두 개의 `ConcurrentHashMap` 인스턴스를 만들었다. 생성자를 사용해서 위 map 객체에 시드 데이터를 추가해 보자.

```java
public InMemRepository() {
  Faker faker = new Faker();
  IntStream.range(0, faker.number().numberBetween(20, 50)).forEach(number -> {
    String tag = faker.book().genre();
    tagEntities.putIfAbsent(tag,
        Tag.newBuilder().id(UUID.randomUUID().toString()).name(tag).build());
  });
  IntStream.range(0, faker.number().numberBetween(4, 20)).forEach(number -> {
    String id = String.format("a1s2d3f4-%d", number);
    String title = faker.book().title();
    List<Tag> tags = tagEntities.entrySet().stream().filter(t -> t.getKey().startsWith(
        faker.book().genre().substring(0, 1))).map(Entry::getValue).collect(toList());
    if (tags.isEmpty()) {
      tags.add(tagEntities.entrySet().stream().findAny().get().getValue());
    }
    Product product = Product.newBuilder().id(id).name(title)
        .description(faker.lorem().sentence())
```

```
            .count(faker.number().numberBetween(10, 100))
            .price(BigDecimal.valueOf(faker.number().randomDigitNotZero()))
            .imageUrl(String.format("/images/%s.jpeg", title.replace(" ", ""))).tags(tags).build();
    productEntities.put(id, product);
});
// 나머지 코드는 생략

}
```

이 코드는 먼저 태그를 생성한 뒤 tagEntities map 객체에 저장한다. 또한 이 코드는 productEntities map 객체에 제품을 저장하기 전에 새 제품에 태그를 붙인다. 이 코드는 개발 목적으로만 수행해야 한다. 프로덕션 애플리케이션에서는 데이터베이스를 사용해야 한다.

이제 아래 코드 블록과 같이 getProduct 및 getProducts 메소드를 간단히 작성한다.

```
@Override
public Product getProduct(String id) {
    if (Strings.isBlank(id)) {
        throw new RuntimeException("유효하지 않은 제품 아이디입니다.");
    }
    Product product = productEntities.get(id);
    if (Objects.isNull(product)) {
        throw new RuntimeException("제품이 검색되지 않습니다.");
    }
    return product;
}
@Override
public List<Product> getProducts() {
    return productEntities.entrySet().stream().map(e -> e.getValue()).collect(toList());
}
```

getProduct 메소드는 기본 유효성 검사를 수행하고 Product를 리턴한다. getProducts 메소드는 단순히 map 객체에서 변환된 Product의 컬렉션을 리턴한다.

이제 서비스와 해당 구현을 추가할 수 있다. 아래 코드 블록에 표시된 대로 서비스 인터페이스를 추가해 보자.

코드: /Chapter14/src/main/java/com/packt/modern/api/services/ProductService.java

```java
public interface ProductService {
  Product getProduct(String id);
  List<Product> getProducts(ProductCriteria criteria);
  Product addQuantity(String productId, int qty);
  Publisher<Product> gerProductPublisher();
}
```

이 서비스 메소드는 단순히 리포지토리를 호출해서 데이터를 가져온다. 아래 코드 블록에 표시된 대로 구현체를 추가해 보자.

코드: /Chapter14/src/main/java/com/packt/modern/api/services/ProductServiceImpl.java

```java
@Service
public class ProductServiceImpl implements ProductService {
  private final Repository repository;
  public ProductServiceImpl(Repository repository) {
    this.repository = repository;
  }
  @Override
  public Product getProduct(String id) {
    return repository.getProduct(id);
  }
  // 계속...
```

위 코드에서 리포지토리는 생성자 주입을 이용해서 주입된다.

다음으로 주어진 필터링 기준에 따라 필터링을 수행하는 getProducts() 메소드도 추가해 보자.

```java
  @Override
  public List<Product> getProducts(ProductCriteria criteria) {
    List<Predicate<Product>> predicates = new ArrayList<>(2);
    if (!Objects.isNull(criteria)) {
      if (Strings.isNotBlank(criteria.getName())) {
        Predicate<Product> namePredicate = p -> p.getName().contains(criteria.getName());
        predicates.add(namePredicate);
      }
      if (!Objects.isNull(criteria.getTags()) && !criteria.getTags().isEmpty()) {
```

```
      List<String> tags = criteria.getTags().stream().map(ti -> ti.getName()).collect(toList());
      Predicate<Product> tagsPredicate = p -> p.getTags().stream().filter(t ->
          tags.contains(t.getName())).count() > 0;
      predicates.add(tagsPredicate);
    }
  }
  if (predicates.isEmpty()) {
    return repository.getProducts();
  }
  return repository.getProducts().stream().filter(p -> predicates.stream().allMatch(
      pre -> pre.test(p))).collect(toList());
}
```

이 방법은 먼저 기준이 주어졌는지 여부를 확인한다. 기준이 제공되지 않으면 리포지토리를 호출해서 모든 제품을 반환한다.

기준이 주어지면 predicates list를 생성한다. 그런 다음 이러한 predicates를 사용해서 일치하는 제품을 필터링하고 다시 호출 함수로 리턴한다.

이제 GraphQL 쿼리 구현의 가장 중요한 부분인 데이터 조회 기능을 작성한다. 먼저 product 쿼리용 데이터 페처(fetcher)[7]를 작성해 보자.

GraphQL 쿼리용 페처 작성

이 절에서는 데이터 페처를 작성한다. 이름에서 알 수 있듯이 데이터 페처는 데이터베이스나 써드-파티 API/문서 저장소와 같은 영구 저장소에서 정보를 검색한다. 단일 데이터 필드, 단일 객체, 객체 컬렉션을 검색하기 위해 데이터 페처를 작성하는 방법을 살펴보자.

Product용 데이터 페처 작성

데이터 페처는 GraphQL 요청을 처리하는 중요한 DGS 컴포넌트로 DGS는 내부적으로 각 필드를 처리하고 데이터를 가져온다. 데이터 페처는 @DgsComponent라는 특별한 DGS 애노테이션으로 표시된다. 이 타입은 DGS 프레임워크가 요청을 처리하기 위해 스캔하고 사용하는 스프링 컴포넌트다.

---

[7] (옮긴이) fetcher를 잘 표현할 한국어가 마땅하지 않아 그대로 페처로 표현한다.

DGS 데이터 페처 컴포넌트를 구현하기 위해 datafetchers 패키지에 ProductDatafetcher.java라는 새 파일을 만들어 보자. 해당 파일에 product 쿼리를 처리하기 위한 데이터 페처 메소드를 작성한다. 아래와 같이 코드를 추가하면 된다.

코드: /Chapter14/src/main/java/com/packt/modern/api/datafetchers/ProductDatafetcher.java

```java
@DgsComponent
public class ProductDatafetcher {
  private final ProductService productService;
  public ProductDatafetcher(ProductService productService) {
    this.productService = productService;
  }
  @DgsData(parentType = DgsConstants.QUERY_TYPE, field = QUERY.Product)
  public Product getProduct(@InputArgument("id") String id) {
    if (Strings.isBlank(id)) {
      new RuntimeException("유효하지 않은 제품 아이디입니다.");
    }
    return productService.getProduct(id);
  }
  // 계속 ...
}
```

여기에 생성자를 이용해서 제품 서비스(ProductService) bean을 주입한다. 이 서비스 bean은 주어진 제품 아이디를 기반으로 제품을 찾는 것을 도와준다.

getProduct 메소드에는 두 개의 중요한 DGS 프레임워크 애노테이션이 사용됐다. 이들에 대해 살펴보자.

- **@DgsData**: 해당 메소드가 데이터 페처임을 표시하는 데이터 페처 애노테이션이다. parentType 속성은 타입을 나타내고 field 속성은 타입의 (parentType) 필드를 나타낸다. 따라서 해당 메소드가 주어진 타입의 필드를 가져오는 애노테이션이라 할 수 있다.

  Query를 parentType으로 설정했다. field 속성은 product 쿼리로 설정했다. 따라서 이 메소드는 GraphQL 쿼리 product 호출을 위한 진입점 역할을 한다. @DsgData 애노테이션 속성은 DgsConstants 상수 클래스를 사용해서 설정된다.

  스키마의 모든 상숫값을 보관하는 DgsConstants는 DGS 그래들 플러그인에 의해 생성된다.

- **@InputArgument**: 이 애노테이션을 사용하면 GraphQL 요청에 의해 전달되는 아규먼트를 캡처할 수 있다. 여기에서 id 매개변수의 값이 캡처되고 id라는 String 타입 변수에 할당된다.

이 데이터 페처 메소드와 관련된 테스트 케이스는 향후 테스트 자동화 절에서 살펴볼 예정이다.

위 코드 블록과 마찬가지로 products 쿼리용 데이터 페처 메소드도 작성할 수 있다. 다음 절에서 살펴보자.

Product 컬렉션용 데이터 페처 작성

DGS 데이터 페처 컴포넌트를 구현하기 위해 datafetchers 패키지에 ProductsDatafetcher.java라는 새 파일을 만들자. 제품 쿼리를 제공하기 위해서는 데이터를 가져오기 위한 메소드가 필요하다. 아래 코드 블록을 참고하여 방금 만든 ProductsDatafetcher.java 파일에 products 쿼리를 처리하기 위한 데이터 페처 메소드를 작성한다.

코드: Chapter14/src/main/java/com/packt/modern/api/datafetchers/ProductsDatafetcher.java

```java
@DgsComponent
public class ProductsDatafetcher {
  private ProductService service;
  public ProductsDatafetcher(ProductService service) {
    this.service = service;
  }
  @DgsData(parentType = DgsConstants.QUERY_TYPE, field = QUERY.Products)
  public List<Product> getProducts(@InputArgument("filter") ProductCriteria criteria) {
    return service.getProducts(criteria);
  }
  // 계속 ...
}
```

위 코드 블록의 getProducts() 메소드는 이전 코드 블록의 getProduct() 데이터 페처 메소드와 크게 다르지 않다. 여기서 @DsgData의 parentType과 field 속성은 이 메소드가 products 쿼리(주의: 복수형을 사용한다.)에 대한 제품 컬렉션을 조회하는 데 사용된다는 것을 나타낸다.

이제 GraphQL 쿼리 구현이 완료되었다. 변경 사항을 테스트해 보자.

테스트를 실행하기 전에 먼저 애플리케이션을 빌드해야 한다. 아래 명령을 사용해서 애플리케이션을 빌드하자.

```
$ gradlew clean build
```

빌드가 성공적으로 완료되면 아래 명령으로 애플리케이션을 실행할 수 있다.

```
$ java -jar build/libs/chapter14-0.0.1-SNAPSHOT.jar
```

포트 설정을 변경하지 않았다면 애플리케이션은 기본 포트 8080에서 실행된다.

이제 브라우저 창에서 아래의 URL을 사용해서 GraphiQL을 열 수 있다. `http://localhost:8080/graphiql` (DGS 프레임워크의 일부). 필요할 경우 호스트/포트를 적절히 변경하기 바란다.

이후 제품 컬렉션을 가져오는 쿼리를 실행해 보겠다.[8]

```
{
  products(filter: {name: "His Dark Materials", tags: [{name: "Fantasy"}, {name: "Legend"}]}) {
    id
    name
    price
    description
    tags {
      id
      name
    }
  }
}
```

위의 쿼리를 실행하면 필터에 지정된 기준과 일치하는 제품을 가져온다.

---

8 (옮긴이) 브라우저에서 http://localhost:8080/graphiql를 호출해서 열린 화면에 아래의 쿼리 내용을 입력하고 실행하면 결과를 볼 수 있다. 단, 예시에 사용된 책의 name, tags 값들은 서버 구동 시 마다 자동 생성되는 fake data 이므로 스프링 부트 서버 구동 시 출력되는 Seed Data 값들 중 적절한 값으로 대체해서 쿼리해야 한다.

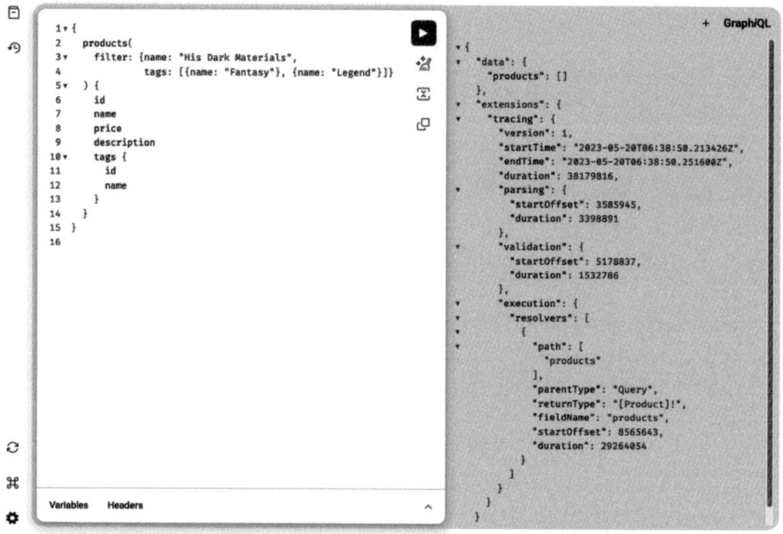

그림 14.2 – GraphiQL 도구에서 GraphQL 쿼리 수행

실행해보면 잘 동작할 것이다. 그런데 태그를 별도로 가져오고 싶은 경우에는 어떻게 해야 할까? 별도의 데이터베이스나 서비스 또는 두 개의 개별 테이블에서 조회해야 하는 객체들의 경우에는 관련(예: 청구 정보가 있는 주문)이 있을 수 있다. 이 경우 데이터 페처 메소드를 사용해서 필드 해석기를 추가해야 한다.

다음 절에서는 데이터 페처 메소드를 사용해서 필드 해석기를 추가해 보겠다.

데이터 페처 메소드를 사용한 필드 해석기 작성

지금까지는 태그를 조회하는 별도의 데이터 fetcher가 없었다. 우리는 두 데이터를 모두 저장하는 Concurrent map을 사용하고 있기 때문에 제품들도 조회하고 태그 정보도 가져온다. 따라서 먼저, 주어진 제품에 대한 태그 정보를 가져오는 새로운 데이터 페처 메소드의 작성이 필요하다.

태그 정보를 가져오기 위해 ProductsDatafetcher 클래스에 아래 코드 블록과 같이 tags() 메소드를 추가해 보자.

코드: Chapter14/src/main/java/com/packt/modern/api/datafetchers/ProductsDatafetcher.java

```java
@DgsData(parentType = PRODUCT.TYPE_NAME, field = PRODUCT.Tags)
public List<Tags> tags(String productId) {
```

```
    return tagService.fetch(productId);
}
```

위 코드 블록에서 tags() 메소드는 @DsgData 속성에 대해 다른 값을 가진다. parentType 속성은 Query로 설정됐던 이전 데이터 페처 메소드와 같이 루트 타입으로 설정되지 않는다. 대신 Proudct라는 객체 타입으로 설정된다. field 속성은 tags로 설정된다.

이 메소드는 Product 객체의 tags 필드에 대한 필드 해석기이므로 각 개별 제품에 대한 태그를 가져오기 위해 호출된다. 따라서 20개의 제품이 있는 경우 20개의 제품 각각에 대한 태그를 가져오기 위해 이 메소드는 20번 호출된다. 이는 우리가 13장, GraphQL 시작하기에서 다루었던 N+1 문제이다.

N+1 문제에서는 관계가 있는 데이터를 가져오기 위해 추가 데이터베이스 호출이 이루어진다. 따라서 제품 컬렉션이 주어지면 각 제품에 대한 태그를 개별적으로 가져오기 위해 데이터베이스를 호출할 것이다.

앞 장에서 N+1 문제를 피하려면 데이터 로더를 사용해야 한다는 것을 배웠다. 데이터 로더는 단일 쿼리로 해당 태그를 가져오기 전에 제품의 모든 ID를 캐시한다.

이제 N+1 문제를 해결하기 위해 데이터 로더를 구현하는 방법을 알아보자.

N+1 문제를 해결하기 위한 데이터 로더 작성

이 책에서는 DataFetchingEnvironment 클래스를 데이터 페처 메소드의 아규먼트로 사용할 것이다. 이 클래스는 실행 컨텍스트를 제공하기 위해 graphql-java 라이브러리에 의해 데이터 페처 메소드에 주입된다. 실행 컨텍스트에는 객체, 필드와 같이 해석기에 대한 정보가 포함된다. 이 정보들을 데이터 로더 클래스를 로딩하는 등 특별한 경우에도 사용할 수 있다.

N+1 문제가 발생하는 일 없이 태그를 가져오기 위해서는 이전 코드 블록에서 언급한 ProductsDatafetcher 클래스의 tags() 메소드에 아래와 같은 수정이 필요하다.

코드: Chapter14/src/main/java/com/packt/modern/api/datafetchers/ProductsDatafetcher.java

```
@DgsData(
  parentType = PRODUCT.TYPE_NAME,
  field = PRODUCT.Tags
)
public CompletableFuture<List<Tags>> tags(DgsDataFetchingEnvironment env) {
```

```
    DataLoader<String, List<Tags>> tagsDataLoader =
        env.getDataLoader(TagsDataloaderWithContext.class);
    Product product = env.getSource();
    return tagsDataLoader.load(product.getId());
}
```

위에서 수정된 tags() 데이터 페처 메소드는 데이터 로더를 사용해서 조회 메소드를 수행하고 CompletableFuture 내부에 래핑된 태그 컬렉션을 리턴한다. 그리고 제품의 개수가 1 이상인 경우에도 한 번만 호출된다.

> **CompletableFuture란?**
> CompletableFuture는 명시적으로 완료된 것으로 표시되는 비동기 컴퓨팅의 결과를 나타내는 자바의 동시성 클래스이다. 이를 이용해서 현재 작업의 결과를 사용할 수 있을 때 다음 작업이 트리거되도록 여러 종속성 작업을 비동기적으로 연결할 수 있다.

위 코드 블록에서는 DgsDataFetchingEnvironment를 아규먼트로 사용하고 있다. 이 아규먼트는 DataFetchingEnvironment 인터페이스의 구현체로 데이터 로더 클래스를 해당 클래스와 이름으로 로딩하는 방법을 제공한다. 여기서는 데이터 로더 클래스를 사용해서 데이터 로더를 로드한다.

DgsDataFetchingEnvironment의 getSource() 메소드는 @DgsData의 parentType 속성 값을 리턴한다. 따라서 getSource()는 Product를 리턴한다.

이 수정된 데이터 페처 메소드는 한 번의 호출로 주어진 제품 목록에 대한 태그들을 가져온다. 그렇다면 제품 목록은 무엇을 가리킬까? 데이터 로더 클래스는 배치를 사용하여 작업을 수행하는 MappedBatchLoader의 구현체이므로 이 메소드는 제품 목록에 대한 태그들을 가져온다.

데이터 로더 클래스는 데이터 로더를 사용하여 주어진 제품의 태그(ID별)를 일괄적으로 가져온다. 데이터 로더의 최대 장점은 CompletableFuture를 리턴한다는 데 있다. 단일 제품 ID를 아규먼트로 전달하더라도 데이터 로더는 이를 일괄 처리한다. 더 자세히 알아보기 위해 이 데이터 로더 클래스(TagsDataloaderWithContext)를 구현해 보자.

데이터 로더 클래스는 컨텍스트가 있거나 없는 두 가지 방법으로 생성할 수 있다. 컨텍스트가 없는 데이터 로더는 아래의 메소드 시그니처가 있는 MappedBatchLoader를 구현한다.

```
CompletionStage<Map<K, V>> load(Set<K> keys);
```

반면에 컨텍스트가 있는 데이터 로더는 아래의 메소드 시그니처가 있는 MappedBatchLoaderWithContext 인터페이스를 구현한다.

```
CompletionStage<Map<K, V>> load(Set<K> keys, BatchLoaderEnvironment environment);
```

데이터 로딩에 관한 한 둘 다 동일하다. 그러나 컨텍스트가 있는 데이터 로더는 BatchLoaderEnvironment를 통해 인증, 권한 부여, 데이터베이스 세부 정보 전달과 같은 다양한 추가 기능에 사용할 수 있는 추가 정보를 제공한다.

아래의 코드를 사용해서 dataloaders 패키지에 TagsDataloaderWithContext.java라는 새 자바 파일을 만들어 보자.

코드: /Chapter14/src/main/java/com/packt/modern/api/dataloaders/TagsDataloaderWithContext.java

```java
@DgsDataLoader(name = "tagsWithContext")
public class TagsDataloaderWithContext implements
        MappedBatchLoaderWithContext<String, List<Tag>> {
  private final TagService tagService;
public TagsDataloaderWithContext(TagService tagService) {
  this.tagService = tagService;
  }
@Override
  public CompletionStage<Map<String, List<Tag>>> load(Set<String> keys,
        BatchLoaderEnvironment environment) {
    return CompletableFuture.supplyAsync(() -> tagService.getTags(new ArrayList<>(keys)));
  }
}
```

위 코드는 MappedBatchLoaderWithContext 인터페이스를 사용해 load() 메소드를 구현한다. 여기에는 사용자 인증, 권한 부여 정보 또는 데이터베이스 정보를 포함할 수 있는 환경 컨텍스트를 제공하는 BatchLoaderEnvironment 아규먼트가 포함되어 있다. 그러나 인증, 권한, 또는 리포지토리나 데이터 액세스 계층에 전달할 데이터베이스와 같은 추가 정보가 없기 때문에 사용하지 않는다. 만약 이런 데이터가 있다면 environment 아규먼트를 활용할 수 있다.

컨텍스트가 없는 데이터 로더는 src/main/java/com/packt/modern/api/dataloaders/TagDataloader.java에서 참고할 수 있다. 해당 코드는 컨텍스트가 포함된 데이터 로더용으로 작성한 코드와 거의 유사하다. 유일한 차이점은 컨텍스트를 사용하지 않는다는 것이다.

다시 예제로 돌아와서, 위의 코드 블록에서는 태그를 가져오기 위해 태그의 서비스를 사용하는 것을 볼 수 있다. 그런 다음 태그 서비스에서 받은 태그들을 제공해서 CompletionStage 타입 객체를 리턴한다. 이 작업은 데이터 로더에 의해 일괄적으로 수행된다.

아래와 같이 새 태그 서비스와 해당 구현체를 만들어 보자.

코드: /Chapter14/src/main/java/com/packt/modern/api/services/TagService.java
```java
public interface TagService {
  Map<String, List<Tag>> getTags(List<String> productIds);
}
```

이것은 제품 ID와 해당 태그 정보를 담은 map 을 리턴하는 getTags 메소드의 시그니처다.

이 인터페이스를 구현하기 위해서는 아래 코드 블록과 같이 구현체를 작성한다.

코드: /Chapter14/src/main/java/com/packt/modern/api/services/TagServiceImpl.java
```java
@Service
public class TagServiceImpl implements TagService {
  private final Repository repository;
  public TagServiceImpl(Repository repository) {
    this.repository = repository;
  }
  @Override
  public Map<String, List<Tag>> getTags(List<String> productIds) {
    return repository.getProductTagMappings(productIds);
  }
  @Override
  public Product addTags(String productId, List<TagInput> tags) {
    return repository.addTags(productId, tags);
  }
}
```

위 코드에서 구현된 방법은 간단하다. 전달된 제품 ID 컬렉션을 기반으로 태그를 가져오는 리포지토리를 호출한다.

아래 라인과 같이 Repository.java 인터페이스에 getProductTagMappings를 추가할 수 있다.

```
Map<String, List<Tag>> getProductTagMappings(List<String> productIds);
```

그런 다음 아래 코드 블록과 같이 InMemRepository.java 클래스에서 이 메소드를 구현할 수 있다.

```
@Override
public Map<String, List<Tag>> getProductTagMappings(List<String> productIds) {
  return productEntities.entrySet().stream().filter(e -> productIds.contains(e.getKey()))
      .collect(toMap(e -> e.getKey(), e -> e.getValue().getTags()));
}
```

위 코드는 먼저 제품 map의 entrySet에서 스트림을 만든 다음 이 메소드에서 전달된 제품과 일치하는 제품을 필터링한다. 마지막으로 필터링된 제품을 Key로, Tags를 값으로 매핑하는 map으로 변환한 후 리턴한다.

이제 product GraphQL 쿼리를 호출하고 적절히 정규화된 데이터베이스에서 제품 정보를 가져오면 N+1 문제 없이 제품 태그를 일괄적으로 로드한다.

이제 GraphQL 쿼리 구현이 완료되었다. 위 내용을 바탕으로 스스로 쿼리를 구현하는 데 익숙해지기 바란다.

다음으로 GraphQL 뮤테이션을 구현할 차례다.

GraphQL 뮤테이션 구현

이 책에서는 GraphQL 스키마에 따라 addTag와 addQuantity의 두 가지 뮤테이션을 구현할 것이다.

addTag 뮤테이션은 productId와 tags 컬렉션을 아규먼트로 사용하고 Product 객체를 리턴한다. addQuantity 뮤테이션은 productId와 quantity를 사용해서 Product를 추가하고 리턴한다.

우선 아래 코드 블록과 같이 기존 ProductDatafetcher 클래스에 구현을 추가해 보자.

코드: /Chapter14/src/main/java/com/packt/modern/api/datafetchers/ProductDatafetcher.java

```java
// ProductDatafetcher 클래스 코드의 나머지
@DgsMutation(field = MUTATION.AddTag)
public Product addTags(@InputArgument("productId") String productId,
    @InputArgument(value = "tags", collectionType = TagInput.class) List<TagInput> tags) {
  return tagService.addTags(productId, tags);
}

@DgsMutation(field = MUTATION.AddQuantity)
public Product addQuantity(@InputArgument("productId") String productId,
    @InputArgument(value = "quantity") int qty) {
  return productService.addQuantity(productId, qty);
}
// ProductDatafetcher 클래스 코드의 나머지
```

위 코드 블록에서 메소드 시그니처는 DGS 프레임워크의 `@DgsMutation` 애노테이션을 사용하여 GraphQL 스키마에 작성된 각 뮤테이션을 따른다. 이는 메소드를 데이터 페처 메소드로 나타내기 위해 표시하는 `@DgsData` 애노테이션 타입이다. `@DgsMutation` 애노테이션은 Mutation을 기본값으로 하는 `parentType` 속성을 가진다. 개발자는 이 애노테이션에 `field` 속성을 설정하기만 하면 된다. 두 메소드는 모두 `@DgsMutation` 애노테이션의 `field` 속성에 각각의 값이 설정되어 있다.

태그에 대해 사용된 `@InputArgument` 애노테이션에는 인풋 타입을 설정하는 `collectionType` 속성을 사용하고 있다. 이는 인풋 타입이 스칼라가 아닌 경우에 필요하다. 속성을 분명히 기입하지 않으면 에러가 발생한다. 따라서 스칼라가 아닌 인풋 타입을 사용한다면 반드시 `collectionType` 속성을 사용해야 한다.

위의 메소드는 태그와 제품 서비스를 사용해서 요청된 작업을 수행한다. 다만 아직까지 `ProductDatafetcher` 클래스에 태그 서비스를 추가하지 않았다. 따라서 먼저 아래 코드 블록과 같이 `TagService`를 추가해야 한다.

```java
// ProductDatafetcher 클래스 코드의 나머지
private final TagService tagService;
public ProductDatafetcher(ProductService productService, TagService tagService) {
  this.productService = productService;
  this.tagService = tagService;
}
// ProductDatafetcher 클래스 코드의 나머지
```

위 코드에서는 생성자를 사용해 TagService bean을 주입했다.

이제 TagService에 addTag() 메소드를 구현하고 ProductService에 addQuantity 메소드를 구현해야 한다. 인터페이스와 해당 메소드의 구현은 모두 간단하다. 작업을 수행하기 위해 리포지토리 객체로 호출을 전달한다. 이 책의 깃허브 저장소에서 TagService와 ProductService 소스 코드를 참고해서 이 구현 방법을 살펴보기 바란다.

이제 addTag와 addQuantity를 구현하기 위해 두 가지 메소드를 Repository 인터페이스에 추가해 보자.

```
// 리포지토리 클래스 코드의 나머지
Product addTags(String productId, List<TagInput> tags);
Product addQuantity(String productId, int qty);
// 리포지토리 클래스 코드의 나머지
```

위 메소드를 추가하면 Repository.java 인터페이스의 각 시그니처는 GraphQL 스키마에 작성된 각각의 뮤테이션을 따르게 된다.

이제 InMemRepository.java 클래스에 아래 코드 블록과 같이 addTags() 메소드를 구현해 보자.

코드: /Chapter14/src/main/java/com/packt/modern/api/repository/InMemRepository.java

```
@Override
public Product addTags(String productId, List<TagInput> tags) {
  if (Strings.isBlank(productId)) {
    throw new RuntimeException("유효하지 않은 제품 아이디입니다.");
  }
  Product product = productEntities.get(productId);
  if (Objects.isNull(product)) {
    throw new RuntimeException("제품이 검색되지 않습니다.");
  }
  if (tags != null && !tags.isEmpty()) {
    List<String> newTags = tags.stream().map(t -> t.getName()).collect(toList());
    List<String> existingTags = product.getTags().stream().map(t -> t.getName()).collect(toList());
    newTags.stream().forEach(nt -> {
      if (!existingTags.contains(nt)) {
        product.getTags().add(Tag.newBuilder().id(UUID.randomUUID().toString()).name(nt).build());
      }
    });
```

```
    productEntities.put(product.getId(), product);
  }
  return product;
}
```

위 코드는 먼저 productId와 tags 아규먼트에 대한 유효성 검사를 수행한다. 검사 결과에 이상이 없으면 태그를 제품에 추가하고, concurrent map 객체를 업데이트하고 업데이트한 제품을 리턴한다.

여기까지 GraphQL 뮤테이션의 구현이 완료됐다. 이제 변경 사항을 테스트할 수 있다. 테스트를 실행하기 전에 다시 애플리케이션을 빌드해야 한다. 아래 명령을 사용해서 애플리케이션을 빌드해 보자.

```
$ gradlew clean build
```

빌드가 성공적으로 완료되면 아래 명령을 실행하여 애플리케이션을 작동시킬 수 있다.

```
$ java -jar build/libs/chapter14-0.0.1-SNAPSHOT.jar
```

포트 설정을 변경하지 않은 경우 애플리케이션은 기본 포트 8080에서 실행된다.

이제 브라우저 창을 열고 아래 URL을 사용하여 GraphiQL을 호출해 보자. http://localhost:8080/graphiql (DGS 프레임워크의 일부). 필요한 경우 호스트/포트를 적절하게 변경하기 바란다.

그리고 아래 GraphQL 요청을 사용해서 addTag 뮤테이션을 수행한다.

```
mutation {
  addTag(productId: "a1s2d3f4-0",
         tags: [{name:"new Tags..."}]) {
    id
    name
    price
    description
    tags {
      id
      name
    }
  }
}
```

위 코드는 주어진 `productId`에 `tags`를 추가한다. 따라서 `productId`와 `tags`를 아규먼트로 전달한다. 아래 GraphQL 요청을 사용하면 `addQuantity` 뮤테이션을 수행할 수 있다.

```
mutation {
  addQuantity(productId: "a1s2d3f4-0", quantity: 10) {
    id
    name
    description
    price
    count
    tags {
      id
      name
    }
  }
}
```

위 코드에서는 `productId`와 `quantity`를 아규먼트로 전달한다. 지금까지 GraphQL 서버에서 GraphQL 뮤테이션을 구현하는 방법을 살펴봤다. 다음 절에서는 GraphQL 서브스크립션을 구현해 보겠다.

GraphQL 서브스크립션 구현 및 테스트

서브스크립션은 특정 이벤트가 발생할 때 객체를 구독자(클라이언트)에게 보내는 또 다른 GraphQL 루트 타입이다.

샘플 전자 상거래 앱을 서비스하는 온라인 상점에서 제품의 재고가 일정 수준보다 많아지면 제품에 대해 할인을 제공하기로 했다고 가정해 보자. 모든 제품의 수량을 수동으로 트레이싱한 다음 계산을 수행하고 할인을 처리하는 것은 비효율적이다. 이런 경우, 빠른 작업 수행을 위해(또는 수동 개입을 줄이기 위해) 서브스크립션을 사용할 수 있다.

`addQuantity()` 뮤테이션을 통한 제품 인벤토리(수량)의 각 변경은 이벤트를 트리거해야 하며 구독자는 업데이트된 제품과 이에 따른 수량을 받을 수 있어야 한다. 개발자는 이 과정을 논리적으로 구현하고 자동화할 수 있다.

업데이트된 제품 객체를 구독자에게 보내는 서브스크립션을 작성해 보자. 이 책은 해당 기능을 구현하기 위해 리액티브 스트림과 웹소켓을 사용할 것이다.

먼저 CORS를 활성화해야 한다. 이를 위해 application.properties 파일에 다음 속성을 추가한다.

코드: /Chapter14/src/main/resources/application.properties
```
management.endpoints.web.exposure.include=health,metrics
graphql.servlet.actuator-metrics=true
graphql.servlet.tracing-enabled=false
graphql.servlet.corsEnabled=true
```

여기서 상태와 메트릭 액츄에이터 엔드포인트를 노출하는 것과 함께 GraphQL에 대한 액츄에이터 메트릭과 트레이싱을 활성화했다.

build.gradle에는 WebSocket 기반 GraphQL 서브스크립션에 필요한 WebSocket의 자동 구성을 관리하기 위해 graphql-dgs-subscriptions-websockets-autoconfigure가 있다.

이제 아래 코드와 같이 ProductDatafetcher 클래스에 서브스크립션 데이터 페처를 추가할 수 있다.

코드: /Chapter14/src/main/java/com/packt/modern/api/datafetchers/ProductDatafetcher.java
```
// ProductDatafetcher 클래스 코드의 나머지
@DgsSubscription(field = SUBSCRIPTION.QuantityChanged)
public Publisher<Product> quantityChanged(@InputArgument("productId") String productId) {
  return productService.gerProductPublisher();
}
// ProductDatafetcher 클래스 코드의 나머지
```

위 코드에서는 DGS 프레임워크의 또 다른 애노테이션인 `@DgsSubscription`을 사용하고 있다. `@DgsSubscription`은 데이터 페처 메소드임을 나타내기 위해 메소드에 사용되는 `@DgsData` 애노테이션 타입 중 하나이다. `@DgsSubscription` 애노테이션은 Subscription을 기본값으로 하는 `parentType` 속성을 가진다. 개발자는 이 애노테이션에 `field` 속성을 설정하기만 하면 된다. `field` 속성 값을 quantityChanged로 설정하면 quantityChanged에 대한 서브스크립션 요청이 호출될 때 이 메소드가 사용되도록 DGS 프레임워크에 표시된다.

Subscription 메소드는 여러 구독자에게 무제한의 객체(이 경우 Product 인스턴스)를 보낼 수 있는 Publisher 인스턴스를 리턴한다. 따라서 클라이언트는 제품 게시자를 서브스크립션하기만 하면 된다.

서브스크립션 기능을 구현하기 위해서는 ProductService 인터페이스에 새 메소드를 추가하고 해당 ProductServiceImpl 클래스에 이를 구현해야 한다. ProductService 인터페이스의 메소드 시그니처와 구현은 간단하다. 작업을 수행하기 위해 리포지토리를 호출한다. 이 책의 깃허브 저장소의 Chapter14 디렉터리에 있는 소스 코드를 참조하기 바란다.

코드의 실제 작업은 리포지토리에서 수행되고 있다. 따라서 아래 단계에 표시된 대로 리포지토리에서 특정 변경을 수행해야 한다.

1. 먼저 Repository 인터페이스에 다음 메소드 시그니처를 추가한다.

    ```
    Publisher<Product> getProductPublisher();
    ```

2. 다음으로 InMemRepository 클래스에 getProductPublisher() 메소드를 구현한다. 이 메소드는 아래 코드와 같이 제품 게시자(Publisher)를 리턴한다.

    ```
    public Publisher<Product> getProductPublisher() {
      return productPublisher;
    }
    ```

3. 이제 리액티브 스트림이 수행하는 마법이 필요하다. 먼저 FluxSink<Product>와 ConnectableFlux<Product>(리포지토리가 리턴함) 변수를 선언하자.

    ```
    private FluxSink<Product> productsStream;
    private ConnectableFlux<Product> productPublisher;
    ```

4. 이제 선언된 인스턴스들을 초기화한다. InMemRepository의 생성자에 아래 코드와 같이 처리하자.

    ```
    Flux<Product> publisher = Flux.create(emitter -> {
      productsStream = emitter;
    });
    productPublisher = publisher.publish();
    productPublisher.connect();
    ```

5. Flux<Product>는 onError()나 onComplete() 이벤트에 뒤따르는 다음 신호를 방출하기 위해 배턴을 productsStream(FluxSink)에 전달하는 제품 스트림 게시자이다. 위 코드 블록은 제품 수량이 변경

될 때 productsStream이 신호를 방출해야 함을 의미한다. Flux<Product>가 publish() 메소드를 호출하면 productPublisher(서브스크립션이 리턴한 것)에 할당된 connectableFlux 인스턴스를 리턴한다.

6. 이제 설정이 거의 완료됐다. 서버는 제품이 변경되었을 때 신호(제품)를 내보내기만 하면 된다. 제품 객체를 리턴하기 전에 addQuantity() 메소드에 아래 코드와 같이 강조 표시된 줄을 추가하자.

```
product.setCount(product.getCount() + qty);
productEntities.put(product.getId(), product);
productsStream.next(product);
return product;
```

이로써 quantityChanged 서브스크립션 구현을 완료했다. 이제 테스트할 수 있다.

테스트를 실행하기 전에 애플리케이션을 빌드해야 한다. 아래 명령을 사용하여 애플리케이션을 빌드해 보자.

```
$ gradlew clean build
```

빌드가 성공적으로 완료되면 아래 명령을 실행해서 애플리케이션을 실행할 수 있다.

```
$ java -jar build/libs/chapter14-0.0.1-SNAPSHOT.jar
```

포트 설정을 변경하지 않았다면 애플리케이션은 기본 포트 8080에서 실행될 것이다.

GraphQL 서브스크립션을 테스트하기 전에 WebSocket 상에서 GraphQL 서브스크립션 프로토콜을 이해해야 한다.

GraphQL용 WebSocket 서브-프로토콜 이해

이 장에서는 WebSocket 상에서 GraphQL 서브스크립션을 구현했다. WebSocket 기반 서브스크립션 구현에서 네트워크 소켓은 GraphQL 서버와 클라이언트 간의 주요 통신 채널이다.

graphql-dgs-subscriptions-websockets-autoconfigure 종속성의 현재 구현(버전 6.0.5)은 graphql-transport-ws 서브-프로토콜 사양을 사용한다. 이 서브-프로토콜에서 메시지는 JSON 형식을 사용해서 표현되고 네트워크 상에서 이러한 JSON 메시지는 문자열로 변환된다. 서버와 클라이언트 모두 이 메시지 구조를 따라야 한다.

메시지 유형은 다음과 같다(DGS 프레임워크의 Kotlin 코드).

```kotlin
object MessageType {
    const val CONNECTION_INIT = "connection_init"
    const val CONNECTION_ACK = "connection_ack"
    const val PING = "ping"
    const val PONG = "pong"
    const val SUBSCRIBE = "subscribe"
    const val NEXT = "next"
    const val ERROR = "error"
    const val COMPLETE = "complete"
}
```

메시지 유형을 보면 WebSocket을 통한 GraphQL 서브스크립션의 수명 주기에 대한 아이디어를 얻었을 것이다. 서브스크립션의 수명 주기를 자세히 살펴보겠다.

1. **연결 초기화** (CONNECTION_INIT): 클라이언트는 이 타입의 메시지를 보내 통신을 시작한다. 연결 초기화 메시지에는 type('connection_init')과 payload라는 두 개의 필드가 포함되어 있다. payload 필드는 선택 필드이다. (ConnectionInitMessage)의 구조는 다음과 같이 표현된다.

    ```
    {
      type: 'connection_init';
      payload: Map<String, Object>; // 선택 필드
    }
    ```

2. **연결 승인** (CONNECTION_ACK): 서버는 성공적인 연결 초기화 요청에 대한 응답으로 연결 승인을 보낸다. 이는 서버가 구독할 준비가 되었음을 의미한다. (ConnectionAckMessage)의 구조는 다음과 같이 표현된다.

    ```
    {
      type: 'connection_ack';
      payload: Map<String, Any>; // 선택 필드
    }
    ```

3. **구독** (SUBSCRIBE): 이제 클라이언트는 subscribe 요청을 보낼 수 있다. 클라이언트가 서버로부터 연결 승인을 받지 않고 subscribe 요청을 보내는 경우 클라이언트에 4401: Unauthorized 에러가 표시된다.

    이 요청에는 id, type, payload라는 세 가지 필드가 포함되어 있다. 각각의 새로운 서브스크립션 요청에는 고유 id가 포함되어야 한다. 그렇지 않으면 서버에서 4409: Subscriber for <unique-operation-id> already exists.

에러가 발생할 것이다. 서버는 서브스크립션이 활성화되어 있는 동안 id를 추적한다. 서브스크립션이 완료되는 순간 클라이언트는 해당 id를 재사용할 수 있다. 이 메시지 타입(SubscribeMessage)의 구조는 다음과 같다.

```
{
  id: '<unique-id>';
  type: 'subscribe';
  payload: {
    operationName: ''; // 선택 필드, 오퍼레이션 명
    query: ''; // 필수 필드, GraphQL 서브스크립션
    variables?: Map<String, Any>; // 선택 필드
    extensions?: Map<String, Any>; // 선택 필드
  };
}
```

4. **다음 (NEXT)**: 서브스크립션 오퍼레이션이 성공한 후 클라이언트는 클라이언트가 구독하는 오퍼레이션과 관련된 데이터가 포함된 NEXT 타입의 메시지를 서버로부터 수신한다. 데이터는 payload 필드의 일부이다. 서버는 GraphQL 서브스크립션 이벤트가 발생되어 있는 동안 이러한 타입의 메시지를 클라이언트로 계속 보낸다. 작업이 완료되면 서버는 완료 메시지를 클라이언트로 보낸다. 이 메시지 타입(NextMessage)은 다음과 같이 표시된다.

```
{
  id: '<unique-id>'; // subscribe에서 전송된 것
  type: 'next';
  payload: ExecutionResult;
}
```

5. **완료 (COMPLETE)**: 완료는 서버와 클라이언트 모두에서 보낼 수 있는 양방향 메시지이다.
   - 클라이언트에서 서버로: 클라이언트는 서버에서 보낸 메시지 수신을 중단하고 싶을 때 완료 메시지를 서버로 보낼 수 있다. 양방향 호출이므로 클라이언트는 완료 요청을 보낼 때 통신 상에 있는 메시지들을 무시해야 한다.
   - 서버에서 클라이언트로: 서버가 요청한 작업이 완료되면 서버가 클라이언트에 완료 메시지를 보낸다. 클라이언트의 서브스크립션 요청에 대해 서버에서 에러 메시지를 보내는 경우 서버는 완료 메시지를 보내지 않는다.

   이 메시지 타입(CompleteMessage))은 다음과 같이 표시된다.

```
{
  id: '<unique-id>'; // subscribe에서 전송된 것
  type: 'complete';
}
```

6. **오류** (ERROR): 서버에서 오퍼레이션 실행 에러가 발생하면 서버는 에러 메시지를 보낸다. 이 메세지 타입 (ErrorMessage)은 다음 구조로 표시된다.

```
{
  id: '<unique-id>';
  type: 'error';
  payload: GraphQLError[];
}
```

7. **PING과 PONG**: 이는 양방향 메시지 유형이고 서버와 클라이언트 모두에서 전송된다. 클라이언트가 ping 메시지를 보내면 서버는 즉시 pong 메시지를 보내야 하고 그 반대의 경우도 마찬가지이다. 이러한 메시지는 네트워크 문제와 네트워크 대기 시간을 감지하는 데 유용하다. ping(PingMessage)과 pong(PongMessage) 모두 다음 구조를 포함한다.

```
{
  type: String; // 'ping' 또는 'pong'
  payload: Map<String, Object>; // 선택 필드
}
```

서브스크립션 수명 주기를 이해하면 서브스크립션을 철저히 테스트하는 데 도움이 된다.

GraphQL 서브스크립션 테스트를 지원하는 어떤 도구든 사용할 수 있다. Insomnia WebSocket 요청 클라이언트를 사용해서 테스트해 보겠다. 이는 GraphQL 서브스크립션의 전체 수명 주기를 이해할 수 있는 약간은 투박한 방법이다.

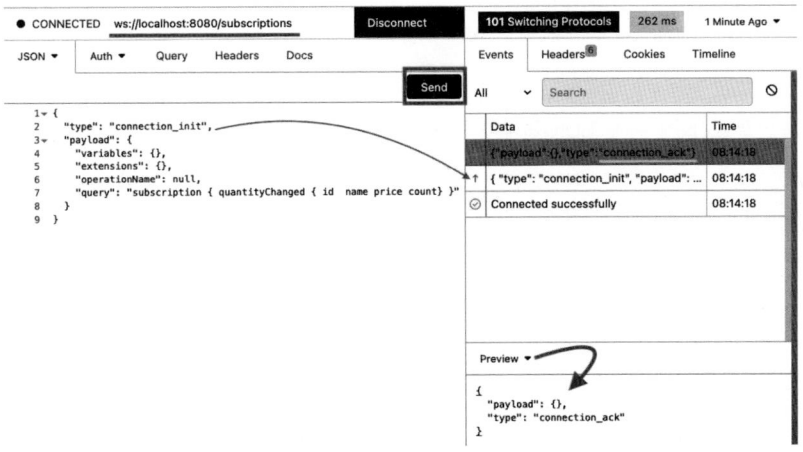

그림 14.3 - Insomnia 클라이언트에서 GraphQL 서브스크립션 connection_init 호출

Insomnia 웹소켓을 이용한 GraphQL 서브스크립션 테스트

다음 단계를 수행해서 서브스크립션을 수동으로 테스트 해보겠다.

1. 먼저 왼쪽 상단에 있는 (+) 드롭다운 메뉴에서 WebSocket Request를 사용해서 새 요청을 추가한다.

2. URL 박스에서 다음의 URL을 추가한다.

   ```
   ws://localhost:8080/subscriptions
   ```

3. Headers 탭에서 다음의 헤더들을 추가한다.

   ```
   Connection: Upgrade
   Upgrade: websocket
   dnt: 1
   accept: */*
   accept-encoding: gzip, deflate, br
   host: localhost:8080
   origin: http://localhost:8080
   sec-fetch-dest: websocket
   sec-fetch-mode: websocket
   sec-fetch-site: same-origin
   Sec-WebSocket-Protocol: graphql-transport-ws
   Sec-WebSocket-Version: 13
   Sec-WebSocket-Key: 3dcYr9va5icM8VcKuCr/KA==
   Sec-WebSocket-Extensions: permessage-deflate
   ```

   헤더를 통해 연결을 WebSocket으로 업그레이드한다. 따라서 서버는 101 Switching Protocol 응답을 보낸다. 또한 graphql-transport-ws GraphQL 서브-프로토콜을 사용하고 있는 것을 확인할 수 있다.

4. 그런 다음 연결 초기화를 위해 JSON 탭에 다음 페이로드를 추가한다(그림 14.3 참고).

   ```
   {
     "type": "connection_init",
     "payload": {
       "variables": {},
       "extensions": {},
       "operationName": null,
       "query":"subscription { quantityChanged { id name price count } }"
     }
   }
   ```

5. 그런 다음 **전송** 버튼을 클릭한다(**연결** 버튼을 클릭하지 않도록 한다. 만약 연결 버튼을 클릭한 경우 **전송** 버튼을 한 번 더 클릭해야 한다).

6. 성공적으로 연결되면 서버로부터 다음과 같은 승인 메시지를 받게 된다. 이는 서버가 서브스크립션 요청을 처리할 준비가 되었음을 의미한다(그림 14.3 참고).

```
{
  "payload": {},
  "type": "connection_ack"
}
```

7. 다음으로 JSON 탭에서 다음 페이로드를 사용한다.

```
{
  "id": "b",
  "type": "subscribe",
  "payload": {
    "variables": {},
    "extensions": {},
    "operationName": null,
    "operationName": null,
    "query":"subscription { quantityChanged { id name price count } }"
  }
}
```

여기서는 메시지에 고유 ID를 추가한다. 메시지 타입은 subscribe으로 설정된다. 클라이언트가 연결 승인을 받았으므로 subscribe 메시지를 보낼 수 있다. query 필드에는 GraphQL 서브스크립션 쿼리가 포함되어 있다.

8. 다음으로 **전송** 버튼을 다시 클릭한다(**연결** 버튼을 클릭하지 않도록 한다. 만약 연결 버튼을 클릭한 경우 **전송** 버튼을 한 번 더 클릭해야 한다).

9. **전송** 버튼을 클릭한 후 다음 페이로드를 사용해서 이벤트 게시를 수행하려면 addQuantity 뮤테이션을 실행해야 한다.

```
mutation {
  addQuantity(productId: "a1s2d3f4-0", quantity: 10) {
    id
    name
    price
    count
  }
}
```

10. 성공적인 뮤테이션 호출 후 Insomnia 클라이언트에서 서브스크립션 출력을 확인할 수 있다. 그림 14.4와 같이 증가된 수량을 표시하는 수신 JSON 메시지를 찾을 수 있다.

11. 9단계와 10단계를 반복해서 (NEXT 타입) 메시지를 얻을 수 있다.

12. 완료되면 다음 JSON 페이로드를 보내 그림 14.4와 같이 호출을 완료할 수 있다.

```
{
  "id": "b",
  "type": "complete"
}
```

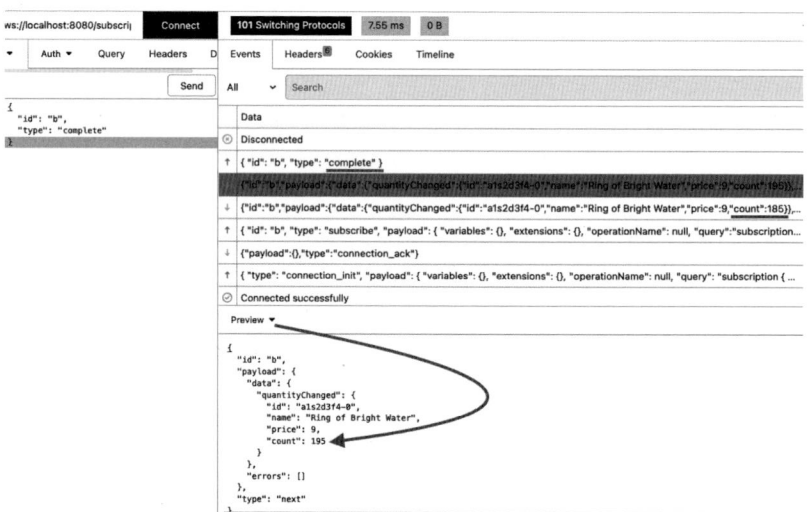

그림 14.4 – Insomnia 클라이언트에서 GraphQL 서브스크립션의 다음과 완료 호출

이는 웹소켓을 통해 GraphQL 서브스크립션을 구현하고 테스트할 수 있는 방법이다. 이 장의 자동화된 테스트 코드를 사용해서 GraphQL 서브스크립션 테스트하기 하위 섹션에서 GraphQL 서브스크립션 테스트를 자동화할 것이다.

다음으로 트레이싱, 로깅, 메트릭 수집을 구현하는 데 도움이 되는 인스트루먼테이션에 대해 알아야 한다. 이에 대해서는 다음 하위 섹션에서 살펴보겠다.

GraphQL API 인스트루먼테이션

GraphQL 자바 라이브러리는 GraphQL API의 인스트루먼테이션[9]을 지원한다. 이는 메트릭, 트레이싱, 로깅을 지원하는 데 사용할 수 있다. DGS 프레임워크도 이를 사용한다. 스프링의 `@Component` 애노테이션을 인스트루먼테이션 클래스에 표시하기만 하면 된다.

인스트루먼테이션 bean은 `graphql.execution.instrumentation.Instumentation` 인터페이스를 구현해야 한다. 이 때, 상용구 코드[10]를 작성해야 하는데 단위 테스트 자동화 코드가 늘어날 수 있다. 다른 손쉬운 방법은 `SimpleInstumentation` 클래스를 상속해서 간단히 구현하는 것이다. 메소드 오버라이드로 커스텀 구현을 할 수 있다.

이번에는 데이터 페처가 수행한 시간을 기록하고 GraphQL 요청 처리를 완료하는 도구를 추가해 보자. 이 메트릭은 성능을 미세 조정하고 처리하는 데 더 많은 시간이 걸리는 필드를 식별하는 데 도움이 될 수 있다.

트레이싱을 추가하기 전에 먼저 응답에 커스텀 헤더를 추가한다.

커스텀 헤더 추가

`instrumentation` 패키지에 `DemoInstrumentation.java` 파일을 만들고 아래 코드를 추가해 보자.

코드: /Chapter14/src/main/java/com/packt/modern/api/instrumentation/DemoInstrumentation.java

```java
@Component
public class DemoInstrumentation extends SimpleInstrumentation {
  @NotNull
  @Override
  public CompletableFuture<ExecutionResult>
        instrumentExecutionResult(ExecutionResult exeResult,
                  InstrumentationExecutionParameters params,
                  InstrumentationState state) {
    HttpHeaders responseHeaders = new HttpHeaders();
    responseHeaders.add("myHeader", "hello");
    return super.instrumentExecutionResult(DgsExecutionResult
```

---

9 (옮긴이) GraphQL에서 instrumentation은 쿼리 실행을 관찰하고 런타임 동작을 변경하는 코드를 주입해 준다. 본 번역에서는 해당 용어를 그대로 사용했다.
10 (옮긴이) 원문에는 boilerplate code 라고 되어 있으며 이는 여러 상황에서 거의 수정 없이 사용할 수 있는 코드를 의미한다.

```
            .builder().executionResult(execResult)
            .headers(responseHeaders).build(), params, state);
  }
}
```

이 클래스는 SimpleInstrumentation을 상속하고 @Component로 표시해서 스프링 bean으로 생성된다. SimpleInstrumentation 클래스를 사용하면 실행 결과를 계측할 수 있다. 여기에서 응답에 커스텀 헤더를 추가한 것을 확인할 수 있다. 이제 테스트해보겠다.

위 코드를 추가한 후 프로젝트를 빌드하고 실행한 후 다음 뮤테이션을 실행하면 된다.

```
mutation {
  addQuantity(productId: "a1s2d3f4-0", quantity: 10) {
    id
    name
    price
    count
  }
}
```

계측된(instrumented) myHeader 헤더와 해당 값을 응답 헤더에서 찾을 수 있다.

이제 프로젝트에 다음 bean을 추가해서 응답에서 추적 정보를 계측할 수 있다.

코드: /Chapter14/src/main/java/com/packt/modern/api/instrumentation/InstrumentationConfig.java

```
@Configuration
public class InstrumentationConfig {
  @Bean
  @ConditionalOnProperty( prefix = "graphql.tracing",
          name = "enabled", matchIfMissing = true)
  public Instrumentation tracingInstrumentation(){
    return new TracingInstrumentation();
  }
}
```

위와 같은 간단한 구성만으로 설정이 완료된다. 이 구성은 마법을 수행한다. 단, 동작하려면 `build.gradle` 파일에 스프링 Actuator 종속성과 함께 `com.netflix.graphql.dgs:graphql-dgs-spring-boot-micrometer`가 필요하다.

위 코드는 DGS 프레임워크가 제공하는 실행 결과 메트릭을 GraphQL API 응답에 추가한다. 이 메트릭에는 트레이싱 시간 및 기간, 검증 시간 및 기간, 리졸버 정보 등이 포함된다.

이 인스트루먼테이션을 설정하고 쿼리나 뮤테이션을 실행하면 결과에는 위 코드에서 생성된 `Instrumentation bean`(GraphQL Tracing)에 의해 계측된 결과 메트릭으로 구성된 확장 필드들이 포함된다.

GraphiQL(`http://localhost:8080/graphiql`)에서 다음 뮤테이션을 실행해 보겠다.

```
mutation {
  addQuantity(productId: "a1s2d3f4-0", quantity: 10) {
    id
    name
    price
    count
  }
}
```

위 뮤테이션은 계측된 메트릭과 함께 다음과 같은 응답을 제공한다.

```
{
  "data": {
    "addQuantity": {
      "id": "a1s2d3f4-0",
      // 간결함을 위해 출력 생략
    }
  },
  "extensions": {
    "tracing": {
      "version": 1,
      "startTime": "2023-05-07T19:04:42.032422Z",
      "endTime": "2023-05-07T19:04:42.170516Z",
```

```
      "duration": 138103974,
      "parsing": {
        "startOffset": 11023640,
        "duration": 7465319
      },
      "validation": {
        "startOffset": 31688145,
        "duration": 20146090
      },
      "execution": {
        "resolvers": [
          {
            "path": [
              "addQuantity"
            ],
            "parentType": "Mutation",
            "returnType": "Product",
            "fieldName": "addQuantity",
            "startOffset": 92045595,
            "duration": 24507328
          },
          // 간결함을 위해 출력 생략
        ]
      }
    }
  }
}
```

여기서 data를 리턴할 뿐만 아니라 extensions 필드에 계측된 메트릭도 제공하는 것을 볼 수 있다. GraphQL 구현과 벤치마킹을 미세 조정하려면 개발 환경에서만 이 인스트루먼테이션을 활성화하고 프로덕션 환경에서는 비활성화 하도록 한다.

다음 하위 절에서 인스트루먼테이션 메트릭에 대해 자세히 살펴보겠다.

Micrometer와 통합

이 책에서 build.gradle에 종속성 중 하나로 graphql-dgs-spring-boot-micrometer를 추가했었다. 이 라이브러리는 gql.query, gql-resolver 등과 같이 즉시 사용 가능한 GraphQL 메트릭을 제공한다.

application.properties 파일에 다음 줄을 추가해서 metrics 엔드포인트를 노출할 수 있다.

```
management.endpoints.web.exposure.include=health,metrics
```

다음 엔드포인트를 호출해서 사용 가능한 GraphQL 메트릭을 확인할 수 있다. 이 때, 트리거된 GraphQL 측정항목만 표시된다. 예를 들어, GraphQL API를 호출하는 동안 에러가 발생하지 않으면 gql.error는 표시되지 않는다.

```
http://localhost:8080/actuator/metrics
```

이 엔드포인트는 GraphQL 메트릭을 포함해서 애플리케이션에서 사용 가능한 메트릭 목록을 보여준다.

DGS 프레임워크는 다음 네 가지 타입의 GraphQL 메트릭을 제공하고, 이는 성능 저하의 원인이 되는 코드를 찾는 데 도움이 될 수 있다.

- gql.query: GraphQL 쿼리 또는 뮤테이션에 소요되는 시간을 수집한다.
- gql.resolver: 각 데이터 페처 호출시 소요되는 시간을 수집한다.
- gql.error: 단일 GraphQL 요청에 여러 에러가 있을 수 있다. 이 메트릭은 GraphQL 요청 실행 중에 발생한 여러 에러를 수집한다. 실행 중 에러가 발생한 경우에만 사용할 수 있다.
- gql.dataLoader: 배치 쿼리에서 데이터 로더 호출이 소요한 시간을 수집한다.

Actuator 메트릭 엔드포인트 출력에서 사용 가능한 GraphQL 메트릭은 다음 엔드포인트를 호출해서 액세스할 수 있다.

```
http://localhost:8080/actuator/metrics/gql.query
```

다음과 같은 결과가 출력될 것이다.

```
{
  "name": "gql.query",
  "baseUnit": "seconds",
  "measurements": [{
    "statistic": "COUNT", "value": 4.0
  }, {
```

```
    "statistic": "TOTAL_TIME", "value": 1.403888175
}, {
    "statistic": "MAX", "value": 0.0
}],
"availableTags": [{
    "tag": "gql.query.sig.hash",
    "values": ["10e750742768cb7c428699…",
    "a750f4b9bb5d40f2d23b01…"]
}, {
    "tag": "gql.operation",
    "values": ["SUBSCRIPTION", "MUTATION"]
}, {
    "tag": "gql.query.complexity", "values": ["10"]
}, {
    "tag": "gql.operation.name", "values": ["anonymous"]
}, {
    "tag": "outcome", "values": ["success", "failure"]
}]
}
```

총 경과 시간, 요청 수, 쿼리/뮤테이션에 소요된 최대 시간을 제공하는 것을 볼 수 있다. 태그도 제공한다. 이러한 태그는 필요한 경우 `DgsContextualTagCustomizer`(애플리케이션 프로필, 버전 또는 배포 환경과 같은 공통 태그 커스트마이징), `DgsExecutionTagCustomizer`(실행 결과와 관련된 태그 커스트마이징) 및 `DgsFieldFetchTagCustomizer`(데이터 페처와 관련된 태그 커스트마이징) 인터페이스를 구현해서 커스트마이징 할 수 있다.

이 절에서는 GraphQL API를 계측하는 방법을 배웠다. 다음 절에서는 GraphQL 코드 테스트 자동화에 대해 살펴보겠다.

테스트 자동화

DGS 프레임워크는 GraphQL API 테스트 자동화를 용이하게 하는 클래스와 유틸리티를 제공한다.

`test` 디렉터리의 `datafetchers` 패키지 내에 `ProductDatafetcherTest.java`라는 새 파일을 만들고 다음 코드를 추가한다.

코드: /Chapter14/src/main/java/com/packt/modern/api/datafetchers/ProductDatafetcherTest.java

```java
@SpringBootTest(classes = { DgsAutoConfiguration.class,
        ProductDatafetcher.class,BigDecimalScalar.class })
public class ProductDatafetcherTest {
  private final InMemRepository repo = new InMemRepository();
  private final int TEN = 10;
  @Autowired
  private DgsQueryExecutor dgsQueryExecutor;
  @MockBean
  private ProductService productService;
  @MockBean
  private TagService tagService;
  // 계속 ...
```

`@SpringBootTest` 애노테이션을 사용해서 스프링 부트 기반 테스트를 자동 구성한다. `DgsAutoConfiguration`, `ProductDatafetcher`, `BigDecimalScalar`와 같은 특정 클래스를 제공해서 스프링 컨텍스트를 제한한다. 여기에는 테스트를 수행하는 데 필요한 클래스만 추가해야 한다.

다음으로 테스트에 쿼리 실행 기능을 제공하는 `DgsQueryExecutor` 클래스를 주입한다. 그리고 Product와 Tag 서비스에 대해 두 개의 스프링 `MockBean`을 추가한다.

테스트를 실행하는 데 필요한 구성과 인스턴스가 준비됐다.

테스트를 실행하기 전에 필요한 설정을 추가해 보겠다. 이를 위해 `ProductDatafetcherTest.java`에 다음 메소드를 추가할 수 있다.

```java
@BeforeEach
public void beforeEach() {
  List<Tag> tags = new ArrayList<>();
  tags.add(Tag.newBuilder().id("tag1").name("Tag 1").build());
  Product product = Product.newBuilder().id("any")
          .name("mock title").description("mock description")
          .price(BigDecimal.valueOf(20.20)).count(100)
          .tags(tags).build();
  given(productService.getProduct("any")).willReturn(product);
  tags.add(Tag.newBuilder().id("tag2").name("addTags").build());
  product.setTags(tags);
```

```
    given(tagService.addTags("any",
            List.of(TagInput.newBuilder().name("addTags").build())))
        .willAnswer(invocation -> product);
}
```

Mockito를 사용해서 productService.getProduct()와 tagService.addTags() 호출의 스텁[11]을 정의한다.

설정이 완료됐다. GraphQL product 쿼리를 실행한 후 JSON 객체를 가져오는 첫 번째 테스트를 실행해 보자.

GraphQL 쿼리 테스트

product 쿼리를 테스트하기 위해 ProductDatafetcherTest.java에 다음 코드를 추가해 보겠다.

```
@Test
@DisplayName("'product' 쿼리가 리턴한 JSON 검증")
public void product() {
  String name = dgsQueryExecutor.executeAndExtractJsonPath(
        "{product(id: \"any\"){ name }}", "data.product.name");
  assertThat(name).contains("mock title");
}
```

위 코드는 DgsQueryExecutor 인스턴스를 사용해서 product 쿼리를 실행하고 JSON 속성을 추출한다. 그런 다음 JSON에서 추출된 이름의 유효성을 검사하고 beforeEach() 메소드에 설정된 값과 비교한다.

다음으로 product 쿼리로 예외를 테스트한다.

ProductDatafetcherTest.java에 다음 코드를 추가해서 product 쿼리에서 발생한 예외를 테스트할 수 있다.

```
@Test
@DisplayName("쿼리 product 예외 확인 - 유효하지 않은 ID")
public void productWithException() {
```

---

[11] (역자주) Mockito에서 메소드를 스텁한다는 것은 모의 객체(Mock Object)에 대해서 어떤 일이 발생해야 하는지 정의하는 것을 의미한다. 예를 들어, 위 코드에서 productService 모의 객체에 대해서 given과 willRetrun 으로 어떤 일이 수행해야 하는지를 정의하고 있다.

```
    given(productService.getProduct("any")).willThrow(new RuntimeException
            ("유효하지 않은 제품 ID."));
    ExecutionResult res = dgsQueryExecutor.execute(
            "{ product (id: \"any\") { name }}");
    verify(productService, times(1)).getProduct("any");
    assertThat(res.getErrors()).isNotEmpty();
    assertThat(res.getErrors().get(0).getMessage()).isEqualTo(
            "java.lang.RuntimeException: 유효하지 않은 제품 ID.");
}
```

여기서 productService 메소드는 예외를 발생시키기 위해 스텁되었다. DgsQueryExecutor가 실행되면 스프링에 주입된 모의 bean은 스텁 메소드를 사용해서 예외를 발생시킨다.

다음으로 product을 다시 쿼리한다. 이번에는 GraphQL 쿼리를 유창하게 구성할 수 있는 GraphQLQueryRequest를 살펴보겠다. GraphQLQueryRequest 구성은 두 가지 아규먼트를 사용한다. 첫 번째는 쿼리/뮤테이션, 서브스크립션이 될 수 있는 GraphVQLQuery 인스턴스이고, 두 번째는 필드를 선택할 수 있는 BaseProjectionNode의 프로젝션 루트 타입이다.

GraphQLQueryRequest를 사용해서 product 쿼리를 테스트하기 위해 ProductDatafetcherTest.java에 다음 코드를 추가해 보겠다.

```
@Test
@DisplayName("GraphQLQueryRequest를 사용한 JSON 유효성 검증 ")
void productsWithQueryApi() {
  GraphQLQueryRequest gqlRequest = new GraphQLQueryRequest(
          ProductGraphQLQuery.newRequest().id("any").build(),
          new ProductProjectionRoot().id().name());
  String name = dgsQueryExecutor.executeAndExtractJsonPath(
          gqlRequest.serialize(), "data.product.name");
  assertThat(name).contains("mock title");
}
```

ProductGraphQLQuery 클래스는 DGS GraphQL 그래들 플러그인에 의해 자동 생성된 코드의 일부이다.

이전 테스트에서 product의 tags 필드의 하위 필드를 검증하는 테스트는 아직 하지 않았다.

다음 테스트 케이스에서 확인해 보겠다. 태그를 검증하기위해 ProductDatafetcherTest.java에 다음 코드를 추가한다.

```java
@Test
@DisplayName("'product' 쿼리가 리턴한 태그 검증")
void productsWithTags() {
  GraphQLQueryRequest gqlRequest = new GraphQLQueryRequest(
        ProductGraphQLQuery.newRequest().id("any").build(),
        new ProductProjectionRoot().id().name().tags().id().name());
  Product product = dgsQueryExecutor
        .executeAndExtractJsonPathAsObject(gqlRequest.serialize(),
        "data.product", new TypeRef<>() {});
  assertThat(product.getId()).isEqualTo("any");
  assertThat(product.getName()).isEqualTo("mock title");
  assertThat(product.getTags().size()).isEqualTo(2);
  assertThat(product.getTags().get(0).getName()).isEqualTo("Tag 1");
}
```

하위 필드를 쿼리하려면 executeAndExecuteAndExtractJsonPathAsObject() 메소드에서 세 번째 아규먼트(TypeRef)를 사용해야 함을 알 수 있다. 사용하지 않으면 에러가 발생한다.

GraphQL 쿼리 테스트가 완료되었다. 다음 하위 절에서 뮤테이션 테스트를 해보겠다.

GraphQL 뮤테이션 테스트

GraphQL 뮤테이션을 테스트하는 것은 GraphQL 쿼리를 테스트하는 것과 다르지 않다.

다음 코드에 표시된 대로 ProductDatafetcherTest.java에서 addTag 뮤테이션을 테스트해 보자.

```java
@Test
@DisplayName("'addTags' 뮤테이션 검증")
void addTagsMutation() {
  GraphQLQueryRequest gqlRequest = new GraphQLQueryRequest(
        AddTagGraphQLQuery.newRequest().productId("any")
              .tags(List.of(TagInput.newBuilder().name("addTags").build())).build(),
        new AddTagProjectionRoot().name().count());
  ExecutionResult exeResult = dgsQueryExecutor.execute(gqlRequest.serialize());
```

```
  assertThat(exeResult.getErrors()).isEmpty();
  verify(tagService).addTags("any", List.of(TagInput.newBuilder().name("addTags").build()));
}
```

AddTagGraphQLQuery 클래스는 DGS GraphQL 그래들 플러그인에 의해 자동 생성된 코드의 일부이다. 요청을 실행한 다음 기존 구성 및 설정을 기반으로 결과를 검증한다.

마찬가지로 addQuantity 뮤테이션을 테스트할 수 있다. 아규먼트와 assert 부분만 변경되고 핵심 로직과 클래스는 동일하게 유지된다.

addQuantity 뮤테이션을 테스트하기 위해 다음 코드 블록에 표시된 대로 ProductDatafetcherTest.java에 테스트를 추가할 수 있다.

```
@Test
@DisplayName("'addQuantity' 뮤테이션 검증")
void addQuantityMutation() {
  given(productService.addQuantity("a1s2d3f4-1", TEN))
        .willReturn(repo.addQuantity("a1s2d3f4-1", TEN));
  GraphQLQueryRequest gqlRequest = new GraphQLQueryRequest(
        AddQuantityGraphQLQuery.newRequest()
        .productId("a1s2d3f4-1").quantity(TEN).build(),
          new AddQuantityProjectionRoot().name().count());
  ExecutionResult exeResult = dgsQueryExecutor.execute(gqlRequest.serialize());
  assertThat(executionResult.getErrors()).isEmpty();
  Object obj = executionResult.getData();
  assertThat(obj).isNotNull();
  Map<String, Object> data =
      (Map)((Map)exeResult.getData()).get(MUTATION.AddQuantity);
  org.hamcrest.MatcherAssert
      .assertThat((Integer) data.get("count"), greaterThan(TEN));
}
```

GraphQL 뮤테이션 테스트가 완료되었다. 다음 하위 절에서 서브스크립션 테스트를 진행해 보겠다.

자동화된 테스트 코드를 이용한 GraphQL 서브스크립션 테스트

quantityChanged 서브스크립션을 테스트하는 다음 코드에서 볼 수 있듯이, 서브스크립션을 테스트하려면 별도의 노력과 주의가 필요하다. 기존 addQuantity 뮤테이션을 사용해서 호출할 때마다 product 객체를 전송하는 서브스크립션 게시자를 트리거한다. 첫 번째 호출로 제품 객체를 확보하고 count 필드에 그 값을 저장한다. 그런 다음 이를 사용해서 다음 코드에 표시된 대로 assertion을 수행한다.

```java
@Test
@DisplayName("'quantityChanged' 서브스크립션 검증")
void reviewSubscription() {
  given(productService.gerProductPublisher()).willReturn(repo.getProductPublisher());
  ExecutionResult exeResult = dgsQueryExecutor.execute(
          "subscription {quantityChanged{id name price count}}");
  Publisher<ExecutionResult> pub = exeResult.getData();
  List<Product> products = new CopyOnWriteArrayList<>();
  pub.subscribe(new Subscriber<>() {
    @Override
    public void onSubscribe(Subscription s) {s.request(2);}
    @Override
    public void onNext(ExecutionResult result) {
      if (result.getErrors().size() > 0) {
        System.out.println(result.getErrors());
      }
      Map<String, Object> data = result.getData();
      products.add(
        new ObjectMapper().convertValue(data.get(SUBSCRIPTION.QuantityChanged)
        , Product.class));
    }
    @Override
    public void onError(Throwable t) {}
    @Override
    public void onComplete() {}
  });
  addQuantityMutation();
  Integer count = products.get(0).getCount();
  addQuantityMutation();
  assertThat(products.get(0).getId()).isEqualTo(products.get(1).getId());
```

```
    assertThat(products.get(1).getCount()).isEqualTo(count + TEN);
  }
}
```

여기서 핵심 로직은 `publisher.subscribe()` 메소드(강조 표시된 줄 확인)를 호출해서 수행되는 서브스크립션에 있다. 우리는 GraphQL quantityChanged 서브스크립션이 게시자를 반환한다는 것을 알고 있다. 이 게시자는 실행 결과의 data 필드에서 수신된다.

게시자는 즉시 생성되는 `Subscriber` 객체를 전달해서 스트림을 구독한다. Subscriber의 `onNext()` 메소드는 GraphQL 서버가 보낸 제품을 수신하는 데 사용된다. 이 객체들은 list 객에 보관된다. 그런 다음 이 list를 사용해서 assertion을 수행한다.

요약

이 장에서는 연합 GraphQL 서비스를 비롯해서 GraphQL 서버를 구현하는 다양한 방법에 대해 배웠다. 또한 아래의 작업을 수행하는 완전 독립형 GraphQL 서버 구현도 다뤘다.

- GraphQL 스키마 작성
- GraphQL 쿼리 API 구현
- GraphQL 뮤테이션 API 구현
- GraphQL 서브스크립션 API 구현
- N+1 문제 해결을 위한 데이터 로더 작성
- 커스텀 스칼라 타입 추가
- GraphQL API의 인스트루먼테이션 추가
- 넷플릭스 DGS 프레임워크를 활용한 GraphQL API 테스트 자동화 작성

실무와 개인 프로젝트에 GraphQL API를 구현하는 데 도움이 될 스프링과 스프링 부트 기술을 활용한 GraphQL API 구현에 대해서 차근차근 살펴보았다.

질문

1. GraphQL API를 구현할 때 graphql-java 라이브러리 대신 넷플릭스의 DGS와 같은 프레임워크를 선호하는 이유는 무엇인가?
2. 연합 GraphQL 서비스란 무엇인가?

답변

1. GraphQL API를 구현할 경우 graphql-java 라이브러리 대신 넷플릭스 DGS와 같은 프레임워크가 더 선호된다. 왜냐하면 개발을 더 빠르게하고 상용구 코드 작성을 방지하기 때문이다.

    개발 편의성 외에 넷플릭스 DGS 프레임워크는 내부적으로 graphql-java를 사용한다. 따라서 GraphQL 명세에 대한 자바 구현체와 동기화를 유지한다. 또한 연합 GraphQL 서비스 개발을 지원한다.

    또한 개발을 자동화하는 데 도움이 되는 플러그인, 자바 클라이언트, 테스트 유틸리티도 제공한다. 넷플릭스 DGS 프레임워크는 잘 테스트되어 있고 꽤 오랫동안 넷플릭스가 프로덕션 환경에서 사용했다.

2. 연합 GraphQL 서비스에는 게이트웨이를 사용하여 노출되는 단일 분산 그래프가 포함되어 있다. 클라이언트는 시스템의 진입점인 게이트웨이를 호출한다. 데이터 그래프는 여러 서비스에 분산되고 각 서비스는 자체 개발 및 릴리스 주기를 독립적으로 유지할 수 있다. 하지만 연합 GraphQL 서비스는 여전히 OneGraph 원칙을 따른다. 따라서 클라이언트는 그래프의 일부를 가져오기 위해 단일 엔드포인트를 쿼리한다.

추가 읽을거리

- GraphQL 자바 구현: https://www.graphql-java.com/와 https://github.com/graphql-java/graphql-java
- 넷플릭스 DGS 문서: https://netflix.github.io/dgs/getting-started/
- Full-Stack Web Development with GraphQL and React-Second Edition: https://www.packtpub.com/product/full-stack-web-development-with-graphql-and-reactsecond-edition/9781801077880

찾아보기

A – F

Actuator	373
Advice	46
alias	30, 415
AOP	26, 27
API 구현	172
API 응답	99
API 작성	326
ApplicationContext	28
AssertJ	256
authorization	187
AWS(Amazon Web Services)	4
Babel	205
back-pressure	107
bean	28
BeanFactory	28
Cart 컴포넌트	241
CompletableFuture	452
CORS(Cross-Origin Resource Sharing)	150
CSRF(Cross-Site Request Forgery)	150
CSS(Cascading Style Sheets)	203
DAO(Data Access Object)	83
DataLoader	428
DGS 프레임워크 애노테이션	447
DGS Codegen 플러그인	436
DI	26
DispatcherHandler	114
DispatcherServlet	50
Domain Graph Service(DGS)	432
EAR(Enterprise Archive)	367
ECMAScript 2018	205
ECMAScript 2022	205
ELK 스택	375
ESLint	204
ETags	81
event loop	106
flow control	107
Flyway	85

G – I

Git Bash	286
Gradle	327
GraphiQL	423
GraphQL	404
GraphQL 뮤테이션	455
GraphQL 서버	434
GraphQL 서브스크립션	459
GraphQL 스키마	414
GraphQL 쿼리	442, 446, 476
GraphQL API	469
GraphQL DGS 의존성	435
GraphQL Editor	423
GraphQL Faker	423
graphql-java 라이브러리	432
GraphQL Playground	423
GraphQL Voyager	423
gRPC	310, 311, 313
gRPC 서버	311, 320
gRPC 서버 구현	344
gRPC 스텁	320
gRPC 원격 프로시저 호출	308
gRPC 자바 파일	320
gRPC 클라이언트	361
H2 데이터베이스	84, 85
H2 콘솔	144
Hamcrest	256
HATEOAS	14
HQL(Hibernate Query Language)	90
HTTP 상태 코드	12
HTTP DELETE 메소드	12
HTTP GET 메소드	11
HTTP PATCH 메소드	12
HTTP POST 메소드	11
HTTP PUT 메소드	12
hypermedia	14
Hypermedia As The Engine Of Application State (HATEOAS)	81
Hypertext Application Language (HAL)	81

IANA(Internet Assigned Numbers Authority)	7
IANA(Internet Assigned Numbers Authority)	
JSON 웹 토큰 클레임	158
IDL	312
inline fragment	417
Insomnia 웹소켓	466
IoC	26
IoC 컨테이너	28
IoT(사물 인터넷)	311

J - P

JAR(Java ARchive)	152
Java 가상 머신(JVM)	104
Java Code Coverage	252
java-dataloader	428
JEE	26
Jest	204
JMX(Java Management Extensions)	284
Join Point	46
JPA/Hibernate	84
JPQL(Java Persistence Query Language)	88
JSON(JavaScript Object Notation)	55, 203
JSX(JavaScript Syntax Extension)	200
JUnit	255
JUnit Jupiter	255
JUnit Platform	255
JUnit Vintage	256
JWE(JSON Web Encryption)	156
JWS(JSON Web Signature)	156
JWT	159
JWT 관리자 클래스	166
JWT의 구조	156
JWT(JSON Web Token)	150
Kibana Query Language(KQL)	395
Less(Leaner Style Sheets)	203
LSP(Language Server Protocol)	423
LTS	290
Micrometer	373

Mockito	256
Model-View-Controller	50
MVC 패턴	50
N+1 문제	426
namespace	297
npm 패키지 실행기	201
OAS	54
OAuth 2.0	154
OneGraph 원칙	431
OpenAPI 명세	54
OpenAPI Codegen	119
OpenAPI Specification	54
OpenZipkin	396
PaaS(Platform-as-a-Service)	48
Pivotal	48
POS(Point-of-Sale)	332
post-filter	152
pre-filter	152
Product 컬렉션	448
Protobuf Gradle 플러그인	331
Protocol Buffers	309
Publisher	106
publisher-subscriber model	106

R - Z

React 기초	200
React 앱의 부트스트랩	205
REST 컨트롤러 구현	179
REST API	3
REST(Representational State Transfer)	309
RPC 수명 주기	318
RPC(원격 프로시저 호출)	308
Sass(Synthetically Awesome Style Sheets)	203
Single-page application	199
SOAP(Simple Object Access Protocol)	3
SPA	199
SpEL(Spring Expression Language)	191
SPI	122

Spring Cloud Sleuth	383
Spring Initializr	48
Spring Micrometer	373
Spring WebFlux	104
Stubby	367
Subscriber	107
Swagger 도구	56
Time to Market	254
TLS(전송 계층 보안)	289
TTM	254
Uniform Resource Locator (URL)	7
Uniform Resource Name (URN)	7
UTC(Universal Time Coordinated)	221
VDOM	200
Virtual Document Object Model	200
virtual machine	280
WAR(Web Archive)	367
WebHandler	113
Webpack	204
World Wide Web (WWW)	7
YAML	55
Zipkin	373

ㄱ – ㅁ

가상 머신	280
가상 문서 객체 모델	200
객체 지향 프로그래밍	26
관점 지향 프로그래밍	26
구독자	107
권한부여	187
그래들 태스크	290
네임스페이스	297
네트워크(NET)	282
단위 테스트	253
단일 책임 원칙	27
데이터 로더	451
데이터 소스	84
데이터 액세스 오브젝트(DAO)	367
데이터 페처	446
데이터 페처 메소드	450
도메인 레이어	82
도커	281
도커 레지스트리	286
도커 이미지	283
도커 컨테이너	282, 283
도커 컴포즈 파일	377
도커 허브	282, 286
로그스태시	376
리액티브 스트림	105
리액티브 코어	113
리액티브 API	110
마이크로서비스	367
마이크로서비스 디자인	369
명령줄 인터페이스	201
명령줄 인터페이스(CLI)	282
모놀리식 디자인	368
모델-뷰-컨트롤러	50
모키토	256
뮤테이션 타입	410

ㅂ – ㅇ

바벨	205
발행자	106
발행자-구독자 모델	106
백프레셔	107
별칭	30, 415
보안 관련 테스트	192
분산 트레이싱	396
사용자 수락 테스트(UAT)	253
서블릿 디스패처	50
서비스 공급자 인터페이스	122
서비스 설계	82
서비스 정의	317
서비스 컴포넌트	92
설계 우선 접근 방식	430
설계 우선(design-first) 접근 방식	55
스칼라 타입	414
스키마	86
스프링	25
스프링 부트	48
스프링 시큐리티	151
스프링 웹플럭스	104, 109
스프링 이니셜라이저	48
스프링 MVC	109
싱글페이지 애플리케이션	199
안전하지 않은 레지스트리	289
애노테이션	40
애플리케이션 레이어	82
애플리케이션 설정	145
액추에이터(Actuator) 의존성	284
에러 처리	322
엔터티	86
엔터티 태그	81
엘라스틱서치	376
연합(Federated) GraphQL 서비스	431
예외 처리	122
웹 기반 보안	182
웹팩	204
유니온 타입	419
유닉스 시간 공유(UTS)	282
응용 프로그램 바이너리 인터페이스	312
의존성	38
의존성 주입	26
이벤트 루프	106
익명 쿼리	409
인라인 프래그먼트	417
인증	151, 154
인증 기능 구현	235
인터페이스 정의 언어	312
인풋 타입	421
인프라 레이어	82

ㅈ – ㅎ

자동화된 테스트 코드	480
자바 개발 키트(JDK)	374
자바 엔터프라이즈 버전	26
자바 코드 커버리지	252
전역 예외 처리	124
전역 예외 처리기	73
전자 상거래 앱	21
전자상거래 앱 컴포넌트	219
제스트	204
제어 역전	26
조인 포인트	46
종단 간(E2E) 테스트	253
지속적 배포	254
지속적인 통합	254
지속적 전달	254
커스텀 스칼라 타입	440
커스텀 헤더	469
커스텀 cart context	239
커스텀 useToken 후크	236
컨테이너	280
컨테이너화	280
컨트랙트 테스트	253
컨트롤러	115
컨트롤러 구현	142

코드 커버리지	267
쿠버네티스	296
쿠버네티스의 Serivce	302
쿼리 타입	408
클래스 프로퍼티	39
키바나	377
타임 투 마켓	254
테스트	254
테스트 자동화	474
테스트 주도 개발(TDD)	255
통합 테스트	253
파드	302
포스트 필터	152
포인트컷	47
품질 보증(QA)	253
프라이빗 메소드	263
프래그먼트	415
프레젠테이션 레이어	82
프로세스 식별자(PID)	282
프로젝트 리액터	110
프리 필터	152
피보탈	48
필드 해석기	450
하이퍼미디어	14, 94
하이퍼미디어 링크	128
함수형 엔드포인트	116
함수형 컴포넌트	207
햄크레스트	256
행위 주도 개발(BDD)	260
훅	211
흐름 제어	107